COURS
DE
LITTÉRATURE
FRANÇAISE

TABLEAU DE LA LITTÉRATURE

AU XVIIIe SIÈCLE

TOME III

IMPRIMERIE PANCKOUCKE,
Rue des Poitevins, 14.

COURS
DE
LITTÉRATURE
FRANÇAISE

PAR M. VILLEMAIN
PAIR DE FRANCE, MEMBRE DE L'ACADÉMIE FRANÇAISE

TABLEAU DE LA LITTÉRATURE

AU XVIIIe SIÈCLE

TOME III

2e édition
revue, corrigée et augmentée.

PARIS
DIDIER, LIBRAIRE-ÉDITEUR
35, QUAI DES AUGUSTINS

1840

TABLEAU

DE

LA LITTÉRATURE

AU XVIIIe SIÈCLE.

TRENTE ET UNIÈME LEÇON.

Essai de littérature nationale en Écosse. — Poëmes d'*Ossian*. — Macpherson. — Discussion sur l'authenticité des chants ossianiques. — Jugements divers sur le mérite de ces chants. — Résumé.

Messieurs,

Nous avons vu l'imitation du génie français agissant sur l'Angleterre et sur l'Écosse; nous avons vu dans l'histoire un genre nouveau s'élever à Édimbourg, inspiré tout à la fois par la philosophie et par l'élégance françaises. Le style même de Robertson et de Hume portait la trace de cette influence, et souvent reproduisait jusqu'aux formes, jusqu'aux habitudes, jusqu'aux idiotismes de notre langue.

Il était difficile d'abdiquer davantage le caractère indigène, pour s'élever ou peut-être pour descendre à ce caractère étranger, cosmopolite, que recherchent les littératures des sociétés vieillies. Cependant, à cette même époque, une grande tentative d'originalité nationale et indigène allait se faire en Écosse.

Dans cette espèce de panorama littéraire où nous nous plaçons, vous n'éprouvez ni mécompte ni surprise à passer rapidement d'un sujet à l'autre; et j'ose croire même que vous apercevez le lien secret, la logique naturelle, qui rapprochent par la ressemblance ou par le contraste les accidents variés de cette scène mobile que j'ouvre devant vos yeux.

Ainsi, après que le méthodique et sage Robertson, l'élégant et sceptique Hume, le savant, l'habile, le rhéteur Gibbon, ont passé sous vos yeux, vous ne serez pas étonnés que je vous entretienne d'une espèce de résurrection de la barbarie primitive, au milieu de l'Écosse du xviiie siècle.

Nous avons vu ce que la raison, ce que la science faisaient dans l'histoire; nous avons vu l'innovation de l'art et de l'étude. Cette innovation toute philosophique avait dépouillé l'histoire du charme d'imagination qui complète la réalité même, et sans lequel il n'y a pas de vérité pittoresque.

L'Écosse, l'Angleterre, la France, toute l'Europe avaient applaudi à ce travail d'une raison supérieure et calme. Eh bien, l'imagination est un besoin si naturel à l'homme, l'imagination a tant de puissance, même dans l'état social le plus raffiné et le plus savant, que, du milieu du scepticisme, on est toujours prêt à lever les yeux au moindre rayon de lumière nouvelle qu'elle fait briller devant nous. On apprend tout à coup que, dans les montagnes d'Écosse, se conservaient les chants d'un vieux barde qui aurait vécu au IIe ou au IVe siècle de notre ère. Ces chants paraissent incultes et sauvages; ils semblent ne respirer que des sentiments naturels et primitifs, le fanatisme de la guerre, l'amour des combats, une sorte d'héroïsme rude et naïf; ils ne retracent que des images simples : l'océan, les bruyères, les pins des montagnes, les sifflements de la bise de mer. Ces choses si simples et si monotones deviennent une nouveauté, une variété piquante et originale pour un siècle rassasié de raisonnement et de philosophie; et là commence la grande fortune des poésies d'*Ossian*. On sait quelle a été leur influence parmi nous.

De même que l'esprit français avait inspiré la littérature anglo-écossaise, ainsi le génie de cet Ossian, quel qu'il soit, a puissamment agi sur la forme poétique de la littérature française à la fin du XVIIIe siècle. Ossian, d'ailleurs, s'il y eut jamais un Ossian, rappelle tout à coup à notre pensée les noms de ses célèbres admirateurs et de ses juges sévères. L'enthousiasme qu'il excita fut un événement curieux dans l'histoire des lettres. Il appartient, par l'époque de sa fictive renaissance, ou de sa réelle origine, à la littérature du XVIIIe siècle :

Voltaire en a parlé. Il appartient, sous d'autres rapports, à cette littérature de notre âge, empruntant aux troubles politiques qui l'ont précédée quelque chose de mélancolique, de calculé, de réfléchi.

Le conquérant de l'Italie, de l'Égypte et de la France était un grand admirateur d'Ossian; et, à l'époque de sa première élévation, ses flatteurs (car il a eu des flatteurs) le louaient beaucoup de cet enthousiasme pour Ossian, et ne manquaient pas même de trouver un rapport, une affinité secrète entre l'héroïsme simple et rude des guerriers calédoniens, et la simplicité, la candeur d'héroïsme qu'ils attribuaient au héros moderne.

Disons-le de plus sans détour, une grande partie de la poésie et de la prose poétique de notre temps a reçu, jusqu'à certain point, la couleur et l'empreinte de ce génie vague, mélancolique, rêveur, sentimental, qui règne dans les ouvrages publiés sous le nom d'Ossian.

On n'a pas oublié cette vogue pour ainsi dire populaire, qui s'attachait encore, il y a quelques années, aux réminiscences des poëmes d'Ossian. Il fut une époque où les distributions de prix retentissaient sans cesse des noms d'Oscar, de Malvina, de Témora, des noms harmonieux que l'imagination des parents substituait aux noms plus simples que donne le calendrier.

Un ouvrage qui domine ainsi les esprits par un enthousiasme à la fois grave et puéril mérite d'être étudié. Ce n'est pas, Messieurs, qu'en touchant à ce sujet que je ne puis éviter, je n'éprouve quelque embarras, quelque inquiétude. La variété est une bonne chose ; mais je crains de la pousser aujourd'hui trop loin ; et je vais tomber de la littérature dans les discussions philologiques. Toutefois j'essayerai de vous ennuyer le moins possible ; et l'intérêt d'un problème historique et littéraire couvrira l'aridité de quelques détails.

Rappelons d'abord les circonstances de cette réapparition prétendue des ouvrages si longtemps inédits d'un barde écossais du IIe siècle, qui, dans ces chants incultes, respire cependant une sorte de générosité sublime, une élévation et une pureté singulière de sentiment.

En 1758, un jeune homme né dans les montagnes d'Écosse, Macpherson, qui semble avoir eu de bonne heure beaucoup d'esprit, et un esprit à la fois capable d'enthousiasme et d'adresse, était précepteur dans la maison d'un comte de Graham, de la famille de ce Claverhouse que Walter Scott a dessiné pour l'histoire ; il y vit M. Home, littérateur écossais, assez bon poëte, auteur d'une tragédie de *Douglas*. En s'entretenant avec lui, Macpherson, qui déjà s'était essayé dans la poésie, et avait publié sans succès un poëme du *Montagnard*, parla des chants populaires qu'il avait, dans son enfance, entendus sur la montagne où il était né. Il en traduisit quelques passages, et, bientôt excité par l'admiration que cette poésie rude et simple donnait à l'esprit cultivé de Home, il multiplia ses essais. Un premier volume parut sous le titre de

Fragments de poésie ancienne, recueillis dans les montagnes d'Écosse, et traduits de la langue erse ou gallique.

Ce volume ravit tout le public littéraire d'Édimbourg. Un célèbre poëte anglais, qui cherchait l'originalité par calcul de goût, plus qu'il ne l'avait par instinct, esprit à la fois imitateur et curieux du nouveau, Gray témoigna surtout le plus vif enthousiasme pour cette poésie singulière. Je crois même que ce furent ces premiers chants qui, dès lors, inspirèrent à Gray une de ses plus belles odes : celle où il déplore le massacre des bardes du pays de Galles, qu'Édouard Ier fit tous égorger, afin d'affermir sa conquête, incertaine et menacée, tant qu'il restait des hommes pour chanter l'ancienne liberté du pays. L'entreprise de Macpherson, qui devait trouver plus tard de vives oppositions, fut accueillie avec un zèle extrême et presque une passion de parti.

La littérature aujourd'hui, Messieurs, n'est qu'un intérêt secondaire qui ne divise pas les esprits; d'autres causes d'agitation et de querelle nous sont également inconnues; une civilisation uniforme rapproche tous les habitants de la France; nous ne soupçonnons pas ce que c'est qu'une jalousie de province à province, une jalousie de petit royaume à petit royaume. Dans l'Angleterre et dans l'Écosse du xviiie siècle, ces sentiments subsistaient encore avec une force singulière; la vanité nationale d'abord, et puis, s'il est permis de parler ainsi, la vanité provinciale, étaient poussées à l'excès. Il n'est pas inutile de le remarquer : les

Écossais qui avaient fait sous le drapeau du prince Édouard une entreprise assez malheureuse, qui plus tard avaient eu la satisfaction de voir un Écossais de naissance devenir premier ministre du roi d'Angleterre, nourrissaient toujours contre les Anglais une jalousie qui s'étendait à la littérature comme à la politique. La pensée qu'autrefois avait vécu dans leurs montagnes un grand poëte dont les vers, inédits pendant quinze siècles, reparaissaient au jour, cette pensée flatta la vanité de toute la haute Écosse : aussitôt que Macpherson eut publié ses *Fragments*, des souscriptions furent ouvertes, et on le pria d'aller dans les montagnes pour recueillir encore quelques-uns de ces débris qui devaient élever si haut la gloire poétique de l'Écosse. Macpherson partit, consulta de vieux ministres puritains du pays, erra dans les montagnes, entendit chanter quelques ballades, recueillit, dit-on, quelques lambeaux de manuscrits, revint, traduisit, ajouta, changea, créa, et, au bout de quelques années, fit paraître le poëme de *Fingal*, puis le poëme de *Témora*. Jusque-là, Messieurs, tout allait bien ; on n'avait pas le chagrin, en admirant des chants poétiques, d'admirer un contemporain. (*On rit.*) Il y avait une satisfaction sans mélange à lire de belles choses, et à n'être pas obligé d'en savoir gré à quelqu'un qui fût là présent.

Mais cette jalousie nationale, si facile à réveiller, ou plutôt toujours existante entre deux pays voisins et rivaux, suscita bientôt en Angleterre des contradicteurs à la gloire de l'Homère retrouvé dans les montagnes d'Écosse. Le docteur Johnson surtout, le plus grand critique de cette époque, homme singulièrement âpre, qui conservait, au milieu du xviii° siècle, quelque chose de la virulence des savants du xvi°, des Scioppius et des Scaliger, attaque violemment Macpherson, et le traite de fourbe et de faussaire. Rien ne peut vous donner une idée plus juste de l'animosité des esprits dans cette question littéraire qu'une réponse du docteur Johnson à Macpherson, qui s'était plaint avec hauteur de l'injurieux scepticisme du critique anglais :

Monsieur James Macpherson,

J'ai reçu votre folle et impudente lettre. Je ferai de mon mieux pour repousser toute violence tentée contre moi ; et, ce que je ne pourrai faire moi-même, la loi le fera pour moi. J'espère n'être jamais détourné de dévoiler une fourberie par les menaces d'un gueux.

Quelle rétractation voudriez-vous de moi ? j'ai cru votre livre une imposture ; je le crois une imposture encore. A l'appui de cette opinion, j'ai donné au public des raisons que je vous mets à défi de réfuter. Je méprise votre rage. Vos talents, depuis la publication de votre *Homère*, ne paraissent pas fort redoutables ; et ce que j'entends dire de votre caractère me porte à tenir compte, non de ce que vous direz, mais de ce que vous prouverez. Vous pouvez imprimer cette lettre, si vous voulez.

Pour l'intelligence de quelques mots de cette lettre, je ne dois pas oublier, Messieurs, de vous dire que Macpherson, enchanté et enrichi par le succès de son *Ossian*, avait essayé de traduire Homère : ce même coloris romantique et sauvage qui brillait dans les vers de l'ancien barde écossais,

Macpherson l'avait reporté sur les chants du poëte grec. Je ne sais si le public était déjà rassasié des images à la fois fortes et monotones qui remplissaient la version d'*Ossian ;* je ne sais si le contraste entre ce qui restait de grec et ce que Macpherson avait ajouté d'écossais dans la traduction anglaise d'Homère nuisit à l'illusion des lecteurs, mais enfin l'ouvrage fut universellement décrié; et, tandis qu'on admirait le compilateur des chants ossianiques, on se moqua du traducteur d'Homère.

Ayant ainsi un grand succès sous le nom d'un autre, et un grand revers en son propre nom, Macpherson changea de rôle; il partit comme secrétaire du gouverneur de la Floride; il gagna dans cette place plus d'argent encore que par sa publication des poëmes d'Ossian; puis il revint en Angleterre; il fit de nombreux pamphlets fort bien écrits pour le ministère, et il s'enrichit encore davantage; enfin, avec un mélange d'habileté pour les affaires et d'éloquence appliquée à tout, Macpherson se fit l'agent, l'avocat d'un nabab de l'Inde. Vous savez quelle était, Messieurs, la puissance de la compagnie des Indes, quelle était cette dictature politique et commerciale que des marchands anglais exerçaient sur un pays de cinquante millions d'hommes ; de pauvres petits princes de l'Inde, tout chargés d'or, tâchaient de trouver à Londres quelqu'un qui voulût défendre leurs intérêts auprès de l'envahissante et redoutable compagnie, et ils payaient les moindres services avec des diamants et des rubis. Dans cette fonction, sans autre travail que de plaider quelquefois devant la compagnie des Indes, Macpherson amassa d'immenses richesses en défendant son *nabab* : il acheta un magnifique château, changea de nom, et devint une espèce de grand seigneur. Dans cette brillante fortune, vous sentez qu'il ne s'inquiétait plus de défendre l'authenticité de son *Ossian* ; il laissait croire aux uns que c'était lui-même, aux autres que ce n'était pas lui, et il jouissait de sa prospérité, de sa splendeur, de toute la renommée qu'il avait acquise comme écrivain de talent, comme habile homme, et même comme homme riche; car la richesse est aussi un titre à la renommée.

Au milieu de cette heureuse destinée, Macpherson mourut, laissant la question indécise. Après lui les débats se ranimèrent. Samuel Johnson avait discuté plutôt avec colère, avec haine qu'avec un parfait discernement. Il avait fait cependant un voyage dans les îles Hébrides et dans la haute Écosse; mais il avait entrepris ce voyage comme on commence souvent beaucoup de choses, avec la résolution de n'être point éclairé par les faits, et sachant d'avance ce qu'il voulait croire à la fin de ses recherches. Ce voyage produisit seulement un livre assez agréable, où le docteur Johnson traite en passant la question des poëmes d'Ossian; il raconte qu'on lui a montré quelques vieux bardes qui lui ont paru des imbécilles, et qui ne savaient pas lire; il ajoute qu'il ne peut y avoir de manuscrit dans un pays où on n'écrit pas, et qu'on ne peut avoir conservé de poëme épique dans un pays où on ne trouverait pas cinq cents lignes d'ancienne écriture ; qu'il est possible, tout au plus, que dans quelques vieilles ballades barbares retentissent quelques noms de lieux et de personnes dont Macpherson s'est emparé : du reste, il répète les expressions de vol, de fourberie, et même de crime.

Une autre objection fut élevée contre l'authenticité des poëmes d'Ossian par un savant Écossais, mais un Écossais des *basses terres*, ce qui est bien important ; car, de même que les Anglais étaient ennemis des Écossais, ainsi les Écossais des basses terres étaient rivaux implacables des Écossais de la montagne. Cet Écossais des basses terres, Malcolm-Laing, dans un ouvrage savant sur l'histoire de son pays, ne manqua pas d'insérer une dissertation contre les poëmes d'Ossian, et quelque temps après il publia un recueil sous ce titre : *Les Poëmes d'Ossian, contenant les OEuvres en vers et en prose de sir James Macpherson, avec des notes et des éclaircissements*. Là, Malcolm-Laing, avec une très-grande et très-amusante érudition, retrouve partout les inspirations du poëte du IIe siècle. La *Bible*, les poëtes grecs, Virgile, les poëtes anglais, tout le monde enfin lui a donné des traits de poésie, des expressions qui lui semblent avoir été habilement compilées par Macpherson, pour faire sa mosaïque celtique.

Mais la gloire nationale ne s'endormit pas. Les Écossais des hautes terres avaient une académie.... Cette académie nomma une commission, et cette commission fit un voyage dans les montagnes, pour retrouver le texte des poésies d'Ossian, s'il était possible.

Les Anglais et les Écossais ont quelque chose d'excellent : c'est le goût, l'habitude et jusqu'à la minutie des formes légales. Ainsi, dans cette espèce de vérification littéraire, ils ont tâché de porter toute l'exactitude d'un greffier.

Les commissaires se sont transportés, avec des instructions très-détaillées, presque diplomatiques, dans les villages des montagnes; là, ils ont entendu successivement un ministre puritain, un aveugle (car les aveugles, depuis Homère, sont en possession de faire des vers, ou du moins de les chanter), un artisan, un paysan, une vieille femme, un gentilhomme retiré dans son manoir, qui, dans sa jeunesse, avait entendu chanter des ballades. Toutes ces dépositions, faites la plupart en gaëlic, ont été recueillies et dûment certifiées par les juges de paix de l'endroit. Les commissaires sont revenus avec le procès-verbal de leur enquête poétique; et alors la société a publié un mémoire savant et complet qui a été rédigé par la plume élégante de Mackenzie.

Maintenant, Messieurs, me demanderez-vous quel est le résultat de ce mémoire? car enfin, avant d'admirer Ossian, nous sommes obligés de savoir quel il est. Il ne faut pas, comme La Harpe, expliquer les défauts d'Ossian par l'ignorance de son siècle, si par hasard son siècle a été le xviiie siècle; il ne faut pas nous extasier sur la rudesse poétique de ses images, en disant : Voyez les mœurs des peuples incultes! voyez la littérature primitive! si nous devons être conduits à découvrir dans Ossian une composition artificielle, où le génie et l'industrie d'un moderne ont su réunir et corriger les matériaux bruts des anciens jours!

La commission a donc rassemblé, dans un gros volume in-4°, les pièces de la procédure, c'est-à-dire plusieurs lambeaux poétiques ramassés dans les montagnes, et qui figuraient, plus ou moins altérés, dans l'ouvrage de Macpherson; la description d'un char, d'un combat, d'un bouclier, quelques vers, quelques mots isolés : mais il faut le dire, presque aucun de ces passages n'a plus de quinze ou vingt vers.

La commission, après un travail contentieux, très-méthodique, fut obligée, sans doute à regret, de conclure son rapport par les questions et les réponses suivantes :

I. A-t-il anciennement existé dans la haute Écosse une poésie connue sous le nom d'*ossianique*, et quel en était le mérite?
II. La collection publiée par Macpherson est-elle authentique?
Sur le premier point, la commission répond sans difficulté que cette poésie a existé, qu'elle était généralement répandue, qu'elle avait un caractère touchant et sublime.
Sur le second point, la société avoue qu'il lui est difficile de répondre catégoriquement. Elle déclare avoir recueilli, cependant, des fragments de poëmes qui renferment souvent la substance et quelquefois presque les expressions mêmes de passages contenus dans les poëmes dont Macpherson a publié la traduction, mais aucun poëme identique par le titre et par le sujet. Elle croit que cet écrivain avait pour habitude de remplir les lacunes, de lier des fragments épars, d'insérer des passages nouveaux, d'élaguer des phrases, d'adoucir quelques incidents, de polir le langage, enfin de changer ce qui lui paraissait trop simple ou trop rude pour une

oreille moderne, et de relever ce qui lui paraissait au-dessous de l'idéal de la poésie. La commission ajoute qu'il lui est impossible de déterminer jusqu'à quel point Macpherson a usé de ce genre de liberté.

Voilà, Messieurs, un aveu qui, sorti de la bouche de juges éclairés, consciencieux, et cependant animés d'une sorte de partialité patriotique, a sans doute une grande force contre l'authenticité des poëmes d'Ossian. Aussi l'amour-propre écossais, qui, suivant Johnson, est un des plus grands amours-propres nationaux qui existent dans le monde, l'amour-propre écossais fut très-mécontent de cette conclusion; et quelque temps après, on assura que des manuscrits légués par Macpherson renfermaient le véritable texte des poésies d'Ossian, qu'on allait enfin le voir paraître; et en effet, on le publia; et, pour rendre la chose authentique, on mit en tête un portrait d'Ossian, que voici.... (*On rit.*) Vous le voyez, Messieurs, Ossian offre bien toutes les conditions nécessaires à un successeur d'Homère. Il est vieux; sa figure est grave, majestueuse, inspirée; de longs cheveux blancs couvrent sa tête. Enfin il paraît aveugle. Après cela, demandera-t-on, sur quel buste, sur quelle médaille contemporaine on a modelé ce portrait d'Ossian? Je ne sais ce que les éditeurs peuvent répondre à cela. Toutefois, comme ils tenaient beaucoup à la véracité de leur publication, ils ont transmis à l'Institut de France l'exemplaire que je tiens, et où se trouve une lettre manuscrite de sir John Sinclair, dans laquelle il insiste beaucoup sur la réalité, la parfaite authenticité de l'original gaëlic. Il répète ce qu'on avait dit plus d'une fois, que cette poésie, dans l'original, était infiniment supérieure à la traduction de Macpherson, et que Macpherson, au lieu de faire la fortune des vieilles ballades, les avait réellement gâtées, et leur devait réparation.

Messieurs, malgré ces faits, qui ne sont pas pour vous d'un intérêt bien vif, mais qui tiennent à une sorte de problème historico-littéraire assez curieux, je crois que l'on peut conserver de grands, de légitimes doutes sur l'authenticité des poëmes d'Ossian.

Ce n'est pas qu'il n'ait existé et qu'il n'existe encore un idiome *gaëlic*, parlé dans une portion de l'Irlande et dans les montagnes d'Écosse ; ce n'est pas non plus que cette langue ne soit poétique, et n'offre même, ainsi que l'ont remarqué des savants que je ne contredirai pas, quelque analogie singulière avec l'hébreu ; ce n'est pas non plus que dans cette langue il n'y ait une sorte de littérature populaire conservée au xve et au xvie siècle. Ainsi Buchanan parle de ces bardes écossais, héritiers lointains des bardes qu'a désignés Tacite :

Accinunt autem carmen non inconcinne factum, quod fere laudes fortium virorum contineat.

Un livre de prières écossais du xvie siècle rappelle dans une note le nom de Fingal. Un autre livre écossais du même temps, publié par un évêque, renferme des plaintes sur ce que les Écossais de la montagne préfèrent les chants grossiers de leurs pères et les exploits fabuleux de leurs héros à de pieuses et bonnes lectures. Enfin on ne peut douter qu'il ne se conserve dans les montagnes d'Écosse des traces et des souvenirs de cette poésie traditionnelle. Il est certain, par le témoignage d'une foule de voyageurs, que le nom d'Ossian y était répété de père en fils, qu'on y joignait même l'épithète d'aveugle, *Ossian dall.* Il paraît également que plus d'un proverbe populaire rappelait quelques exploits des compagnons de Fingal, et qu'on se souvenait d'*Agandecca, la fille de la neige.*

Enfin, on ne peut douter non plus, d'après l'exposé judiciaire et véridique de la commission *highlandaise*, qu'il ne se rencontre dans les vieux chants gaëlics quelques peintures de guerre, quelques sentiments de patriotisme ou d'amour, encadrés plus tard dans le travail de Macpherson.

Après lui et le succès de son ouvrage, d'autres recherches dans les montagnes d'Écosse avaient donné un résultat poétique assez semblable au sien. En 1780, un docteur Smith, tenté par la gloire de Macpherson, avait également recueilli des chants gaëlics, les avait revisés, publiés; et il y a grande analogie de sujets et de formes entre ces morceaux et les premières poésies d'Ossian; on peut croire même que le second traducteur a imité le style du premier. Mais ce docteur Smith avoue naïvement que, pour faire son travail, il a pris çà et là une demi-stance, un demi-vers. Les *récitateurs* de ces chants antiques qu'il a rencontrés dans les montagnes étaient pour lui, dit-il, des espèces d'éditions incomplètes, pleines de lacunes et de fautes; et il suppléait à l'une par l'autre. Vous voyez que ce travail est une sorte de recrépissage moderne, où il est fort difficile de reconnaître la part de l'originalité primitive.

Un Anglais, M. Hill, a également voyagé dans les montagnes d'Écosse pour découvrir quelques fragments ossianiques. Mais ici, Messieurs, la comparaison est encore moins favorable à l'authenticité des premiers poëmes d'Ossian. Ce n'est pas que les recherches de cet Anglais ne nous reproduisent quelques lambeaux raccommodés par Macpherson; mais généralement c'est une poésie toute différente; c'est une poésie triviale, lourde, plate. Par exemple, le chant intitulé *la Prière d'Ossian*, qui nous montre le barde allant consulter saint Patrik, discutant avec lui sur le christianisme, et finissant par être baptisé, ce chant ressemble tout à fait aux fabliaux grossiers du moyen âge; il n'a rien du caractère élevé, enthousiaste, sentimental, qui respire dans les poésies d'Ossian publiées par Macpherson.

Voilà donc, Messieurs, quelques graves raisons de doute. On peut en tirer d'autres du caractère même de Macpherson, qui paraît un adroit exploitateur de gloire et de fortune. Très-jeune, il publie un premier ouvrage en son nom, un poëme sur les sites et les souvenirs des montagnes d'Écosse. Il ne réussit pas; il n'est pas lu. Il reprend alors une partie des images qu'il avait jetées dans son poëme; il les développe plus librement dans une prose élégante et nombreuse; il les mêle à quelques fragments de vieux chants gaëlics dont il s'inspire; et, plus hardi sous un nom étranger, il prodigue les couleurs et les artifices de langage rendus plus piquants par une rudesse apparente. Sous cette forme nouvelle, par ce faux air de barbarie, il frappe des esprits rassasiés de raisonnement et d'élégance. Le succès une fois obtenu, il est attaqué avec tant de vivacité comme faussaire, qu'il craint d'en accepter le tort ou la gloire; il se défend, et en se défendant il se trouve lié à son premier mensonge.

Mais, dira-t-on, comment expliquer ce texte original d'Ossian dans la langue gaëlique? Par un seul mot: la copie sur laquelle ce texte a été imprimé était presque en entier écrite de la main de Macpherson, et exactement divisée comme la prétendue traduction qu'il avait publiée.

Or, remarquez, Messieurs, qu'à cette époque la langue gaëlique, qui si longtemps avait été un idiome rude et populaire, était cultivée littérairement. Afin de civiliser les pauvres habitants des montagnes, afin de les enlever à leurs passions et à leurs souvenirs indigènes, la politique anglaise répandait au milieu d'eux des écrits en langue gaëlique. On avait traduit pour leur usage la Bible tout entière, et différents livres de dévotion et de morale. Beaucoup de personnes lettrées avaient acquis l'habitude d'écrire plus ou moins habilement ce dialecte populaire : Macpherson était de ce nombre. Peut-on s'étonner dès lors que la tentation de soutenir un mensonge qui flattait l'orgueil national, que la facilité de l'étayer sur un peu de vérité, aient produit, quoique bien tard, ce manuscrit gaëlic, seule et dernière preuve de l'authenticité des poëmes d'Ossian, et preuve, suivant nous, très-douteuse ?

Elle ne détruit pas, en effet, les objections tirées de la forme même de l'ouvrage. Sans doute ici, Messieurs, le scepticisme doit éprouver quelque embarras, de voir des hommes savants comme le docteur Blair, adopter avec enthousiasme la gloire des poëmes d'Ossian, les déclarer à la fois authentiques et sublimes. Telle est la singularité du préjugé : Malcolm-Laing ne voit dans les poëmes d'Ossian qu'un immense plagiat. « Votre Ossian, dit-il, me parle des *joies de la tristesse;* c'est une expression qu'il a prise d'Homère. Il fait retentir sans cesse le bruit de la mer; c'est une imitation de ce beau vers :

Βῆ δ' ἀκέων παρὰ θῖνα πολυφλοίσβοιο θαλάσσης. »

Le docteur Blair dit au contraire : « Quel grand poëte que cet Ossian! Au milieu de l'Écosse du IIe siècle, dans un temps de barbarie, il rencontre des expressions et des images révélées au génie d'Homère! il me parle, comme Homère, des *joies de la tristesse,* etc.... » Vous le voyez, en discutant ainsi, on peut épuiser les textes de part et d'autre, sans avancer la question.

Mais d'autres objections, plus morales que littéraires, se présentent. N'est-il pas singulier que, dans cette poésie si antique, et qu'on fait remonter au siècle de Septime Sévère, il n'y ait aucune trace de culte religieux, aucun détail des cérémonies, aucun rite enfin, mais seulement un vague respect pour les ombres des aïeux ? N'est-il pas étonnant que les poëmes d'un temps barbare expriment une si grande générosité de sentiment ? Les Gaëls et les bardes de votre Ossian ressemblent tout à fait à ceux qu'imaginait Tacite, en dérision et en censure des vices de Rome. Lorsque Tacite met dans la bouche de Galcalus ces pensées mélancoliques et profondes : *Sicut in familia recentissimus quisque servorum et conservis ludibrio est; sic in hoc vetere orbis terrarum famulatu novi nos ac viles in excidium petimur;* ou bien, ces dernières paroles : *proinde ituri in aciem, majores vestros ac posteros cogitate,* ce n'est pas un barbare qui parle ; ce sont les idées philosophiques et poétiques tout ensemble d'un Romain qui, sous le nom et avec la rudesse d'un barbare, n'est pas fâché de flétrir plus énergiquement les crimes et l'esclavage de Rome. Eh bien, ajoute-t-on, le langage si élevé, la pureté d'héroïsme, le désintéressement, la générosité poussés à l'excès dans les héros de Macpherson ou d'Ossian, sont une fiction poétique et littéraire à peu près semblable.

Cet argument, je l'avoue, me paraît le plus fort. Nous savons d'ailleurs, par des épreuves récentes, ce que c'est que la poésie des peuples primitifs, ou des peuples retombés dans la barbarie. Vous avez ces *chants grecs*, qu'une main si savante a réunis, qu'un esprit si ingénieux, si libre, si varié dans ses études, a interprétés et fait sentir au public français. Cette poésie a quelque chose d'elliptique, de hardi, de figuré; mais elle est sauvage. Une grande énergie, et parfois une grande générosité de sentiments, n'y est pas exempte de cette rapacité féroce, de ce goût du pillage et de la guerre, de ces haines implacables qui appartiennent à l'homme primitif, à l'homme rendu à lui-même. De plus, voyez comme ces morceaux sont courts, rapides, tels que, dans une vie agitée, l'ignorante inspiration peut les créer, et la mémoire peut les retenir. Mais admettre, supposer des poëmes longs, complets dans toutes leurs parties, monotones, il est vrai, mais presque artificiellement monotones, cela, je l'avoue, me paraît bien contraire à la vraisemblance. Je crois donc que des chants populaires existaient en Écosse; que ces chants, sous un climat moins heureux que la Grèce, devaient cependant, par cette liberté native et cette inspiration des mœurs locales, avoir quelque chose de fier, de hardi, d'élevé; que ces chants, altérés par la tradition orale, avaient pu se mêler, se confondre, s'embrouiller l'un l'autre; qu'une main habile pouvait les extraire, les épurer; mais que, pour les amener à ce degré de développement, de correction sauvage, si l'on peut parler ainsi, que leur a donné Macpherson, il fallait un grand travail et une refonte qu'on peut égaler un peu à la fabrication primitive originale.

Je crois, du reste, qu'il en est à peu près des mœurs calédoniennes, dans l'Ossian de Macpherson, comme des mœurs sauvages retracées de nos jours par un homme de génie. Malgré l'art avec lequel l'illustre écrivain a intercalé quelques proverbes des Natchez dans les poëmes de *René* ou d'*Atala*, vous ne croyez pas sans doute avoir la vie sauvage sous les yeux. L'entreprise de Macpherson, avec une grande infériorité de talent, offre quelque chose de cette fiction littéraire.

Maintenant que la question philologique est discutée, reste la question poétique.

Je crois entendre dire autour de moi : Que vos poëmes viennent du Nord ou du Midi, qu'ils viennent d'Ossian ou de Macpherson, sachons ce qu'ils valent. Le premier point cependant méritait d'être examiné; car, dans l'étude philosophique et comparée que nous faisons des littératures, il est d'un grand intérêt de connaître par un exemple de plus ce que produit l'esprit de l'homme livré à lui-même, avant l'étude, la contagion de l'exemple, et ce plagiat éternel que toutes les nations se font réciproquement. Je voudrais donc voir quelques-unes de ces poésies gaëliques dans la pureté de leur barbarie primitive. Mais où les trouver? Les fragments vraiment originaux que l'on cite sont si courts qu'ils ne peuvent en donner l'idée. M. Suard me contait qu'un Macdonald, gentilhomme écossais, savant et spirituel, lui avait souvent récité avec enthousiasme des fragments gaëlics : mais M. Suard n'entendait pas plus le gaëlic que moi; et l'admiration de M. Macdonald pouvait tenir à ce préjugé qui nous fait mettre grand prix à ce que nous savons seuls.

Mais si nous ne croyons pas à l'authenticité des poëmes ossianiques, dans leur forme actuelle, voyons quelle estime nous devons faire de l'artifice moderne qui les a composés. Expliquons-nous en même temps pourquoi cette fiction obtint un si grand succès, et quel genre d'enthousiasme et d'attrait porta toutes les littératures de l'Europe à imiter Ossian. Je ne parle pas de la traduction de Letourneur; mais je vois le célèbre Goëthe saisi d'admiration pour Ossian, et lui accordant même une telle puissance de mélancolie, que c'est Ossian qu'il fait lire à son Werther, avant le suicide. Je vois Cesarotti, esprit facile et brillant, nourri de la littérature grecque, près de préférer Ossian à Homère, et traduisant le barde écossais en vers italiens pleins d'éclat et de mouvement. A ces autorités j'en puis opposer une, celle de Voltaire, qui fait si souvent de la raillerie même l'instrument d'une raison supérieure et fine:

« Un Florentin, nous raconte Voltaire, homme de lettres, d'un esprit juste et d'un goût cultivé, se trouva un jour dans la bibliothèque de milord Chesterfield, avec un professeur d'Oxford et un Écossais qui vantait le poëme de Fingal, composé, disait-il, dans la langue du pays de Galles, laquelle est encore en partie celle des Bas-Bretons. Que l'antiquité est belle! s'écriait-il; le poëme de Fingal a passé de bouche en bouche jusqu'à nos jours, depuis près de deux mille ans, sans avoir été jamais altéré ; tant les beautés véritables ont de force sur l'esprit des hommes ! Alors il lut à l'assemblée ce commencement de Fingal :

> Cuchulin était assis près de la muraille de Tura, sous l'arbre de la feuille agitée ; sa pique reposait contre un rocher couvert de mousse ; son bouclier était à ses pieds, sur l'herbe. Il occupait sa mémoire du souvenir du grand Carbar, héros tué par lui à la guerre. Moran, né de Fitilh, Moran, sentinelle de l'Océan, se présenta devant lui :
> « Lève-toi, lui dit-il, lève-toi, Cuchulin ; je vois les vaisseaux de Swaran, les ennemis sont nombreux ; plus d'un héros s'avance sur les vagues noires de la mer. »
> Cuchulin, aux yeux bleus, lui répliqua : « Moran, fils de Fitilh, tu trembles toujours ; tes craintes multiplient le nombre des ennemis. Peut-être est-ce le roi des montagnes désertes qui vient à mon secours dans les plaines d'Ullin. — Non, dit Moran, c'est Swaran lui-même ; il est aussi haut qu'un rocher de glace ; j'ai vu sa lance, elle est comme un haut sapin ébranché par les vents ; son bouclier est comme la lune qui se lève ; il était assis au rivage sur un rocher ; il ressemblait à un nuage qui couvre une montagne, etc. »

« Ah ! voilà le véritable style d'Homère, » dit alors le professeur d'Oxford.

« Le Florentin, ayant écouté avec une grande attention les premiers vers de Fingal beuglés par l'Écossais, avoua qu'il n'était pas fort touché de toutes ces figures asiatiques, et qu'il aimait beaucoup mieux le style simple et noble de Virgile.

« L'Écossais pâlit de colère à ce discours ; le docteur d'Oxford leva les épaules de pitié ; mais milord Chesterfield encouragea le Florentin par un sourire d'approbation.

« Le Florentin, échauffé, et se sentant appuyé, leur dit : Messieurs, rien n'est plus aisé que d'outrer la nature, rien n'est plus difficile que de l'imiter. Je suis un peu de ceux que l'on appelle en Italie *improvisatori*, et je vous parlerais huit jours de suite en vers dans ce style oriental, sans me donner la moindre peine, parce qu'il n'en faut aucune pour être ampoulé en vers négligés, chargés d'épithètes qui sont presque toujours les mêmes, pour entasser combats sur combats, et pour peindre des chimères.

« Qui? vous! lui dit le professeur, vous feriez un poëme épique sur-le-champ?—Non pas un poëme épique raisonnable et en vers corrects comme Virgile, répliqua l'Italien; mais un poëme dans lequel je m'abandonnerais à toutes mes idées, sans me piquer d'y mettre de la régularité.

« Je vous en défie, dirent l'Écossais et l'Oxfordien. — Eh bien, donnez-moi un sujet? répliqua le Florentin. Milord Chesterfield lui donna le sujet du *Prince Noir*, vainqueur à la journée de Poitiers, et donnant la paix après la victoire.

« L'improvisateur se recueillit, et commença ainsi :

Muse d'Albion, génie qui présidez aux héros, chantez avec moi, non la colère oisive d'un homme implacable envers ses amis et ses ennemis; non des héros que les dieux favorisent tour à tour, sans avoir aucune raison de les favoriser; non les exploits extravagants du fabuleux Fingal, mais les victoires véritables d'un héros aussi modeste que brave, qui mit des rois dans ses fers, et qui respecte ses ennemis vaincus.

Déjà George, le Mars de l'Angleterre, était descendu du haut de l'empyrée, monté sur le coursier immortel, devant qui les fiers chevaux du Limousin fuient comme des brebis bêlantes et les tendres agneaux se précipitant en foule les uns sur les autres pour se cacher dans la bergerie à la vue d'un loup terrible qui sort du fond des forêts, les yeux étincelants, le poil hérissé, la gueule écumante, menaçant les troupeaux et le berger de la fureur de ses dents avides de carnage.

Martin, le célèbre protecteur des habitants de la fertile Touraine; Geneviève, douce divinité des peuples qui boivent les eaux de la Seine et de la Marne; Denis, qui porta sa tête entre ses bras à l'aspect des hommes et des Immortels, tremblaient en voyant le superbe George traverser le vaste sein des airs, etc.

« Le Florentin continua sur ce ton pendant plus d'un quart d'heure. Les paroles sortaient de sa bouche, comme dit Homère, plus serrées et plus abondantes que les neiges qui tombent pendant l'hiver; cependant ses paroles n'étaient pas froides : elles ressemblaient plutôt aux rapides étincelles qui s'échappent d'une forge enflammée, quand les Cyclopes frappent les foudres de Jupiter sur l'enclume retentissante.

« Ses deux antagonistes furent enfin obligés de le faire taire, en lui avouant qu'il était plus aisé qu'ils ne l'avaient cru de prodiguer les images gigantesques, et d'appeler le ciel, la terre et les enfers à son secours. »

Il y a sans doute, Messieurs, beaucoup d'esprit dans cette parodie. Peut-être va-t-elle même en secret jusqu'à se moquer, non-seulement d'Ossian, mais un peu d'Homère. Mais je m'arrête au premier point; et, je l'avoue, la rédaction, car c'est le terme qu'il faut adopter, la rédaction de Macpherson me paraît, comme à Voltaire, un assemblage de figures pompeuses, de paroles retentissantes, une sorte d'improvisation asiatique, qui ne vaut pas le mélange heureux du naturel et de l'élégance. Je le crois de plus, et c'est une idée bien simple, que je n'ai pas vue exprimée dans tout ce débat, une grande portion du succès de Macpherson était due à l'emploi nouveau de la prose poétique. L'Angleterre n'était pas, comme la France, habituée à une sorte de prose élevée, passionnée, hardiment figurée. Lorsque Gibbon avait commencé d'écrire, son style emphatique avait paru trop élégant; et Hume lui reprochait d'avoir imité le style brillant et haut en couleur des écrivains français. La grande tentative de prose poétique, faite par Macpherson, saisit plus vivement les lecteurs anglais. Jusque-là l'imagination avait été mise en réserve par les Anglais, pour n'être employée que dans les vers; avec Macpherson, elle entrait dans la prose. Je m'explique donc très-facilement la vive impression que devait produire un pareil ouvrage; et je reconnais les beautés nouvelles qui sont nées de ce mélange de souvenirs indigènes habilement recueillis, et de l'emploi d'un style inusité dans la langue anglaise.

En effet, ce n'est pas d'après le pathos uniforme de Letourneur, qu'il faut juger les poëmes d'Ossian; le texte anglais a bien plus d'éclat et d'énergie. Il a dans son luxe sauvage quelque chose de grave et d'animé qui plaît à l'imagination.

De plus, on connaissait ces héros d'Homère, si rudes, si cruels; la poésie ne s'était pas encore emparée des traditions antiques sur les mœurs des peuples du Nord, sur leur générosité et leur culte pour les femmes. Tacite raconte que les Germains croyaient voir dans les femmes quelque chose de saint et de sacré. Cette idée n'a pas été perdue pour Macpherson. La civilisation moderne lui a également communiqué des idées de générosité, que le mélange de la barbarie rendait plus saillantes.

Dans le poëme d'Ossian, intitulé *Lathmon*, deux jeunes guerriers, Gaul et Ossian lui-même, tels que Nisus et Euryale, traversent de nuit le camp des ennemis. Dans Virgile, Nisus et Euryale, si touchants par leur amitié, leur piété filiale, égorgent de sang-froid des guerriers endormis. Au contraire, sous la loi du point d'honneur moderne, les guerriers *ossianiques* s'arrêtent, et l'un d'eux dit à l'autre : «Voudrais-tu souiller ton glaive? réveillons-les pour les combattre;» et en même temps il fait du bruit avec son bouclier, et tout le camp se lève. Voilà tout un camp armé contre deux hommes; de grands coups de lance sont portés de part et d'autre; mais le jour paraît; et toute une armée se voit en présence de deux ennemis qui la bravent. Que fait le général? il arrête ses soldats; il descend seul, en disant : « Ils ne sont que deux. » Mot sublime, emprunté encore à des idées de générosité chevaleresque et moderne ! Il s'avance au combat contre un des jeunes guerriers, qui le désarme d'un coup de lance. Il va périr; mais il est sauvé par l'ami même de son adversaire qui le couvre de son bouclier. Il y a là, ce me semble, une gageure de générosité, une enchère d'héroïsme bien éloignée de la rudesse des mœurs primitives.

Nous avons des exemples des vieilles poésies guerrières et vraiment barbares. Nous avons ces hymnes scandinaves recueillis par Olaüs. Il n'y a là rien de pareil. Le roi Lodborg, tombé dans les mains de ses ennemis, est enfermé dans un cachot, où il meurt dévoré par des vipères. Le scalde contemporain lui fait dire :

> Les déesses de la mort m'appellent ; j'entends leurs voix, je vais bientôt m'asseoir auprès d'elles, dans la haute demeure, et boire de la bière avec elles ; je souris en mourant.

Voilà le sublime barbare. Il n'a rien de ce raffinement de générosité et d'enthousiasme chevaleresque qui caractérise les héros d'Ossian.

Un autre genre de beauté qui se trouve dans Ossian me paraît également peu compatible avec la rudesse des temps barbares ; c'est la mélancolie. Sans doute, dans la vie sauvage, comme on l'a remarqué, le chant de l'homme est souvent triste ; mais la longue méditation sur cette tristesse, une sorte de spiritualisme rêveur, tout cela semble plutôt appartenir aux sociétés avancées qu'aux sociétés primitives.

La mélancolie d'Ossian ressemble si fort à celle de Milton, que l'on est tenté de croire à l'imitation ; elle n'en est pas moins expressive et touchante ; nous pouvons l'étudier sur une double épreuve. Ce docteur Smith, qui, après Macpherson, recueillit des poésies gaëliques, a publié un chant d'Ossian, aveugle, assis au tombeau de son aïeul, et, sur la pierre sépulcrale échauffée par les rayons du soleil, saluant l'astre qu'il ne voit pas :

> Fils du ciel, les pas de ta course sont beaux quand tu voyages

au-dessus de nos têtes dans ta splendeur, et que tu disperses les orages devant ta face. Ta chevelure d'or est belle, quand tu te plonges dans les flots de l'Occident, et l'espérance de ton retour n'est pas moins belle. Dans les ténèbres de la nuit, tu ne perds jamais ta route, et les tempêtes, dans l'abime agité des mers, s'opposent vainement à toi. À la voix du matin, tu es toujours prêt, et la lumière de ton retour est charmante : elle est charmante, mais je ne la vois pas, car tu ne peux chasser la nuit des yeux du poëte. Mais le nuage des années peut un jour obscurcir ton visage, et tes pas, comme les miens, peuvent s'appesantir par l'âge. Tu peux un jour, comme ta sœur, promener ton disque pâli dans les cieux, et oublier l'heure de ton lever; la voix du matin t'appellera; mais tu ne lui répondras plus. Le chasseur sera sur la colline pour épier ta venue, mais il ne te verra pas; une larme jaillira de ses yeux : le rayon du ciel, dira-t-il à ses chiens, nous a manqué, et il retournera dans sa cabane avec tristesse. Mais la lune brillera dans son éclat, et les bleuâtres étoiles, chacune à leur place, se réjouiront. Oui, soleil, un jour tu vieilliras dans les cieux, et peut-être tu t'endormiras dans la tombe comme Trathal. Ne te souviens-tu pas, ô soleil, de ce chef intrépide[1]?

Macpherson, de son côté, a fait un morceau à peu près semblable; vous en conclurez, je crois, que voilà deux modernes qui ont travaillé sur un vieux souvenir, et jeté leur vernis poétique sur un thème primitif et populaire qui circulait dans l'Écosse :

O toi qui roules au-dessus de nos têtes, rond comme le bouclier de mes pères, d'où viennent tes rayons, ô soleil? d'où vient ta lumière éternelle? Tu t'avances dans ta beauté majestueuse, et les étoiles se cachent dans le ciel; la lune pâle et froide se plonge dans les ondes de l'Occident. Mais toi, tu te meus seul; eh! qui peut être le compagnon de ta course? Les chênes des montagnes tombent; les montagnes elles-mêmes sont détruites par les années; l'océan s'élève et s'abaisse tour à tour; la lune se perd dans les plaines du ciel; mais tu es à jamais le même, te réjouissant dans l'éclat de ta course. Lorsque le monde est obscurci par les orages, lorsque le tonnerre roule et que l'éclair vole, tu parais dans ta beauté à travers

---

[1] *Gaelic Antiquities*, by John Smith, p. 269.

les nuages, et tu te ris de la tempête.... Hélas! tu brilles en vain pour Ossian; car il ne voit plus tes rayons, soit que ta chevelure dorée flotte sur les nuages de l'Orient, soit que ta lumière frémisse aux portes de l'Occident.... Mais peut-être, comme moi, tu n'as qu'une saison, ô soleil! et tes années auront un terme. Peut-être tu t'endormiras un jour dans le sein des nuages, et tu n'entendras plus la voix du matin!

Il est évident que ces deux morceaux sont deux fabrications modernes, faites sur un fonds inculte et antique; et, quand on songe aux incomparables apostrophes de Milton au soleil, on s'explique tout à la fois la facilité et l'éclat de l'imitation; car il semble qu'il est tombé de ces belles et vivifiantes paroles de Milton quelque chose qui doit faire vibrer toute âme un peu poétique. Ici, vous le voyez, la question littéraire rentre dans la question philologique. L'étude que nous faisons du morceau, comme œuvre poétique, nous apprend jusqu'à quel point il peut être une œuvre factice.

Ainsi, je ne vois dans Ossian qu'un effort de rajeunissement littéraire par l'imitation des formes antiques, qu'un des premiers essais de ce *pastiche* de la pensée et du style, commun aux littératures vieillies; et, chose remarquable, c'est surtout dans les sentiments qui touchaient au xviiie siècle, dans cette mélancolie rêveuse, dans cette *religiosité* vague, dans cette tristesse substituée au culte, que le poëte, que Macpherson-Ossian a été original, singulier, hardi; c'est l'homme du xviiie siècle qui est intéressant et original, sous le masque, sous le manteau du barde aveugle. Son Oscar, sa Malvina, son Fingal, tous ces personnages qu'il a corrigés, embellis, mis en mouvement, dans son poëme, ont un reflet de cet esprit sentimental du xviii° siècle. La simplicité prétendue de Macpherson n'existe que dans un point, la monotonie. Il est naturel, en effet, que dans l'imitation d'une vie rude, inculte, qui n'est animée que par les accidents de la guerre, qui ne connaît d'autre catastrophe que la mort après le combat, il y ait peu de variété. Il est naturel aussi que, dans une société semblable, le ciel, le soleil, la lune, les étoiles, les montagnes, les bois, le bruissement de la mer, les algues jetées sur le rivage, reviennent sans cesse sous le pinceau du poëte. Tel est aussi, en grande partie, le coloris de la poésie d'Ossian. Eh bien, quand ce coloris fut importé dans la France élégante, philosophique, raisonneuse, c'était une grande nouveauté, c'était un échantillon de la nature qu'on rendait à des gens qui ne la regardaient pas depuis longtemps.

Cependant il a fallu quelque chose de plus, créé par l'artifice du rédacteur moderne : c'était ce sentiment triste et sévère, c'était cette vue mélancolique de la vie, cette émotion vague remplaçant un culte positif, qui convenaient merveilleusement à la fin du xviii° siècle et aux temps désastreux qui suivirent, à des jours de douleur et d'exil. Cette poésie d'Ossian est comme un chant monotone, bien fait pour bercer des âmes fatiguées de réflexion et de tristesse.

Quelle leçon de goût sort de cet examen? C'est la nécessité que la littérature dans toutes ses tentatives, soit nationale et contemporaine. Lorsmême que, pour tromper le goût des contemporains, l'imagination cherche une fiction lointaine, lors même qu'elle se transforme, qu'elle se déguise et se cache sous un faux nom, c'est par les accidents actuels qu'elle plaît et qu'elle est puissante. Échappez donc à l'imitation, échappez à la littérature fausse et artificielle ; soyez de votre temps par la vie et les émotions, et vous mériterez d'en être par le talent.... Soyez homme avant d'être écrivain.

TRENTE-DEUXIÈME LEÇON.

Influence de la littérature française sur la littérature italienne au milieu du xviiie siècle. — État social et gouvernement de l'Italie à cette époque. — Milan, Naples, Rome. — Voltaire et Bettinelli. — Protection singulière accordée aux sciences politiques. — Beccaria, Filangieri, Genovesi, Pagano. — Réflexions générales sur les publicistes italiens.

Messieurs,

Nous l'avons dit, la littérature française était la grande tribune de l'Europe au xviiie siècle; elle se faisait entendre des rois et des peuples; elle prédominait de beaucoup la tribune libre et légale du parlement d'Angleterre. C'est un fait historique et mémorable qu'il importe de rappeler. C'est en même temps l'excuse, ou plutôt c'est le motif des digressions qui nous conduisent dans divers pays de l'Europe, pour y chercher la trace vivante du génie et des opinions françaises. Oui, cette littérature, par la voix de quelques grands hommes et même de leurs plus faibles imitateurs, avait partout une influence incalculable, plus active que l'exemple même des libres discussions du parlement britannique. Ces discussions, encore peu connues au dehors, étaient en quelque sorte l'affaire publique, mais privée du pays; renfermées dans l'enceinte de l'Angleterre et des pays soumis à ses lois, elles ne semblaient pas applicables aux intérêts et aux besoins des autres peuples.

Au contraire, les discussions purement abstraites et spéculatives de la littérature française, les raisonnements de ses écrivains, de ses philosophes, agissaient partout : ces hommes, en effet, paraissaient se proposer, non quelques améliorations dans les lois de leur pays, mais une sorte de réforme sociale, hardie, universelle.

De plus, Messieurs, les résistances locales, les intérêts privés retardent sans cesse les changements amenés par un débat parlementaire; mais dans ce champ illimité des espérances et de l'utopie, rien n'arrête l'écrivain. Un exemple vous le fera sentir.

Il y a plusieurs siècles que la législation anglaise est souillée de dispositions barbares, impitoyables, étrangères aux mœurs et à la civilisation modernes. Elles y subsistent encore, modifiées par la pratique et l'usage, mais inscrites dans la loi. Il y a deux ans tout au plus qu'un ministre célèbre les a corrigées, effacées dans quelques parties.

Mais cette réforme abstraite et intellectuelle que tente la pensée dans un livre, ne rencontre pas l'obstacle des faits et de la nécessité. Promulguée par le talent, accueillie par l'enthousiasme des lecteurs, elle se répand, s'accrédite, passe d'une littérature dans l'autre, et agit sur les esprits et les mœurs bien des années avant d'être introduite dans les lois.

Ainsi, tandis que, dans la législation criminelle, d'importantes réformes étaient si lentes à s'établir en Angleterre, où l'institution politique était toujours prête pour les réclamer et les autoriser, le principe de ces réformes salutaires passait rapidement des ouvrages de Montesquieu dans ceux d'un Italien, d'un publiciste de Milan ou de Naples. Sous la conquête et sous le pouvoir absolu, l'imagination philosophique, la science travaillant dans la solitude, rêvaient, méditaient, coordonnaient ce que la pratique et l'habitude parlementaire étaient bien loin d'établir dans un état libre.

C'est en partie ce résultat de la puissance et de la haute autorité des écrivains français que j'essaye aujourd'hui d'exposer à vos yeux; j'en chercherai l'exemple dans cette Italie où tant de causes semblaient retarder davantage le renouvellement des esprits.

Quel pays, en effet, appelle davantage l'attention des studieux amateurs de la littérature et des arts? Ce pays qui renferme tant de monuments, et qui semble lui-même une statue mutilée du passé; ce pays qui, par un triste phénomène, paraissait avoir rétrogradé, tandis que tous les autres états avançaient d'un pas rapide; ce pays, dont le génie remonte à un temps de barbarie pour le reste de l'Europe, et qui précéda, qui domina tous les peuples modernes par la religion et les arts!

Messieurs, la littérature italienne, dans le xviiie siècle, porte tellement l'empreinte de la nôtre, que l'esprit des Italiens semble devenu une dépendance morale du génie français, en même temps qu'un de leurs royaumes et une de leurs principautés devenaient le patrimoine d'une branche de la dynastie française. Cette double influence doit nous occuper et mérite d'être examinée jusqu'à notre époque.

L'Italie de nos jours, je le sais, a trouvé de rigoureux détracteurs. Je regrette que l'éloquent historien des *républiques d'Italie* se soit attaché, dans un de ses chapitres, à représenter la nation italienne comme tout à fait déchue d'elle-même; qu'il ait répété avec une amère sévérité que les Italiens ont abdiqué même la qualité la plus naturelle à l'homme, le courage; que souvent parmi eux des hommes de noble naissance, d'éducation libérale, ne dissimulent pas leur lâcheté, et même en plaisantent. L'historien ajoute que ce sentiment de la peur, ainsi adopté par un peuple, finit par l'avilir tout entier.

Je regrette également qu'un jeune et célèbre poëte ait durement flétri dans de beaux vers le caractère italien, ait établi une sorte de similitude injurieuse entre le langage et le génie de la nation, et n'ait vu dans l'un et dans l'autre qu'une docilité souple et rampante, qu'une flexibilité tortueuse, qui se prête aisément aux impulsions du génie, mais qui obéit aussi à toutes les volontés et à toutes les menaces de la force.

Je ne crois pas, Messieurs, qu'il faille médire d'une nation tout entière. Je crois que l'espèce humaine, intelligente et libre, est trop noble et de trop bonne maison pour que jamais aucune de ses branches puisse se dégrader tout à fait, et perdre le caractère que lui a imprimé son auteur.

J'imagine, au contraire, que dans cette Italie, qui n'a pas beaucoup de mouvement extérieur, mille qualités fortes et brillantes, mille dons heureux du courage et du génie se conservaient obstinément sous la conquête. Les exemples qui contredisent l'éloquent et sévère historien de l'Italie ne sont pas rares, ne sont pas éloignés de nous.

A l'époque où le chef de la France poussait vers le Nord une armée européenne, souvent les bandes italiennes ont formé l'avant-garde même des Français. Lorsque l'imprudence du chef les jetait au milieu d'un climat glacial que les Romains mêmes n'avaient pas bravé, les Italiens mouraient plus vite que les Français, avec la simplicité des habitudes de leur village, en récitant des prières à leurs saints; mais ils mouraient avec courage.

N'insultons pas le génie de l'Italie, parce qu'il sommeille; croyons que cette nation, à la tête de toutes les autres dans le XIV⁰ siècle, si brillante au XVI⁰, si spirituelle, si vive, si bien née pour la politique et les arts, croyons que cette nation, si elle pouvait jouir et d'elle-même et de favorables institutions, montrerait bientôt tout ce que le ciel du Midi nourrit de flamme et de génie dans les habitants de ces heureux climats.

Mais il ne s'agit pas de l'avenir : ce qui nous occupe, c'est d'expliquer comment sous des gouvernements absolus, mais doux et modérés, quelque chose de la lumière de la France gagna l'Italie dans le xviii° siècle.

Traçons-nous d'abord à nous-mêmes une carte politique de l'Italie; prenons ce beau pays à la paix d'Aix-la-Chapelle, après quarante ans de guerres, de ravages et de trêves passagères : l'Italie avait été, depuis le commencement du xviii° siècle, ce qu'il y a de pis pour un pays, un champ de bataille disputé par des étrangers et des maîtres. La paix d'Aix-la-Chapelle, en 1748, l'année même où parut l'*Esprit des Lois*, fixa de nouveau les limites des différentes souverainetés d'Italie. Ce sont les états ou rétablis, ou constitués, ou garantis par cette paix qui vont nous présenter, dans leurs éléments divers et dans leur activité commune, le spectacle de l'Italie du xviii° siècle, de l'Italie puissamment modifiée par la France.

Le plus grand événement consacré par ce traité mémorable, c'était l'élévation d'un prince de la dynastie des Bourbons au trône des Deux-Siciles. Ce royaume de Naples qui avait tant de fois changé de maître, et passé de main en main, arrivait à un fils de Philippe V, d'un élève de Fénelon.

En même temps le duché de Parme était cédé à un Bourbon de la même branche. Il semble, Messieurs, que les inclinations généreuses, que la protection éclairée des arts, qui avaient caractérisé la puissance personnelle de Louis XIV, devaient se transmettre à ses héritiers, et qu'ainsi un gouvernement plus sage et plus habile était promis aux peuples des Deux-Siciles.

A l'autre extrémité de l'Italie, le duché de Milan, théâtre de tant de guerres sanglantes, longtemps dominé avec dureté par la maison d'Autriche, puis délivré d'elle, non par la révolte, mais par une autre conquête, lui était revenu : seulement une politique meilleure, un intérêt mieux avisé, et l'heureuse influence d'un homme, du comte de Firmian, avaient apporté dans l'administration de ce beau pays une douceur et une sagesse inaccoutumées jusqu'alors.

L'état de Milan jouissait du repos et de la justice; bien plus, le pouvoir y protégeait les lettres et les arts, non-seulement comme un amusement de la paix, comme une distraction qui empêche de sentir le poids de l'autorité, mais il les secondait dans leurs applications les plus utiles, les plus élevées, les plus indépendantes.

Le comte de Firmian, formé aux leçons de la philosophie française, éclairé d'ailleurs par les conseils du sage empereur d'Autriche, avait mis dans le gouvernement du Milanais une équité singulière, et en même temps un désir continu de réforme et d'amélioration. C'est un fait qu'il importe de noter dans l'histoire des progrès de l'esprit humain : en 1768, à Milan, un gouverneur autrichien avait établi une chaire d'économie politique, tandis que, même de nos jours en France, sous des institutions sages et libres, cette partie importante de la science sociale reste encore négligée, ou du moins n'est pas publiquement enseignée.

A Naples même, la douceur du gouvernement des Bourbons, après avoir protégé la vieillesse infortunée du hardi et paradoxal Vico, avait accueilli, avait honoré l'esprit indépendant de Genovesi ; et cette ville, que l'on regarde comme livrée ou à des plaisirs frivoles, ou à des superstitions, avait vu s'élever dans son sein un enseignement libre et sérieux : une fondation particulière avait ajouté à l'Université de Naples, dès l'année 1758, une chaire d'économie politique.

Ainsi, Messieurs, aux deux extrémités de l'Italie, à Naples sous le pouvoir absolu, à Milan sous la conquête, la science était accueillie, protégée comme un moyen d'élever l'esprit des peuples et d'éclairer les gouvernements.

Certes, Messieurs, dans cette révolution remarquable de l'Italie il faut bien reconnaître l'influence qu'avaient exercée les livres et les prédications philanthropiques des écrivains français du xviiie siècle.

Les autres parties de l'Italie nous offrent un spectacle non moins curieux. Rome, cette Rome pontificale qui avait été la grande souveraineté du moyen âge, qui, même depuis la réforme, s'était montrée puissance politique si hardie, si entreprenante, qui si longtemps avait écarté Henri IV du trône, fait en partie la puissance de la monarchie espagnole, limité l'orgueil et les grands desseins d'Élisabeth, Rome n'était plus que la ville de la religion et de la science; son pouvoir politique semblait abdiqué par elle; son pouvoir de civilisation, premier instrument de sa grandeur, se conservait encore.

Rien n'est plus remarquable peut-être que la supériorité d'esprit qui caractérisa plusieurs pontifes romains du xviiie siècle, Benoît XIV, Clément XIII, Clément XIV, Pie VI qui vécut jusqu'à nos jours; tous étaient des hommes éclairés, des hommes de lettres, des hommes d'état et de bons prêtres : sans abandonner leur propre croyance, ils avaient les idées et les lumières de leur temps.

Ce n'est pas sans doute que dans la situation extraordinaire de Rome, avec tout ce qu'elle avait été et tout ce qu'elle voulait être encore, elle devint réellement favorable à la tolérance et à la liberté modernes; mais elle était pleine d'hommes savants et distingués : les lettres et les écrits des cardinaux Passionnei, Quirini annoncent une haute intelligence sociale, et de grandes vues de justice et d'humanité.

La Toscane offrait un spectacle non moins digne d'intérêt : tout ce que dans les autres pays d'Italie on admettait par la théorie et la littérature, on le réalisait par la pratique dans la Toscane.

C'est encore, Messieurs, un exemple qui fortifie nos remarques sur la puissance des livres, quelquefois plus active que la puissance même des institutions.

Beaucoup d'années s'écouleront encore avant que la réforme des lois criminelles dans les pays les plus libres ait amené tous les adoucissements réclamés par un esprit ou de charité chrétienne, ou de bienfaisance philosophique. Eh bien, dans la Toscane, un prince, Allemand d'origine, porté, par le droit de la force et des traités, sur le trône de Florence, avait tout à coup réalisé les idées les plus généreuses du xviiie siècle. Secondé par ces mœurs sociables et cette bienveillante mollesse des Florentins, qui n'avaient plus leur frénésie républicaine, ni ces haines implacables chantées par le Dante, Léopold avait supprimé la peine de mort, supprimé les soldats, à moitié supprimé les impôts, et presque supprimé les prisons. Florence était devenue une espèce de Salente, une ville je ne dirai pas philosophique, car je crois que les plaisirs frivoles et profanes y dominaient beaucoup trop ; mais enfin tout cet ordre social habituel, toutes ces duretés d'une civilisation savante et armée, tout ce développement de pouvoir, de force et de menaces avaient disparu de la Toscane.

Jamais pays sur la terre n'offrit peut-être davantage l'image d'un état où il y a de la liberté sans anarchie, une puissance absolue sans ombre de despotisme, une obéissance parfaite sans que l'on voie personne commander, une licence de tout faire, sans désordres et sans crimes : telle était la Toscane.

En présence de ce bonheur, affermi par le sage emploi du pouvoir absolu, les républiques d'Italie se cachaient presque de honte; elles avaient perdu cette humeur altière, ce génie politique et guerrier du XVIe siècle ; elles n'avaient plus ni factions ni grands hommes : sans avoir abandonné leurs formes anciennes, comme Florence, elles s'étaient énervées et adoucies comme elle.

Au XVIIIe siècle, ces républiques n'étaient plus que des municipalités commerçantes et des villes de plaisirs, où les fêtes, les académies, les théâtres attiraient les étrangers de toute l'Europe.

Il faut cependant excepter Venise ; non que Venise n'eût elle-même perdu beaucoup de sa hauteur et de ses prétentions politiques. Elle n'avait pris aucune part dans la grande guerre de la succession ; elle avait vu les souverainetés de l'Italie changer, sans intervenir elle-même, sans repousser, sans appeler aucune domination. Tout ce génie sombre, actif, ardent du conseil des Dix et du sénat de Venise avait disparu. Il ne restait à Venise que les profits de son commerce, bien affaibli par la puissance britannique ; la force encore vantée, mais inactive de son gouvernement, et enfin des plaisirs, une licence de mœurs impures qui abâtardissaient le peuple, afin de maintenir l'insolent pouvoir de l'aristocratie. Tandis que dans l'Orient c'est le despotisme lui-même qui est énervé, à Venise c'était le peuple que l'on corrompait pour le tenir dans l'esclavage.

Ne semble-t-il pas, Messieurs, que cette Italie, divisée sous tant de formes, offrant, pour ainsi dire, tous les accidents de la constitution sociale, depuis la théocratie, devenue douce et indulgente, jusqu'à l'aristocratie toujours hautaine, depuis la monarchie absolue jusqu'à la démocratie, depuis la conquête jusqu'au gouvernement électif, ne semble-t-il pas, dis-je, que l'Italie, mélange si divers, devait donner au génie mille occasions de se produire? Mais, il faut le dire, tous les gouvernements d'Italie, depuis le plus doux jusqu'au plus sévère, n'admettaient aucun principe de vraie liberté. Lorsque les idées philosophiques de la France pénétraient en Italie, elles arrivaient comme une espèce de bienfait autorisé par le pouvoir.

C'était *con licenza di superiori* que l'on traduisait les écrivains français. Ainsi quand le grand duc, le gouverneur de la province, le roi, ses ministres étaient eux-mêmes plus ou moins pénétrés des idées que les livres français avaient répandues dans l'Europe, alors ils les laissaient descendre jusqu'à leurs sujets. A Naples, Filangieri, gentilhomme de la chambre du roi, marié à une dame de haute naissance, aux soins de laquelle était confiée l'éducation de l'Infante, tirait de son crédit de cour une liberté d'écrivain populaire. Telle était cette singulière situation de l'Italie, où les idées mêmes de liberté étaient données et recommandées par le pouvoir absolu.

Cette méthode pour la distribution des lumières prévient les troubles de la place publique et des assemblées délibérantes ; mais, on le conçoit sans peine, elle a beaucoup moins de force et d'étendue dans ses progrès. Pendant que les idées de justice et de bonne économie sociale étaient officiellement énoncées dans des chaires d'Italie, le gouvernement restait arbitraire, et le peuple frivole.

C'est une chose curieuse de songer combien ce spirituel pays, combien cette nation si hardie et si inventive dans le xvi⁰ siècle, était dans le xviii⁰ frappée d'une sorte de timidité morale.

Vous pouvez lire dans les voyageurs du temps les descriptions des fêtes savantes dont ils sont témoins dans ces mille académies qui remplissaient l'Italie. Arrivent-ils à Vérone, à Florence, à Mantoue, à Brescia, ils vont dans de magnifiques amphithéâtres; tous les hommes éclairés du pays sont réunis : à une de ces pompes savantes, seize cardinaux assistaient avec beaucoup d'hommes célèbres, un public immense, et cette vivacité d'émotion italienne si empressée à tout saisir. Le lecteur ou l'orateur prenait la parole, et il lisait une dissertation sur *l'usage des boissons froides dans l'antiquité*, ou bien un mémoire sur le sens de quelques vers de Virgile, ou, lorsqu'il était plus hardi et plus querelleur, une dissertation sur un passage du Dante, quelquefois même une critique du Dante. Cela excitait alors une prodigieuse rumeur, les passions s'animaient, les influences politiques étaient invoquées ; quelquefois l'imprudent, le hardi novateur[1] était plus ou moins persécuté, plus ou moins averti de régler mieux son langage; mais enfin ces grandes perturbations sociales étaient rares.

[1] Bettinelli.

Tel était donc, Messieurs, le fond de l'Italie, beaucoup d'esprit, de facilité, d'enthousiasme prodigué, épuisé sur des questions frivoles, un peuple tout littéraire, mais une littérature qui d'elle-même ne s'occupait que de questions inutiles à la raison humaine.

C'est du milieu de ce *far niente* littéraire que commencent à s'élever quelques penseurs plus hardis qui voyagent. Ainsi Algarotti, noble Vénitien qui devint plus tard le confident de Frédéric, parcourt l'Europe, communique avec tous les savants de France et d'Angleterre, expose le système de Newton, et rapporte dans son pays les idées de Montesquieu et de Voltaire. Ainsi Bettinelli, jésuite et écrivain remarquable, vient visiter Voltaire à Ferney : singulièrement frappé de l'accueil qu'il en reçoit, tout en le blâmant, il n'échappe pas à la contagion d'un esprit si vif et si brillant, et, revenu en Italie, se souvient trop de Voltaire dans la plupart de ses ouvrages.

Bettinelli nous a fait le récit de cette entrevue dans un livre bien frivole pour la forme, suivant l'usage des Italiens : un *Traité de l'épigramme*. Il est vrai qu'il s'agit du dieu de l'épigramme, de Voltaire.

> Lorsque j'arrivai aux Délices, il était dans son jardin ; j'allai vers lui, et lui dis qui j'étais. « Quoi ! s'écria-t-il, un Italien, un jésuite, un Bettinelli ? c'est trop d'honneur pour ma cabane. Je ne suis qu'un paysan, comme vous voyez, ajouta-t-il en me montrant son bâton qui avait un hoyau à l'un des bouts et une serpette à l'autre : c'est avec ces outils que je sème mon fruit, comme ma salade, grains à grains ; mais ma récolte est plus abondante que celle que je sème

dans des livres pour le bien de l'humanité. » Sa singulière et grotesque figure fit sur moi une impression à laquelle je n'étais pas préparé. Sous un bonnet de velours noir qui lui descendait jusque sur les yeux, on voyait une grosse perruque qui couvrait les trois quarts de son visage : ce qui rendait son nez et son menton encore plus saillants. Il avait le corps enveloppé d'une pelisse de la tête aux pieds : son regard et son sourire étaient pleins d'expression.

Voltaire se souvient aussi de Bettinelli; et il lui écrivait à Vérone, en réponse à une invitation que lui faisait le jésuite de venir visiter son beau pays :

Si j'étais moins vieux, et si j'avais pu me contraindre, j'aurais certainement vu Rome, Venise et votre Vérone; mais la liberté suisse et anglaise, qui a toujours fait ma passion, ne me permet guère d'aller dans votre pays voir les frères inquisiteurs, à moins que je n'y sois le plus fort. Et comme il n'y a pas d'apparence que je sois jamais ni général d'armée ni ambassadeur, vous trouverez bon que je n'aille point dans un pays où l'on saisit, aux portes des villes, les livres qu'un pauvre voyageur a dans sa valise. Je ne suis pas du tout curieux de demander à un dominicain permission de parler, de penser et de lire; et je vous dirai ingénument que ce lâche esclavage de l'Italie me fait horreur. Je crois la basilique de Saint-Pierre de Rome fort belle; mais j'aime mieux un bon livre anglais, écrit librement, que cent mille colonnes de marbre.

Voilà quel était le rapprochement de l'esprit français et de l'esprit italien en la personne du religieux Bettinelli et de Voltaire.

Mais cette autre communication des idées françaises, au nom du pouvoir lui-même; cette philosophie, tout à la fois libre et autorisée que répandaient les Beccaria, les Genovesi, les Filangieri, a quelque chose de plus sérieux qui nous occupera davantage. En effet, nous n'essayons pas d'exposer, même imparfaitement, une histoire de la littérature italienne au xviiie siècle; nous voulons seulement constater, surprendre en Italie les traces du passage de l'esprit français. L'Italie nous intéresse dans son rapport avec la France, et comme un supplément de notre histoire.

Voltaire n'avait pas seulement écrit au jésuite Bettinelli; vous le savez, il avait écrit au pape lui-même. Je ne voudrais pas déroger à la gravité naturelle de nos séances. Cependant il y a dans ce rapprochement d'un pape zélé comme Benoît XIV et d'un philosophe sceptique et moqueur comme Voltaire, quelque chose qui, de part et d'autre, manquait de vérité. Le pape ne pouvait pas se dissimuler les coups violents que Voltaire avait portés non-seulement à des abus qui altéraient la religion, mais à la religion elle-même.

D'autre part, Voltaire avait bien au dedans de lui la conscience, et peut-être l'orgueilleuse conscience de son peu de respect pour le pape. Il n'était donc pas sincère lorsqu'il exprimait tant de vénération pour Benoît XIV, et allait jusqu'à faire à sa gloire un distique latin qui n'est pas bon, qui n'est pas même un distique :

> Lambertinus hic est, Romæ decus ac pater orbis,
> Qui mundum scriptis docuit, virtutibus ornat.

Au reste, Voltaire a fait tant de beaux vers français qu'on peut bien lui passer quelques mauvais vers latins.

De même, lorsque le pape, dans sa réponse, porte la complaisance jusqu'à défendre et à vanter le distique, et de plus, jusqu'à croire ou paraître

croire que la tragédie de *Mahomet* est un hommage
indirect au christianisme, en vérité ce pape, malgré le respect dû à sa mémoire, manque aussi
quelque peu de franchise. Dans ces complaisances
mutuelles de Benoît XIV et de Voltaire, ce qui me
frappe, c'est l'influence prodigieuse qu'avaient
prise les opinions françaises dans toute l'Europe;
c'est l'espèce de crainte et de faiblesse qu'éprouve
le pontife devant cette redoutable idole de l'opinion élevée par le génie de Voltaire.

Certes, il fallait que les idées nouvelles eussent
pénétré bien avant, même à Rome, pour que le
cardinal Quirini, qui aimait beaucoup la poésie,
mais qui était cardinal et ne manquait pas d'ambition, s'amusât dans ses loisirs à traduire la *Henriade* en vers latins. Voltaire était presque le Luther de son temps, avec des formes différentes,
avec plus d'esprit, de finesse, de vivacité : comme
Luther, il secouait, il ébranlait les colonnes du
temple; mais je n'ai pas entendu dire que, dans son
temps, Luther trouvât des traducteurs à Rome,
parmi les cardinaux.

Il y avait donc, Messieurs, un prodigieux changement, une révolution véritable dans les esprits;
il y avait une force nouvelle qui grandissait chaque jour, en face d'une puissance antique et révérée, qui doutait d'elle-même, qui cédait, qui traitait avec ses plus redoutables antagonistes.

Les formes du pouvoir absolu, théocratique et
social, se conservaient toujours en Italie. Ce qui
est l'âme et la vie de ce pouvoir, la confiance en

soi-même, l'orgueil de sa force, la conviction de son droit, n'existait plus pour lui; mais cette révolution morale, à moitié dissimulée, ce changement des esprits qui n'est pas suivi du changement des institutions, ne suffit pas pour donner à la pensée toute sa hardiesse et toute sa puissance. Il restait de part et d'autre une sorte de réserve, une réminiscence du passé qui entravait encore les esprits.

Telle était la langueur morale d'une grande portion de l'Italie dans le xviiie siècle. Les exceptions à ce niveau général des esprits sont peu nombreuses; elles furent, comme nous l'avons dit, autorisées, appelées par le pouvoir lui-même; c'est là, Messieurs, ce qui doit fixer nos regards sur les tentatives philosophiques et politiques de Beccaria, de Genovesi, de Pagano et de Filangieri.

Au xvie siècle, l'Italie avait eu sa littérature politique. Née tout entière des passions de la liberté, ou des intrigues du pouvoir, elle n'avait rien d'abstrait. Elle ne se proposait pas la réforme de la société humaine, un idéal de justice et de bonheur. Non; elle se proposait la liberté, d'une part, et la domination, de l'autre. Machiavel était-il le secrétaire de la liberté ou de la tyrannie? je ne le sais pas encore. Il a été torturé pour la liberté; il a reçu pension de la tyrannie. Mais ce que je sais, c'est qu'il a senti, ou du moins conçu également les deux passions. Son livre est écrit pour avertir le faible ou pour armer l'homme puissant. Du reste, sa morale, c'est le succès. Ce qu'il entend par la politique, c'est l'art de conquérir, de dominer, ou de s'affranchir par la violence et la ruse.

D'autres écrivains beaucoup moins célèbres de la même époque ont tous le même caractère. On peut dire que, si ce caractère est coupable, à nos yeux, de perversité, ce n'est pas Machiavel qu'il faut accuser, c'est l'état des esprits, ce sont les mœurs politiques de son temps; et ces mœurs naissaient inévitablement de la constitution même de l'Italie, de la faiblesse, de la rivalité continuelle de cette foule d'états qui se disputaient la gloire et la puissance.

Au contraire, le mouvement politique de l'Italie au XVIIIe siècle est un mouvement de philosophie spéculative. Vous voyez un pouvoir qui n'est plus attaqué par personne, une domination autrichienne établie dans les belles vallées du Milanais : elle n'a pas d'inquiétude; la garnison est là; les Italiens sont désarmés depuis longtemps; ils ne pensent plus à la guerre; il n'y a plus même de *condottieri*, de *bravi*.

Milan est en repos, Pavie non moins tranquille. Sa grande Université n'a plus ces turbulents écoliers du XVe siècle, qui rappelaient ceux de l'Université de Paris. Qu'arrive-t-il cependant? ceux même qui gouvernent s'ennuient presque de gouverner des hommes si paisibles; ils sont fatigués de ce calme universel; ils cherchent à exciter au moins une sorte de mouvement des esprits. Ajoutons les qualités personnelles, les vertus accidentelles de l'un de ses gouverneurs. Je conçois ainsi le comte de Firmian pendant près de quarante années uniquement occupé à faire penser les Milanais, à leur fournir des bibliothèques, à leur ouvrir des musées, des laboratoires, à créer pour eux des chaires, à faire venir de France, à faire traduire des livres, dont il retranchait quelques passages.

Je m'explique aussi le mouvement philosophique de Naples; le même calme y règne : le pouvoir garanti par les traités, établi par la succession, est encore mieux assuré qu'à Milan. Aucune inquiétude ne troublant le trône de Ferdinand IV, son esprit s'ouvre à l'idée de faire prospérer ses peuples. Il aperçoit que la science peut devenir un moyen de richesse et d'industrie; que des idées justes sur le commerce, que des réformes bien conçues dans la législation, peuvent faire que le pays produise davantage, paye plus aisément les impôts; il appelle la science comme un profit pour le pouvoir. Et, depuis Genovesi jusqu'à cet abbé Galiani, si spirituel et si libre penseur, quoiqu'il se vantât de n'aimer *que Machiavel, et le despotisme bien cru, bien vert,* on voit le gouvernement de Naples accueillir, appeler au ministère les hommes les plus éclairés du pays, les plus instruits dans les sciences politiques.

Reste maintenant à examiner le mérite littéraire de ces publicistes italiens du xviiie siècle. M. de Sismondi leur refuse le talent et le style, et ne voit dans leurs ouvrages que l'intérêt du fond et des recherches. Ce jugement me paraît sévère.

Ces écrivains sont des esprits élevés, imitateurs, mais imitateurs de la France ; nous devons le leur pardonner. Ils ont eu d'ailleurs l'avantage de manifester les premiers, pour leur pays, des idées qu'ils empruntaient au nôtre, mais qu'ils développaient, qu'ils animaient quelquefois. Parlant à un peuple moins éclairé que les Français, ils avaient besoin de transformer de nouveau des vérités facilement comprises en France. Enfin, ils ont eu dans leur enthousiasme, pour notre littérature, une sorte de naïveté, de sincérité non sans erreur, mais piquante et même instructive. Je prendrai d'abord Beccaria.

Rappelez-vous, Messieurs, cette ville de Milan, ce comte de Firmian qui se donne tant de peine pour éclairer les Milanais : sous ses yeux se forme une société de jeunes nobles italiens qui s'occupent de législation et d'économie sociale. Là se trouvaient Pierre et Alexandre Veri, le marquis de Longo, le comte Visconti, le comte Sechi, tous ingénieux et savants.

Cette académie n'avait d'autres oracles que les philosophes français ; elle les confondait un peu dans son enthousiasme ; elle admirait Buffon, Montesquieu ; mais elle admirait presque autant Helvétius, et même l'abbé Morellet, homme infiniment respectable, homme que j'ai connu et dont j'honore la mémoire, mais qui ne sera pas très-connu de l'avenir.

Membre de cette académie à vingt-huit ans, Beccaria, soutenu par les encouragemens et l'amitié du comte de Firmian, imprime son ouvrage *des Délits et des Peines*, ouvrage dans lequel il propose d'abolir la peine de mort en général, et même de supprimer la prison pour les banqueroutiers. L'abbé Morellet le traduisit; et Beccaria l'en remercia par une lettre que je cite, parce que c'est l'aveu naïf d'un étranger, tout saisi, tout bouleversé de la philosophie française :

> Je ne saurais vous exprimer combien je me tiens honoré de voir mon ouvrage traduit dans la langue d'une nation qui éclaire et instruit l'Europe. Je dois tout moi-même aux livres français, etc. D'Alembert, Diderot, Helvétius, Buffon, Hume, noms illustres, et qu'on ne peut entendre prononcer sans être ému, vos ouvrages immortels sont ma lecture continuelle, l'objet de mes occupations pendant les jours, et de mes méditations dans le silence des nuits ! Rempli des vérités que vous enseignez, comment aurais-je pu encenser l'erreur adorée et m'avilir jusqu'à mentir à la postérité? etc. Dites surtout à M. le baron d'Holbach que je suis rempli de vénération pour lui, et que j'ai le plus grand désir qu'il me trouve digne de son amitié, etc., etc. Je date de cinq ans l'époque de ma conversion à la philosophie, et je la dois à la lecture des *Lettres persanes*. Le second ouvrage qui acheva la révolution dans mon esprit est celui de M. Helvétius. C'est lui qui m'a poussé avec force dans le chemin de la vérité, et qui a le premier réveillé mon attention sur l'aveuglement et les malheurs de l'humanité. Je dois à la lecture de *l'Esprit* une grande partie de mes idées.

Messieurs, à nos yeux, ou du moins à mes yeux, l'enthousiasme de Beccaria n'est pas fort raisonnable. D'Alembert est un esprit supérieur et même créateur dans les sciences mathématiques; mais, sur la philosophie morale, il est écrivain froid et sans idées nouvelles; et il a traité de la littérature avec des vues étroites, mesquines, paradoxales, sans être piquantes. Helvétius est un compilateur d'idées hardies; il emprunte à Montesquieu, à Voltaire, à Rousseau; et il gâte ce qu'il leur prend. Il se fait le plagiaire de toutes les personnes spirituelles de son temps, et compose un livre avec des bons mots de société.

Le baron d'Holbach avait une excellente maison, et donnait à dîner à toute la philosophie du xviiie siècle; mais, du reste, ses ouvrages étaient des pamphlets sans érudition contre le christianisme; et le principal est un pamphlet même contre le déisme. Le *Système de la nature*, écrit d'une manière fausse, pédantesque, abstraite et violente tout à la fois, a choqué, a révolté le bon goût de Voltaire, qui d'impatience écrivait sur les pages de son exemplaire, des notes, ou plutôt des sarcasmes contre les mauvais principes et surtout le mauvais style du livre.

Il n'y a rien là, vous le voyez, qui justifie la *vénération* d'un esprit élevé, plein d'enthousiasme pour l'humanité, comme Beccaria. L'explication est pourtant très-simple. Toutes les fois qu'une grande réforme, qu'une grande innovation est tentée par quelques hommes de génie, elle entraîne à sa suite une foule d'esprits subalternes ou violents, qui tantôt exagèrent les idées qu'ils ne comprennent pas bien, tantôt s'élancent hors des rangs pour se faire remarquer. Dans le premier moment qui suit la réforme, dans l'agitation des esprits, on confond presque ces mérites si prodigieusement divers. Tout homme engagé sous les drapeaux d'une opinion puissante est de loin compté pour quelque chose; et c'est ainsi que les gros volumes de l'*Encyclopédie* étaient lus partout et excitaient l'admiration des étrangers éclairés, comme les pages profondes de Montesquieu, les pages éloquentes de J.-J. Rousseau, ou les pages de Voltaire, si vives, si spirituelles, si raisonnables quand il n'a pas tort.

Il y avait cependant, dans cet enthousiasme de Beccaria, une sincérité qui est intéressante, bonne en quelque sorte comme toute passion vraie; mais, à mes yeux, elle dénonce ce que fut en effet Beccaria, un cœur sensible et généreux, plutôt qu'un esprit pénétrant et profond; un homme épris des idées neuves, plus que capable de les discerner, de les produire lui-même. C'est un de ces hommes destinés à soutenir les vérités qu'ils adoptent, par leurs vertus, par la bonne foi, par la candeur avec laquelle ils les professent; il ne les aurait peut-être pas trouvées lui-même; il ne sait pas les dégager de l'alliage qui peut en altérer la pureté; mais il les recommande, il les honore par la noblesse de son caractère. Tel fut Beccaria, noble milanais, marquis par sa naissance, et en même temps professeur dans une chaire. Il releva l'enseignement aux yeux de ses concitoyens; il fit aimer la science. Il a entendu le cri de la justice et de la vérité, il l'a répété avec tant de chaleur d'âme, que sa puissance peut se comparer à celle de ces grands rénovateurs de l'esprit humain, qui agissent par leur propre force, mais plutôt avec la supériorité de la raison, qu'avec une certaine candeur d'âme, dont les hautes intelligences sont quelquefois privées.

C'étaient quelques jeunes Italiens qui, dans Milan, où ils se plaignaient de ne pas trouver plus de quinze ou vingt personnes instruites, s'échauffaient d'un enthousiasme commun, s'inspiraient l'un l'autre de leur amour de la vérité, de la justice et de la liberté. Ils ne faisaient pas grand bruit, ils n'agitaient pas le pays; c'étaient des espèces de conspirateurs intellectuels, et les plus inoffensifs, les plus paisibles de tous; mais leur existence indique à un haut degré le pouvoir de cette littérature française qui avait si vivement saisi ces jeunes et généreuses âmes.

Messieurs, ce même caractère de candeur, et en même temps de confiance dans la vérité, qui distinguait ces hommes relégués sous la puissance autrichienne, au milieu de Milan, nous le retrouvons avec plus d'éloquence dans Filangieri. Filangieri paraît singulièrement frappé de cette idée, qui au reste a fait la grande autorité de la littérature au xviiie siècle, que les philosophes doivent réformer les nations. Filangieri est une espèce de missionnaire, de législateur philanthrope, saisi de la pensée que les gouvernements sont lents, trop timides dans leurs réformes, que les peuples ont longtemps souffert, que c'est à la civilisation encore plus qu'à la liberté à adoucir, à améliorer leur destinée. Cette idée germe dans la tête d'un jeune homme que tous les dons de la nature et de la fortune recommandent aux yeux de ses concitoyens, qui d'abord est un des plus brillants seigneurs de la cour du roi de Naples, et quelques années plus tard un de ses ministres.

Dans le xviiie siècle, la philosophie était, en partie, l'opposition; elle fit des ouvrages pendant trente ou quarante ans; elle eut parfois de grands torts, elle ne s'interdit pas le scandale; mais elle invoqua de grandes vérités; et un jour elle arriva au ministère avec Turgot et Malesherbes. Il en fut de même, plus doucement à Naples. Filangieri, dont le premier volume avait été mis à l'index par la congrégation de Rome, fut nommé ministre des finances par le roi de Naples. Il allait alors sans doute donner carrière à toutes ses vues; il allait appliquer, éprouver, et peut-être briser ses systèmes; mais une mort prématurée enleva tout à coup à Naples cet homme plein de noblesse d'âme, et dont l'esprit, quoiqu'il eût plus de générosité que de force, est cependant remarquable parmi les esprits qui ne furent pas originaux. Après lui, cette école de Naples n'eut qu'un publiciste, Pagano, qui a péri si cruellement dans les troubles de son pays. Il a peut-être plus d'audace d'esprit que Filangieri, des vues plus neuves; mais il n'a pas au même degré ce qui fait l'apostolat, pardonnez-moi cette expression, cette chaleur qui fut si longtemps appliquée aux plus grands intérêts de la religion, et qui peut s'appliquer également aux intérêts de la vie sociale; ce zèle d'humanité adopté comme une croyance, qui vous inspire, qui vous fait désirer le bonheur de vos semblables avec la même chaleur de conviction, avec la même ardeur de zèle que d'autres missionnaires ont désiré le salut de leurs frères. Eh bien, cette disposition d'esprit, la philosophie du xviiie siècle l'affectait en France plus qu'elle ne l'avait. Je suis choqué, et vous le serez comme moi, de la morgue philosophique qui trop souvent domine dans les écrits de Diderot et de Raynal. Je trouve un peu de faste italien dans Filangieri; mais j'y reconnais aussi plus de candeur et de sincérité.

Lorsque vous lisez Filangieri à distance, si l'on peut parler ainsi, il n'a pas cette vigueur de génie qui vous soutient dans Montesquieu, qui fait que les pages de Montesquieu ne vieilliront pas, que le feu de sa parole ne s'éteindra pas. Non, il a besoin de l'illusion du moment; il a besoin qu'on voie en lui un homme zélé pour la justice, espérant l'obtenir demain, s'il la demande aujourd'hui. Ce n'est pas comme grand écrivain et par la force de son esprit qu'il est puissant, c'est par cette effusion d'une âme bienveillante et libre. Filangieri se regarde comme une espèce de conseiller des rois. C'est encore une idée particulière à la philosophie du xviiie siècle. Cette prétention est bien moins marquée chez les Anglais, qui jouissaient d'un gouvernement libre; là, ce ne sont pas les philosophes, mais le public entier qui donne son avis. Filangieri vous dit:

> Les princes n'ont pas le temps d'acquérir des lumières. Forcés à un travail continu, un grand mouvement les agite, et leur âme,

pour ainsi dire, n'a pas le temps de se fixer sur elle-même. Ils doivent donc confier à d'autres hommes le choix des moyens propres à faire naître et à faciliter les travaux de l'autorité publique. Cet emploi sacré appartient aux philosophes, aux ministres de la vérité.

Je ne sais, il est vrai, par quelle funeste destinée l'homme de lettres n'est pas toujours admis à discuter devant les princes les grands intérêts de l'état.

Messieurs, souvenez-vous du temps où La Bruyère, spirituel, moqueur, indépendant par la pensée, écrivait ces paroles :

Un homme né chrétien et français se trouve contraint dans la satire; les grands sujets lui sont défendus; il les entame quelquefois, et se détourne ensuite sur de petites choses qu'il relève par la beauté de son génie et de son style.

Ainsi, au milieu de cette splendeur toute littéraire du siècle de Louis XIV, un esprit tel que La Bruyère croyait que les institutions religieuses et sociales qui existaient alors interdisaient la discussion de tous les grands sujets. Et vous voyez, par l'influence toute-puissante qu'avait exercée cette littérature française du xviii° siècle, tous les grands sujets arriver cinquante ans plus tard, sous la plume d'un Italien du royaume de Naples; et cet Italien se croit appelé à donner des conseils aux rois, s'érige en missionnaire de la vérité, et même commet une petite usurpation, en n'attribuant qu'aux hommes de lettres le droit de la dire. Cette puissance de la littérature est, en effet, le moyen, et n'est pas le but. La véritable institution qui convient à la dignité du trône, c'est la loi de la publicité, offerte à tout le monde; c'est la raison publique devenant force dans l'état; c'est le bon sens de tous, c'est la raison humaine elle-même portant la vérité jusqu'à l'oreille du souverain. Cette aristocratie des hommes de lettres n'était qu'un premier degré.

Voilà ce que des hommes tels que Beccaria et Filangieri ont commencé par leurs travaux. Voilà le noble effort qui dans cette Italie, si éloignée des libres institutions de l'Angleterre, s'accomplissait par l'influence du génie français au xviii° siècle.

Nous donnerons quelques développements à ces idées; et, après avoir indiqué le principe commun de ce mouvement littéraire, nous en chercherons dans quelques écrivains les résultats les plus brillants et les plus utiles.

TRENTE-TROISIÈME LEÇON.

Suite des réflexions sur l'influence française en Italie. — Écrit remarquable de Pierre Veri. — Souvenir des persécutions de Giannone. — Filangieri. Caractères principaux de son ouvrage. — Faux jugement qu'il a porté sur la constitution anglaise. — Résumé.

Messieurs,

J'ai faiblement esquissé le tableau moral et politique de l'Italie dans la seconde moitié du xviii° siècle; j'ai montré l'influence et, pour ainsi dire, le souffle de la France sur cette mobile et spirituelle nation, partagée en tant de nations diverses, depuis Rome jusqu'à Milan, depuis Naples jusqu'à Venise. J'ai tâché de saisir les principaux caractères de cette influence; j'ai nommé quelques-uns des hommes qui l'avaient reçue avec le plus d'enthousiasme, qui l'avaient communiquée avec le plus de chaleur d'âme et de talent.

Il me reste une tâche plus difficile et plus détaillée, c'est d'apprécier avec justesse les ouvrages de ces Italiens formés par l'imitation de la France, de les étudier sous le double rapport de leur génie particulier, et la commune inspiration qu'ils empruntaient à notre littérature.

Ici, Messieurs, je crains que mon langage ne

soit infidèle à force d'être vrai. Parlons simplement : je crains qu'un sincère examen de ces auteurs, qu'une justice exacte rendue au mérite et à la forme de leurs ouvrages n'acquitte pas assez la dette de reconnaissance qui leur est due.

Presque tous ces Italiens du xviiie siècle, éveillés par l'exemple de la France, furent publicistes novateurs, jurisconsultes humains et généreux, économistes plus ou moins éclairés. On voit en eux cette intention dominante de ne pas faire des lettres un instrument de frivolités, mais de les consacrer aux grands intérêts de l'homme et de la vie sociale. Toutefois, dans l'exécution, le succès a-t-il répondu à leurs efforts, à leur talent même ? Leurs ouvrages sont-ils animés de cette âme immortelle qui survit aux circonstances et aux passions contemporaines ? Ont-ils cette durée d'expression que l'on admire dans Montesquieu, qui fait que les idées mêmes de Montesquieu, devenues communes, jetées dans la circulation universelle, sont encore des médailles frappées d'un coin inimitable, et ne deviennent pas une monnaie vulgaire qu'on se passe de main en main ? Mais ce don du génie est bien rare ; et je ne sais même si l'esprit italien, tel qu'il se développait au xviiie siècle, sous l'influence de l'imitation étrangère et de la servitude nationale, pouvait atteindre jusque-là. Messieurs, il faudra donc juger sévèrement des hommes que l'on est obligé cependant d'estimer beaucoup.

Il est d'ailleurs un fait qu'il importe de rappeler, et dont l'oubli nous rendrait facilement injustes envers nos prédécesseurs étrangers ou même français. Une foule de vérités utiles, de recommandations généreuses en faveur de l'humanité, sont devenues aujourd'hui des lieux communs. Que je prenne Beccaria, Genovesi, tel autre publiciste de Milan ou de Naples, qui faisait de grands efforts de courage, qui s'élançait bien au delà du cercle de son pays pour proclamer tout ce qu'un amour ardent de la justice inspirait à son âme, j'aurai l'air de vous répéter un article suranné de gazette.

Mais cependant c'est à la popularité même de ces idées qu'il faut reconnaître la puissance salutaire de ceux qui en furent les premiers interprètes ; c'est parce qu'elles sont aujourd'hui des lieux communs, qu'on doit beaucoup de reconnaissance à ceux qui les énoncèrent d'abord comme des nouveautés hardies. Maintenant leur gloire a disparu dans le triomphe complet de leurs opinions. Mais je crois, et c'est un jugement qui ne déplaira pas à la mémoire de ces hommes généreux, je crois qu'ils seraient flattés de voir ainsi leurs propres idées effacées par le bonheur et le progrès social des peuples qu'ils voulaient éclairer, et, s'ils avaient plus d'un regret encore à former sur leur patrie, ils se réjouiraient du moins de voir que tant de réformes qu'ils ont réclamées avec énergie, tant de vérités qu'ils ont dévoilées avec une générosité presque imprudente, sont devenues le patrimoine de ces nations européennes, dont ils souhaitaient le bonheur avec tant de chaleur d'âme et de sincérité. (*Applaudissements.*)

Aujourd'hui, Messieurs, vous ne serez pas très-touchés de savoir que le comte Pierre Veri a fait une dissertation pleine d'éloquence et de logique contre l'emploi de la torture. Personne maintenant ne craint la torture; c'est une horreur passée d'usage. A peine cinquante ans séparent les générations actuelles du temps où régnait cette barbarie; l'abolition de ce crime des lois fut un bienfait de Louis XV; toutefois il semble que des siècles se sont écoulés depuis cette époque si rapprochée de nous.

Singulière vicissitude de l'esprit humain! Aujourd'hui le passé, dans ce qu'il a de plus déplorable, n'est pour nous qu'un objet d'imagination. Le célèbre Manzoni, malgré les émotions présentes qui doivent le préoccuper et lui rappeler quelquefois le passé, ne consulte les chroniques de sa patrie que pour écrire des romans.

Dans un livre que l'on peut citer ici, parce que c'est un ouvrage de haute littérature, quoique ce soit un roman, Manzoni raconte l'épouvantable fléau qui désola Milan en 1630, la peste qui dépeupla cette ville si habitée et si florissante, même sous la conquête. Il a étudié tous les chroniqueurs du temps, pour peindre avec de vives, d'énergiques couleurs, et l'atrocité du mal, et la superstition qui en doublait l'horreur, et l'espèce de rage fanatique dont furent saisies les âmes. On vit alors, en effet, ces hommes, qui mouraient par milliers, s'accuser l'un l'autre, des poursuites judiciaires s'élever au milieu de la peste, et, pour arracher l'aveu d'un crime imaginaire, la torture se mêler aux supplices déjà si affreux que la nature infligeait à ce peuple dévoué. Voilà ce qu'a dépeint Manzoni. Cet accident moral d'un horrible fléau n'est à ses yeux qu'un sujet pour l'imagination, qu'un exercice pour le talent.

Mais, il y a soixante-dix ans, lorsque cette académie savante, généreuse, dont je vous ai parlé, se forma dans Milan, sous la protection du comte de Firmian, c'était dans un but plus sérieux, plus grave, que l'on fouillait aussi les vieilles chroniques et les archives de la ville. Sous la sage domination du comte de Firmian, toutes les rigueurs des lois barbares que la conquête, que le despotisme, que l'imitation mal entendue des usages romains avaient entassées dans le Milanais, les procédures sanglantes et les tortures subsistaient encore. La philosophie du gouverneur acquittait sa dette, en favorisant quelques jeunes écrivains, en faisant venir des livres de France, surtout en formant d'utiles institutions pour les lettres et les sciences. Mais ce fonds de barbarie si difficile à déraciner, ces abus permanents qui ont pris droit de conquête et de possession, étaient à peine touchés par les réformes salutaires du comte de Firmian. Ainsi la torture se conservait encore. Il y avait torture préparatoire et torture extraordinaire. Là, comme ailleurs, ce fut un progrès de la civilisation de créer une torture plus douce avant la condamnation, et de réserver la grande torture, la torture extraordinaire, pour des hommes déjà condamnés que l'on suppliciait avant de les envoyer au supplice.

Indigné de ce reste affreux de barbarie, un des membres de la jeune académie de Milan va feuilleter les chroniques de la ville pour y trouver des arguments contre la torture qu'il avait déjà combattue en termes voilés dans un journal, dont le comte de Firmian, par une innovation singulière, avait permis l'établissement. Le jeune publiciste, Pierre Veri, découvre dans les archives l'histoire judiciaire de cette peste de 1730, que vient d'exploiter l'imagination de Manzoni; il y prend non des tableaux, mais des conseils pour l'humanité; avec ce secours il compose un ouvrage tout à fait singulier, une dissertation de droit infiniment dramatique : *Observations relatives à la torture, et particulièrement aux procédures qui ont eu lieu dans la peste qui désola le Milanais.* Le jurisconsulte commence par vous raconter cet horrible désastre; il décrit une contagion dont rien jamais n'égala l'horreur, qui, en six mois, enleva plus de cent mille âmes dans Milan; puis, du milieu de ce fléau épouvantable, le fléau judiciaire, si l'on peut parler ainsi, qui s'élève, la superstition qui, s'emparant des esprits forcenés par la terreur, leur persuade d'imputer le mal à des poisons méchamment répandus, et à un art infernal qui souille les portes des maisons et leur communique la peste. Bientôt le préjugé populaire jette le soupçon de ce crime bizarre sur un magistrat même du conseil de santé; on l'arrête, on le juge, on le met à la torture; vous entendez cette torture, vous voyez les inquisiteurs qui interrogent, et le magistrat qui proteste de son innocence; vous entendez la torture qui recommence, les dénégations toujours fermes, la torture redoublant encore et demandant davantage, la voix de l'accusé qui faiblit, ses prières aux saints, à la Vierge, puis enfin sa patience vaincue, et cet homme qui devient accusateur contre lui-même d'un crime impossible, et cet aveu qui devient une accusation contre une foule d'autres infortunés, et une peste nouvelle qui commence, comme le disait Tacite en parlant des délateurs.

Après ce hideux tableau retracé avec les pièces mêmes, avec les monuments officiels de la procédure, l'écrivain s'arrête, et dans plusieurs chapitres il se demande, avec un calme admirable, si la torture n'est pas un supplice atroce, si elle peut servir à la découverte de la vérité, et si, au lieu d'arracher la vérité, elle ne peut pas, au contraire, arracher le mensonge.

Cet écrit, Messieurs, est une œuvre inspirée non-seulement par un noble sentiment, mais par un pressant devoir, puisque le fléau qu'il dénonce souillait encore la procédure milanaise au xviiie siècle; il n'y a donc nulle déclamation, mais une vive et naturelle éloquence; c'est une savante recherche historique, un drame et une discussion légale tout ensemble : cependant je crois que Manzoni lui-même n'a pas lu cet ouvrage, quoiqu'il soit compatriote de l'auteur. Le noble et beau travail de Pierre Veri a disparu, est oublié dans l'heureuse révolution morale qui a banni de tous les codes cette infamie qui les souillait.

Ce que je viens de dire de Pierre Veri, non moins digne d'être connu, mais par hasard moins célèbre que Beccaria, je pourrais le dire également de Beccaria lui-même; une foule d'idées justes, sages, répandues dans son ouvrage, sont devenues populaires : ce livre fut trop loué dans le temps, il répondait au vœu public. Nous avons, vous le savez, une sorte d'égoïsme d'admiration pour les idées semblables aux nôtres; c'est nous-mêmes que nous flattons en applaudissant nos interprètes. Aucune gloire de génie ne peut s'attacher au livre de Beccaria : on doit à l'auteur un souvenir éternel de reconnaissance.

Je passe rapidement sur ce sujet, parce que je n'aime pas improviser des redites. Nous avons donc vu dans la ville de Milan, sous la conquête autrichienne, sous la domination autrichienne, pour ne blesser personne, nous avons vu cette philosophie morale, appliquée à la législation, produisant des ouvrages utiles sans être durables, des ouvrages qui sont de bonnes actions plutôt que de beaux livres, et qu'on doit payer en estime, mais non pas en gloire.

A la même époque, Messieurs, des tentatives plus remarquables se préparaient à l'autre extrémité de l'Italie; ce mouvement généreux des esprits, communiqué par la philosophie française, dans ce qu'elle eut de sage et d'utile, avait gagné le royaume de Naples : c'était sous les auspices d'un prince de la maison de Bourbon. En effet, ne croyez pas, malgré l'adoucissement général des mœurs auquel l'Italie n'avait pu échapper, ne croyez pas que dans ce pays où nulle liberté politique et civile n'était assurée, où la petitesse même des états favorisait la persécution, où tant de souverainetés arbitraires se renvoyaient l'une à l'autre les objets de leur haine et de leur vengeance, ce fût sans quelque péril que l'on osât dire la vérité. On n'avait pas toujours, pour être protégé, un gouverneur autrichien; souvent on n'avait qu'un prince Italien d'origine; et, il est triste de le dire, quelquefois la nationalité était encore pire que la conquête. Ainsi, dans le royaume de Naples, on avait vu Giannone, qui ne doit pas figurer, sous le rapport de l'éloquence, dans notre revue littéraire, mais qui appartient à l'histoire de la philosophie, on avait vu Giannone, homme célèbre, avocat habile, pour avoir écrit une histoire de son pays, où il s'était permis quelques insinuations contre les abus de la cour de Rome, tout à coup mis à l'*index*, excommunié par l'archevêque, et obligé de fuir.

Ce malheureux Giannone avait traîné cette proscription, cet anathème, dont il ne pouvait se débarrasser, dans tous les états de l'Italie. Quelque temps il avait trouvé un asile à Vienne, où la politique de la cour d'Autriche croyait avoir besoin alors de protéger un adversaire de la cour pontificale; mais il en était sorti à l'avénement de don Carlos pour se réfugier à Venise, et il avait éprouvé que la hautaine aristocratie de Venise n'était pas plus tolérante que le despotisme de

Naples. Il avait erré à Pise, à Parme, à Genève enfin, où il avait cru trouver la liberté. Comme il était fidèle observateur de sa religion, il se laissa conduire, pour faire ses pâques, dans un village catholique dépendant du roi de Sardaigne; il y fut enlevé par des soldats de ce prince, jeté dans une forteresse, puis dans une autre : ses papiers furent saisis, envoyés à Rome, et lui-même finit ses jours dans la citadelle de Turin, après vingt ans de captivité. De tels exemples intimidaient, refroidissaient un peu l'énergie des publicistes italiens.

C'est un phénomène remarquable même que le degré d'audace et de liberté d'esprit qui se conservait dans quelques-uns de ces hommes. Il est vrai que souvent cette audace et cette liberté d'esprit deviennent vagues et déclamatoires, précisément même parce que l'absence d'une garantie légale, d'une liberté positive, les pousse à l'exagération. C'est le caractère des ouvrages d'un homme dont je vous parlerai dans une prochaine séance, et dont le nom éveillera des souvenirs plus intéressants que ceux qui nous occupent, de cet Alfieri, publiciste et poëte avec tant de passion.

L'Italie manquait si fort de liberté, que l'on conçoit sans peine cette facilité des esprits ardents à en imaginer une excessive, illimitée; c'est encore un des torts du pouvoir absolu, d'égarer ainsi les esprits généreux.

Cependant, Messieurs, ce triste exemple de Giannone, cette captivité comminatoire qui devait apparaître à tous les publicistes italiens, fut heureusement éloignée par la sage politique qu'adoptèrent les princes de la maison de Bourbon. Vous verrez tout à l'heure que nulle exagération ne se mêle à cet éloge; vous serez même comme moi étonnés, confondus de l'enthousiasme philosophique, de l'illusion bienveillante, de l'esprit de liberté qui caractérisent Filangieri, d'abord gentilhomme de la chambre du roi, pendant qu'il faisait son ouvrage, et ministre, pour l'avoir fait. Vous direz : Comment est-il possible qu'en 1780 de pareils ouvrages, qui auraient paru singulièrement hardis à la cour de France, alors si tolérante, devinssent un moyen de crédit et d'élévation dans le royaume de Naples?

Messieurs, le problème s'explique naturellement par une chose qui est née du pouvoir absolu même, le prodigieux enthousiasme qui, dans le xviiie siècle, s'attachait à la littérature.

Louis XIV avait supprimé tous les pouvoirs politiques; il avait annulé le parlement, si respectable par son courage, par son zèle pour les anciennes traditions, les anciennes libertés du royaume. Il avait nivelé la noblesse, il avait fait descendre les plus hautains seigneurs au service de sa personne. Mais sans le savoir, ou du moins sans le vouloir, il avait créé auprès de lui, par sa faveur, une puissance qui devait bientôt grandir, remplacer toutes les autres ou les faire renaître : c'était la puissance des lettres.

Cette puissance ne prit pas d'abord le caractère qu'elle eut plus tard; elle se montra hardie par le génie, timide par les objets où s'appliquait ce génie. Elle fut d'abord puissance d'abstraction appuyée sur la foi et sur une philosophie toute spéculative, ou puissance d'imagination réalisée et satisfaite par les merveilles ingénieuses des arts et de la poésie. Mais ensuite, quand la première moisson fut faite, quand il fallut, à l'activité des esprits éveillés par la noble jouissance des arts, un autre exercice ou plutôt le même exercice étendu à d'autres objets, renouvelé sous d'autres formes, alors la littérature s'empara de tout. Elle devint pouvoir politique, pouvoir civil; enfin elle fut de beaucoup la plus grande force de la société; on l'accusa d'être devenue le plus grand levier des mutations politiques; et, en effet, le reproche est compris dans l'éloge.

Eh bien, Messieurs, les puissances étrangères, qui d'abord avaient été éblouies, enchantées par cette pompe majestueuse et soumise de la littérature dans le xviie siècle, avaient pris l'habitude de fixer toujours les yeux sur la France, d'attendre de la France, pour ainsi dire, tous les plaisirs de la pensée. Mais bientôt cette même France envoya non plus les plaisirs, mais les hardiesses de la pensée; elle ne fit plus seulement des tragédies, des oraisons funèbres, d'éloquents sermons, où, le respect pour le souverain se confondant avec la liberté religieuse, il semble que le pouvoir même du prêtre vient appuyer celui du prince : elle fit des livres de morale, de philosophie, d'économie sociale; elle toucha toutes les questions; elle dénonça les fautes, les abus, les erreurs. Par la puissante séduction qu'elle exerçait, par la vérité qui se mêlait à ses paroles, elle conquit partout des prosélytes et des admirateurs.

Ainsi, à la cour de France, elle eut des disciples dans ceux même qui étaient chargés de la réprimer. Ses doctrines furent portées au dehors non-seulement par des livres, mais par des ambassadeurs, par des hommes du pouvoir, qui n'avaient pas abdiqué la prétention du talent et du bel esprit.

Il ne faut pas s'étonner que, cette puissance des idées françaises une fois établie, on en voie le contre-coup dans des pays où ni les institutions, ni les habitudes, ni les mœurs anciennes ne pouvaient faire espérer rien de semblable.

En 1748, Montesquieu avait fait paraître son *Esprit des Lois*. Avec une admirable sagacité et une sagesse non moins grande, il avait pénétré tous les systèmes sociaux; il avait examiné la raison de l'existence de tous les gouvernements. Par précaution peut-être, par supériorité d'esprit peut-être, il avait fait plutôt un livre d'histoire qu'un livre de théorie. Ce beau génie avait senti qu'il est facile de se livrer à ses propres espérances, de tracer sur le papier, sans que personne vous contredise, des plans de bonheur, de liberté, de justice imaginaire. Il avait dédaigné cette portion de la tâche offerte aux publicistes. Il s'était attaché seulement à expliquer ce qui était, plutôt qu'à désirer ce qui pouvait être, sentant bien que la justesse de ses pensées, l'impartialité de ses jugements sur chacun des abus, des torts, des vieilles coutumes mêlées aux diverses constitutions sociales de l'Europe, serait aussi énergique et moins suspecte que des illusions de publiciste théorique. Telle avait été la pensée de l'*Esprit des Lois*.

Vingt ans plus tard, l'*Esprit des Lois* avait parcouru toute l'Europe, avait reçu les hommages enthousiastes des orateurs du parlement britannique, avait pénétré en Italie avec quelques retranchements ordonnés par la censure; puis on avait eu la véritable édition; on l'avait lue avec plus d'ardeur; et les idées de cet ouvrage fermentaient dans toutes ces têtes italiennes, si spirituelles et si vives.

Ainsi le jeune Filangieri, homme de cour, à Naples, est séduit quand il a lu Montesquieu; non-seulement il est séduit, mais son imagination veut aller bien au delà des pensées du maître. Il y a dans Schiller une scène bien fausse, celle où le marquis de Poza, jeune Espagnol plein d'imagination et de chaleur d'âme, transformé tout à coup en philosophe du xviiie siècle, séduit Philippe II, l'inquisition elle-même, par son enthousiasme et l'entraînement victorieux de ses espérances philanthropiques. C'est là une faute de vérité locale, et une faute de goût; mais à la cour bienveillante et paisible des Bourbons de Naples, au xviiie siècle, un homme né dans le palais, un favori, un marquis de Poza pouvait librement exprimer son admiration pour les idées de liberté habilement cachées, mais montrées par Montesquieu, et s'animer lui-même d'un enthousiasme plus spéculatif et beaucoup plus ambitieux dans ses espérances.

C'est ainsi que Filangieri a composé son livre intitulé *Science de la Législation*. Ce livre, Messieurs, a été fait trop vite, par un trop jeune homme, et pour une trop jeune nation, si l'on peut parler ainsi. Tout est illusion, bonne foi, conviction illimitée de la puissance de la vérité, de sa prompte victoire. Ce livre est curieux sous ce rapport; ce n'est pas le talent de l'auteur, quoique l'auteur ait du talent, qui m'occupe, qui m'intéresse dans ce livre; c'est la date et le lieu.

A Naples, dix ans après l'époque où le moine Pépé, en prêchant sur la place publique, avait dominé la ville, fait trembler la cour, et était devenu un personnage si redoutable qu'on imagina une intrigue pour l'envoyer en Espagne, où il ne voulut pas aller; dans cette Naples si remplie de superstition et d'oisiveté, du milieu de la cour, Filangieri élève sa voix jeune, présomptueuse, pure, pour blâmer le gouvernement anglais; il trouve qu'il n'offre pas assez de liberté, assez de garantie; que c'est un gouvernement faible, corrompu, insuffisant. Oui, quelque chose des illusions que l'on vit plus tard se mêler aux vertus, au courage d'une assemblée célèbre, semble respirer d'avance dans l'ouvrage de Filangieri. Cela m'explique le péril et le mécompte de ces théories, de ces spéculations toutes littéraires que la pratique n'a jamais averties, rectifiées, qui vivent d'elles-mêmes, des espérances, des joies qu'elles se donnent toutes seules.

Cependant, Messieurs, l'ouvrage de Filangieri renferme de belles choses, un sentiment généreux et salutaire, plusieurs vérités praticables parmi de singulières illusions.

Certainement Filangieri est né de Montesquieu ; si Montesquieu n'avait pas écrit, si ce puissant génie et quelques autres n'avaient pas dénoué la pensée des hommes, Filangieri ne se serait peut-être pas douté de tout cela; il aurait vécu paisiblement au milieu des plaisirs et des fêtes de Naples : mais, saisi par la lecture d'un homme de génie, par la hardiesse qui fait le fond de ses pensées, en apparence si réservées, si sérieuses, Filangieri entre dans cette carrière ouverte, et y dépasse, non par les vues, mais par les espérances, le grand homme qui l'a précédé; il fait l'histoire non pas des lois existantes, mais des lois possibles; il cherche les principes des choses; il ne respire que réformes, changements, améliorations, vérité, justice : mais il avait trente ans; il est mort à trente-six ans, à l'époque où le talent est à peine assuré. Il faut reconnaître en lui un esprit facile et brillant, des études profondes et variées. Cette science du droit romain, que les Italiens possèdent particulièrement, est portée chez lui à un très-haut degré. Son esprit rapide a saisi toutes les législations de l'Europe. Cette Angleterre qu'il juge mal, il la sait bien. Une foule de faits curieux qui tiennent non-seulement à la constitution, mais aux détails de la législation si mêlée et si obscure de l'Angleterre, lui sont présents. C'est un savant homme, et en même temps un esprit plein de candeur, de vivacité et de grâce; la lecture de son livre est intéressante, amusante, instructive. On est involontairement séduit par l'utopie perpétuelle de cette jeune âme qui, du milieu de la ville de Naples, rêve ainsi une liberté, une justice, une force dans les droits des nations, une incorruptibilité dans les hommes vraiment admirable : ce sont *les Mille et une Nuits* de la politique.

La division de l'ouvrage est facile et naturelle. L'auteur considère d'abord l'objet de la législation, la bonté absolue et la bonté relative des lois, leurs rapports avec la forme du gouvernement, avec le génie de la nation, avec le climat, la richesse ou la stérilité du sol, la situation et l'étendue du pays, enfin avec la religion de l'état. De ces vues générales il passe à l'examen des lois économiques et politiques; ensuite il traite de la procédure criminelle et de la législation pénale; enfin il cherche dans un système d'éducation publique le correctif et le supplément de tout le reste. Les faits anciens, le travail des législations antérieures, reviennent dans son ouvrage, comme dans le livre de Montesquieu ; mais il ne s'étudie point à justifier par des explications les exemples qu'il rapporte. Il les blâme, les rejette, et substitue le mieux au mal, l'innovation à l'usage. Dans l'examen d'un livre dont on ne peut s'empêcher d'aimer l'auteur, je veux faire d'abord la part du blâme, et m'en délivrer; ce qui me paraît le plus faible, ce sont les vues de Filangieri sur la législation politique. Vous avez présents à la pensée, Messieurs, ces beaux chapitres où Montesquieu a commenté le gouvernement anglais. Ces chapitres sont à la fois d'un historien, d'un philosophe et d'un homme d'état. Montesquieu ne cherche pas à refaire le gouvernement anglais; il croit à la puissance et à la bonté d'une institution qui subsiste et s'épure d'elle-même; seulement il donne la raison de chaque chose. Les formes extérieures et matérielles du gouvernement le conduisent à expliquer l'esprit du peuple; il saisit le rapport qui unit ces deux choses; il voit comment une force secrète est souvent placée à côté d'une faiblesse apparente; il voit comment les formes ne sont pas tout; comment il est un esprit indépendant des formes qui les vivifie, les supplée, les corrige. Filangieri ne voit rien de semblable; il regarde le gouvernement anglais; il y aperçoit d'abord trois grands abus qu'il veut détruire, et qui sont la constitution même. Le premier de ces abus, selon lui, c'est la prédominance du pouvoir royal; le second, c'est la corruption possible des membres du congrès; le troisième, c'est la variation perpétuelle de la constitution. Il en conclut que le gouvernement anglais est mauvais, et pire que le pouvoir absolu. Écoutons ses premières paroles :

L'indépendance où se trouve la puissance exécutrice envers la puissance législative est le vice particulier de cette espèce de gouvernement. Ce vice est fondé sur une prérogative qu'on ne pourrait abolir sans détruire la constitution.

Ainsi, Messieurs, cette idée si bien développée par Montesquieu, que, sans le pouvoir prédominant et inviolable du souverain, la toute-puissance passerait au corps parlementaire; que ce corps deviendrait tyrannique, parce qu'il serait isolé; qu'alors on aurait une république non libre : cette idée, que le génie de Montesquieu avait devinée dans la solitude, et que la révolution tout entière a vérifiée par la plus terrible des épreuves, elle n'a pas du tout apparu à l'esprit de Filangieri.

Autre chose encore : la corruption des membres du congrès. Je ne prétends pas que jamais dans aucun pays on n'ait gagné un député. Par caractère, je ne suis point paradoxal; mais je crois que Filangieri abuse singulièrement des faits, lorsqu'il conclut d'un accident partiel que les gouvernements mixtes sont les plus favorables à la tyrannie, et qu'ils favorisent, par la complaisance intéressée des assemblées, une oppression sans obstacle, sans responsabilité, sans péril. Montesquieu avait bien mieux vu :

> Comme la puissance exécutrice, dit-il, disposant de tous les emplois, pourrait donner de grandes espérances, et jamais des craintes, tous ceux qui obtiendraient d'elle seraient portés à se tourner de son côté, et elle pourrait être attaquée par tous ceux qui n'en espéreraient rien.

Vous apercevez sous ces paroles si simples la profondeur et la sûreté de cet esprit; il a compris la difficulté d'un gouvernement où la force de contradiction et de résistance ne serait fondée que sur la vertu seule; il croit qu'une combinaison plus certaine pour la liberté est celle qui attache les intérêts et les ambitions même à la défense de la justice, et fait qu'il y aura toujours des hommes prêts à dire la vérité, et la disant par passion, s'ils ne la disaient par vertu. Cet ordre d'idées, qui est la philosophie de la politique, la philosophie des lois, jamais le publiciste italien n'y fait attention. Cherchant toujours un contre-poids à l'influence exagérée de la couronne, il blâme l'institution de la pairie, et ne trouve qu'un moyen bien étrange d'en prévenir l'abus; le voici : c'est que la chambre des députés puisse chasser qui bon lui semble de la chambre des pairs, et que cette exclusion rende à jamais celui qui l'aura méritée indigne de servir l'état, et même de posséder aucune des charges qu'il pourrait obtenir du prince. D'une autre part, Filangieri, toujours dans l'intention de prévenir une influence corruptrice, veut que la chambre des députés décerne elle-même des récompenses et des honneurs; qu'elle puisse donner, par exemple, le droit de devenir membre perpétuel du parlement. Ainsi, voilà une chambre des députés qui aurait le droit d'exclure qui elle veut de la chambre des pairs, et de mettre à tout jamais qui elle veut dans la chambre des députés. Ce sont là des choses qui font sourire les plus jeunes et les moins publicistes de mes auditeurs. La vertu salutaire d'un bon et sage système politique s'est communiquée, et a révélé à tout le monde quelque chose de la vraie nature et des vrais moyens de la liberté. Mais, à moins d'avoir le génie de Montesquieu, ou d'être instruit par l'expérience, on est exposé à de singulières méprises. Filangieri, dans ses loisirs heureux de Naples, à la cour du roi Ferdinand, arrangeait avec candeur le gouvernement représentatif d'Angleterre; et ses rêveries, non pas qu'on l'ait copié, mais par l'instinct d'une inexpérience semblable à la sienne, sont devenues plus tard de funestes tentatives. Ainsi, dans les premiers jours de nos troubles civils, une erreur fatale repoussa toute idée de constituer une chambre haute; ainsi, plus tard une de nos assemblées, celle qui avait le plus encouru la réprobation publique, se perpétua, comme l'indique Filangieri, en déclarant qu'il faudrait nécessairement réélire les deux tiers de ses membres. Vous voyez que les illusions des publicistes deviennent quelquefois les tristes réalités de l'histoire.

La troisième objection de Filangieri contre le gouvernement d'Angleterre, c'est la mobilité de sa constitution. A ses yeux, sans cesse l'action personnelle du souverain, les changements du pays et des mœurs publiques, agissent sur cette constitution, l'altèrent, en déplacent quelques parties. C'est encore une erreur de fait et d'opinion : nul peuple n'a des lois immobiles, excepté la Chine peut-être. Les lois anglaises changent peu; et elles changent pour le bien du pays. Bolingbroke l'a remarqué : c'est la vertu, la bonté de la constitution anglaise d'avoir tout à la fois une partie immuable et une partie mobile, d'être antique et nouvelle, d'égaler le temps en puissance de durée, et de se plier aux changements qu'il apporte, de s'approprier incessamment toutes les forces et toutes les lumières du pays. Le publiciste italien n'a pas apprécié cet avantage; il veut qu'on ne puisse jamais faire aucune modification aux lois fondamentales, sans le vote unanime de tous ceux qui composent les pouvoirs de la société. Il tombe, comme vous voyez, dans le *liberum veto* des Polonais; c'est-à-dire que pour corriger la plus admirable constitution des peuples civilisés, il nous propose de mettre à la place la loi qui a détruit ce généreux royaume de Pologne, et qui lui a donné la conquête, après plusieurs siècles d'anarchie.

Sachons gré à Filangieri de cette philanthropie généreuse qui l'anime; et puis disons qu'il manque également d'expérience et de génie; qu'il s'est trompé toutes les fois qu'il n'a pas suivi Montesquieu. Cependant cet ouvrage, que je ne crois pas avoir jugé avec trop de sévérité dans ce qui touche à la législation politique, est remarquable et digne de grands éloges dans ce qui touche à la législation criminelle.

Vous voyez sans peine combien de tels sujets sont intimement liés à toutes les spéculations sur l'éloquence et les lettres. En effet, Messieurs, après les plus hautes pensées de la métaphysique et de la morale religieuse, il ne reste pas pour l'homme un sujet d'un intérêt plus présent et plus élevé tout ensemble, que cette méditation sur le bonheur de ses semblables, réalisé par le plus haut degré de justice et de liberté raisonnable. Ainsi donc, la loi criminelle et la loi civile, les idées philosophiques qui peuvent les améliorer, voilà sans doute ce qui méritait le mieux d'occuper les loisirs de ces publicistes de l'Italie. Là, je suis, je l'avoue, singulièrement frappé des immenses connaissances et de la sagesse de vues que montre Filangieri. J'indiquerai aux jeunes étudiants une de ses vues qui me paraît très-sagace et très-savante : c'est le rapport qu'il découvre entre la législation criminelle des Romains et celle des Anglais. Montesquieu, sur ce sujet, n'avait rien dit avec la même précision. Filangieri démontre que l'instruction judiciaire, chez les Romains, offrait des analogies remarquables avec celle des tribunaux anglais. De quelques passages de Cicéron, de Pline le Jeune et de Quintilien, il conclut que c'était l'avocat qui interrogeait les témoins accusateurs; que l'accusé lui-même disparaissait, pour ainsi dire, dans le débat; que le supposant menteur, parce qu'il était intéressé à l'être, on ne l'interrogeait pas; et qu'ainsi c'était par une discussion étrangère à lui qu'on arrivait jusqu'à lui. Tel est, vous le savez, l'esprit de la procédure anglaise.

Dans cette partie de son ouvrage, Filangieri ne se montre pas préoccupé d'impraticables théories.

Il parle en présence des faits, et avec l'espérance
d'agir sur les lois criminelles de son pays et des
nations étrangères. A cette époque il existait encore dans les procédés de la justice des abus dont
Louis XVI commença la réforme. C'est pour les
combattre qu'écrivait Filangieri. Chose remarquable! Messieurs; beaucoup de sages garanties
qui se mêlent à la rigueur, encore excessive, de
quelques portions de nos codes criminels, se
trouvent nettement indiquées et éloquemment réclamées dans le publiciste italien. Rien de plus
beau que ce qu'il dit sur la nécessité d'une instruction publique et contradictoire. Rien de plus humain, de plus vrai, que ses réflexions sur l'abus
du *secret* qui n'a pas disparu des législations modernes. Souvent il s'adresse au cœur des rois, qui
alors étaient, dans presque toute l'Europe, les uni-
ques législateurs des nations : c'est là qu'il est
éloquent. Se mêle-t-il quelque défaut à ce langage? Oui, je le crois; une sorte de jeunesse et
de déclamation dans le style. Cette langue italienne est toujours la langue des *improvisateurs*;
elle a quelque chose de séduisant, d'animé, de
brillant, de sonore. Vous avez entendu quelquefois ce célèbre Italien qui faisait des tragédies
tout de suite, sur place; on lui donnait un mot,
Cléopâtre, *Alexandre* : il s'animait, il parlait, il
chantait, il était poëte; une foule d'images rapides, un songe, un crime, une passion profonde,
un grand sacrifice, passaient sous vos yeux, et
s'embellissaient du charme des vers. Vous arri-

viez à la fin de la pièce, le héros était tué ou se tuait lui-même, comme dans une tragédie régulière, et vous restiez dans une sorte d'enchantement d'avoir entendu tant de mots sonores qui laissaient peu de souvenirs, et d'avoir reçu tant d'émotions fugitives.

Je ne sais, mais il y a quelque chose de cette forme de composition, ou plutôt de ce prestige, dans les ouvrages même sérieux et médités des Italiens. Leur parole est vive, et ne laisse pas une trace profonde; leur indignation est trop théâtrale; leurs colères sont comme ces émeutes de Naples, si violentes, et qui tombent si vite : tout est en feu; un instant après, il n'y a plus personne.

Certes, Messieurs, nous voulons que le publiciste ne soit pas étranger aux émotions de l'homme; nous aimons que, sans chercher l'éloquence, qu'on ne trouve pas quand on la cherche, il ne s'interdise pas un sentiment énergique, une expression forte, passionnée, qui lui est donnée par les choses mêmes. Qu'il ait parfois, comme Montesquieu, cette ironie amère et dure, plus accablante que l'invective; qu'il soit capable d'une généreuse colère. Mais lorsque Filangieri, pour me faire sentir l'isolement déplorable de l'accusé, s'adresse tout à coup au roi, lui demande de se déguiser, de pénétrer dans la prison, le suppose arrivé avec cette vivacité d'imagination italienne, et puis voit l'accusé qui parle à ce roi, qui lui fait un long discours, il y a là quelque chose qui peut-être n'est pas assez touchant, à force d'être théâtral; je suis en doute de ce que je lis. Après une première émotion, quand je réfléchis davantage, cela ne me paraît pas assez grave, assez sérieux pour la grandeur même des intérêts défendus. Je ne veux pas que le publiciste devienne acteur à ce point. Je me défie des sentiments qu'il m'enlève, qu'il me dérobe par cette illusion de pitié.

Certainement l'état des prisons avant les grands changements de la société était affreux, déplorable; l'humanité, l'expérience moderne n'ont pas encore tout corrigé, tout épuré. Il est honorable pour le publiciste italien d'avoir élevé la voix contre ce fléau de l'arbitraire; mais j'aurais voulu que sa parole fût plus simple et plus sérieuse. Je suis plus touché de ce bon prédicateur de province qui, parlant pour la première fois à la cour, après avoir décrit, devant Louis XVI ému, l'horreur des prisons, les souffrances des coupables, des accusés même, s'écriait : « Eh quoi ! sous un bon roi, des sujets qui envient l'échafaud ! » Il y a là une vigueur d'âme et d'émotion que la brillante vivacité de la pensée italienne n'atteint pas.

Je rougis, Messieurs, de mes chicanes littéraires sur Filangieri. Il ne faut pas examiner en rhéteur les vues d'un homme droit et pur; ou du moins, cette critique achevée, il ne faut y attacher aucun prix. Disons à Filangieri qu'il est utile pour le triomphe même de la vérité d'avoir toujours une juste et naturelle expression; qu'il faut se défendre d'un faux enthousiasme, afin que l'enthousiasme des bons sentiments ait plus d'empire et de vraisemblance. Puis, laissons bien vite ces remarques de goût, et rendons hommage à l'honnête homme, au citoyen généreux, à l'esprit élevé, qui, si jeune, au milieu des mœurs serviles et superstitieuses de Naples, défendait la justice avec tant de force et de candeur.

TRENTE-QUATRIÈME LEÇON.

Suite de l'examen de la littérature italienne à la fin du XVIII° siècle. — Coup d'œil sur le gouvernement et la civilisation du Piémont. — Alfieri. — Ses voyages. — Ses immenses travaux. — Ses ouvrages politiques. — Principales époques de sa vie.

Messieurs,

Nous avons vu la philosophie française traduite en italien ; nous avons vu les idées de réforme politique, la révolution morale enfin, transportée à Milan, à Naples ; spectacle plus curieux peut-être pour l'histoire des peuples que pour celle du génie ! En effet, cette invasion prématurée que la France faisait par ses doctrines, avant de la faire par ses armes, a dû jusqu'à certain point préparer, faciliter les conquêtes qu'elle tenta plus tard, à l'époque où ces théories, dont les écrivains français n'avaient peut-être pas le secret eux-mêmes, devinrent de puissantes et terribles réalités. Mais ce point de vue, je l'écarte ; et, m'attachant à la seule question d'influence littéraire, il me semble que ce n'est pas dans cette imitation textuelle, dans cette adoption servile de l'indépendance française, que l'on peut trouver la gloire de la pensée italienne ; car nulle originalité ne s'y mêle. Ces

Beccaria, ces Genovesi, ces Veri, ces Filangieri sont des Italiens *francisés*, ingénieux zélateurs d'idées étrangères, novateurs et pourtant copistes, reproduisant ce qu'ils n'ont pas eux-mêmes pensé, et l'exprimant avec la vivacité naturelle à leur langue et à leur pays. Mais pour trouver la pensée italienne elle-même, pour la trouver originale, c'est-à-dire nationale, il faut quitter la belle Italie, il faut nous arrêter dans ses faubourgs, et étudier un homme doublement singulier par son caractère et par son talent, Alfieri.

Ce n'est pas qu'il ait échappé à cette puissante, à cette inévitable influence de l'esprit français au xviii° siècle ; mais du moins il s'est débattu contre elle, il l'a reniée, il l'a repoussée autant qu'il a pu :

> Bacchatur vates magnum si pectore possit
> Excussisse Deum. . . . .

L'empreinte est sur lui, mais il la maudit, il n'en veut pas. Certes, ce n'est pas un des spectacles les moins intéressants de l'histoire littéraire au xviii° siècle que l'existence, les progrès, les ouvrages de ce républicain Alfieri, né dans la petite ville d'Asti, sous la domination despotiquement paternelle du roi de Piémont.

A l'occasion d'Alfieri, Messieurs, je ne prétends pas faire un tableau moral, politique et littéraire du Piémont ; cependant il m'est impossible de ne pas réfléchir un moment sur un fait qu'Alfieri a si bien caractérisé lui-même, en appelant le Piémont un pays *amphibie*, pour peindre ce peuple mélangé, français et italien tout ensemble, français par le gouvernement, par la cour, italien par la superstition et les mœurs.

Il y avait longtemps que l'influence française avait commencé dans le Piémont : ouvrez le plus frivole des livres, dont je ne vous ai pas parlé, les *Mémoires d'Hamilton* : vous y voyez une copie, une contrefaçon de l'élégance et du luxe de la cour de France à Turin; c'est la même langue, le même goût des plaisirs et les mêmes faiblesses. Je ne redirai pas les expressions trop peu graves dont se sert le médisant et spirituel historien, en parlant de la princesse qui régissait le Piémont, et qui était une fille de Henri IV[1].

Plus tard la gloire vint relever cette frivolité de la cour de Piémont; un prince anima de son énergie ce petit état. Vous savez quel fut Victor-Amédée; il eut plus d'une fois l'honneur d'être battu par Catinat, après une vive et habile défense. Il aimait la guerre, et la savait : politique vraiment italien, il changeait trop rapidement d'alliance; ainsi il se trouva généralissime des armées de l'empire, et deux mois après généralissime des armées de la France; mais cette mobilité de politique était subordonnée en lui à un instinct d'agrandissement et d'usurpation, très-bien calculé et digne d'un roi plus puissant. Après beaucoup de guerres, de pillages, après avoir vu ses états envahis, sa capitale

---

[1] Christine, duchesse régente de Savoie, morte en 1663.

assiégée, Victor-Amédée, tantôt fugitif, tantôt vainqueur, finit par augmenter un peu ses états, et conquérir l'île de Sardaigne : alors il s'appela le roi de Sardaigne, au lieu de s'appeler le duc de Savoie.

Du reste, malgré les historiens et ces éloges vulgaires qu'ils donnent à la sagesse de ce prince, à ses vertus, à la justice de son administration, il ne faut pas croire que le gouvernement du Piémont fut à cette époque autre chose qu'un despotisme de famille très-actif et très-minutieux. Le roi, après l'avoir longtemps exercé, finit par en être victime lui-même.

Possédé d'une manie d'imiter les plus grands princes, furieux d'être le roi d'une si petite monarchie, et voulant se conduire avec ce grandiose plus ou moins chevaleresque qui avait signalé Charles-Quint, par exemple, Victor-Amédée addiqua comme lui. Par un véritable plagiat, il avait copié jusqu'aux formes de la cérémonie, et jusqu'aux paroles dont s'était servi Charles-Quint en quittant la couronne. Bientôt, pour compléter l'imitation, ou plutôt sans le vouloir, par l'inspiration de regret et d'ennui commune à tous les rois en retraite, il voulut aussi remonter sur le trône. Mais, avec cette dureté de commandement si facile dans un petit état parfaitement soumis, son fils le prévint; et, malgré sa gloire, malgré les souvenirs qui s'attachaient à lui, il fut un jour enlevé de son lit par des grenadiers de son ancienne garde, et jeté dans une prison, où il mourut de honte et de chagrin. Telle fut la fin de Victor-Amédée.

Charles-Emmanuel son fils, quoiqu'il eût débuté sous de si mauvais auspices et par une si noire ingratitude, se conduisit en bon et sage prince, disent les historiens : il fit peu la guerre, et la fit utilement; il enrichit son peuple par le commerce, et l'appauvrit par les impôts. Sans être aimé de ses sujets, il avait pris un grand pouvoir sur eux; et les vicissitudes passagères de sa fortune le trouvèrent toujours ferme sur un trône qui occupait si peu de place en Europe, et que la France ou l'Autriche semblait pouvoir faire disparaître d'un mot.

Cependant, Messieurs, ma première remarque subsiste. Le Piémont, sous Charles-Emmanuel, était, comme sous Victor-Amédée, une monarchie absolue. On ne pouvait en sortir pour voyager, sans une permission expresse du prince. Une loi du pays portait de plus

> Que nul habitant du Piémont ne pourrait, dans quelque partie de l'Europe que ce fût, imprimer des livres ou autres écrits, sans autorisation de la censure du Piémont, sous peine de soixante-dix écus d'amende, et de tous autres châtiments, même corporels.

Je ne sais comment cette loi s'exécutait lorsque le voyageur piémontais, coupable d'un tel délit, avait soin de rester dans un pays éloigné de son heureuse patrie; mais, s'il rentrait en Piémont, on le saisissait, et on lui faisait acquitter avec dépens cet arriéré de censure auquel il avait échappé.

Tous les usages tyranniques étaient héréditaires dans ce pays : par exemple, il était rigoureusement prohibé d'exporter de l'argent hors du royaume. C'était une grande difficulté, une entreprise périlleuse de faire sortir du Piémont une modique somme qui vous appartenait. Beaucoup d'autres préjugés despotiques pesaient encore sur ce petit état, et dans un étroit espace y semblaient plus asservissants qu'ailleurs. C'est ainsi que la monarchie du Piémont était arrivée au milieu du xviiie siècle. Par sa situation, elle ne pouvait guère échapper à cette puissance, à cette active domination que l'esprit français étendait sur tous les pays voisins ou éloignés. Lorsque la pensée française dominait dans la cour de Catherine, croirez-vous que ce Piémont, pressé entre la France, l'Allemagne et la véritable Italie, pût échapper à l'influence que la France exerçait partout? Non, sans doute. Il en résultait un mélange d'éléments bizarres; quelques idées de la philosophie française se répandaient à Turin, tandis qu'une domination rigoureuse et des habitudes superstitieuses opprimaient tout le reste du pays.

C'est dans cette condition sociale que naquit un des esprits les plus indépendants, les plus indociles qui aient existé jamais, une des têtes les plus vives, un des cœurs les plus passionnés qu'ait échauffés le ciel d'Italie, un homme qui, s'il eût vécu contemporain du Dante, eût été son rival de faction et de poésie, un homme qui avait en lui ce même foyer de haine contre la tyrannie, et de passion pour la liberté : tel fut Alfieri. Il était né noble; il avait, et il garda toute sa vie les préjugés et l'orgueil de sa naissance; il fut démocrate, mais démocrate féodal, si l'on peut parler ainsi.

Tout dans sa première jeunesse devait servir encore à développer ce caractère indomptable : né d'un père âgé, il fut de bonne heure orphelin; une autre union éloigna de lui sa mère; un tuteur le surveilla mal, et peu longtemps; à seize ans il se trouva parfaitement maître de ses actions. Il avait été mis au collége des nobles à Turin. Si l'on en croit ses Mémoires, et surtout les études de sa jeunesse, ce collége était une fort mauvaise école. Il y prit une habitude violente de dissipation et de paresse, le goût vif des exercices du corps au milieu de la plus complète inaction d'esprit, et surtout la passion des chevaux, passion qu'il n'abandonna jamais, et qui, dans la suite, le disputa dans son cœur à celle des vers.

C'est au milieu de ces occupations ardentes et frivoles qu'Alfieri touche à l'époque de son affranchissement. Alors il se trouve à l'étroit dans son Piémont; il s'impatiente de vivre dans un pays, dit-il, « où le petit roi d'un si petit royaume se mêle des petites affaires de toutes les familles. » Il obtient une permission de voyage, et il part. Mais qu'allait-il faire? Il était présomptueux, ignorant, sans autre goût que le changement et le mouvement, libre de sa fortune, sans conseil et sans maître. Il s'élance de toute la rapidité de ses chevaux à travers l'Europe, il la parcourt à bride abattue; il voit vite et mal l'Italie; il entre à Paris, il le trouve hideux, et part. Il passe en Hollande, en

Angleterre; il revient. Il avait voyagé; il avait changé de place; il avait un moment trompé cette ardente activité qui le dévorait. Du reste, rien de nouveau ne lui était apparu; rien ne s'était déterminé dans sa vocation et son existence.

Cependant, au milieu de tout ce que je raconte et de tout ce que je supprime, dans cette vie ardente, frivole, égarée par toutes les passions de la jeunesse, subsistait un ferment salutaire, un goût des lettres qui, par moments, par caprices, commença de paraître.

Mais Alfieri, élevé dans le collége des nobles et parmi les familles de la cour, ne connaissait que le français. La langue habituelle du Piémont est un italien un peu corrompu, fort semblable à l'italien de Venise. Ce n'est pas cette belle, cette harmonieuse langue du Tasse et de l'Arioste; car, pour le dire en passant, lorsqu'on vous raconte, Voltaire lui-même, que c'est un charme, en se promenant au milieu des lagunes de Venise, d'écouter le soir les gondoliers redire, d'une voix mélodieuse, les octaves du Tasse, et que si Boileau, juge sévère du Tasse, les avait entendus, il eût été ravi par la douceur de ces concerts, il y a là, Messieurs, fort peu de vérité. Les gondoliers vénitiens, d'une voix plus ou moins douce, chantent les octaves du Tasse, mais en patois; ce ne sont plus les mêmes expressions, les mêmes rimes, les mêmes désinences. C'est encore, si vous le voulez, un exemple de cette puissance obtenue par le génie sur la pensée des hommes les plus grossiers; mais ce ne sont plus les beaux vers du Tasse; ce n'en est qu'une parodie grossière à l'usage du peuple.

Mais excusez cette digression qui veut dire que l'italien populaire du Piémont, semblable à celui de Venise, est un dialecte que négligeaient la noblesse et les gens bien élevés de Turin; ils le parlaient comme quelques-uns de nos jeunes auditeurs, habitants du Midi, ont parlé dans leur enfance le patois provençal, que depuis leur séjour à Paris ils dédaignent, et dont peut-être ils ne se souviennent plus.

Alfieri n'avait donc parlé que le français à son collége et dans la société choisie de Turin : ses voyages ramenaient toujours pour lui l'usage du français : à Milan, en Hollande, en Angleterre, le français avait été la langue commode et courante dont il s'était servi.

Revenu de sa première excursion en Europe, ayant fait halte un moment à Turin, dans l'ennui de sa solitude, dans la préoccupation de quelques souvenirs il jette les yeux sur les livres. Sachons de lui ce qu'il lisait et comment il lisait :

> Toutes mes lectures, dit-il, étaient des livres français. Je voulus lire le roman de Rousseau, je m'y essayai plusieurs fois; mais, quoique je fusse par nature d'un caractère très-ardent, et alors agité d'une vive passion, cependant je trouvai dans ce livre tant de manière, tant de recherche, tant d'affectation de sentiment et si peu de sentiment, tant de chaleur de tête et tant de froideur de cœur, que je ne pus jamais terminer le premier volume.
>
> Quant aux ouvrages politiques, comme le *Contrat social*, je ne les entendais pas, et je les laissai bien vite. La prose de Voltaire me séduisait singulièrement; mais ses vers m'ennuyaient. Je n'ai jamais lu *la Henriade* que par fragments détachés. Tout au contraire, j'ai lu Montesquieu d'un bout à l'autre deux fois avec éton-

nement, avec plaisir, et aussi, je crois, avec quelque utilité. Le livre de *l'Esprit* d'Helvétius me fit une profonde, mais pénible impression ; mais le livre des livres pour moi, celui qui cet hiver me fit véritablement passer des heures ravissantes et fortunées; ce fut Plutarque, les *Vies des grands hommes*. Quelques-unes d'entre elles, Timoléon, César, Brutus, Pélopidas, Caton et d'autres, je les ai lues quatre et cinq fois avec un tel transport de cris, de pleurs, de fureur, que ceux qui m'auraient entendu d'une chambre voisine m'auraient certainement pris pour un fou.

Au récit des grandes actions de ces grands hommes, souvent je trépignais des pieds, tout hors de moi; et des larmes de douleur, de rage jaillissaient de mes yeux, en songeant que j'étais né en Piémont, dans un état et sous un gouvernement où l'on ne pouvait ni faire ni dire de grandes choses, et où peut-être on ne pouvait en sentir ni en penser même inutilement.

Vous voyez, Messieurs, qu'on peut perdre son temps lorsqu'on a ce foyer dévorant de chaleur et d'enthousiasme. Après cet hiver de repos passé dans les agitations de l'étude et les mêmes transports de ravissement pour Plutarque qu'avait éprouvés Rousseau plus jeune encore, Alfieri, las de Turin, repart, et prend sa course de nouveau ; mais cette fois il ne veut pas faire un petit voyage. Il s'élance par l'Allemagne, la Prusse, le Danemark, la Suède, la Russie ; il revient ensuite, repasse par la Prusse, court en Hollande, en Angleterre, en France, en Espagne, en Portugal, et enfin, après dix-huit mois d'excursions au nord et au midi de l'Europe, après avoir traversé vingt pays sans les regarder, il rentre à Turin.

Ce voyage, sous le rapport du développement intellectuel, avait été en apparence stérile comme les précédents : des courses rapides et sans but, des imprudences, des folies de jeunesse, une vague et mélancolique ardeur avaient occupé tous les moments d'Alfieri. A peine, nous dit-il parfois, las de ne rien faire, il avait porté la main sur quelques volumes de Montaigne placés dans sa voiture, et en avait lu çà et là quelques pages. En Danemark, cependant, il s'était avisé qu'il y avait une langue italienne, et qu'il était Italien, et il avait commencé à lire quelques poëtes de sa nation, dont il ne comprenait pas sans peine le pur et classique langage. Par les conseils d'un compatriote qu'il avait trouvé à la cour de Danemark, dans les moments de solitude et d'ennui, lorsqu'il ne pouvait se promener en traîneau, il lisait quelques vers de Pétrarque ou du Tasse, et commençait à sentir un peu de sympathie pour son pays.

Enfin le voilà de retour en Piémont, et fixé à Turin autant qu'il pouvait l'être. Bientôt cet homme si paresseux et si actif à la fois, cet homme dont tous les goûts étaient des fureurs, et qui tombait dans une mortelle léthargie lorsqu'il n'était pas transporté par une passion presque maniaque, Alfieri, las des voyages, cherche quelque nouvelle et ardente préoccupation, l'étude, les lettres, la gloire, et, dans je ne sais quel moment de loisir et d'agitation, il s'avise de faire une tragédie. Il savait assez bien le français, très-peu l'italien et fort mal le latin; car il ne l'avait étudié qu'au collége de Turin : c'est avec ces préliminaires qu'il est saisi tout à coup de la passion et de l'espérance de créer un théâtre tragique en Italie. Dans ses courses, et partout, il avait lu des pièces françaises; il avait entendu des acteurs français dans tous les théâtres de l'Europe ; il n'avait pas dû non plus ignorer les tragédies de Métastase, alors si célèbres en Italie. Il l'avait même vu, et dans ses Mémoires il tient note de ce souvenir :

> J'aurais pu facilement, dit-il, connaître et fréquenter le célèbre poëte Métastase ; mais je l'avais vu un jour à Schœnbrunn, dans les jardins impériaux, faire à Marie-Thérèse la petite génuflexion d'usage avec un visage si servilement satisfait et adulateur, que moi, qui *plutarquisais* dans mon jeune enthousiasme (pardon, Messieurs, de ce barbarisme traduit de l'italien), je n'aurais pas voulu pour rien au monde avoir de commerce ni de familiarité avec une muse qui se louait ou se vendait ainsi au pouvoir despotique.

Messieurs, ce n'est pas la raison et la vérité que nous cherchons ici, c'est Alfieri ; nous voulons le trouver.

Moriamur pro rege nostro Maria Theresia. La princesse qui a mérité qu'un peuple généreux et libre, que les Hongrois aient fait jaillir du milieu de leurs rangs ce cri d'enthousiasme et d'amour, pouvait bien mériter qu'un poëte italien, fût-il Métastase, la saluât avec respect. Je ne partage donc pas la colère d'Alfieri : mais vous voyez cette jeune et fougueuse imagination si à l'étroit dans le Piémont, qui a couru toute l'Europe sans trouver nulle part assez de liberté pour son ardeur, qui se lasse de tout, qui s'impatiente de l'apparence même du joug, qui regarde presque une formalité de cour comme la tyrannie elle-même. Maintenant qu'Alfieri veut être poëte, ce n'est pas Métastase qu'il imitera ; il se souvient de cette génuflexion des jardins de Schœnbrunn, et, dans cette ardeur à la fois obstinée et capricieuse qui domina sa vie

entière, une cause pareille suffit pour la rejeter à mille lieues du poëte de cour, et rendre ses vers âpres et durs, en proportion de la mollesse heureuse qui assouplit la muse de Métastase.

Ainsi, c'est sous une inspiration de haine contre toute espèce de joug et de servitude, dans l'enthousiasme d'une altière et capricieuse indépendance, et en même temps sous une inspiration ignorante d'une part et française de l'autre, qu'Alfieri va commencer d'écrire ; il a beau jurer qu'il ne veut pas imiter les Français ; il a beau vouloir, après avoir été Français pendant une partie de sa vie, se *défranciser*, se *dépiémontiser*, comme il dit, le cachet de l'imitation se conserve : dans les habitudes de son théâtre, dans les formes de sa tragédie nous trouverons partout la trace du génie français. Cependant cette première inspiration qu'il ne peut pas détruire, dont il profite en cherchant à la cacher, il y mêle son originalité propre, et celle de son pays et de sa langue. Par un effort bien singulier, bien rare, il entreprend de faire à la fois ses études et ses ouvrages ; le voilà qui, dans son ardeur, apprend la langue, la versification, le théâtre, lit tous les poëtes de sa nation, en même temps qu'il compose des vers. Il médite un chant du Dante, et il fait une scène de sa tragédie ; il étudie les finesses de la langue toscane dans la meilleure et, suivant lui, la plus ennuyeuse grammaire du monde, et en même temps il s'exerce à composer des sonnets.

Avec cette passion qu'il a nommée lui-même

une rage d'étude, en quelques années il dévore toutes les difficultés de la langue italienne, s'empare de toutes ses richesses, se remplit de littérature et de poésie. Du milieu de ses études, de ses imitations, de ses inspirations personnelles, de ses caprices, de ses calculs, il fait sortir un théâtre.

Mais ce théâtre, pour en bien comprendre le caractère, il faut consulter la vie et les autres ouvrages d'Alfieri. Cet homme, que nous avons représenté si impatient du joug, devait porter dans tout son génie littéraire cette passion qui l'avait fait écrire. Ainsi, jusque-là, dans l'Italie, on avait parlé d'amour, on avait célébré les émotions religieuses, on avait fait de la poésie le supplément de la musique, une musique nouvelle. Alfieri veut faire de la poésie l'instrument de la liberté; mais cette liberté, où la fera-t-il entendre? sera-ce à Rome? il n'y a pas de place pour elle. A Naples? la liberté d'Alfieri est bien plus hardie, bien autrement violente que la liberté théorique dont Filangieri se faisait l'introducteur à la cour de Naples. Sera-ce à Milan? le gouvernement autrichien ne le souffrirait pas. Sera-ce en Piémont? déjà elle y paraît importune et déplacée. Aussi, dès que la vocation tragique d'Alfieri se développe, sa première pensée est de s'affranchir de son pays. Résolu d'être original et libre, il veut d'abord échapper à la littérature française et à la cité piémontaise. Je me sers de cette expression faute d'en trouver une autre.

Les préliminaires, les premiers essais de cet

affranchissement furent quelques voyages dans l'heureuse Toscane. Alfieri aurait souhaité parfois de fixer son séjour en Hollande ou à Londres : ce pays lui plaisait par la liberté, mais non par la nature; et cette âme de poëte, si elle se trouvait à l'aise sous les lois libres de l'Angleterre, avait besoin d'être inspirée par le soleil de l'Italie.

Ses voyages à Florence l'attachaient à l'Italie. C'est une chose qui nous échappe à nous, habitants des froids climats, que cet enthousiasme des Italiens pour la mélodie de leur langue. Il faut entendre le plus rude des poëtes italiens, celui que les critiques du pays ont accusé d'avoir brisé l'harmonie de leur langue à coups de hache, il faut l'entendre vous exprimer le délire que lui donne non pas le climat de la Toscane, mais les sons qui sortent de la bouche des habitants. Il s'accuse, avec une sorte de componction de musicien, d'avoir longtemps répété et écouté les sons sourds et durs de cette langue d'au delà des monts, la langue française; et il s'épanouit avec délice, en redisant les mélodieux accents de ce *divin* langage de Pétrarque et du Tasse. C'est le même enthousiasme qu'éprouvaient les Grecs.

Ne vous ai-je jamais raconté cette anecdote d'un emprunt que voulait contracter le peuple d'Athènes? On avait fait venir de Carie un banquier fort riche, qui prêtait aux républiques du temps, homme considérable, mais parlant un mauvais dialecte et prononçant fort mal. Au moment où, sur la place publique d'Athènes, on allait décider cette importante affaire, il s'avise de prononcer : τὸ δάνειον δανίσω ; un sifflet universel s'élève, et tout le monde abandonne le malencontreux prêteur.

Quelque chose de cette disposition organique, de cette irritabilité musicale, s'était conservé dans l'Italie. Alfieri sentait très-vivement cette impression. Il n'a pas plutôt fait trois ou quatre pèlerinages de prononciation et d'harmonie à Florence, qu'il ne peut pas concevoir un autre séjour, un autre asile. Quelque chose d'ailleurs de plus sérieux et de plus élevé se mêlait à ce motif qui nous paraît frivole, et qui ne l'est pas pour un Italien. Alfieri donnait chaque jour davantage un développement hautain à sa pensée. Ses tragédies respiraient un sentiment de liberté quelquefois peu vraisemblable, plus analogue au génie de l'auteur qu'à la situation des personnages, mais par cela même plus énergique et plus saillant. C'était le caractère de tout ce qu'il écrivait, de tout ce qu'il pensait. Il comprit que l'air du Piémont ne lui était pas bon ; mais le Piémont était un pays si heureux, qu'il n'était pas facile d'en sortir. L'usage donnait alors au souverain une espèce de juridiction sur les biens de toute la noblesse : une loi, si on peut appeler cela une loi, disait que l'on ne pouvait les aliéner sans la permission du souverain ; il en était surtout ainsi des domaines féodaux. Ce vasselage autrefois se liait à une sorte de résistance et de liberté ; mais il n'était plus alors qu'un moyen d'oppression minutieuse. Alfieri fut obligé de faire une donation de tous ses biens à sa sœur, ne pouvant pas les vendre; et en même temps il obtint, par une condition secrète, une pension de cette sœur. Ensuite, voulant assurer sa liberté par sa fortune, il demanda que le capital d'une partie de cette pension fût réalisé et acquitté sur-le-champ. Mais c'était un événement que de faire sortir du Piémont une centaine de mille francs; il fallut beaucoup de démarches et d'efforts pour obtenir le consentement du roi.

Enfin voilà donc Alfieri échappé du Piémont, et libre comme on l'est à Florence, assuré d'entendre prononcer admirablement le pur toscan, ne dépendant plus que de cette servitude générale qui pesait sur l'Italie; mais, n'étant plus dans cette servitude étroite et spéciale où il se trouvait en face d'un petit souverain, dans une petite cour, au milieu d'un petit pays, là, Messieurs, Alfieri continue ses études avec une passion qui est historique dans les lettres, et qui entra pour quelque chose dans son génie. Il avait déjà commencé à rapprendre le latin; il lut successivement avec une ardeur infatigable tous les auteurs classiques de l'antiquité; il enrichit son esprit plutôt sous le rapport du goût, de l'élégance, que pour la connaissance générale de la philosophie et de l'histoire. Il acheva plus librement encore quelques ouvrages qu'il avait commencés, et il se livra sans réserve à toutes les espérances de sa gloire future.

Cependant cette gloire était encore un secret pour presque toute l'Italie. Elle avait même peu d'occasions de s'y produire. Les acteurs tragiques étaient fort rares en Italie. Les théâtres de Vicence et de Vérone étaient magnifiques, et excitaient, vous le savez, la jalousie de Voltaire, qui disait que les beaux théâtres étaient en Italie, et les bonnes pièces en France; mais l'Italie ne voyait guère sur ces théâtres que des opéras, ou des espèces de comédies qui ne peignaient ni les mœurs ni la vérité, des parades licencieuses et fantasques; de plus, les drames d'Alfieri, que nous n'avons pas encore examinés, mais que nous devinons par le caractère de l'auteur, Ces drames, avec la passion de la liberté, avec la haine de la tyrannie qui les anime, n'auraient pas facilement obtenu l'autorisation de ceux qu'il fallait consulter avant de jouer une pièce en Italie.

Ce ne fut qu'après des travaux infinis, après douze ans de lectures, de traductions, de pièces composées, de pièces récitées, qu'Alfieri, dans un séjour à Rome, commence à révéler sa gloire à tout le monde; il fait imprimer quatre de ses tragédies, et il a l'honneur de les présenter au pape. Quoiqu'il voulût, pour plus d'un motif, paraître respectueux dans cette audience, il fit une grande témérité; il baisa la main du pape, privilége qui n'est réservé qu'aux cardinaux. Malgré cette irrévérence, Alfieri trouva protection et faveur dans Pie VI. Quelques-uns de ces ouvrages, représentés à Rome par les personnes du rang le plus élevé, obtinrent un grand succès. L'Italie est toujours et naturellement la patrie des arts; il n'y avait pas d'acteurs dignes de représenter de vraies tragédies; mais il se rencontrait dans la société une foule de gens d'esprit et de goût, qui se plaisaient à réciter sur un théâtre particulier les ouvrages d'Alfieri; et les principaux nobles romains, dans l'oisiveté qui fait l'existence de Rome, se faisaient comédiens pour jouer ses pièces.

Cependant le talent d'abord âpre et dur d'Alfieri s'était insensiblement assoupli et perfectionné; mais son âme avait gardé toujours sa fierté et sa haine exagérée contre toute espèce de pouvoir. En communiquant ces sentiments à tout son théâtre, il les a surtout exprimés avec une grande énergie dans deux ouvrages. Ces deux ouvrages ne sont pas assez vrais pour être beaux; mais il est difficile d'avoir un monument plus original de la pensée d'un homme de génie, avec ses passions et ses caprices. Dans ces deux livres respire l'âme d'Alfieri. L'un est intitulé, *de la Tyrannie*; l'autre, *du Prince et des Lettres*. Ce traité de la tyrannie est sans doute d'une exagération chimérique. L'auteur y dit, en propres termes, que les peuples de l'Europe moderne et chrétienne sont beaucoup plus esclaves, plus opprimés que les peuples d'Orient; il ose dire qu'en Turquie, en Orient, avec l'égalité d'oppression il y a du moins le dédommagement de la révolte et de la vengeance, et que dans les pays civilisés, avec les mêmes maux, on n'a pas le même avantage.

Ce livre, qui est manifestement une exagération des paradoxes mêmes du *Contrat social*, un *Contrat social* remanié par un esprit plus violent, étranger aux études politiques, et ne pensant que par passion et caprice; ce livre est, comme celui de Rousseau, tout rempli d'une fausse imitation de la liberté antique. Tandis que, selon l'expérience moderne, l'industrie, la richesse, sont des instruments de liberté, Alfieri les proscrit avec l'austérité d'un Spartiate, oubliant que le théâtre, même sévère, même sans amour, devrait être enveloppé dans cette interdiction. Tout ce que l'enthousiasme d'un Timoléon ou d'un Brutus peut inspirer de plus hardi, de plus farouche, paraît naturel à l'âme d'Alfieri.

Avec une noble fierté il y a, ce semble, dans ce livre, une grande ignorance de la vie réelle, une passion excessive qui ne voit pas ce que les sociétés modernes, tempérées par la civilisation seule, offraient d'humain et de salutaire, et qui, rêvant toujours, au milieu du xviiie siècle, des Néron et des Tibère, poursuit de ses invectives une tyrannie absente et impossible. Ainsi, malgré la préférence d'Alfieri pour l'Orient et la Turquie, et malgré la nécessité fort pénible de demander des congés pour voyager en Italie, et de donner son bien pour le vendre, ce gouvernement même du Piémont ne me paraît pas justifier toute la colère du poëte.

L'autre ouvrage d'Alfieri, *du Prince et des Lettres*, est à tous égards plus remarquable. Ce n'est pas qu'on n'y trouve aussi de l'excès et de l'amertume; mais il y a une belle vérité, c'est que la pensée n'est grande et noble qu'autant qu'elle s'appartient en entier; c'est que la protéger, ce n'est pas l'élever. Quelques préjugés fort répandus sont réfutés dans cet ouvrage. Alfieri ne laisse plus à la puissance l'honneur d'avoir créé le génie ; Alfieri n'admet plus que le calme du pouvoir absolu soit une inspiration pour le talent. L'histoire de la Grèce et de Rome lui fournit une foule d'exemples contraires. Une certaine force logique encore imitée de Rousseau, mais naturelle, se fait sentir dans tout l'ouvrage. L'auteur considère d'abord les princes qui ne protégent pas les lettres; puis ceux qui les protégent, et enfin si les lettres ont besoin d'être protégées. Il montre que c'est toujours un degré de liberté qui élève l'esprit littéraire. Au fond, la question agitée par Alfieri se réduit à savoir s'il vaut mieux que la littérature soit un art, ou qu'elle soit une puissance. Alfieri démontre avec force que la protection absolue qui peut encourager le peintre, l'artiste, le musicien, court risque d'affaiblir la pensée de l'écrivain. Il fait voir que dans le siècle où, sous le pouvoir absolu, les lettres ont brillé d'un grand éclat, elles ont eu quelque inspiration auxiliaire qui les a soutenues et affranchies. Ainsi, sous Louis XIV, la religion était devenue une puissance qui avait sa liberté propre et son domaine inviolable. Ainsi, du haut de leurs chaires d'évêques, Bossuet et Fénelon étaient aussi libres qu'un orateur antique. Toutes ces idées sont éloquemment développées dans Alfieri. L'Italie, depuis Machiavel, n'avait connu ni cette langue ni cette énergie d'âme.

Alfieri, au milieu des loisirs de Rome et de Florence, avait augmenté le nombre de ses ouvrages et mûri son talent. Il avait exercé son oreille, autant qu'il le voulait, à ce charme de l'italien harmonieux et pur. Maintenant, pour assurer sa gloire et publier tous ses ouvrages, il veut se rendre en France.

Il y avait quelque chose de singulier dans la destinée d'Alfieri. Ici, mes expressions seront réservées, sans être obscures. Cet ardent ami de la liberté se trouvait, dans une affection privée, le rival du prétendant à la couronne d'Angleterre, de ce prince Édouard qui releva avec tant de courage l'étendard infortuné des Stuarts, dans les plaines d'Écosse, fut vaincu, erra dans l'Europe, se maria, et vint mourir assez obscurément à Florence, trahi par la femme qu'il avait choisie. Chose singulière encore! Alfieri, cet inflexible ennemi du pouvoir arbitraire, pour favoriser une passion que la morale réprouve, invoqua contre le dernier des Stuarts une espèce de coup d'état qui priva le malheureux prince de la société d'une compagne envers laquelle on prétend qu'il était coupable. Je ne rappelle ces souvenirs que parce qu'ils complètent cette destinée capricieuse, passionnée d'Alfieri.

C'est au milieu de tels engagements qu'il arrive à Paris, pour préparer l'édition complète de ses ouvrages, à la faveur de cette liberté qui, bien qu'elle ne fût nullement déclarée par les lois, existait déjà par les mœurs. Mais les théories de la pensée, les jeux et les doctrines de l'imagination philosophique, qui, depuis cinquante ans, s'élevant du milieu de la France, se communiquaient au dehors et avaient si vivement préoccupé l'oisiveté des Italiens, allaient bientôt recevoir une grande et terrible réalité. Alfieri, toujours comte, malgré sa haine du pouvoir absolu, toujours animé d'un orgueil nobiliaire, malgré ses illusions républicaines, voit tout à coup la théorie passer à la pratique, au milieu de Paris. D'abord son imagination poétique fut saisie de ce qu'il y avait d'audacieux, d'extraordinaire dans cette grande commotion ; une ode de lui célèbre un des premiers événements de nos troubles civils. Mais ensuite lorsque des rigueurs tyranniques armèrent la liberté comme elles avaient armé le pouvoir, lorsque la violence des lois, la fureur des factions vint tout à coup emprisonner et ensanglanter une partie de la France, Alfieri, avec cette impétuosité qui n'eut jamais de borne, recula, et, d'une passion générale, abstraite pour la liberté, se jeta dans la haine la plus violente contre la tentative de liberté qu'on faisait en France.

Cette habitude, ce goût de confiscation qui séduit tous les pouvoirs tyranniques avait été fatal à la fortune d'Alfieri. Des rentes qu'il avait acquises en France furent réduites au tiers ; son argent fut remplacé par des assignats. Il voulut enfin sortir de France; ses livres furent saisis; la magnifique édition de son théâtre, qu'il avait préparée avec un soin et des efforts infinis, fut également confisquée par des gens qui ne rendaient pas. Alors Alfieri fut saisi de la colère la plus implacable et la plus poétique qui soit jamais entrée dans l'âme d'un homme, depuis feu le Dante. Oui, Messieurs, cet Alfieri, qui, indépendamment du *Traité de la Tyrannie* et de ses tragédies, avait fait un poëme de *l'Étrurie*, dans lequel il avait déposé toute la violence de ses sentiments républicains, et où, par exemple, on voyait Laurent de Médicis armé du poignard par les ombres de tous les assassins des tyrans, qui lui apparaissent une nuit, pour lui commander un meurtre égal à la gloire des leurs; le poëte qui s'était emporté à faire ainsi l'apothéose du meurtre, n'eut plus que des paroles de malédiction et d'horreur, non-seulement pour les crimes qui souillèrent la révolution française, mais pour cette révolution elle-même. Son âme était saisie d'une espèce de furie, à la seule idée que des avocats avaient un si grand pouvoir sur un pays. Un sentiment plus facile à expliquer, et qui se justifie de lui-même, lui inspirait une haine implacable contre des crimes que l'histoire flétrira.

Ce fut dans cette espèce de frénésie qu'il passa les dernières années de sa vie, exhalant chaque jour sa colère dans des vers, dans des sonnets, dans un ouvrage intitulé *Miso-Gallo*. Depuis vingt ans il haïssait la langue française et son défaut d'harmonie; maintenant c'était le nom, l'image de la France, la vue même d'un Français qu'il abhorrait du fond de son âme.

Malheureusement la destinée et la puissance de

la révolution conduisent bientôt les armes françaises en Italie : le Piémont disparaît. Alors l'âme d'Alfieri, qui avait tant dédaigné son pays natal, fut saisie d'un sentiment de citoyen et de sujet qui est honorable pour lui. Il rappelle dans ses Mémoires qu'il chercha le prince malheureux dont le trône venait de s'écrouler, qu'il s'empressa de lui offrir ses services, et qu'il voulut dépendre, à l'instant où le roi n'avait plus de pouvoir.

Cependant cette passion contre la France était un peu je ne dirai pas tempérée, mais distraite par la passion du travail. Alfieri, à quarante-huit ans, s'était épris d'une nouvelle ardeur pour une nouvelle étude ; c'était le grec. Impatienté d'avoir fait des tragédies sans avoir lu Euripide et Sophocle dans l'original, il avait résolu d'apprendre le grec ; et de même qu'il avait fait des tragédies, parce que, suivant son expression, il l'avait voulu longtemps, il l'avait voulu fortement, ainsi il voulut savoir le grec, et il le sut. En effet, avec une ardeur d'écolier,... je me trompe, avec une ardeur telle que ne l'ont pas les écoliers, en quelques années il saisit, enlève, dévore toutes les difficultés, toutes les beautés de la langue grecque. Orateurs, poëtes, historiens, tout cela entre dans sa mémoire, dans son imagination, et il finit par faire des vers grecs : c'est avec ce caprice mêlé toujours à ce qu'il faisait de grand, d'original, qu'au moment où toutes les dignités honorifiques, tous les ordres chevaleresques disparaissaient de l'Europe, il institue un ordre nouveau, celui de *chevalier d'Homère* : il se fait nécessairement le premier chevalier de cet ordre. Il fait fabriquer avec beaucoup de soin, par d'habiles artistes, un médaillon sur lequel étaient gravées les images de plusieurs poëtes qui entouraient leur chef Homère, et de l'autre côté il écrit ce distique grec :

Αὐτὸν ποίησας Ἀλφηριος ἱππε' Ὁμήρου,
Κοιρανικῆς τιμὴν ἤλφανε θειοτέραν.

Alfieri, s'étant fait lui-même chevalier d'Homère, a obtenu un honneur plus divin que le diadème des rois.

Vous allez me dire que peut-être, au milieu de son esprit antifrançais, de sa haine contre la révolution, et de sa passion pour le grec, ces vers semblent indiquer une sorte d'orgueil républicain qui se conservait encore dans son âme. En effet, Alfieri prétendait toujours qu'il n'avait pas abjuré ses doctrines, et qu'en détestant la révolution française il avait gardé toujours la même haine du pouvoir absolu, le même enthousiasme pour la liberté.

Mais pendant qu'il se faisait ainsi chevalier d'Homère, l'invasion française le poursuivait encore. Florence, ville plus spirituelle et plus musicale que guerrière, fut un jour occupée par un escadron français. Alfieri resta le cœur tout plein d'une double haine. Le général français, dont je ne sais pas le nom, voulut, avec cette courtoisie de vainqueur qui ne coûte pas beaucoup, visiter Alfieri; il se présenta deux fois chez lui; Alfieri n'y était jamais; le général insiste par un message, Alfieri lui répond par écrit :

> Si le général, en qualité de commandant de Florence, ordonne de se présenter devant lui, Alfieri, qui ne résiste pas à la force qui commande, se constituera en sa présence ; mais, s'il ne s'agit que d'une curiosité particulière, Alfieri, naturellement très-sauvage, ne veut point faire de connaissance nouvelle, et le prie, en conséquence, de l'en dispenser.

Le général français fit répondre qu'il était bien fâché, qu'il aimait beaucoup la littérature, qu'il aurait été très-flatté de voir Alfieri, mais qu'il y renonçait.

Avec l'espèce de tourment que cette présence de la conquête donnait à l'âme altière d'Alfieri, il prolongea pendant quelques années encore sa vie au milieu des occupations, ou plutôt des fureurs de l'étude ; car jamais, de sa part, un goût ne fut autre chose qu'une fureur. Ainsi, dans ses dernières années, languissant, affaibli, quoique assez jeune encore, il passait de longues heures ou à retoucher ses ouvrages avec ardeur, ou à traduire avec passion les meilleurs classiques grecs et latins, ou à les apprendre par cœur. « De même, dit-il, que j'avais autrefois inondé ma mémoire de vers du Dante, du Tasse, de l'Arioste, ainsi maintenant je la remplissais des accents d'Homère, de Sophocle, d'Euripide, de Pindare. » Cette frénésie d'étude était à peine interrompue par quelques courses à cheval dans Florence. Jusqu'à présent je ne vous ai pas assez parlé de sa passion pour les chevaux ; elle subsistait toujours à côté de ses fureurs poétiques, à côté de ses égarements passagers, à côté de sa haine contre les Français. Les trois passions les plus vives qui remplirent son cœur n'affaiblirent jamais cette passion effrénée qui lui fit une fois traverser les monts, entreprendre un long voyage, aller en Angleterre acheter quinze beaux chevaux, les ramener en leur faisant franchir les Alpes à travers mille difficultés, et en se comparant à Annibal pour la hardiesse et le bonheur du passage.

Enfin, après avoir fatigué son âme, son esprit, sa mémoire par tant d'études, par tant d'émotions, par tant d'impatiences et d'espérances, après s'être enivré de plaisir, de travail, de gloire, Alfieri arriva haletant au terme prématuré de sa carrière. Il écrivit lui-même son épitaphe et celle de la personne à laquelle il avait dévoué sa vie.

Il mourut; et dans le cercueil où son corps fut exposé, au milieu d'une des églises principales de Florence, les traits de son visage conservaient encore une empreinte singulière de noblesse et de fierté. C'est là que l'auteur du *Génie du Christianisme*, voyageant alors, vit pour la première fois Alfieri. C'est ainsi, Messieurs, qu'à certaines époques de l'histoire des lettres, quand un génie disparaît, un autre plus éclatant s'élève, et que la Providence semble avoir soin de ne pas laisser d'interrègne dans la gloire. (*Applaudissements.*)

TRENTE-CINQUIÈME LEÇON.

Examen du système théâtral d'Alfieri. — Ce système calqué sur le nôtre. — Sujets mythologiques, romains et modernes. — L'*Agamemnon* d'Alfieri comparé avec la pièce d'Eschyle et avec celle d'un poëte français de nos jours. — *Mérope*. — *Virginie*.

Messieurs,

J'ai rapidement esquissé la vie et l'âme d'Alfieri; j'ai conté ses courses lointaines, ses immenses études, son infatigable et capricieuse ardeur; maintenant restent ses ouvrages, son génie, son système, ce qui fait sa gloire enfin. Vous ne vous étonnerez pas qu'au milieu de cette revue d'auteurs italiens du second ordre, rencontrant un homme de génie, nous nous arrêtions avec plus de complaisance et de loisir à l'étudier, à le bien connaître.

Alfieri, formé par les exemples de la France, imitateur de la tragédie française du xviie siècle, disciple des opinions et de la philosophie du xviiie, nous appartient, à double titre, par l'imagination et par le raisonnement. De plus, cette tentative de créer pour son pays un théâtre non pas national, mais nouveau, à une époque où les sources de l'imagination semblaient taries de toutes parts, ce dévouement passionné à la poésie, cette ardeur d'enthousiasme, si rare dans le xviii⁰ siècle, caractérisent d'une façon originale la physionomie d'Alfieri. On ne peut répéter son nom sans être frappé des ressemblances qui le rapprochent d'un grand poëte de nos jours. Avec sa mélancolie hautaine et bizarre, avec sa fougue impétueuse, avec ses courses sans but, ses passions sans dignité, son ardeur au travail comme au désordre, Alfieri nous rappelle Byron. Les traits originaux et semblables de ces deux physionomies frappent tout d'abord ; mais ils annoncent le poëte plutôt que l'inventeur dramatique ; ce sont les traits d'une imagination égoïste et tout occupée d'elle-même, les caprices d'une âme malade et passionnée, plutôt que ce n'est le caractère varié d'un génie supérieur, facile, créateur, qui se désintéresse et se sépare de lui-même pour se placer tout entier dans la fiction qu'il invente, pour se transporter dans les personnages qu'il imagine et qu'il produit sur le théâtre.

Alfieri, comme Byron, est naturellement le poëte de la méditation solitaire, de l'orgueil misanthropique, bien plus que le poëte de l'imagination animant la scène, et se multipliant par des êtres qu'elle a créés, et qu'elle a doués de son flexible langage.

De ces paroles ne faut-il pas conclure que ce n'est point par une vocation toute-puissante, inévitable, qu'il a choisi la tragédie, mais que, dans un besoin d'émotion, de travail et de gloire, il s'est saisi du théâtre, qu'il a voulu être poëte tragique, et qu'il l'a été ? Peut-être même ce point de vue vous donne-t-il le secret des imperfections du système dramatique d'Alfieri. Comme il n'avait pas la souplesse et l'inépuisable variété du génie théâtral proprement dit, comme il était toujours le poëte de ses impressions, de ses souvenirs, de ses colères, il n'a pas éprouvé le besoin de rendre la tragédie plus familière et plus naturelle; il lui a suffi de rendre ses personnages poëtes et républicains, à la manière d'Alfieri. La forme connue, la forme employée avec tant de puissance par le génie français lui suffisait pour cela ; car elle est un cadre pour le talent, bien plus que pour la vérité.

Vous le savez, quelle que soit la juste admiration qui s'attache à cette forme, plus la réflexion l'étudie, plus la maturité de l'âge diminue pour nous la séduction des beaux vers, si vive dans la jeunesse, plus nous apercevons ce qu'il y a souvent de factice et de pompeux dans le langage de notre tragédie :

Vertueuse Zaïre, etc.

Malgré la douce mélodie de ces vers, je ne sais quel instinct nous avertit que là n'est point la vérité; que c'est une convention du théâtre, une langue à part, musicale, charmante, mais qui n'est pas l'expression simple et naturelle de mœurs véritables.

Mais ces belles formes, cette admirable convention de la langue tragique de notre théâtre, s'accordaient très-bien avec le génie d'un poëte qui voulait se mettre lui-même sur la scène, et était plus occupé de ses propres idées que de ses personnages. Alfieri, qui a tant étudié, n'alla donc jamais plus loin que le théâtre français. Je ne dis pas qu'il soit possible d'aller au delà de ce modèle; mais il ne l'essaya point; il n'imagina, ne voulut, ne chercha pas autre chose.

Alfieri n'a jamais prononcé le nom de Corneille; cependant je suis persuadé qu'il l'avait beaucoup lu. Remarque singulière! cet homme qui dans ses Mémoires a raconté tant de choses, ou plutôt s'est confessé de tant de choses, n'est convenu nulle part de tout ce qu'il a pris au théâtre français. Un plus grand génie, Rousseau, qui nous a confié sur lui-même tant de détails qu'il aurait bien fait de dérober à toutes les mémoires, et d'effacer de la sienne, s'il avait pu, ne nous a pas dit toute la vérité sur ses propres études : jamais Rousseau n'a confessé à quel point il avait imité Montaigne. Dans les ouvrages même où il lui emprunte le plus, il ne parle de lui que négligemment, et pour le critiquer. J'en conclus que nous avons encore plus d'amour-propre pour notre esprit que pour notre caractère ou nos mœurs, et que nous aimons mieux convenir d'un défaut de conduite que d'un plagiat.

Même réserve, même réticence dans Alfieri. Ce dialogue si vif et si coupé, cette forme si brusque et si rapide, ces vers dont la poésie italienne frémit, qui sont coupés, fendus en deux, par une réplique soudainement et violemment alternée, il a pris tout cela de Corneille, et de son propre génie, bien entendu: car on ne prend jamais sans trouver en soi; mais enfin il ne nomme, il ne désigne nulle part ce Corneille, dont il profite si bien. Tenons-le cependant pour un vrai disciple du théâtre français, et de plus pour un esprit conforme aux inspirations savantes et régulières de notre poésie.

Faut-il ajouter, avec un critique ingénieux, qu'à la pureté, à la sage méthode, à l'habile enchainement du théâtre français, Alfieri a réuni les beautés soudaines, hardies, accidentelles de Shakspeare ou d'Eschyle, et qu'ainsi il serait le premier des poëtes tragiques? Je suis fort éloigné de le reconnaître; j'hésite toujours à le croire né poëte dramatique; mais je le sens, je le vois grand poëte, tellement passionné du théâtre, faisant les tragédies avec une telle fureur, qu'il était impossible qu'il ne les fît pas avec talent. Il avait au plus haut degré ce don si rare et si puissant, *ardorem quemdam amoris sine quo, quum in vita, tum in eloquentia, nihil magnum effici possit.* Et cette ardeur est le véritable enthousiasme; c'est une invocation que l'on se fait à soi-même par cette chaleur tout à la fois du génie et du travail, par le travail même échauffant le génie. Mais, né sous l'imitation du théâtre français, Alfieri s'est exercé dans une forme constamment la même, sur toutes les combinaisons théâtrales que l'imagination peut embrasser, que l'histoire peut offrir. Alfieri a fait des tragédies mythologiques, comme en a fait Racine, des tragédies romaines, comme en a fait Corneille, des tragédies modernes, comme l'avait essayé Corneille, comme l'a tenté plus souvent Voltaire. Quelle part d'invention a-t-il portée dans chacun de ces ordres divers de sujets et de formes ? Pour la tragédie mythologique, pour les sujets grecs, a-t-il été frappé de cette idée que nous étions imitateurs, non pas du théâtre grec, mais d'Aristote; que le théâtre grec, né dans le plus poétique de tous les pays, avait été quelque chose que rien n'égale dans les âges modernes, pas même Racine; que tout avait favorisé cette prééminence; que, par exemple, les représentations tragiques de la Grèce, non pas même telles qu'on les voyait dans Athènes, mais telles qu'on les vit en Sicile, dans une colonie, dans un faubourg de la Grèce, près de Taormine, sur ce théâtre qui avait pour perspective les sommets de l'Etna et les rivages de la mer, et n'était éclairé que par la lumière du jour, que la tragédie ainsi conçue avait été le plus magnifique, le plus enchanteur, le plus poétique de tous les spectacles ? S'est-il dit que cette civilisation grecque, toute homérique et toute républicaine en même temps, mêlant ce qu'il y avait de plus hardi, de plus élevé dans le courage, de plus libre, de plus fantasque dans l'imagination, avait eu mille enchantements pour saisir les âmes ; que les modernes, lorsqu'ils enfermaient toutes ces fictions de la Grèce dans leurs cadres actuels; lorsque dans leurs théâtres noirs et nocturnes, loin de ces vives et éclatantes beautés de la nature, loin de ce ciel divin de la Grèce, ils reproduisaient les inventions de la poésie antique, faisaient toute autre chose qu'elle?

Tout cela sans doute était plus puissant pour l'illusion théâtrale que les trois unités dramatiques puisées dans Aristote. Alfieri l'a-t-il pensé? et en a-t-il conclu que, pour faire des tragédies grecques, il fallait traduire les poëtes grecs; qu'autrement, on reproduisait sous des noms antiques les combinaisons modernes, si éloignées de la simplicité d'action et de la pompe lyrique du théâtre d'Athènes? Non, il a imité les Grecs d'après Racine. Mais Racine lui-même, dans sa *Phèdre*, dans son *Iphigénie*, a fait des ouvrages que n'auraient pas reconnus les Grecs. Changeant tout d'après nos bienséances modernes, il n'a emprunté à ses modèles que des beautés de style. Il a imité le style d'Euripide et de Sophocle, comme il imitait le style de Virgile. Ce sont des formes de poésies grecques, admirablement appropriées à notre langue qu'elles enrichissent. Mais l'esprit du théâtre n'est pas le même.

Des noms antiques, des bienséances modernes, Euripide corrigé d'après Aristote, des mœurs factices, et une poésie admirable; voilà la tragédie grecque de la France. Sans doute, il était possible à un homme de génie de tenter une autre route, en s'affranchissant de ces bienséances contemporaines qui avaient effrayé le génie de Racine, et lui avaient arraché ce mot: *Que diraient nos petits-*

maîtres? Il fallait remonter tout droit vers le théâtre grec, se pénétrer de son esprit, de ses formes, en copier les traits, au lieu de les adoucir, et, retrouvant, à force d'imagination, les mœurs, les idées, le costume d'un peuple disparu de la terre, être Grec dans les sujets mêmes de l'antiquité, où l'on n'aurait pas eu de modèles, être Grec par le caractère général, et non par quelques détails d'expression. C'était là une belle tentative pour le génie : c'était une originalité possible encore. Je ne crois pas que Goëthe l'ait réalisée dans son *Iphigénie*, que Grillpazzer en approche dans sa *Médée*. Placé dans un autre point de vue, Racine ne l'a pas cherchée. Alfieri n'y songea pas non plus dans ses premiers essais : il étudia d'abord le théâtre antique en France. Il conçut la forme des tragédies mythologiques, selon le goût français. Pour les sujets romains, il pouvait imiter et Plutarque, qu'il admirait avec tant d'ardeur, et Shakspeare, qui met la vie réelle sur la scène avec tant de force, qui la montre bizarre, brutale, populaire. Alfieri avait lu Shakspeare dans une traduction française, et avait été saisi d'enthousiasme pour ses grands beautés. Cependant il ferma le livre, et aspirant lui-même, dit-il, à la gloire de l'originalité, il ne voulut pas se soumettre à l'imagination d'un autre. Mais qu'arriva-t-il? il resta sous la loi du théâtre français, pour les sujets romains comme pour les sujets mythologiques.

Viennent maintenant les sujets modernes. Voltaire y avait apporté cette noblesse soutenue de langage, cette pompe d'expression qui semble un peu en contraste avec la rudesse naturelle et poétique des mœurs du moyen âge. Du reste, le costume des diverses nations, les habitudes locales, les détails de la vie avaient, quoi qu'on en ait dit, faiblement occupé le génie de Voltaire dans ses tragédies. Alfieri poussa beaucoup plus loin l'oubli des mœurs locales; ou plutôt il a tout à fait négligé cette partie de l'art. Ainsi, poëte mythologique, poëte romain, poëte moderne, Alfieri reste toujours imitateur du théâtre français; ses pièces sont toujours des tragédies françaises, avec les confidents de moins et la république de plus : c'est-à-dire qu'Alfieri n'a pas une innovation d'idées; il n'a que l'innovation d'un sentiment qui lui est propre. Ardemment passionné pour les institutions de liberté, ou plutôt pour les sentiments de liberté, il les place partout, autant qu'il peut, dans les sujets mythologiques comme dans les sujets romains et dans les sujets modernes. Mais, quoique la passion soit une belle chose, elle n'est pas le génie proprement dit; et certes, il vaut mieux avoir une idée neuve et créatrice qui étend les bornes de l'art, qu'une passion toujours la même qui rétrécit l'horizon du poëte.

Au reste, nous ne devons pas trop nous plaindre de l'hommage qu'un homme supérieur, qu'un grand poëte a rendu à notre théâtre en l'imitant. Je le dirai de plus, c'est une nouvelle et instructive épreuve de la beauté du système dramatique embrassé par le génie des Corneille et des Racine, et des imperfections attachées à l'observation trop exacte et trop servile de ce système. Lorsque, en effet, Alfieri, prenant le cadre de la tragédie française pour le type universel, se borne à mettre des monologues à la place des confidents, et à supprimer les récits, à la fin des pièces, sans les épargner ailleurs, aucune innovation réelle ne suit cette espèce de réforme de détails. C'est un changement de distribution; c'est une économie nouvelle dans des formes toujours semblables. Beaucoup de nos tragédies françaises n'avaient pas non plus de récits. D'ailleurs, ce que l'on reproche au récit, ce n'est pas le récit même, c'est de faire trop souvent partie d'une pièce, où un événement pressé dans un trop petit espace de temps et de lieu ne saurait être entouré, avec vraisemblance au moins, de tous les accidents, de toutes les circonstances qui lui donneraient un caractère original et nouveau. Ainsi les personnes qui se trouvent à l'étroit dans le théâtre français, celles à qui je ne dis point le génie, mais la forme théâtrale de Racine et de Corneille ne suffit pas, allèguent que, dans la plus belle tragédie de ces deux grands poëtes, telle passion, tel événement, telle leçon morale ne ressort pas assez, dans l'absence des contrastes et des détails variés, qu'un développement plus long, qu'une liberté plus grande aurait permis de placer sous vos yeux. Lorsque Alfieri, après une action courte et précipitée, met sur la scène le dénoûment, au lieu de le faire raconter par des personnages, il n'a pas suppléé par là au défaut de temps et de vraisemblance ; il n'a pas multiplié les incidents qui préparent ; il n'a pas rendu la vie réelle plus présente au théâtre. L'objection subsiste contre lui, si l'objection est juste.

De même, quand Alfieri s'est fatigué de ses éternels confidents, sur l'épaule desquels le prince s'appuie, et qui sont là pour écouter de longs récits, en faisant de temps en temps une petite réflexion, afin de donner au prince le temps de reprendre haleine et d'achever son histoire, quand, au lieu de ces entretiens commodes, il laisse un prince tout seul sur le théâtre, et l'oblige de se raconter à lui-même les choses qu'il a faites et les sentiments qu'il éprouve, je ne puis voir là ni nouveauté ni progrès. Qu'un second personnage arrive, qu'un dialogue commence, qu'une action se développe, qu'ensuite le prince reste seul et continue ses réflexions, ou que le prince se retire et que le personnage qui lui succède commence à son tour un monologue, il y a là, ce me semble, une bien fâcheuse monotonie, que la vraisemblance ne rachète pas ; car, dans la vie, les confidents sont encore plus fréquents que les monologues. Peu de princes, à chaque occasion, se promenant seuls à grands pas, disent tout haut leurs pensées et leurs affaires, comme un poëte récite ses vers ; beaucoup de princes confient ou laissent échapper leurs secrets. Ces deux petites réformes, qui, suivant moi, n'en sont pas, Alfieri les a également appliquées aux sujets mythologiques, aux sujets romains et aux sujets modernes.

J'entends quelqu'un contredire à demi-voix cette division, que je répète un peu trop. Voici le motif qui la justifie pour moi, et qui me fait distinguer dans l'antiquité deux sortes de sujets, les uns mythologiques ou grecs, les autres historiques ou romains. Dans les premiers, il y a toujours un fonds d'imagination poétique donné par la Grèce elle-même, un idéal créé d'avance, et qui tient quelque chose du dithyrambe, première origine de la tragédie. Dans les sujets romains, au contraire, il n'y a pour texte et pour inspiration que la prose élégante de Tite-Live ou les fortes peintures de Tacite. Ce sont des hommes, ce ne sont pas des êtres poétiques que vous mettez en scène; vos matériaux sont de l'histoire, et non pas de la poésie; vous taillez le marbre, et ne trouvez pas la statue toute faite. Voilà le motif d'une distinction qui n'a d'autre mérite que d'être raisonnable et indiquée par les faits.

Maintenant, puisque dans ces trois natures de sujets qu'Alfieri a successivement essayées, il est resté également imitateur du théâtre français, et que les réformes qu'il a faites sont les mêmes partout, suivons dans l'examen rapide de ses ouvrages cette division à la fois chronologique et littéraire.

Ces sujets mythologiques, contre lesquels on élève aujourd'hui beaucoup d'objections, ne peuvent pas être étudiés dans le point de vue où nous sommes placés.

Race d'Agamemnon qui ne finis jamais!

Sans doute, de grands génies ont si puissamment traité ces vieux sujets de la muse grecque, et la foule des imitateurs y est revenue tant de fois, que le charme s'en est usé tout à fait. Cependant, comme au fond il n'y a pas de sujet vieilli pour le talent, que le talent se montre, qu'il touche, qu'il effleure encore une de ces antiquités doublement surannées, vous la verrez se ranimer, se rajeunir, reparaître vive et brillante comme au premier jour. Ainsi ce sujet d'Agamemnon, un poëte de notre siècle l'a tout à coup animé d'une énergie nouvelle.

Voyons comment Alfieri avait auparavant remanié cet antique souvenir.

Messieurs, c'est surtout dans ces sujets littéralement imités de l'ancienne Grèce que nous voyons la profonde, l'incalculable différence qui sépare notre théâtre du théâtre antique ; c'est lorsque les noms, les scènes, tout se ressemble, que cette dissemblance éclate surtout à mes yeux. Une tragédie d'*Agamemnon* pour les Grecs était une espèce de légende religieuse et nationale : tous leurs grands poëtes avaient traité ce sujet. Eschyle y avait mis sa puissante originalité. On conçoit sans peine combien les usages des Grecs, combien leur mélopée majestueuse était naturellement assortie à l'antiquité d'une pareille fable. J'imagine que sur un théâtre de la Grèce, lorsqu'on représentait un drame semblable, quelque chose de religieux gagnait l'âme de tous les spectateurs : on ne calculait pas très-bien la vraisemblance ; il y avait des choses forcées, convenues, sacrées pour ainsi dire : il fallait qu'Agamemnon fût immolé par la main de sa femme, et qu'elle le frappât sans hésitation et sans remords ; c'est la donnée poétique, c'était la croyance historique et populaire. Un poëte moderne se donne des peines infinies, fait de grands efforts pour préparer le cœur d'une femme à un pareil crime. Son talent s'évertuera pour la conduire de la passion au remords, du remords à la passion, et la faire arriver, à travers mille vicissitudes de l'âme, au coup fatal et irréparable. Le poëte grec est libre de tous ces soins, surtout Eschyle, dont l'inspiration première est pleine de rudesse et de vivacité ; il vous montrera Clytemnestre recevant Agamemnon sans trouble, sans inquiétude, l'accueillant très-bien, lui faisant même un long discours, tel qu'Agamemnon lui dit avec une naïveté singulière :

Fille de Léda, gardienne de ma maison, tu m'as fait un discours semblable à mon absence : il est bien long.

Aucune alternative, aucune incertitude entre des passions contraires ne retardera le dénoûment. Le cœur chantera, suivant l'usage ; Agamemnon se retirera. Clytemnestre, sans avoir eu d'entretien avec cet Égisthe dont les séductions infâmes la préparaient au crime, saura bien de sa main, et tranquillement, frapper Agamemnon : pourquoi cela ? parce que c'est la tradition historique, et qu'elle suffit au poëte; la nature lui est ici donnée par l'histoire.

Mais dans cette pièce si simple, et dont toutes les circonstances se trouvent inévitablement tracées, n'y a-t-il pas cependant un art habile et profond? vous en jugerez : d'ingénieux critiques ont établi que la tragédie grecque était quelque chose d'heureux, un bon commencement perfectionné depuis. Je ne sais; mais, dans ces premières tentatives de l'art que l'on croit si imparfaites, il me semble reconnaître des traits de goût exquis que l'on n'a point surpassés : par exemple, Oreste et Électre ne paraissent pas sur la scène, dans l'*Agamemnon* d'Eschyle. J'imagine que, selon les mœurs grecques, il y avait quelque chose d'invraisemblable et de choquant à rendre un fils presque enfant, à rendre une fille si jeune, témoin, confidente ou délatrice des fautes d'une mère coupable; notre délicatesse moderne n'atteindra pas cette pureté primitive de la muse grecque. Le génie d'Eschyle ne se montre pas moins dans un de ces rôles dont le poëte était le maître, qu'il aurait pu ne pas produire sur la scène. Le personnage de Cassandre est d'une poésie qui devait transporter de terreur et d'enthousiasme les âmes des Grecs.

Cette Cassandre captive, toujours prophétesse, arrivant au milieu du palais d'Agamemnon, et par une prédiction inutile, comme celle qui avait annoncé la chute de Troie, annonçant au vainqueur qu'il tombera sous les coups d'une épouse infidèle, forme un admirable spectacle. Des traits d'une pureté naïve en relèvent l'éclat. Cette jeune Cassandre avec son enthousiasme et sa beauté, lorsqu'on s'étonnera des prédictions confuses qui sortent de sa bouche, tout à coup revient à elle-même, et dit d'une voix solennelle :

> Bientôt l'oracle ne regardera plus l'avenir à travers des voiles, comme une jeune épouse.

Quel charme dans cette comparaison singulière à la fois et naturelle! On sent que la jeune et infortunée prophétesse, au moment où elle rêve des crimes, des meurtres, des vengeances impitoyables, est femme encore, et se souvient avec tristesse du bandeau nuptial réservé pour d'autres, et que son front captif ne portera jamais. Il y a là sans doute une poésie ravissante. Voilà quelle est la tragédie grecque, même quand on la commente mal!

Il s'agissait pour les modernes de travailler sur ce fonds poétique; il s'agissait de suppléer par un art ingénieux aux vraisemblances qui nous manquent dans un tel sujet, et d'enlever à la muse grecque quelques-unes de ses vives inspirations.

Alfieri, quand il a traité ce sujet, s'est efforcé de faire tout ce qu'Eschyle n'avait pas fait. Il a eu soin d'expliquer, de préparer le crime de Clytemnestre. Des modernes ne concevraient pas dans une femme cette fureur atroce, spontanée, sans remords, sans incertitude, qui, du premier moment où Agamemnon touche le seuil de son palais, a résolu sa mort et l'exécute. Aussi, dans Alfieri, d'éloquents entretiens, des combats de passions, des remords, un désespoir violent, un refus de s'associer au crime, une faiblesse qui y ramène, enfin, une complicité qui entraîne, toutes ces choses précèdent et préparent le crime. C'est la part de création du poëte moderne; mais c'est en même temps ce que la poésie grecque n'avait pas besoin de se donner, et ce qui pour elle était remplacé par la tradition et la fatalité. Mais Alfieri a tout à fait négligé ce beau rôle de Cassandre. Sa muse un peu âpre et dure n'a pas senti, comme l'a fait un poëte de nos jours, que la vérité de ces sujets grecs consiste entièrement pour nous dans une perspective poétique, qu'il faut leur conserver par l'éclat du langage.

C'est une grande erreur d'accuser la délicieuse élégance de Racine dans les pièces empruntées des Grecs. Cette élégance est comme une illusion d'optique pour ces sujets lointains et fabuleux. Certainement ce n'est pas le langage ordinaire des hommes; mais, pour me faire croire que ce sont des Grecs que je vois, pour me transporter par l'imagination dans ce monde de l'héroïsme et de la poésie, pour me montrer ces dieux en commerce avec les mortels, il me faut cette langue harmonieuse; si vous l'altérez, il n'y a plus d'illusion. Alfieri ne l'a pas assez senti : à ses personnages grecs il donne le même langage énergique et mâle qu'aux personnages romains. Dans sa tragédie d'*Agamemnon*, rien n'apparaît comme un souvenir poétique de la Grèce, rien ne vous transporte au milieu de ce pays de fables et de prestiges. Au contraire, un de nos poëtes qui a quelquefois imité Alfieri, mais en homme supérieur, M. Lemercier s'est emparé avec art, ou plutôt avec une inspiration véritable, de cette belle création du rôle de Cassandre qu'avait négligée le tragique italien. Écrivant aussi sous la loi des idées modernes, M. Lemercier a été obligé de préparer par de longs combats, par de pénibles résistances, le crime de Clytemnestre. Il n'a pas osé lui faire dire comme lady Macbeth, *Ote-moi mon sexe;* il l'a laissée femme, indécise, à demi coupable, à demi repentante, et jusqu'au dernier moment prête à ne pas faire ce qu'elle fait.

Mais à ces beautés toutes modernes que le génie grec n'avait pas cherchées dans un tel sujet, et dont l'auteur français partage la gloire avec Alfieri, M. Lemercier a joint le rôle de Cassandre, qui répand sur son ouvrage un admirable prestige poétique, et je ne sais quoi du ciel de la Grèce.

Une des plus belles scènes de la pièce d'Alfieri est le retour d'Agamemnon. Remarquez, Messieurs, que dans des sujets artificiels, comme le sont les sujets mythologiques, rien de plus favorable au poëte que de rencontrer un sentiment naturel, primitif, couvert de cette brillante parure des souvenirs grecs. Lorsque Achille invoque l'honneur dans Racine :

> L'honneur parle, il suffit, ce sont là nos oracles.

il y a, je crois, une inadvertance du poëte. Cette idée d'honneur n'existait pas pour les Grecs; elle n'existait pas du moins sous cette forme. Mais lorsque Agamemnon, revoyant, après dix années, le sol de sa patrie, le palais de ses aïeux, sa famille, se livre aux impressions que tout le monde éprouve, qu'a senties le soldat revenant de Russie, l'élégance poétique ne coûte rien à la vérité du sentiment :

> Je revois à la fin les murs tant désirés d'Argos ; je presse ce sol chéri que j'ai foulé en naissant; tous ceux qui sont à mes côtés sont mes amis, ma fille, ma femme, mon peuple fidèle, et vous, dieux pénates, que je viens adorer.
> Que me reste-t-il maintenant à désirer ou à espérer? Oh! comme ils sont longs deux lustres passés sur la terre étrangère, loin de tout ce qu'on aime! Oh! comme il est doux de rentrer dans sa patrie, après tous les maux d'une guerre sanguinaire! O véritable port, véritable asile de la paix, de se trouver au milieu des siens! Mais pourquoi suis-je le seul qui me réjouisse? Ma femme, ma fille, vous restez muettes, fixant sur la terre un regard incertain, inquiet!

A ces paroles naturelles et touchantes, Clytemnestre reste froide et presque silencieuse. C'est l'art moderne employé par Alfieri. Le poëte italien fait contraster avec ce silence la tendresse de la jeune Électre baisant la main d'Agamemnon:

> O main qui as fait trembler l'Asie, ne dédaigne pas l'hommage d'une jeune fille. Ah! j'en suis sûre, après des royaumes conquis, le spectacle le plus doux pour un bon père, c'est de revoir, d'embrasser ses enfants obéissants et chéris, qui ont grandi dans son absence.

Voilà un charme de naïveté bien pris à la Grèce, sans en être imité. Eschyle n'avait rien de semblable.

M. Lemercier a tout à fait reproduit ces beautés :

> Salut, ô murs d'Argos! ô palais, ô patrie!
> . . . .

Par un soin délicat, afin d'éloigner Électre de sa mère, le poëte français a placé les mêmes paroles dans la bouche du jeune Oreste :

> Ces redoutables mains, laisse-moi les baiser.
> . . . .

Mais, nous l'avons dit, la supériorité du poëte français est surtout dans l'introduction si originale et si nouvelle du personnage de Cassandre.

Remarquons d'abord la singulière différence qui sépare le théâtre grec et le théâtre moderne. Dans l'art ingénieux du poëte français, un mot a réveillé la douleur et le délire prophétique de Cassandre : le nom d'Hector est prononcé. Dans la tragédie d'Eschyle, Agamemnon, entrant sur la scène, commence par un récit de toutes les horreurs sanglantes de la prise de Troie; il étale toute sa gloire, ne s'inquiète pas de la douleur de sa captive, qui est là présente et silencieuse.

Voilà bien la rudesse des mœurs antiques opposée à la délicatesse des nôtres. Le poëte français, par une inspiration de goût moderne, a donné à Cassandre un degré de sensibilité non usée par le malheur, que n'avait pas la Cassandre d'Eschyle. Un mot a ranimé dans son âme toutes ces angoises de tristesse que, dans Eschyle, tout le discours d'Agamemnon n'excitait pas. Mais, cette différence admise, le poëte français a été saisi d'un enthousiasme d'imagination et d'élégance mélodieuse, seule fiction possible pour reproduire cette belle antiquité, pour nous rendre la Grèce, pour nous faire entendre, après deux mille ans, les sons qui ne s'entendent plus sur le théâtre d'Athènes. Cassandre laisse échapper tout à coup ces paroles d'une tristesse et d'une harmonie ravissantes :

CASSANDRE.

Je touche enfin la terre où m'attendait la mort....
. . . .
Tu n'en crois pas le dieu dont je suis inspirée.
A l'oracle trop vrai par ma bouche dicté
Il attacha le doute et l'incrédulité.
Amante d'Apollon, à sa flamme immortelle
Depuis que ma froideur se montra si rebelle,
Ce dieu me retira son favorable appui,
Il m'accabla des maux que je pleure aujourd'hui.
Mes yeux ont vu périr ma famille immolée....
Que suis-je? une ombre errante aux enfers appelée.
L'heure fatale approche.... Adieu, fleuves sacrés!
Ondes du Simoïs! sur vos bords révérés,
Vous ne me verrez plus, comme en nos jours propices,
Parer de nœuds de fleurs l'autel des sacrifices;
Et ma voix, chez les morts où bientôt je descends,
Au bruit de l'Achéron mêlera ses accents.

Dans un semblable rôle, la vérité, c'est la poésie, c'est la mélodie du langage. On ne peut autrement naturaliser sur le théâtre moderne ces créations de la fable antique. Une fois inspiré par cette fiction de Cassandre, le poëte français en a tiré la plus grande originalité de son ouvrage. Cassandre reparaît sur la scène. Je n'ose dire que la situation soit plus tragique, plus imposante que dans Eschyle. En effet, dans Eschyle, Cassandre, dont l'oracle ne sera plus voilé comme le visage de la vierge parée pour l'autel, continue, renouvelle, rend plus claires ses prédictions, pendant que le crime même s'accomplit; et cette réalité, que la prédiction reçoit à l'instant où elle s'exprime encore, a quelque chose de terrible, comme la fatalité même. Le poëte français a fait naître la situation de l'incrédulité persévérante des personnages qui écoutent Cassandre, et non pas du moment où se place la dernière prédiction :

Oui, je sens sur mon front mes cheveux se dresser.
. . . .
. . . . Qui doit-on frapper? — Toi.
— Moi! quand de mon retour le triomphe s'apprête?
— Ilion a péri dans la nuit d'une fête. (*Applaudissements.*)

Vous voyez la puissance du talent pour tout rajeunir. Le souvenir d'Ilion est bien vieux : dans la bouche du poëte il vous émeut encore.

Je devrais maintenant, Messieurs, essayer un autre parallèle, et rapprocher la *Mérope* de Voltaire de celle d'Alfieri : vous remarqueriez encore l'art du poëte italien pour renouveler un de ces beaux et antiques sujets de la mythologie. Dans sa sévérité concise, dans son désir d'innover, non par la création, mais par la réforme, Alfieri, presque toujours, réduit le nombre de ses personnages.

Ainsi, par un calcul malheureux en poésie, il avait supprimé ce rôle original de Cassandre; dans

Mérope il a également borné le nombre des personnages à quatre. Horace, le plus classique des poëtes, avait dit :

Neu quarta loqui persona laboret.

Horace ne voulait pas qu'il y eût quatre personnages parlant à la fois sur la scène; mais il n'aurait pas exigé du poëte de n'en mettre que quatre dans toute une tragédie.

C'est la règle qu'Alfieri semble s'être imposée, et qu'il suit presque toujours, grâce à la suppression des confidents. Dans *Mérope*, Polyphonte, Égisthe, Mérope et Polydore suffisent au génie du poëte; il tire même de la nécessité où il se réduit une inspiration nouvelle et théâtrale. Le même personnage sert à la fois au nœud et au dénoûment, et cause l'erreur de Mérope avant de la détromper. C'est le vieillard dépositaire du secret de la naissance d'Égisthe, c'est Polydore qui, rencontrant l'armure sanglante du jeune homme dont il est séparé, la porte à sa mère. Ce sont là sans doute des adresses du talent; mais je ne sais si elles n'offrent pas quelque chose de trop habilement combiné pour la vérité du pathétique et pour l'émotion théâtrale. Cette *Mérope* de Maffei que Voltaire avait imitée d'abord, et dont il s'était ensuite bien moqué, cette pièce dont les détails sont un peu naïfs, où la reine ne reçoit point de visite parce qu'elle a la fièvre, est, à tout prendre, plus touchante et plus vraie que la *Mérope* d'Alfieri. Mais je ne veux pas insister sur le parallèle d'ouvrages trop connus.

Un mot seulement : l'extrême sévérité d'Alfieri dans cette pièce et dans quelques autres, cette singulière économie dans le nombre des personnages, excita les railleries des critiques italiens. On fit en Toscane une parodie fort maligne de la manière d'Alfieri : c'est une *Mort de Socrate*, drame seulement composé de trois personnages, Socrate, Xantippe et Platon. Il y a la même économie de paroles que de personnages. Le plus grand pathétique de l'ouvrage est le moment où Socrate expire. Socrate dit : *Je meurs.* Platon dit : *O mon maître!* Xantippe dit : *O mon époux!* (*On rit.*) Mais les parodies ne prouvent rien.

Il est vrai seulement que dans les sujets pathétiques, où le cœur aimerait à développer toutes les émotions qu'il éprouve, la méthode si concise d'Alfieri est souvent froide et fausse. Malgré de grandes beautés qui éclatent dans la *Mérope* d'Alfieri, malgré l'énergie qu'il a mise dans la scène de la reconnaissance, sous les yeux de Polyphonte, et au moment où Mérope va immoler son fils, la *Mérope* de Voltaire me paraît bien préférable. Ainsi, dans les sujets mythologiques, Alfieri, plus imitateur des Français que des Grecs eux-mêmes, n'a pas égalé ces modèles de seconde main qu'il avait trop suivis. Il n'a pas la mélodieuse élégance et le pathétique de Racine dans sa *Phèdre* ou son *Iphigénie*. Il n'a pas non plus cette noblesse touchante et en même temps cette vivacité d'émotion que Voltaire a répandue dans sa belle tragédie de *Mérope*.

Laissons cette partie du théâtre d'Alfieri : avec beaucoup d'art et de talent on n'y retrouve pas le sentiment poétique de la Grèce, ce que Racine, au milieu des ornements empruntés à son siècle, avait reproduit dans un si rare degré. Mais lorsque Alfieri traitera des sujets romains, lorsque dans cette Italie, dans cette Rome dégénérée, il pourra remonter en souvenir aux temps antiques, il me semble que nous pouvons beaucoup attendre de lui ; que l'auteur du *Traité de la Tyrannie*, que cette âme toute pleine de passions et d'illusions républicaines doit être inspirée puissamment au théâtre par les noms de Brutus et de Virginie.

Je m'arrête à ce dernier sujet, l'un des plus pathétiques de l'histoire romaine. Quelques-unes des personnes qui m'écoutent l'ont peut-être vu récemment transporté sur le théâtre anglais de Paris, et par un poëte de nos jours nommé Knowles. Je n'aime pas juger les contemporains ; mais l'auteur de cette Virginie est étranger ; il ne me demandera pas compte de mes censures. Je n'hésite point à dire qu'il ne me parait pas un grand poëte ; il écrit avec toute la liberté du système de Shakspeare ; mais son expression est souvent froide et faible. En imitant, ce qu'il croit, les détails de la vie domestique des Romains, il a sans cesse des souvenirs, des images qui appartiennent à nos temps, à nos mœurs. Je crois qu'il fait broder un chiffre par Virginie. Je ne sais si déjà on faisait ces choses à Rome. Le poëte anglais, comme on l'a remarqué dans une ingénieuse critique, emploie, par un fréquent et insupportable anachronisme, des expressions mélancoliques prises aux idées chrétiennes, qui se trouvent singulièrement placées dans les mœurs mythologiques. Cependant cette pièce, par la variété de spectacle que permet l'absence des unités, est vive et attachante. Une scène où la jeune Virginie paraît dans la maison de sa mère travaillant à côté d'elle, ce calme parfait d'une humble famille au milieu de Rome guerrière et opprimée, touche d'abord les âmes; et lorsque l'orage va tomber sur ce toit si modeste, lorsque cette jeune fille que vous avez vue paisible et laborieuse à côté de sa mère sera menacée par un ravisseur, lorsque le Forum s'agitera pour elle, l'intérêt s'accroîtra par le contraste de ces premières scènes. Lisez, au contraire, la tragédie de La Harpe : je dis lisez, car on ne la joue plus. Vous apercevrez deux hommes, Numitorius et Icilius, qui s'entretiennent ensemble. Numitorius parle à Icilius de l'hymen qui s'apprête pour lui; et il mêle au compliment qu'il lui adresse des considérations politiques en vers pompeux. Votre âme n'est pas du tout saisie; vous n'êtes pas à Rome dans une famille plébéienne; vous êtes au théâtre.

Voyons ce que tente Alfieri dans un tel sujet; beaucoup plus que La Harpe, sans doute. Mais, soumis aux règles et aux bienséances sévères du théâtre français, il a craint les détails de la vie commune et les scènes domestiques; il ne s'est presque point départi d'une certaine solennité de langage; il a même cela de particulier, que chez lui le peuple est un personnage qu'on appelle *popolo*, qui parle à son tour, et prononce quelques mots uniformes : *Quelle horreur! Grands dieux! etc.* Dans Shakspeare, le peuple est une foule du milieu de laquelle jaillissent des paroles, les unes communes, les autres énergiques et profondes. Malgré ces restes de contrainte que s'est imposés Alfieri pour éviter le tumulte du théâtre anglais, son action est vive dans le premier acte de *Virginie :*

> Pourquoi tardes-tu ? lui dit sa mère ; il faut retourner à notre demeure. — O ma mère ! je ne passe jamais dans cette place qu'une grande pensée n'arrête mes pas. C'est ici le lieu d'où mon Icilius faisait entendre les libres sentiments de son cœur. Maintenant, la puissance absolue l'a rendu muet. Oh! combien il doit y avoir en lui de douleur et de colère !

Il n'y a pas là cet intéressant contraste que le poëte anglais a trouvé ; mais il y a de l'émotion. Vous êtes à Rome ; vous entendez cette jeune fille toute saisie des mêmes passions qui vont agiter la place publique ; la colère politique lui arrive par l'amour. Marcus paraît avec des esclaves, et réclame Virginie. La scène est belle. Virginie s'écrie :

> Un défenseur s'élèvera pour moi. Certes, je suis fille de mon noble père ; car je sens palpiter dans mon cœur une âme libre et romaine. J'aurais une autre âme si je n'étais pas née de lui.

Si l'on avait pu jouer cette pièce en Italie, ces paroles auraient enlevé tout l'amphithéâtre de Vérone.

Icilius arrive pour défendre celle qui lui est

promise; son langage est plein de passion et d'éloquence; il s'adresse aux citoyens assemblés :

> Entre Icilius et Marcus, s'écrie t-il, quel est le menteur? Soyez-en juges, Romains!

Malheureusement, la vigueur et l'originalité qui animent ce premier acte ne se soutiennent pas dans le reste du drame; la vérité de la conception première est détruite par des défauts empruntés à la forme trop timide et trop rétrécie de notre théâtre. Votre bon goût concevra-t-il que le décemvir Appius a deux entretiens particuliers avec Virginius, le père de sa victime destinée, qu'il cherche à le gagner, qu'il lui fait des raisonnements pour le détourner de s'associer à une prétendue conspiration d'Icilius? Il me semble que la nature, la vérité, le sentiment de l'art nous disent que ces deux hommes ne devaient pas s'approcher; que je ne sais quel soupçon odieux, quelle crainte terrible élevait entre eux une barrière insurmontable. Ils ne doivent se voir qu'une fois sur la place publique, à l'instant où le juge inique prononce sa sentence, et où le père désespéré poignarde sa fille. Mais la règle qui veut

> Qu'en un lieu, qu'en un jour un seul fait accompli,
> Tienne jusqu'à la fin le théâtre rempli;

cette loi dont Alfieri ne savait pas se démêler comme Racine et Corneille, cette loi faisait que, ne pouvant développer son action et multiplier les accidents de la scène, forcé de concentrer tout le combat théâtral dans un court espace et un petit nombre de rôles, pour remplir les cinq actes, il rapprochait des personnages qui n'auraient pas dû se voir, s'entendre, se parler.

Je ne veux pas lasser votre attention : nous reviendrons sur Alfieri. N'oubliez pas, en effet, que, malgré les défauts de son théâtre, il est grand poëte, et que, malgré son système d'imitation, c'est un esprit original, élevé, capricieux. C'est bien lui qu'il a représenté lorsqu'il se peint à la *Villa Strozzi*, près des Thermes de Dioclétien, parcourant les vastes campagnes de Rome, et traversant de toute la vitesse de son cheval ces immenses solitudes qui, dit-il, invitent à rêver, à pleurer et à faire des vers. C'est Byron composant des tragédies. Après les deux essais qu'a tentés Byron, je ne sais si, dévoué entièrement au théâtre, il eût trouvé la véritable inspiration ; mais, alors même que la perfection de l'art n'existe pas, l'empreinte de l'homme de génie nous plaît et nous intéresse. C'est là ce que nous étudierons encore dans Alfieri.

TRENTE-SIXIÈME LEÇON.

Suite des considérations sur le théâtre d'Alfieri. — Sujets historiques romains. — Sujets modernes.—*Philippe II.* —Influence morale des pièces d'Alfieri. — État de l'Italie à la fin du xviiie siècle. — Conquête française. — Ses résultats salutaires.

Messieurs,

Tandis que je vous entretiens d'Alfieri, un critique, homme de goût, me reproche de ne pas vous parler de Métastase. J'ai craint, je vous l'avoue, d'épisode en épisode, d'oublier tout à fait la France, et de me perdre dans une interminable revue de l'Italie. D'ailleurs, et c'est l'excuse de mon silence sur Métastase, l'étude de ses ouvrages ne me conduisait pas à cet examen, encore plus moral que littéraire, de l'esprit italien dans ses rapports avec la France.

Je voulais marquer cette révolution tout à la fois active et sourde qui fermentait en Italie dans la seconde moitié du xviiie siècle; je la liais dans ma pensée aux grands événements qui firent que les opinions abstraites de la France devinrent, comme le disait Pitt, des opinions armées, et bouleversèrent tout à coup le monde qu'elles avaient occupé ou amusé jusque-là.

Dans ce point de vue, Alfieri, avec sa philosophie altière et républicaine, son humeur inflexible, ses ouvrages tout remplis des mêmes passions que lui, me paraissait un personnage caractéristique, et qui représentait une époque sur laquelle il a puissamment agi. Mais, au contraire, le doux, l'harmonieux Métastase n'est national qu'autant que l'Italie n'est pas une nation.

Je n'ai point partagé l'autre jour la colère d'Alfieri dans les jardins de Schœnbrunn. Mais, enfin, Métastase, poëte *césaréen*, comme il s'appelait, poëte lauréat de la cour de Vienne, presque toujours exilé de son heureuse patrie, dont il parle si bien la langue mélodieuse pour amuser des maîtres étrangers, Métastase, avec ses opéras charmants, ses pièces si régulières et si parfaitement invraisemblables, les mœurs factices de son théâtre, la mollesse contagieuse des sentiments qu'il exprime, ne me fait voir dans l'Italie qu'une immense et ingénieuse académie occupée du charme plutôt que du génie des arts, et livrée à ces distractions frivoles, à cette vie oiseuse qui l'avaient fait descendre du haut rang où le xvie siècle l'avait élevée. Mais ce qui nous intéresse, ce que nous cherchons, c'est le travail de l'Italie pour sortir d'une telle langueur; et Métastase, à cet égard, n'a rien à nous apprendre.

On peut dire seulement que ce poëte, imitateur de la France, imitateur de formes et non d'idées, enlevant à Racine des grâces de langage qu'il effémine, est souvent d'une exquise élégance; que son expression est pure, ingénieuse, délicate, admirable, si l'on veut, pourvu qu'on ne prétende pas que ce soit l'expression tragique. Voltaire semble d'un autre avis, je le sais. Par un souvenir de sa prédilection pour la mollesse de Quinault, peut-être par un retour intéressé sur lui-même, et dans la conscience que ses propres tragédies, si élégantes, n'ont pas la forte poésie de Racine, il a dit quelque part que Métastase donnait l'idée de la tragédie grecque. Nous qui regardons la tragédie grecque comme une œuvre si haute, comme le modèle souverain de l'art, si Métastase nous en offrait la plus fidèle image parmi les modernes, nous aurions eu bien tort de l'oublier : mais il n'en est pas ainsi. On chantait dans la tragédie grecque; mais on chantait comme dans une fête patriotique consacrée à la gloire des héros du pays, et non comme dans un salon de musique où le talent charme l'oisiveté de quelques amateurs. On chantait; mais ces chants faisaient frémir d'enthousiasme ou de terreur tout un peuple assemblé. Cela ressemble-t-il à ces théâtres d'Italie où les spectateurs, du milieu de leurs oisifs entretiens, de temps en temps portent l'oreille vers la scène, écoutent une ariette, et se remettent à causer. Certes, entre cette manière d'assister à la tragédie-opéra, et les profondes, les terribles impressions que la tragédie musicale et passionnée des Grecs faisait sur leurs âmes, la différence est grande : elle dénote une différence plus grande encore dans le caractère des ouvrages et le génie des poëtes. Là tout effleure, amuse; ici tout pénètre et déchire. L'opéra de Métastase est une distraction; la tragédie grecque était une passion.

Voltaire cite pourtant des exemples à l'appui de son parallèle. Je les prendrai : je rapporterai, d'après son choix, un passage qui lui paraît *digne de Corneille, quand il n'est pas déclamateur, et de Racine, quand il n'est pas faible.* C'est la strophe que, dans l'opéra d'*Artaxerce*, chante le jeune Arbace, accusé de meurtre et innocent, Arbace dans la main duquel on vient de saisir une épée teinte d'un sang royal qu'il n'a pas versé.

Certes, voilà une situation assez forte, assez dramatique, assez menaçante pour élever un peu le personnage au-dessus de la simple émotion musicale. Cependant Arbace chante la strophe suivante :

> Je vais sillonnant une mer cruelle, sans voile et sans navire. L'onde frémit, le ciel s'obscurcit. Le vent s'accroît, l'art est vaincu; et je suis forcé de suivre le caprice de la fortune.. Malheureux! dans cet état je suis abandonné de tous. Je n'ai avec moi que l'innocence qui me conduit au naufrage.

Figurez-vous ce langage paisiblement allégorique dans une situation si vive, cette *cantilena* artistement mélodieuse au milieu du sang, du meurtre. Rien de moins vrai, sans doute; rien de moins grec, rien de moins tragique.

Si l'on accuse notre théâtre moderne, notre théâtre français, de détruire quelquefois par le prestige et le charme du langage la vérité naturelle et énergique des impressions, que dire de l'opéra de Métastase?

Sans doute, un charme singulier d'élégance, une imagination facile et gracieuse anime les opéras de Métastase; on peut même en détacher quelques scènes d'un vrai pathétique. Mais, si l'on prétend que les opéras italiens sont des tragédies, je donne la préférence à l'ouvrage du spirituel Casti, l'auteur des *Animaux parlants*, qui a fait de la conspiration de Catilina un opéra, non pas *seria*, mais *buffa*. Une des situations fortes de la pièce, c'est un monologue de Cicéron, préparant, comme il le dit lui-même, ce qu'il doit improviser au sénat. Après avoir essayé plusieurs mouvements de colère, plusieurs débuts brusques et soudains, il s'arrête à cet éclat d'indignation : *Quousque tandem abutere, Catilina, patientia nostra...?* Il le répète plusieurs fois, et chante : *Al fine, al fin l'ho ritrovato* : « Enfin, enfin, je l'ai trouvé. » C'est une parodie; mais au moins c'est une parodie qui fait rire. Trop souvent, dans l'opéra italien sérieux, les grands sujets de l'histoire sont mis en parodies sérieuses; c'est-à-dire que la vérité du sentiment, la vérité de l'histoire, la vérité de la passion, tout cela est détruit et remplacé par un langage élégant, harmonieux, qui ne peint, qui n'exprime aucune émotion réelle, aucun caractère possible, mais des caractères convenus, comme des notes de musique.

Ainsi, Messieurs, le point de vue littéraire, moral, historique dont nous sommes surtout occu-

pés, nous ramène à cet Alfieri qui, enlevant la
poésie théâtrale à de pompeuses frivolités, lui
donnait une véritable action sur les esprits et sur
les âmes. Nous avons dit ce qui nous semblait
manquer à son génie dramatique. Les sujets mythologiques et les sujets romains ne lui étaient
pas apparu avec la vérité soit des mœurs poétiques de l'ancienne Grèce, soit des mœurs historiques de l'ancienne Rome.

Cependant ce théâtre romain d'Alfieri abonde
en grandes beautés, en traits d'éloquence énergiques et nouveaux. Le langage de l'auteur, tant
blâmé par les puristes de l'Italie, ce langage un
peu rude, un peu *dantesque*, chargé de quelques
inversions, et dénué de la mélodie naturelle aux
grands poëtes de l'Italie, ce langage s'assortit naturellement au caractère des sentiments romains.
Souvent le style d'Alfieri semble du latin retrouvé.
Dans son *Octavie*, dans ses *Deux Brutus*, c'est l'expression de Tacite et de Tite-Live, non-seulement
traduite, mais ressuscitée et rendue, pour ainsi
dire, à sa propre langue. Mais ce mérite d'un style
antique et original suffira-t-il pour l'œuvre tragique? Peut-il donner ou suppléer la puissance du
pathétique théâtral? Non, sans doute; et il y avait,
dans une disposition de l'âme d'Alfieri, que nous
avons indiquée déjà, plus d'un obstacle à la vérité
tragique. Le poëte tragique est un être souple,
multiple, variable, dominé par toutes les passions
qu'il prête à ses personnages, mais n'ayant pas

lui-même une passion en propre qui lui défende ces transformations.

Alfieri, si rude, si dur, si hautain dans son ardeur républicaine, ne pouvait pas aisément plier son génie à concevoir et à rendre d'autres caractères et d'autres rôles; son caprice d'homme est en lutte avec son intérêt de poëte et d'écrivain, et l'homme passe le premier.

Si vous aviez proposé à Shakspeare, tout barbare qu'il est ou qu'on le suppose, à Shakspeare, né poëte tragique, de faire une tragédie de la mort de César, d'y montrer Brutus haranguant les Romains après le meurtre du dictateur, mais de ne pas laisser paraître Antoine; si vous lui aviez dit : « Faites parler Brutus, troublez l'âme des Romains; réveillez leur courage et leur patriotisme, et restez-en là; » le poëte vous aurait dit : « Non, ce ne sont point là les Romains, comme je les ai lus dans mon vieux Plutarque. Après que Brutus a été applaudi des Romains, Antoine est venu à son tour dans le Forum; il a parlé différemment; et les Romains, tout changés, se sont mis en fureur contre les meurtriers que tout à l'heure ils admiraient. Voilà quel est le peuple, et quels étaient les Romains! C'est ainsi que je dois les mettre sur la scène. »

Mais Alfieri, qui n'aurait pas changé d'avis, qui serait toujours resté du parti de Brutus, est heurté singulièrement par l'idée que, dix-huit siècles avant lui, le faible patriotisme des Romains a changé d'opinion et s'est démenti.

Ainsi, dans sa tragédie de *Brutus*, il supprime Antoine et son discours; il supprime les faits, la vérité à la fois historique et théâtrale, parce que cette vérité blesse sa colère républicaine; il refait les Romains autrement qu'ils n'ont été; Brutus, tout sanglant du meurtre de César, prononce un énergique discours; Alfieri et le peuple applaudissent avec fureur : personne ne vient; plus d'Antoine, plus de réminiscence de César, plus de puissance attachée au nom du dictateur et à ses funérailles; des Romains héroïques, inflexibles, comme aux plus beaux jours de la république, et la pièce finit.

Cela, Messieurs, fait sans doute d'Alfieri une nature d'homme originale et obstinée dans ses propres impressions; mais cela ne fait pas le poëte tragique, qui s'exprime non par lui-même, mais par les personnages qu'il a créés; cela ne fait pas cette nature de poëte féconde, variée, indéfinissable dans les métamorphoses qu'elle subit, à mesure qu'elle adopte un personnage, qu'elle le quitte, et qu'elle en prend un autre. Voilà pour la conception même des ouvrages; voilà comment elle était quelquefois dénaturée par le génie ou plutôt par le caractère de l'écrivain. La même influence se manifeste dans les formes du langage. Alfieri avait travaillé à rendre la langue italienne plus énergique et plus ferme; il cherchait la concision, l'ellipse, les brusques mouvements du langage analogues aux mouvements de son âme : dans certains sujets, rien de mieux; non-seulement alors il fortifie, il élève la langue italienne, mais il ajoute par le caractère de l'idiome à l'expression et à la vérité des personnages. Dans d'autres sujets, le même avantage ne se retrouve pas. Ainsi, que Sénèque et Néron paraissent sur la scène, et s'entretiennent, les phrases coupées :

> Maître du monde entier, que te manque-t-il ? — La paix. — Tu l'auras, si tu ne la ravis pas aux autres....

il n'y a pas force majeure pour que Néron soit elliptique à ce point; ce n'est pas un trait de caractère. Que le poëte, au contraire, porte cette précision dans le personnage de Philippe II, il en résultera non-seulement un effet de langage remarquable, mais un effet de vérité. Malheureusement Alfieri, passionné pour la précision, l'a presque uniformément donnée à tous ses personnages. Ainsi, dans le style comme dans l'invention, partout son caractère personnel prédomine sur son caractère poétique.

Maintenant, Messieurs, Alfieri a-t-il atteint davantage la vérité théâtrale dans les sujets modernes? C'est la dernière question que nous avons à nous faire. Vous le savez, toute la querelle qui peut naître sur les formes du théâtre, sur les diverses combinaisons du génie dramatique, doit surtout s'appliquer aux sujets modernes. En effet, lors même que notre tragédie serait, ce qui n'est pas, une imitation de la tragédie grecque, on sent que l'imitation devrait s'arrêter devant la prodigieuse différence de mœurs qu'offrent les sujets du moyen âge. L'oubli de cette vérité avait produit dans l'Italie du xvi⁰ siècle des drames insipides et faux, tels que la *Rosamonde* de Ruccellaï, mêlés de chœurs sans motif, sans vraisemblance poétique, et où le caractère des mœurs du moyen âge est altéré par un faux coloris qui n'est ni grec ni moderne.

Alfieri avait trop d'élévation d'esprit pour tomber dans une pareille faute. D'ailleurs, son théâtre imité du théâtre français, son théâtre qui n'est que le théâtre français, je ne dirai pas épuré, mais rétréci, était trop différent des formes grecques pour les approprier aux sujets qui les admettent le moins. Mais, en même temps, ce théâtre si austère était dénué des développements de mœurs, des peintures et des détails qui peuvent rajeunir et inspirer la tragédie moderne.

On s'étonne de voir des personnages du xv⁰ et du xvi⁰ siècle ramenés à la rigueur de cette précision classique, à ce langage énergique et savant, à cette noblesse sévère et un peu monotone qui distingue le style d'Alfieri. Seulement, lorsqu'il se présente un rapport entre le caractère d'Alfieri et celui d'un de ses personnages, alors le poëte grandit, il est lui tout entier.

Essaye-t-il de faire parler Marie Stuart, cet esprit dur ne peut se plier à rendre l'âme faible et passionnée, la coquetterie imprudente et quelquefois cruelle de cette jeune reine; son langage est froid, laborieux, recherché; la scène même est mal choisie : c'est Marie Stuart coupable; c'est la mort de Darnley qu'il présente; ce n'est pas la Marie Stuart de Schiller. Retrace-t-il au contraire la conspiration des Pazzi, a-t-il la joie d'épancher toute l'amertume de son âme républicaine, peut-il transformer les Médicis en tyrans et célébrer leurs assassins; alors son ouvrage est plein de vigueur et de naturel.

Il y a cependant plus d'un mensonge historique dans ce drame. Je n'entreprendrai pas ici une apologie des Médicis. C'est bien assez que les poëtes et les savants de leur siècle les aient prodigieusement loués; j'avouerai même que leur gloire, comme celle d'Auguste, a été faite par les lettres qu'ils avaient protégées, et que les torts de leur ambitieuse politique ont disparu dans cette gloire. Il est bien vrai que des exils, des cruautés même avaient établi la puissance des Médicis; mais tant d'actions généreuses, un sentiment d'humanité et de politesse sociale si élevé ont signalé cette domination illégitime sur des citoyens libres, que l'on ne peut s'associer à la haine implacable d'Alfieri. De plus, toute vérité contemporaine, toute couleur historique a disparu de ses tableaux passionnés. Les Pazzi étaient des banquiers de Florence, excités secrètement par le pontife de Rome; le principal conjuré était Salviati, l'archevêque de Florence; le principal assassin était le prêtre Stéphano.

Cette influence du fanatisme ou plutôt de l'hypocrisie sur un crime politique est faiblement indiquée. Salviati agit peu; Stéphano ne paraît pas; les Pazzi, criminels instruments d'une intrigue étrangère et d'une vengeance pontificale, sont transformés en conspirateurs généreux et républicains. On voit encore ici le mensonge involontaire que fait la passion de l'auteur, et son impuissance de ne pas se mettre lui-même dans sa pièce. Mais ces ambitieux et sanguinaires athées du XVIe siècle, qui avaient des papes pour complices et assassinaient au pied des autels, la superstition du peuple, l'impiété des grands à cette époque, nul de ces traits caractéristiques n'est conservé par Alfieri.

Dans la tragédie de *Philippe II,* vous sentirez plus de vérité; vous y rencontrez même des idées de génie. La haine contre le pouvoir a donné au poëte la profonde intelligence de l'âme de Philippe II. L'énergie du sentiment qu'il éprouve le préserve d'une déclamation vulgaire et violente. Le Philippe II d'Alfieri est plus naturel que ne le sont les tyrans de Corneille; il n'abonde pas en éloges de sa propre rigueur, en exagérations de sa propre cruauté; il n'est pas un tyran de théâtre, mais un vrai tyran. Une belle idée d'Alfieri, c'est d'avoir fortement marqué le caractère sombre et taciturne de Philippe II. Il lui a donné un confident; Alfieri dérogeait sous ce rapport à sa rigueur théâtrale; mais à ce confident Philippe II ne dit rien. Ce confident le suit, l'observe, le devine; on aperçoit une sympathie secrète entre ces deux âmes, l'une atroce et impérieuse, l'autre atroce et servile; on voit que l'un de ces hommes est fait pour obéir à la volonté de l'autre, à son silence même, pour comprendre ses vengeances et les exécuter; on le voit, on en frémit! Voilà l'une des créations d'Alfieri.

D'autres combinaisons de cette pièce sont fortes et théâtrales : telle est la scène où Philippe, faisant paraître devant lui les deux objets de sa jalousie et de sa haine, Isabelle et don Carlos, les effraye, les trompe par des paroles à double sens, et, les confrontant l'un à l'autre sans paraître les interroger, fait surprendre leur secret par un témoin qui les observe en même temps que lui. Cette scène, terrible à la première vue et à la réflexion, est supérieure peut-être à la scène où l'admirable Racine place Britannicus et Junie sous la garde jalouse de Néron invisible.

Mais après cette forte situation, je ne suis pas sûr que la vérité, le naturel, se retrouvent dans le dialogue de Philippe et de Gomez :

As-tu entendu?— J'ai entendu.— As-tu vu?— J'ai vu. — O rage! Donc le soupçon est maintenant certitude! et Philippe est encore à venger! Pense-s-y. — J'y penserai. — Suis-moi.

Je crains que ce langage ne soit trop artificiel, que l'on ne sente trop le calcul du poëte qui a brisé ses vers, et épargné ses mots. Je ne sais si la colère, la vengeance, la servilité doivent s'entretenir avec cette concision elliptique.

Du reste, si dans cette tragédie le caractère de Philippe paraît tracé avec une vigueur singulière, celui de son fils n'est pas moins expressif. Don Carlos a de la chaleur d'âme et de l'épanchement; il est bien de lui avoir donné un ami auquel il parle beaucoup, de même que Philippe est taciturne avec son complice; l'innocence, la jeunesse se confient; le crime et la tyrannie ne parlent pas; voilà le contraste naturel et saillant. Mais les autres personnages ne sont pas rendus avec la même force. Dans la tragédie de Schiller, c'était une belle conception d'avoir placé sur la scène, comme un dernier coup de théâtre, ce vieux inquisiteur qui semble un spectre du temps passé, et qui est évoqué par Philippe II, pour lui donner la force d'achever son crime : cet inquisiteur ne déclame pas; il n'est pas même en colère; son fanatisme est trop profond, trop envieilli dans son âme; c'est un prêtre de quatre-vingt-dix ans; il est aveugle; son âme est inflexible, indifférente; et il a ordonné tant de supplices et tant d'auto-da-fé, qu'il ne peut hésiter en faveur d'aucune victime. De ce vieux spectre, interrogé par Philippe sur le scrupule qu'il sent encore à faire mourir son fils, sort tout à coup cette réponse affreusement tragique, cette épouvantable absolution du crime par le blasphème : *Pour apaiser la justice de son père, le fils de Dieu est bien mort sur la croix.*

Au lieu de cette création mystérieuse, dans le drame d'Alfieri, vous avez un conseil d'état ou un personnage qui n'est pas caractérisé, mais qui paraît remplir la fonction d'inquisiteur, plaide avec véhémence la cause de ce qu'il appelle la religion, et réclame la punition de don Carlos. C'est le langage d'un fanatique vulgaire ou d'un déclamateur hypocrite. Cette faute tient à la négligence d'Alfieri pour toute couleur locale. Il ne peint jamais les hommes d'un pays, d'une époque. Dans le conseil de Philippe II, Perez, ami de don Carlos, parle avec cette liberté que notre tragédie autorise quelquefois envers les tyrans. Il y a telle pièce française, même de nos grands maîtres, où le tyran est si malmené qu'on finit presque par avoir pitié de lui. Philippe II n'est guère mieux traité par Perez. Le discours de ce jeune Espagnol, où respire toute l'âme d'Alfieri, est plein du mépris le plus énergique et de la haine la moins déguisée. C'est un défaut de vraisemblance sans doute. Est-ce une faute dramatique? je ne sais; car le poëte en profite pour donner un trait de plus à l'impénétrable hypocrisie de Philippe II. Loin de paraître offensé : « Enfin, dit-il, j'ai trouvé la pitié dans l'un de vous. » Si Philippe II a eu la patience de supporter un pareil discours, si jamais on a osé le lui adresser, je suis tenté de croire qu'il s'en est servi, jusqu'à l'instant de le punir; mais quand Philippe est seul, il laisse éclater toute sa colère d'avoir été forcé d'entendre un langage si libre. Le monologue, dont Alfieri abuse souvent, est ici naturel; Philippe ne pouvait confier à personne toute la souffrance de son orgueil humilié :

Que de traîtres ! s'écrie-t-il ; qu'il est audacieux ce Perez ! a-t-il pénétré dans mon cœur ? Quel orgueil ! Une âme ainsi faite être née où je règne, et vivre encore où je règne !

Enfin, Messieurs, voici, selon moi, le plus beau trait de cette tragédie, premier début d'Alfieri, et l'un de ses plus remarquables ouvrages. On voit au théâtre des traîtres que tout le monde connaît, que l'on devine pendant qu'ils parlent. Dans les opéras de Métastase, c'est mieux encore : les traîtres, quand ils mentent, quand ils trompent, quand ils se parjurent, ont toujours soin, par un *a parte*, de vous tenir bien avertis. Mais il y a dans la pièce d'Alfieri un emploi singulier et nouveau de la trahison. Ce confident auquel Philippe parle si peu, ce Gomez, qui est avec lui en sympathie plutôt qu'en complicité, vient tout à coup auprès d'Isabelle, lui confesse les cruautés du roi, lui révèle l'intention de sauver don Carlos, lui offre son secours, et donnant, par des motifs d'intérêt qu'il avoue, une vraisemblance à son zèle, trompe la jeune reine, et trompe le spectateur avec elle. La ruse, la perfidie infernale qui prépare la catastrophe devient une espèce de péripétie qui la retarde, une raison de doute et d'incertitude, un moyen d'espérance qui prolonge et soutient l'intérêt de la pièce. Rien de plus beau que la scène où cette fourberie, avant d'avoir été fatale, est démasquée par l'incrédulité obstinée de don Carlos, qui ne se trompe pas, comme une jeune femme crédule et passionnée. A peine Isabelle, introduite dans la prison de Carlos, lui a-t-elle confié ses espérances et les promesses de Gomez, que Carlos s'écrie :

Imprudente, malheureuse ! qu'as-tu fait ? Comment as-tu ajouté foi à la pitié de Gomez! Si ce ministre impie d'un roi impie t'a dit la vérité, eh bien, il t'a trompée avec la vérité.

En effet, Gomez lui avait dit : « Philippe est un tyran soupçonneux et cruel; il veut la mort de son fils. » Tout cela était vrai. Cependant la crédulité d'Isabelle n'avait fait que hâter le crime, et donner un prétexte de plus à la vengeance du tyran. Voilà des beautés neuves, fortes, hardies. Telle est, Messieurs, l'esquisse d'un ouvrage qui renferme d'ailleurs de grandes fautes. Cette esquisse n'est pas un jugement. On m'écrit que je juge trop. Non, Messieurs, je doute, je conjecture, je discute; je vous communique une impression que vous adoptez, que vous amendez; mais je ne juge pas. Il y a dans ces leçons moins des idées toutes faites que des germes d'idées.

Quoi qu'il en soit, les tragédies d'Alfieri, constante image du caractère de l'auteur, plutôt qu'image mobile et variée de tous les accidents de la pensée poétique, ne tardèrent pas à exercer une grande influence en Italie. Les pièces d'Alfieri n'étaient pas jouées sur des théâtres publics. Mille obstacles qui ne sont point bornés à l'Italie devaient s'y opposer. Le jeu même des acteurs italiens, efféminés par leurs spectacles habituels, ne se serait pas facilement élevé à cette énergie rude et simple; le public y suppléa de lui-même. D'abord, nous l'avons dit, on avait joué les pièces d'Alfieri à Rome, dans les palais des grands seigneurs romains. Quelques années plus tard, on les jouait dans les places publiques, dans les tavernes.

C'est une chose remarquable et un beau succès pour le poëte. Dans beaucoup de villes d'Italie, parmi des artisans qui, la plupart, ne savaient pas lire, il se forma, pour jouer les pièces d'Alfieri, des sociétés, des réunions, des espèces de *carbonari* comédiens, si l'on peut parler ainsi. Et l'on dit que ces nouveaux acteurs rendaient les fortes scènes, le vigoureux langage du poëte avec une vivacité et une énergie singulières.

Les grands changements qu'éprouva l'Italie à la fin du xviiie siècle servirent à étendre et à populariser cette gloire. Alfieri avait détesté la république française presque autant qu'il aimait la gloire littéraire. Cependant ce fut cette même république, ce fut l'action rapide de la liberté française, qui seconda le plus la célébrité du poëte. En peu d'années, pendant lesquelles la censure fut abolie et remplacée par la conquête, dix-huit éditions du théâtre d'Alfieri remplirent l'Italie. Il était le génie poétique de son époque, et l'homme qui répondait le mieux à la passion, aux espérances des âmes italiennes. Ce qu'il y avait d'exagéré dans son enthousiasme antique et patriotique était en rapport, en harmonie avec cette liberté plus théâtrale que réelle dont furent charmés les Italiens.

Cependant il ne faut pas croire qu'Alfieri fit alors toute la gloire de l'Italie. Il était l'homme en qui éclatait le plus la philosophie française du xviiie siècle, s'animant de l'imagination italienne; mais d'autres hommes célèbres, tous nés sous la même influence, sans lui emprunter ce qu'elle avait de plus sérieux et de plus actif, portèrent leurs noms dans l'Europe. Tels furent, avec des talents et dans des genres divers, Cesarotti, Goldoni, Monti : ce sont surtout des lettrés. Alfieri était plus; il était poëte, il était homme, il était passionné; il agissait, il poussait les âmes en avant. L'abbé Cesarotti, traducteur élégant de trois tragédies de Voltaire, savant auteur d'un cours d'éloquence grecque, mais surtout admirable interprète d'Ossian, porta tout à coup au milieu de la belle Italie toutes ces images du Nord, tous ces nuages amoncelés sur les montagnes par le faux barde d'Écosse. Mais il n'eut point d'influence sur l'esprit général de son pays; il donne quelques images de plus à la poésie, il enrichit le vocabulaire des poëtes ses rivaux; il effraye, il scandalise l'académie de *la Crusca*, en introduisant quelques métaphores de plus dans la langue; mais tout ce travail littéraire ne peut se comparer à l'action énergique et nouvelle qu'Alfieri exerça sur ses compatriotes, et qui se liait à la révolution morale du xviiie siècle.

Goldoni, qu'on a appelé le Molière de l'Italie, était plus Français qu'Italien. Sans doute ses pièces les plus naïves sont celles qu'il a composées dans le dialecte vénitien, dont j'ai eu tort de médire. Mais il a passé en France les trente dernières années de sa vie; son théâtre est rempli des idées et des formes du nôtre; et vous savez qu'il finit par composer pour notre scène et dans notre langue.

Le caractère français de l'Italie au xviiie siècle,

soit qu'il se montre dans le style et le goût, soit qu'il se manifeste avec plus de force et de sérieux par le renouvellement des opinions et des mœurs, était, Messieurs, un événement mémorable que j'ai dû caractériser avec soin, et qui mérite une place dans l'histoire générale de l'esprit européen. Maintenant il me serait difficile de ne pas jeter un regard sur les événements qui suivirent cette longue communauté d'idées, et sur la réunion puissante et momentanée qui confondit la France et l'Italie. Ce serait une erreur de ne pas voir que l'action de l'esprit français en Italie avait dès long-temps préparé des conquêtes dont la rapidité parut tenir du prodige. Lorsque nos troubles civils s'allumèrent, l'Italie en reçut avidement la flamme ; et, en étudiant l'histoire de cette époque, on voit bien que sous la frivolité apparente de l'imagination italienne fermentaient alors des passions violentes et actives. A la fin du xviiie siècle, tout dans l'Italie tendait à une réforme. L'Église même semblait travaillée de ce besoin nouveau et inconnu pour elle. On avait vu un prince de la maison d'Autriche, un Léopold exciter la hardiesse de l'évêque de Pistoie ; on avait vu des tentatives de réforme changer les habitudes et même les cérémonies religieuses du pays. En même temps toute cette littérature italienne, quoique soumise à une inquiète surveillance, à une censure méticuleuse et tyrannique, laissait percer l'agitation intérieure et une ardeur secrète de nouveauté, de changement. Tout à coup ce ne sont plus des livres prohibés, ce sont des drapeaux vainqueurs qui passent les Alpes, et qui viennent réveiller, agiter l'Italie.

Il n'y a pas dans l'histoire un spectacle plus curieux que cette expédition d'un jeune conquérant qui se trouve par sa nature, par sa langue, dans une sorte de rapport et d'alliance avec le pays qu'il vient occuper. C'était un conquérant indigène au milieu de sa conquête, si l'on peut parler ainsi. Quand l'histoire racontera cette grande guerre d'Italie, qui commence à l'année 1796, elle ne devra pas seulement l'expliquer par le génie du capitaine et par cette première verve de gloire, par ce bonheur, cette puissance de début qu'on a quelquefois dans le génie politique ou guerrier comme dans le génie des arts; il faudra compter aussi pour beaucoup ce champ naturel et favorable qui lui était donné, cette Italie dont il parlait la langue, dont il avait en partie les habitudes, le tour d'imagination, et à laquelle il avait emprunté ce qui le caractérisait lui-même, la fougue doublée de ruse; c'est avec cela qu'il la traverse, la délivre, la subjugue. Bientôt, sous les auspices d'une imagination de conquérant aussi menteuse qu'une imagination de poëte, s'élèvent en Italie la république ligurienne, la république parthénopéenne, la république romaine, la république cisalpine, toutes fantasmagories de liberté qui devaient en un moment disparaître et se réduire au royaume de Naples, et au royaume d'Italie gouverné par un vice-roi. Il y a eu dans ce dénoûment quelque chose de parfaitement conforme aux événements qui l'avaient préparé, à cette imagination trompeuse et séduisante qui prend ses rêves pour sa force.

La république cisalpine était proclamée et avait une très-belle constitution. Le conquérant avait porté partout sa main de fer, et l'avait remplie de riches dépouilles : il semblait qu'il n'eût plus rien à demander à l'Italie. Tout à coup on apprend, par un décret daté de Lyon, que *la Consulte* de la république cisalpine réunie à Lyon a supplié le maître de la France d'être aussi le maître de l'Italie, et qu'il n'y a plus de république cisalpine. C'était le temps des événements singuliers : quelques années après, on apprit un jour, par un décret daté du camp français sous les murs de Vienne bombardée, que Rome avait cessé d'être; mais qu'il y avait une préfecture de plus dans l'empire. L'auteur du décret, considérant que Charlemagne, *son auguste prédécesseur*, n'avait donné qu'à titre de fiefs diverses contrées au pontife de Rome, statuait :

Art. 1er. Les états du pape sont réunis à l'empire français.
Art. 2. La ville de Rome, premier siège du christianisme, et si célèbre par les souvenirs qu'elle rappelle et les monuments qu'elle conserve, est déclarée ville impériale et libre; son gouvernement et son administration seront réglés par un décret impérial.

En conséquence on lui donna un préfet; et Rome fut une bonne préfecture du premier ordre.

Dans ces événements si facilement accomplis par une force à la vérité prodigieuse, plusieurs points de vue historiques et moraux se présentent d'eux-mêmes; le premier, le plus frappant, c'est la situation nouvelle de l'Italie sous cette conquête. Nous ne faisons pas ici, vous le croyez bien, un panégyrique; par disposition naturelle, nous serions portés plutôt à la justice contraire. Mais cependant on ne peut méconnaître le grand effet moral, le renouvellement salutaire qu'éprouva l'Italie, par une conquête à laquelle les esprits avaient été préparés, et qui n'était si complète que parce qu'elle n'était pas imprévue, quoiqu'elle fût soudaine. Cette Italie, qui depuis le xvie siècle avait langui, reçut tout à coup une vie et une activité nouvelle. La France semblait en cela imiter l'antique Rome. Vous le savez, dans chaque pays conquis, la prise de possession des Romains, c'était de faire à la hâte de grands travaux publics, d'ouvrir des routes, d'élever des amphithéâtres, de bâtir des thermes, des temples; ils pavaient le large chemin des légions romaines; et dans beaucoup de contrées, vingt siècles n'ont pas déplacé les dalles de pierre qu'avaient posées leurs mains. Dans nos villes du Midi, vous admirez encore des ruines plus belles que des monuments. Eh bien, quelque chose de cette activité gigantesque caractérisa ce qui se passait de nos jours en Italie. Je ne sais si cette même sympathie de langue et d'origine qui avait d'abord facilité les entreprises du vainqueur de l'Italie, l'intéressait davantage aux Italiens, et lui donnait une sorte de prédilection pour leur pays; mais enfin dans son règne parfois si dur et si violent, il répandit beaucoup de bienfaits sur l'Italie. Quelques-uns de ces bienfaits ne plairaient peut-être pas à un peuple qui voudrait toujours être libre. Cette belle route tracée à travers le Simplon, ce passage permanent qui vaut mieux que le passage d'Annibal, ces relais de postes établis dans les Alpes, ce chemin qui perce le rocher, s'engouffre sous une longue voûte éclairée par des lampes, et reparaît ensuite à la clarté du jour; ce sont là de grands travaux de main d'homme, et un danger pour l'Italie qui a perdu ses murailles. Avant et depuis, d'autres travaux français avaient assaini, embelli plusieurs contrées de l'Italie. Les tentatives d'un pontife, de Pie VI, pour dessécher les marais Pontins, furent renouvelées avec plus d'art et de puissance. Ailleurs, l'Italie recevait des monuments nouveaux. La magnifique cathédrale de Milan était achevée. On faisait des routes, des ponts, des promenades publiques, mille embellissements auxquels les Italiens n'avaient pas songé depuis deux siècles, et qu'ils attendaient, pour ainsi dire, de la main des Français. Du reste, malgré les promesses du vainqueur, ce n'était certainement pas la liberté qu'on avait donnée aux Italiens; il s'en fallait beaucoup. Je vois qu'une très-rigoureuse censure interdisait dans l'Italie impériale la publication de beaucoup d'ouvrages; je vois que tous ces beaux esprits qui n'avaient pas la fierté d'Alfieri baissaient humblement la tête sous la main du conquérant. Je lis une lettre de Cesarotti dans laquelle il remercie, avec une profonde reconnaissance, le secrétaire du ministre d'un vice-roi d'avoir fait donner à son neveu une place de juge de paix dans la ville de Milan. Je lis beaucoup de pièces dans lesquelles le brillant et énergique Monti, qui, au commencement des troubles civils, avait si violemment excité la haine populaire contre les Français, les célèbre avec un enthousiasme plus français que patriotique; mais, ne l'oublions pas, l'Italie avait éprouvé pendant longtemps deux privations, la privation de la liberté et la privation de l'ordre. L'Italie était remplie d'hommes éclairés, d'hommes spirituels; l'Italie était un pays charmant pour le voyageur; mais la théorie des impôts, les arts industriels, tout ce qui constitue l'ordre des peuples civilisés, et surtout l'ordre des Français, y était singulièrement négligé. Cette police active de la conquête, cette main puissante qui se portait partout, cette volonté ferme et bienveillante pour les Italiens, en quelques années, changea l'état du pays. Le conquérant s'est vanté lui-même d'avoir jeté cinq cents millions en Italie. Je ne sais pas à qui il les avait pris. Mais il est certain qu'il consommait dans l'Italie les impôts prélevés sur elle, et la faisait en général gouverner par des magistrats indigènes, précaution qui dissimule et adoucit la conquête !

Ce spectacle étonnant d'une domination étrangère qui, pendant huit années, transforme un pays, met l'ordre où l'ordre n'existe pas, fait profiter les vaincus plus que les conquérants eux-mêmes, laissera certainement dans l'histoire et dans l'avenir des Italiens une trace durable. Nous ne pouvions l'oublier en retraçant la puissance de cet esprit français qui d'abord, novateur en spéculation, le devint par la conquête, déplaça les dominations, et changea les pays, lors même qu'il ne les gardait pas.

Parmi les événements singuliers qui ont caractérisé cette période de l'histoire, il en est un qui fait ressortir l'influence salutaire d'un pouvoir unique et ancien. L'Italie comptait dans son sein des royautés comme Naples, des républiques comme Venise. Lorsque l'étonnant édifice élevé par le conquérant s'est brisé, lorsqu'il est tombé du haut de sa pyramide, et sa pyramide avec lui, les peuples soumis jadis à des souverains ont retrouvé une patrie. Venise, que personne ne réclamait, Venise, qui n'avait plus la force de réclamer elle-même, a disparu; elle a changé de main; elle a été comme ces proies trop riches qui, enlevées par la force, reprises par la justice, ne reviennent jamais dans la main du propriétaire.

TRENTE-SEPTIÈME LEÇON.

Rapport de la France, au xviiie siècle, avec l'Allemagne. — Influence moins littéraire que politique et sociale. — Joseph II, Frédéric. — Même action de l'esprit français dans le Nord. — Catherine et Voltaire. — Réformes singulières.

Messieurs,

J'ai marqué l'influence littéraire de la France sur deux pays célèbres, l'un par le génie politique et l'étude des sciences sérieuses, l'autre par l'éclat de l'imagination et le bon goût dans les arts, l'Angleterre et l'Italie. Je devrais, continuant cette revue de l'Europe, y chercher partout l'empreinte de la domination intellectuelle de la France; mais bien des choses me manquent pour achever ma tâche. Essayerai-je de rechercher en Allemagne la trace de l'esprit français au xviiie siècle; une ignorance presque absolue de la langue allemande m'entrave et m'embarrasse. Je sais bien qu'en France une difficulté de ce genre n'arrête pas toujours, et n'empêche pas de parler provisoirement; mais j'ai de plus un meilleur motif de silence : c'est que la moisson est faite, c'est que la tâche a été remplie avec une éclatante supériorité par une personne qui a plié sa belle imagination au travail de la critique, pour élever la critique même au niveau de sa pensée originale et libre; cette personne, cette femme grand homme, c'est madame de Staël.

Ainsi, je saurais autant de littérature allemande que j'en sais peu, je pourrais interroger face à face ces demi-dieux de la Germanie, je pourrais les entendre dans leur langue, les suivre dans toutes les énigmes de leurs plus hautes pensées, que je ne m'aviserais pas de recommencer ce qui a été fait avec tant d'esprit et de génie. D'ailleurs, pour l'objet qui nous occupe, l'action de la littérature française en Europe dans la seconde moitié du xviiie siècle, nous avons peu de chose à demander à l'Allemagne de cette époque. Sans doute elle n'avait pas abjuré l'imitation; car les Allemands, malgré l'élévation de leur esprit et leur désir d'originalité, sont, par la date de leur naissance littéraire, un peu soumis à la loi de l'imitation; mais ils s'étaient fait dès lors imitateurs cosmopolites; et, dans la variété des modèles qu'ils choisissent, dans cette espèce d'expérience perpétuelle qu'ils font sur toutes les combinaisons de la pensée, dans cette mixtion qu'ils opèrent entre tous les éléments de la science et de l'imagination, il y a peu de place pour la régularité française; et il sort de ce mélange une sorte d'originalité laborieuse, mais nationale. Ce caractère qui distingue la littérature allemande à la fin du xviiie siècle ne rentre pas dans le cadre que nous nous sommes proposé. Cette littérature toutefois n'avait pas entièrement échappé à l'influence de la nôtre; elle en reçut même deux traits distinctifs, le scepticisme et la philanthropie; mais elle n'en adopta ni le goût ni les formes. Hormis le religieux et poétique Klopstock, presque tous les écrivains allemands de cette époque sont, dans leurs opinions, dominés, sans le savoir, sans l'avouer, par l'astre de Voltaire; mais ils ont soin de ne pas laisser à la pensée de Voltaire, traduite dans leur langue, son inimitable clarté, sa vivacité brillante; ils la surchargent d'érudition, l'obscurcissent un peu, et lui donnent quelque chose de plus grave et de plus lourd. Ainsi fait le sceptique et ingénieux Wieland, que ses contemporains ont nommé Voltaire, et qui était Voltaire autant qu'un Allemand peut l'être. (*On rit.*) A Dieu ne plaise que cette parole, échappée trop vite, soit entendue au delà de ma pensée; elle laisse à cette grande et savante nation toute la gloire de travail et de génie, toute la hauteur d'intelligence qui lui appartient, et qui ne lui sera pas contestée par un adversaire aussi faible que moi. Je ne voudrais pas imiter Perrault, qui n'était fort contre Homère que de ce qu'il ne savait pas le grec. (*Applaudissements.*)

Mais enfin, lorsque Wieland imite Voltaire, et il l'imite sans cesse, il mêle au ton libre et léger de son modèle un détail d'érudition et de métaphysique abstraite. Il n'a pas, comme Voltaire, cette vivacité moqueuse qui s'applique aux sujets modernes et présents, quelquefois les transforme en allégories, en contes de fées, mais y porte toujours l'expressive malignité de mémoires contemporains. Tout au contraire, Wieland ne se rit pas de son siècle, ne le regarde même pas; il fait la chronique scandaleuse de l'ancienne Grèce. Malheureusement la vivacité du satirique s'émousse par le travail de l'antiquaire. Des plaisanteries sur Alcibiade, des épigrammes contre Diogène, des allusions piquantes aux philosophes néo-platoniciens du ive siècle, ne portent pas coup de nos jours. Cependant c'est là que le très-spirituel et très-érudit Wieland a renfermé son talent par un choix volontaire, et par cette ignorance de la vie commune et de la réalité qui plaît aux écrivains allemands. Après Wieland, Lessing, esprit original et correct à la fois, Lessing, à qui nous emprunterons, dans la suite de ce cours, plus d'une ingénieuse théorie sur les arts, est l'homme qui, en imitant quelquefois le génie français, l'a le mieux conçu, et le plus finement critiqué. Mais, en exceptant ces deux hommes célèbres, nous ne retrouvons pas l'influence de la France dans la littérature allemande du xviiie siècle; ou du moins elle n'agit que sur les opinions, et non sur le goût et les formes du talent. L'objet d'imitation de l'Allemagne, c'était l'Angleterre, c'était l'Allemagne elle-même, la vieille Allemagne, que les Allemands modernes s'efforcent de retrouver par l'imagination et l'étude, et dont ils spiritualisaient les vieux souvenirs et polissaient l'inculte génie. Mais surtout ils travaillaient à transporter dans la langue allemande la poésie libre et pittoresque de Thomson, de Milton, la puissante originalité de Shakspeare. La littérature allemande était tout anglaise à cette époque. Seulement, comme il y avait une intime analogie, une communauté entre les origines des deux nations, entre les premiers types des deux langues, dans ces imitations, l'Allemagne conservait plus de naturel qu'il n'appartient aux imitateurs. Elle avait trouvé le modèle le mieux en rapport avec elle-même, et par conséquent celui qui laissait le plus d'inspiration dans la copie.

Mais ceci est une digression; car je ne dois point parler de l'Allemagne; j'ai dit ma raison et mon excuse. Sous un autre point de vue, cependant, il m'est impossible de ne pas remarquer combien l'esprit français eut de puissance sur l'état social des Allemands. C'est là que se montre, dans toute sa force, ce caractère d'une littérature qui n'est pas simplement une étude, un amusement, mais une occupation active et sérieuse, un instrument de réforme et de changement. Voilà ce que nous ne pouvons méconnaître. Les universités, les savants, les poëtes un peu artificiels de l'Allemagne se révoltaient contre les formes de la littérature française, la trouvaient faible, sans originalité, ou contraire à l'esprit germanique. Gottsched lui-même, partisan routinier du goût français, avait soin d'épurer la langue allemande de tous les mots d'origine française, importés par le baron de Canitz et d'autres écrivains du xviie siècle. Mais l'état social des Allemands n'échappait point à cette autorité de l'esprit français, que repoussait en partie leur littérature. La politique humaine et généreuse de Joseph II et de Léopold était évidemment inspirée par les livres français. Répandus dans toute l'Europe, ces livres, désavoués en France par les précautions du pouvoir, en même temps qu'ils étaient adoptés par l'engouement public, agissaient dans les pays étrangers sur la conduite même des princes.

Quand on parcourt le règne de Joseph II, de ce monarque à la fois philanthrope et despote, qui protégeait avec un zèle impérieux les idées de liberté, et portait dans certaines réformes religieuses une sorte d'intolérance, on reconnaît le disciple des philosophes français du xviiie siècle. Dans l'affaire du Brabant, par exemple, comme politique, Joseph II fut imprudent; comme prince absolu, il se montra tyrannique : mais il recevait l'influence des idées que la philosophie française avait accréditées en Europe.

Un exemple plus mémorable encore de la même influence, c'était Frédéric le Grand; c'était sa colonie française de Berlin, ses académies, sa passion exclusive pour notre langue; son despotisme qui se croyait à l'abri de tout reproche, parce qu'il asservissait les prêtres; sa tolérance religieuse qui n'était que du mépris, et tant d'autres traits singuliers de son règne et de sa vie. Qu'arriva-t-il de là? c'est que les Prussiens ne gardèrent qu'une liberté sous le règne de Frédéric : ce fut celle de ne pas recevoir, de ne pas subir cette littérature française qu'il leur apportait comme une mode de cour et comme un titre de sa supériorité personnelle. Lisez les poésies de *Gleim*, qui se nommait le grenadier de l'armée prussienne : en célébrant la gloire militaire de Frédéric, il lui reproche ses injustes mépris pour la langue et le génie de l'Allemagne, et se plaint que son patriotique hommage ne sera peut-être pas connu de l'orgueilleux souverain qui dédaigne les chants nationaux du pays qu'il rend vainqueur. Rien de plus poétique, ce me semble, que cette amertume dans l'enthousiasme et cette émotion d'un cœur allemand ; mais elle atteste surtout combien la préférence littéraire de Frédéric pour la France était impuissante à changer le génie national de son propre pays. Frédéric avait beau faire, il ne pouvait mettre le bon goût français *à l'ordre du jour* de ses régiments. Aussi cette superficie de philosophie française, de bel esprit français, qu'il importa dans Berlin, n'eut aucune action, aucune autorité sur l'imagination allemande, et fut, au contraire, repoussée en proportion des efforts que le prince despote faisait pour l'établir.

Ainsi, Messieurs, une grande influence de la philosophie française sur la politique des souverains de l'Autriche et de la Prusse, une très-faible influence du goût français sur quelques écrivains allemands qui couvrent ce qu'ils empruntent de scepticisme à notre littérature, par l'érudition, la métaphysique rêveuse et l'imitation du génie anglais, voilà ce qu'à la première vue nous offre l'Allemagne.

Cependant ces vastes états du Nord, qui occupent aujourd'hui une si grande place dans la politique et dans l'attente des peuples, n'avaient pas échappé non plus à la puissance de l'esprit français. Il ne s'agit plus là pour nous de surprendre, de constater dans quelques écrivains étrangers l'adoption des idées que la France avait mises dans le monde; nous n'irons pas demander à un auteur russe ou suédois ce qu'il a imité des livres français du xviiie siècle; mais, jetant un coup d'œil sur le Nord, nous y verrons l'esprit français porter en Russie, en Danemark, en Suède, tout à la fois la politesse de cour et la philanthropie sociale : tels sont les deux caractères de son influence.

Certes, ce sera dans l'histoire de la civilisation un spectacle à jamais curieux que de voir une puissante souveraine comme Catherine en correspondance habituelle avec Voltaire, de la voir invitant d'Alembert à venir à sa cour élever l'héritier de son vaste empire, et recevant avec admiration le sceptique Diderot. La familiarité de Voltaire en écrivant à Catherine, la politesse, l'art ingénieux, la coquetterie de Catherine dans ses réponses au malicieux solitaire de Ferney, tout cela peut caractériser une époque. Cette destinée de Voltaire, qui, gentilhomme de la chambre, exilé de Versailles, a tant de crédit et de faveur à Saint-Pétersbourg, forme une anecdote piquante de cette grande révolution morale du xviiie siècle.

Sans doute la philosophie impartiale, la philosophie qui n'est ni une passion de parti, ni un instrument de circonstance, s'offensera de voir Voltaire prodiguer tant d'éloges à la femme qui, pour régner, avait fait étrangler son mari. On s'étonnera que, par distraction, il lui donne même le nom de Sémiramis. On ne sera pas moins blessé de voir l'impératrice, laissant échapper à la fois le secret de sa faiblesse et celui de son crime, écrire à Voltaire « que l'aîné des Orloff a l'âme d'un Romain, qu'il est digne des plus beaux temps de la république. » On ne s'étonnera pas moins, ou plutôt on concevra très-bien qu'elle veuille intéresser Voltaire à la destruction du royaume de Pologne, qu'elle prétende travailler par cette conquête aux progrès de la tolérance ; mais la réponse de Voltaire est un curieux exemple de la toute-puissance qu'avait prise l'esprit en traitant familièrement avec les souverains. Voltaire ne paraît pas croire que le désir de propager la tolérance ait seul déterminé l'invasion des belles provinces de Pologne et l'avénement d'un favori de Catherine au trône qu'elle se prépare à faire disparaître :

Je ne suis pas fait, lui répondit-il, pour pénétrer dans vos secrets d'état; mais je serais bien attrapé si Votre Majesté n'était pas d'accord avec le roi de Pologne ; il est philosophe, il est tolérant par principe ; j'imagine que vous vous entendez tous deux, comme larrons en foire, pour le bien du genre humain.

A la vérité, pour racheter la petite sincérité philosophique de cette phrase, il ajoute :

Un temps viendra, Madame, je le dis toujours, où toute la lumière nous viendra du Nord. Votre Majesté impériale a beau dire, je vous fais étoile, et vous serez étoile.

Mais malgré ce compliment poétique, la leçon était un peu vive; cependant Catherine fit semblant de ne pas l'entendre; elle ne s'arrêta point à l'application si piquante et si juste du proverbe populaire; elle continua, sous les yeux et avec l'autorité de Voltaire, de saccager la Pologne dans l'intérêt de la tolérance; elle flattait aussi le philosophe de l'espérance qu'elle allait affranchir tous les serfs de l'empire de Russie; puis elle promettait plus sérieusement de conquérir la Grèce et la Turquie; enfin elle affectait de préparer un magnifique code de lois pour tous les Tartares, tous les Baskirs, tous les Cosaques de son empire; et après avoir réuni les députés de ces nombreuses provinces, et leur avoir fait donner lecture de ce code auquel ils étaient peu préparés, elle en avait envoyé en France un exemplaire, que la censure du temps, par une forte mesure, défendit de réimprimer à Paris.

Ce code, en Russie, n'avait du reste aucun inconvénient pour le despotisme; car il n'était ni entendu ni appliqué. C'était une espèce de *manifeste* adressé par la puissante souveraine à la philosophie française du XVIII° siècle; c'était un manteau pour couvrir l'invasion de Pologne; c'était une déclaration sans conséquence qui faisait grand plaisir à Paris, et valait de grands éloges à l'impératrice. On y voyait de belles citations de Montesquieu, et plusieurs principes de l'*Esprit des Lois*, rangés en articles, à l'usage, croyait-on, du plus vaste empire de la terre. Il y avait dans tout cela du prestige, de la tromperie; mais on ne peut y méconnaître un singulier hommage rendu à cette puissance de l'esprit français dans le xviiie siècle; et c'est là ce qu'il nous importe de marquer en ce moment.

D'autres exemples achèvent de caractériser cette vaste et curieuse influence. Vous la retrouvez au plus haut degré dans les écrits du roi de Suède, l'infortuné Gustave III. Ces cours du Nord étaient devenues de petites académies françaises. Sans doute ce changement n'agissait pas sur la foule : dans ces monarchies, une trop haute barrière séparait le peuple et la cour. De plus, le changement était fait trop vite, improvisé tout à la fois par engouement et par théorie; et les peuples qui devaient en recueillir le fruit n'étaient nullement préparés à le comprendre ni à le recevoir. Ainsi, cependant du milieu de Paris, les livres des écrivains français, et surtout l'ouvrage de Montesquieu, génie tout ensemble hardi et modéré, devenait la raison d'état de la plupart des souverains, ou du moins leur raison d'état publique, officielle. L'ancien machiavélisme restait comme une ressource cachée, comme un secret de cabinet; mais ce qu'on avouait, ce qu'on annonçait au peuple, c'étaient les idées de tolérance et d'humanité proclamées par Montesquieu et par Voltaire. Voltaire, le plus populaire des écrivains, Voltaire, dont la profondeur se cache sous l'agrément, dont l'audace s'enveloppe de frivolité, exerçait une action plus étendue sur les rangs élevés de la société, dans tous les pays de l'Europe. L'autorité de Montesquieu épurait la politique ostensible des gouvernements. La séduction de Voltaire agissait sur les idées, sur l'esprit, et trop souvent, il faut le dire, sur les mœurs des cours, de la noblesse, et des hommes les plus éclairés. C'était donc, après avoir analysé le génie de ces puissants écrivains, et relevé dans l'un d'eux ce que la morale et la vérité peuvent y blâmer, que je devais placer le tableau de l'influence française dans toute l'Europe; car ce n'est pas Marmontel ou Diderot qui ont ainsi régné : c'est Montesquieu, c'est Voltaire.

Maintenant, Messieurs, il me reste à retracer les mêmes faits se reproduisant sous d'autres formes, dans les pays où d'anciennes institutions, d'anciens préjugés, une civilisation contraire à la civilisation moderne semblaient opposer bien plus d'obstacles aux progrès de l'esprit français. En effet, dans le plus vaste empire du Nord, avant le xviiie siècle, vous n'avez que la barbarie. Le jour où le czar Pierre, par coup d'état, importe la tactique, l'industrie, les arts modernes dans son pays, il y fait une place pour les idées de la philosophie française, qui plus tard y devaient être appelées, en partie, comme un amusement de cour, en partie, comme un instrument de politique et de pouvoir. Dans cette Russie complétement sauvage il y a cent ans, la tolérance pouvait naître bien plus vite que dans cette Italie spirituelle et polie dès le xive siècle.

Les souvenirs, ou plutôt l'absence de souvenirs que laissait cette vie rude et barbare du Nord, remplacés promptement par les merveilles toutes faites de notre civilisation, n'étaient pas un obstacle aux idées de tolérance moderne; au lieu que, dans l'Italie, les restes d'une autre civilisation savante et superstitieuse, plus favorable aux arts qu'à la raison, luttaient contre l'esprit de réforme. Une semblable résistance s'offrait avec plus de force dans l'Espagne, dans le Portugal; et la civilisation française, qui, sans descendre dans les classes inférieures, avait travaillé si vite sur l'esprit des cours du Nord, devait trouver une œuvre plus difficile dans les beaux climats du Midi.

Cependant, là même, nous sommes singulièrement frappés de tout ce que cette littérature française a fait en cinquante ans. Les événements actuels et les idées qui nous entourent sont bien contraires à ce résultat, je le sais. On ne peut se figurer aisément que, sous quelques rapports, l'action des idées françaises était, au milieu du xviiie siècle, plus puissante, plus prompte à Madrid, à Lisbonne qu'à Paris; et pourtant l'histoire l'atteste. Une première révolution morale avait suivi l'élévation de Philippe V sur le trône d'Espagne. Ce sera, Messieurs, un souvenir éternellement glorieux pour la maison de Bourbon, que le crime permanent de l'inquisition, que les sacrifices humains, au nom de la foi, aient disparu pour jamais, aussitôt qu'un fils de France occupa le trône d'Espagne. Le dernier auto-da-fé célébré à Madrid est de 1680.

Il marqua la chute irrévocable de la branche d'Autriche en Espagne, de cette domination si pesante et si tyrannique.

Toutefois le caractère de Philippe V, la mélancolie dont il fut tourmenté une grande partie de sa vie, je ne sais quelle mollesse énervante du climat, quelle apathie naturelle aux murailles d'Aranjuez, retarda beaucoup l'action salutaire de l'esprit français en Espagne. Le bien que semblait promettre cette influence fut réalisé longtemps après par un prince habile, généreux, dont la mémoire n'est pas assez souvent célébrée ; qui, obligé de lutter pour conquérir et garder le pouvoir, s'exerça presque comme Henri IV, et qui, dans une vie longue, montra toujours les vertus d'un honnête homme, et quelquefois les qualités d'un grand roi. Aujourd'hui ce n'est pas en Espagne que l'on irait chercher des ministres : aucune idée de supériorité politique, de sagesse, de science économique et sociale ne s'attache aux hommes d'état de cette nation. Dans le xviii° siècle au contraire, de 1750 à 1784, vous voyez en Espagne le gouvernement confié à plusieurs hommes habiles et généreux, formés aux leçons de la philosophie française, dans ce qu'elle avait eu de sage, d'applicable, et disciples éclairés de Montesquieu. D'Aranda, Campomanès, Florida Blanca sont des hommes qui feraient honneur à l'époque actuelle, des esprits élevés en qui l'étude avait rapidement développé des idées qui devaient naitre ailleurs de l'expérience et du temps. Ils étaient devenus hommes d'état bienfaisants, sages réformateurs, comme autrefois Lucullus devint général en lisant de bons livres, pendant son voyage. C'est encore une reconnaissance qu'on doit à la partie vraiment utile et morale des lettres françaises dans le xviii° siècle.

Sans doute de grands obstacles arrêtèrent en Espagne cette influence étrangère; sans doute il en résulta des bizarreries sociales. Lorsque vous voyez le roi Charles III, dans un goût de civilisation moderne, prohiber ces immenses chapeaux sous lesquels se cachait la figure d'un Espagnol, et ces vastes manteaux que l'on portait même par une chaleur plus forte que celle-ci, et où l'on enveloppait toute sa personne, et souvent son poignard; lorsque vous voyez les édits royaux se multiplier pour cette réforme, et en 1765 une épouvantable émeute éclater à Madrid en faveur des chapeaux et des manteaux, dans cette anecdote puérile, vous reconnaissez ce que ce peuple avait de tenace et d'obstiné, et combien sera pénible la tâche du réformateur. Cependant, quelques années après, une suppression plus importante que celle des chapeaux signale tout à coup et la politique et la puissance du ministre espagnol. Une société célèbre, qui semblait avoir son camp privilégié dans l'Espagne, y fut supprimée par un décret de l'autorité royale. L'ordre s'exécuta, sous quelques rapports, avec une rigueur excessive, mais généralement avec une habileté politique, une science économique et judiciaire très-remarquables. Tout ce qu'avaient pensé Montesquieu et d'autres publicistes sur l'inconvénient des propriétés de main-morte, sur la réforme désirable et possible dans le nombre des monastères, sur les abus du pouvoir temporel ecclésiastique, se reproduit dans les ordonnances royales que fit rendre le marquis d'Aranda. Le même esprit dicta les édits qui bornèrent singulièrement la juridiction de ce tribunal de l'inquisition, dont la pensée faisait frémir Pascal écrivant à Paris ses immortelles *Provinciales*.

Telle était l'influence de l'esprit français sur l'Espagne du xviii° siècle. Là, comme dans le Nord, elle agit plutôt sur l'ordre social que sur la littérature. Nous trouvons peu d'auteurs espagnols imitant le génie des écrivains français, ayant du talent avec eux, d'après eux, comme eux; mais l'esprit français se réalise en Espagne par des édits et des actes de gouvernement; on le retrouve dans des ouvrages écrits par les hommes mêmes qui régissent l'état. La discussion et la science semblent devenues dans l'Espagne de cette époque, comme aujourd'hui dans les pays les plus libres, un moyen de crédit, une arme du pouvoir. Campomanès publie d'utiles traités sur l'instruction élémentaire de la classe pauvre, sur la nécessité de multiplier les manufactures, sur les taxes arbitraires, nuisibles à l'industrie. Tous les objets d'économie sociale sont traités, non pas spéculativement, mais pour la pratique, non par des écrivains dans leurs greniers, comme on le disait encore du temps de Louis XIV, mais par des écrivains hommes d'état et ministres. En Espagne, comme dans le Nord, l'influence française n'avait saisi que la cour et les esprits éclairés. Le peuple en recevait le bienfait par contre-coup : mais les idées mêmes ne lui arrivaient pas; et elles y auraient trouvé dans les vieilles coutumes plus d'obstacle qu'ailleurs.

On donnerait une notion fort incomplète de la philosophie française, dans ce qu'elle a fait de bon et d'utile, si on n'allait pas soigneusement recueillir les traces de son influence dans un pays tel que l'Espagne. Ce règne de Charles III, qui du reste était lui-même un prince pieux autant qu'éclairé, ce règne marqué par la répression du pouvoir monacal, l'encouragement du commerce et des arts, restera dans les annales de l'Espagne, comme le monument d'une belle tentative de réformation politique et sociale. En effet, tout ce qui fait que l'Espagne est un pays quelque peu civilisé, qu'elle a des ponts, un hôtel des postes, un hôtel des douanes, qu'elle a même deux canaux (on n'a pas achevé le second), qu'elle a je ne dirai pas seulement des académies (il y en a tant en Italie!), mais un cabinet d'histoire naturelle, un jardin des plantes, tout cela se rapporte au règne de Charles III, et fait la gloire de ses trois ministres, d'Aranda, Campomanès, Florida Blanca. Une circonstance remarquable atteste combien cet esprit d'amélioration inspiré par les écrivains français était puissant à la cour de Madrid. Le marquis d'Aranda, qui avait vaincu la redoutable société des jésuites, blessé lui-même dans le combat, et ébranlé par les haines qu'avait excitées sa victoire, comme il arrivera presque toujours aux adversaires d'une secte nombreuse et opiniâtre, fut, quelques années après, obligé de quitter le ministère, et de venir ambassadeur en France; mais sa politique lui survécut dans les conseils du souverain. Ses rivaux, ses successeurs suivirent le mouvement de réforme qu'il avait commencé. Florida Blanca continua l'ouvrage du marquis d'Aranda, qui recevait à Paris les éloges empressés des philosophes et du public.

Mais cette adoption de théories et d'idées étrangères qui peut hâter la réforme politique d'un peuple, et lui donner de nouveaux moyens de prospérité, ne sert pas également à l'inspiration et au génie littéraire. Tandis que Campomanès faisait de bons mémoires contre les empiétements ecclésiastiques, l'accumulation des propriétés dans les mains du clergé, l'abus des donations, et tâchait de redresser sur ce point l'esprit incorrigible des Espagnols, un autre homme d'état, don Ignacio de Luzan, ministre du commerce, et directeur de l'académie royale, écrivait un gros volume in-folio, renfermant une poétique régulière et classique. On eût dit que l'action administrative qui réformait le pays voulait aussi réformer le goût; qu'on allait donner des principes d'imagination d'après nos poëtes, comme on faisait des réformes dans les lois, d'après nos publicistes. Mais il n'en va pas ainsi. Don Ignacio pouvait être un excellent ministre du commerce; mais sa poétique n'a pas fait naître de poëtes en Espagne. Ces théories de goût empruntées à la France n'étaient bonnes qu'à refroidir l'imagination espagnole, qui n'a tout son éclat que lorsqu'elle a tous ses caprices. Ainsi, réforme littéraire sans intérêt et sans pouvoir, réforme politique singulièrement curieuse, et digne d'occuper une grande place dans l'histoire de l'esprit européen au xviiie siècle; voilà ce que nous offre l'Espagne sous l'influence française.

Le même spectacle, le même contraste se présente à nous dans le Portugal. Souvent les écrivains du xviiie siècle ne sont pas seulement accusés d'avoir été des sceptiques, tort dont je conviens tout à fait pour quelques-uns d'entre eux; on leur reproche encore d'avoir été des déclamateurs, d'avoir follement exagéré les violences, les abus de la superstition. Cependant en 1750, sous le règne de Jean V, un juif de Lisbonne, qui avait du goût pour la littérature et qui voyait avec dépit la décadence du théâtre portugais, depuis que l'enthousiasme des expéditions aventureuses du xvie siècle n'animait plus l'imagination poétique, se mit à composer des opéras; c'était un délassement bien peu répréhensible : personne de vous ne se douterait que cela dût attirer quelque danger à l'auteur; d'ailleurs ces opéras étaient bien censurés avant de paraître sur la scène. Qu'arriva-t-il cependant de ce pauvre juif? Dans un magnifique auto-da-fé, célébré à Lisbonne en 1755, il fut brûlé vif. Était-ce pour avoir fait des opéras? était-ce seulement pour être juif? le fait n'est pas éclairci;

mais enfin il fut une des victimes nombreuses de cet auto-da-fé. Ainsi, lorsque trois ans plus tard Montesquieu, en 1758, publiait, dans l'*Esprit des Lois*, ce beau, cet éloquent chapitre où il représente une jeune juive au pied du bûcher, adressant d'éloquentes paroles à ses persécuteurs, et reprochant aux chrétiens d'alors de prendre le rôle des Dioclétiens et de donner aux juifs celui des martyrs, Montesquieu n'était pas déclamateur. Ce sont peut-être ces pages éloquentes traduites dans toute l'Europe, commentées par l'enthousiasme de tous les hommes éclairés, qui ont fait que le bûcher de 1755 a été le dernier, même en Portugal, et qu'on n'a brûlé personne depuis Antonio José. Reconnaissons donc partout cette salutaire influence de l'esprit français, dans le xviiie siècle. En Portugal, comme en Espagne, nous la verrons non pas seulement proscrire quelques restes de barbarie, mais commencer une société nouvelle.

Ici, Messieurs, je rencontre quelques difficultés; je crains de sortir de la littérature et de tomber dans l'histoire; mais, lorsque l'histoire ne fait que constater les résultats des lettres mêmes, lorsque l'histoire ne fait qu'enregistrer les faits qui sont nés de l'influence des lettres et de la pensée, pouvons-nous lui refuser une place?

Ainsi, lorsque vous voyez, sous le règne de Joseph Ier, s'élever en Portugal un ministre qui partage les idées du marquis d'Aranda, mais emprunte à ce fonds de barbarie que conservait son pays, quelque chose de plus altier et de plus violent, pour réprimer cette barbarie même; lorsque vous voyez un marquis de Pombal, qui semble le Richelieu de la philosophie moderne, combattre le fanatisme par des actes arbitraires et cruels, en blâmant ce résultat, vous en tenez compte dans l'histoire de l'esprit humain. Don Antonio Carvalho, depuis marquis de Pombal, avait voyagé dans l'Europe, et recueilli les leçons partout répandues de la philosophie française. Devenu ministre principal, et favori de Joseph, roi de Portugal, il s'attacha d'abord à ranimer le commerce et les arts dans son pays, et surtout à l'affranchir du joug monacal. Ce fut en Amérique qu'il porta les premiers coups à cette puissance, qui si longtemps avait dominé l'Europe. Un traité d'échange stipulé avec l'Espagne donnait à la couronne de Portugal ces colonies du Paraguay que les jésuites avaient habilement civilisées, et qu'ils gouvernaient en feudataires indépendants. Les jésuites résistèrent à ce changement de maître, et les paisibles colons des provinces d'Uraguay et de Maragnon prirent les armes, pour rester fidèles au pouvoir des pères qui leur avaient appris, disaient-ils, à être hommes et chrétiens. Pombal envoya son frère et des troupes pour les soumettre. La guerre se fit avec cruauté; le plus beau monument élevé par les jésuites, le seul qui fût sans danger pour l'Europe, disparut sans retour. Le Portugal, au lieu de laisser subsister un état florissant, une espèce de république chrétienne, mit sous son pouvoir une colonie pauvre et dévastée. Mais cet événement, que doivent blâmer la philosophie et l'humanité, eut dans l'Europe un contre-coup salutaire.

Le Portugal avait été longtemps sous le joug de ces moines impérieux dont le sage et pieux Charles III disait : « Toutes les fois qu'on me parle d'une mauvaise affaire, je demande s'il n'y a pas là quelque moine. » Le marquis de Pombal, les ayant une fois blessés au Paraguay, ne craignit pas de les attaquer en Europe. Actif, ambitieux, intrigant et homme d'état, il obséda si bien toutes les volontés du roi qu'il fit éloigner les jésuites de la cour, dont ils étaient maîtres depuis un siècle. Bientôt éclate une conspiration. Le roi de Portugal, assailli dans sa voiture, est frappé d'une balle. L'impérieux marquis de Pombal fait saisir plusieurs grands du royaume, soupçonnés tout autant de haine contre lui que de trahison contre le roi. Trois pères de la fameuse société étaient accusés d'avoir été consultés par les assassins, et d'avoir répondu que le meurtre du roi ne serait pas même un péché véniel : telle était encore la puissance de la société, que Pombal, malgré son audace, n'osa pas les livrer à la justice sans un bref de Rome : il le demande en vain. Le marquis de Tavora et deux autres grands du royaume portent leurs têtes sur l'échafaud ; les trois religieux sont inviolables. Pombal alors imagine de faire traduire le principal d'entre eux devant l'inquisition, sous prétexte d'hérésie ; et l'inquisition prononça le supplice du feu pour punir quelques phrases mystiques et quelques rêveries. Peu de temps après, l'implacable Pombal fit célébrer avec grande pompe un auto-da-fé, où ne furent exposés que des prêtres et des religieux. Telles étaient les applications violentes et dérisoires que recevaient les principes de la philosophie française des mains d'un ministre impérieux et vindicatif.

Toutefois, dans l'histoire des lettres françaises, dans le développement de la civilisation de l'Europe au xviii° siècle, cette administration de Pombal au milieu du Portugal était une espèce de phénomène que nous avons dû rappeler. Ce ne fut pas seulement à des violences de partis, à des abus de la force, sous le nom de *tolérance*, à des réformes par le glaive, que Pombal borna l'exercice de son pouvoir ; il fit encore des choses grandes et salutaires ; il réveilla le génie de sa nation ; il lui rendit l'ardeur du travail et du commerce. Mêlant les intérêts de son pouvoir à ceux de la couronne, il fut réformateur à son profit ; mais on ne peut douter que cette administration vigoureuse n'ait eu dans les destinées du Portugal une influence qui peut-être s'apercevra plus tard, qui longtemps a pu rester suspendue, mais a jeté dans les esprits d'heureux germes d'activité sociale.

Telle est, Messieurs, la revue rapide, superficielle, mais sincère, de l'influence sociale et politique obtenue par la littérature française sur toute l'Europe du xviii° siècle. Cette influence, vous le voyez, change de caractère, s'empreint plus ou moins des vices et des passions des pays auxquels elle s'applique ; elle se transforme, se modifie, s'exagère, d'après les hommes qui la reçoivent et qui s'en servent; mais elle n'en est pas moins l'âme commune de la civilisation de l'Europe à cette époque; elle se manifeste quelquefois par des injustices qu'elle désavoue. C'était comme un déplorable prélude, comme un essai des violences qui signalèrent, à une époque plus rapprochée de nous, la même tentative pour passer de la spéculation à la pratique, pour traduire les idées en faits. Toutefois, c'est un spectacle instructif, et un monument singulier de la puissance de l'esprit français.

Cet esprit, je ne l'ai pas encore fait connaître tout entier; j'ai choisi surtout les hommes qui en avaient été les plus éclatants interprètes; Montesquieu, par l'élévation, par la force, par la sagesse de ses pensées; Voltaire, par le don inimitable de plaire à tout le monde, et de faire tout comprendre; Rousseau, par la passion, par la colère, par la logique, s'appliquant aux intérêts et aux droits des peuples, et agitant ceux que Montesquieu avait instruits, ceux que Voltaire avait fait rire. Ces trois hommes avaient été les rénovateurs de l'esprit européen. Voltaire disait:

> J'ai plus fait dans mon temps que Luther et Calvin.

Ce qu'il disait avec orgueil, et sans y mêler quelques scrupules qu'il aurait dû sentir, Montesquieu pouvait l'exprimer avec confiance; son action, moins visible, moins bruyante, avait pénétré plus avant. Rousseau pouvait le dire; ses livres qui, dans la froideur de nos habitudes actuelles, nous intéressent seulement par l'éloquence et par la beauté du langage, et nous laissent apercevoir les vices de raisonnement, les exagérations de principes, saisissant alors tous les esprits, avaient quelque chose de la puissance attachée aux discours des orateurs antiques; sa parole ne retentissait pas du haut d'une tribune, elle n'agitait pas un peuple rassemblé dans une place publique; mais elle avait l'Europe tout entière pour Forum; elle était répétée par toutes les jeunes imaginations, invoquée même par les plébéiens qui, parvenus au pouvoir, luttaient contre les grands, et par les grands qui luttaient contre les prêtres; elle donnait des armes à toutes les passions et à tous les talents à la fois.

En revenant bientôt en France, nous n'y retrouverons plus rien d'égal à ces trois puissants génies et à leurs premiers disciples.

Ce n'est plus presque par des noms d'hommes que nous caractériserons l'époque qui nous reste à retracer; il n'y a plus que peu d'hommes dont les noms parlent assez haut; mais nous rechercherons encore, dans beaucoup d'écrivains français du second ordre, l'influence philosophique, la théorie des arts ou la critique, et enfin l'application du talent à tous les objets d'utilité sociale, à toutes les questions d'ordre politique. Ainsi nous serons conduits par une pente insensible à cette grande époque où la théorie fit place à l'action; et nous aurons vu la littérature, après avoir dévoré tous les sujets spéculatifs, après s'être exercée sur tout ce qui intéresse l'imagination et le cœur, devenir exclusivement une puissance sociale qui change, réforme et bouleverse.

TRENTE-HUITIÈME LEÇON.

Suite de l'examen de la littérature française au xviiie siècle. — Écrivains du second ordre. — Ministère du duc de Choiseul. — État général de la société; affaiblissement de tous les anciens pouvoirs. — Progrès du scepticisme et du matérialisme secondés par la monarchie absolue. — Helvétius. — *Le Système de la nature.* — *L'Encyclopédie.* — Philosophie religieuse. — Résumé. — Esquisse des sujets qui restent à retracer pour compléter ce cours.

Messieurs,

Nous allons aujourd'hui rentrer en France. La longue digression que j'ai faite avait son intérêt et son motif; elle était liée à l'histoire des lettres françaises, et nécessaire à l'intelligence du passé comme à la prévoyance de l'avenir. Mais ce foyer de flamme et de lumière qui du milieu de la France éclairait, et plus tard embrasa l'Europe, nous devons nous y arrêter encore. Après avoir suivi l'action des lettres françaises au dehors, il faut en voir les derniers effets dans notre patrie même. Ce ne seront plus quelques hommes de génie puissants par leur pensée qui nous apparaîtront; ce sont les interprètes nombreux d'une opinion devenue générale, c'est une force collective, c'est un système. Ce point de vue, s'il est moins favorable à l'admiration littéraire, n'est pas moins instructif pour l'histoire des mœurs et de la société.

Cette philosophie, dont nous avons retrouvé par toute l'Europe l'influence souvent généreuse et salutaire, il faut l'examiner aussi dans les erreurs qu'on lui reproche ; il faut chercher ce qu'elle devenait lorsque du génie d'un Montesquieu elle tombait à quelque esprit à la fois violent et subalterne qui exagérait les idées qu'il empruntait.

Lorsqu'on jette un regard impartial sur les temps qui nous ont précédés, lorsqu'on parcourt d'une seule vue les quarante années antérieures à 1789, on est frappé du prodigieux travail de destruction qui s'opérait de toutes parts en France. Vos imaginations classiques se souviennent de cette belle fiction où Virgile, enlevant tout à coup le nuage qui obscurcit les yeux mortels d'Énée, lui fait voir tous les dieux ensemble occupés à démolir les forteresses, les murailles et les portes de Troie :

> Ipse pater Danais animos viresque secundas
> Sufficit. . . . .
> Apparent diræ facies, inimicaque Trojæ
> Numina magna deum. . . . .
> Tum vero omne mihi visum considere in ignes
> Ilium, et ex imo verti Neptunia Troja.

Ces vers, éclatant de poésie, ne pourraient-ils pas offrir une image allégorique de toutes les forces destructives qui, du trône jusqu'au dernier rang de la société, travaillaient en France, avec une espèce de concorde, à tout changer, à tout renouveler? Ainsi s'abîmait l'ordre antique sous tant de coups redoublés.

Les uns agissaient sans le savoir, les autres sans le vouloir, les autres avec une volonté dont eux-mêmes ne calculaient pas la puissance. Ce trône, que Louis XIV avait exhaussé sur la gloire, était rabaissé par la faiblesse. Tandis que la monarchie absolue de Louis XIV, au temps où les passions du roi servaient de spectacle à toute la France, était ennoblie par l'illustration des armes, par l'éclat de la jeunesse, par cette prospérité qui donne de la grâce à tout, c'était au milieu des revers et au commencement de la vieillesse que le successeur de Louis XIV, indifférent à la gloire, aux arts, se livrait à des plaisirs qui dégradaient la dignité du prince et la force du gouvernement. Une favorite était le premier ministre de l'état ; plus d'un philosophe briguait sa protection, et attendait, comme nous le dit naïvement Marmontel, le moment de voir passer la jeune souveraine : première cause de destruction sur le trône même ! Au-dessous du trône, toute cette hiérarchie sociale, transformée sans être détruite par Louis XIV, était sourdement minée par l'action des idées et des mœurs. Le clergé n'avait plus que l'éclat des richesses enviées, dangereuses, et qui, suivant la prédiction éloquente de Massillon, devaient un jour renverser le sanctuaire plutôt que le défendre. Dans le siècle de Louis XIV, c'était sur la primauté de la science et du génie que s'était fondée presque toujours la primauté épiscopale et religieuse. Eussiez-vous été maîtres de choisir, d'appeler le plus digne, vous n'auriez pas trouvé dans la France un génie plus puissant, plus élevé que Bossuet, une âme plus vertueuse, plus pure, un plus beau talent que Fénelon, un orateur plus éloquent, un homme de bien plus modeste et plus simple que Massillon.

Le siècle de Louis XIV avait hérité d'une des habitudes et d'un des secrets de la puissance ecclésiastique : il élevait les talents encore plus que la naissance. Fléchier était sorti de la boutique d'un chandelier, pour parler avec autorité dans la chaire épiscopale de Nîmes. Beaucoup d'autres hommes célèbres du xviie siècle avaient également échangé l'obscurité de leur naissance contre les dignités de l'Église. Au contraire, l'esprit de cour qui dominait le gouvernement de France au xviiie siècle appelait exclusivement aux premières dignités du sacerdoce des hommes qui n'avaient d'autre titre que leur noblesse, les grâces légères de leur esprit, ou quelquefois des protections doublement scandaleuses pour un ministre de l'autel. Du reste, nul grand talent n'illustrait la chaire chrétienne.

Ainsi, une des colonnes de l'édifice, cette puissance morale de l'ordre ecclésiastique sur laquelle Louis XIV avait en partie appuyé sa monarchie, tombait et s'écroulait d'elle-même.

Cet autre appui de l'ancienne monarchie, la noblesse, malgré les faveurs qui lui étaient prodiguées, avait également beaucoup perdu de cette confiance en soi-même, de cette foi à ses priviléges et à ses droits qui fait une partie de la puissance de tous les corps. Louis XIV lui-même avait commencé cette décadence de la noblesse. Le jour où il avait tiré les seigneurs des donjons de leur château, ou du gouvernement militaire des provinces, pour leur offrir l'élégante domesticité de la cour, il avait ôté à l'esprit féodal sa force et sa fierté.

Bientôt la cour n'eut plus l'éclat, la dignité que lui avait donnés Louis XIV; les vices succédèrent aux plaisirs élégants et délicats, aux fêtes brillantes. Ainsi la cour devint l'écueil de la noblesse.

Une autre puissance sociale n'était pas moins affaiblie et travaillée par un mal intérieur : je parle de ces corps judiciaires qui avaient fait une partie de la gloire de l'ancienne monarchie, qui avaient déterminé toutes les grandes mutations qu'elle éprouva.

Louis XIV avait abaissé sous le fier niveau de son sceptre les parlements comme la noblesse. A sa mort, on avait vu combien les volontés du plus impérieux souverain s'arrêtent après lui. Le premier acte de ce parlement, si faible, si humble sous Louis XIV, avait été de casser le testament du grand roi; mais, après cette démarche éclatante, le parlement ne montra ni des lumières ni une fermeté de principes proportionnées au rôle qui lui était offert par une monarchie absolue et un prince faible. Occupés de misérables tracasseries théologiques, combattant tantôt les molinistes, tantôt les philosophes, les parlements, devenus jansénistes à force de haïr les jésuites, ne furent point saisis, entraînés par un grand intérêt politique et social. La forme même de ces parlements, l'hérédité de rang et de fortune qui perpétuait dans les mêmes familles le patriciat de la justice, les rendait plus étrangers au progrès des lumières, et ne les associait pas au renouvellement des esprits. Leur indépendance était souvent mêlée de routine et de préjugés. Ces parlements, si hardis contre la cour, étaient en même temps faibles et timides devant l'opinion, qui ne les avait pas créés, qui ne les reconnaissait pas. Quelquefois d'accord avec le public, souvent ils le heurtaient jusqu'au scandale, et paraissaient inspirés par les traditions d'un autre siècle.

Ainsi les parlements poursuivaient avec sagesse et fermeté une société célèbre à laquelle on imputait beaucoup de torts, et qui semblait dépositaire des dernières passions de la ligue et du despotisme monacal. Mais en même temps le parlement de Paris, consacrant une cruauté judiciaire dont s'indignait l'Europe, telle que la littérature française l'avait faite, ordonnait, à la majorité de quinze voix contre dix, le supplice atroce de ce jeune chevalier de La Barre, coupable d'un scandale qu'une justice plus douce aurait puni de quelques mois de prison. Cet arrêt, rendu au milieu de la philanthropie du xviiie siècle, infligeait au condamné la torture ordinaire et extraordinaire, la mutilation de la langue et du poing, et permettait par grâce que la tête lui fût tranchée avant que son corps fût jeté sur le bûcher. Vous sentez ici, Messieurs, une contradiction profonde et intolérable entre les préjugés d'un corps et l'état de la société.

Le supplice de l'infortuné Lally, les raffinements de cruauté, les surcroîts de barbarie qui se mêlèrent à l'horreur même du supplice, n'offrent pas un exemple moins triste de ce désaccord entre les anciennes habitudes judiciaires et les mœurs nouvelles.

Après avoir examiné d'une vue incomplète ces éléments de l'ordre social, après nous être dit combien ils étaient affaiblis, impuissants, opposés l'un à l'autre, il nous reste à chercher si la présence de quelque homme d'état supérieur ne pouvait pas tout réunir, tout relever. En effet, par ces caprices et ces intrigues de cour favorables à la médiocrité, et quelquefois au talent, le pouvoir tomba et s'arrêta plusieurs années dans les mains d'un homme d'un esprit généreux, élevé, actif, le duc de Choiseul; et cependant c'est là que l'on aperçoit la faiblesse de l'ancienne monarchie française. Le duc de Choiseul ne fit rien de salutaire et de durable. Il forma des plans vastes; il eut des pensées hardies; il voulut changer la politique de l'Europe; mais tout son pouvoir se réduisit à terminer enfin cette interminable affaire des jésuites, à les faire exiler du royaume. Les armes françaises n'avaient pas retrouvé leur éclat. Le gouvernement était sans force, et la nation sans liberté. On imputait nos malheurs à mille causes. La personne même qui devait en rougir le plus, la femme qui dégradait le trône par son pouvoir et le monarque par ses conseils, écrivait à un général d'armée ces étranges paroles :

> Qu'est devenue notre nation? les parlements, les encyclopédistes l'ont changée complétement. Quand on manque assez de principes pour ne reconnaître ni Divinité ni maître, on devient bientôt le rebut de la nature; et c'est ce qui nous arrive.

Qui est-ce qui gourmandait ainsi la nation, et insultait à son avilissement prétendu? Une personne qu'on ne peut pas nommer ici.

L'administration du duc de Choiseul, subordonnée elle-même à cette influence frivole et profane, ne put relever la France. On le voit luttant contre une matière rebelle qui ne rendait pas sous sa main, former mille projets, vouloir ici arrêter l'impératrice, là le roi de Prusse, soutenir le vieux colosse musulman qui déjà était occupé à sa chute, rêver la délivrance et le maintien de la Pologne, et, du milieu de cette ambition diplomatique, tomber lui-même du pouvoir par la plus scandaleuse des intrigues de palais, en même temps que ces parlements devenus, malgré leurs préjugés, trop forts pour un gouvernement qui dépérissait chaque jour, étaient supprimés par un coup d'état du chancelier Maupeou.

Lorsque tant de causes réunies, tous les torts de la faiblesse et du pouvoir absolu à la fois, poussaient la société vers une irrésistible décadence, faut-il demander quelle fut aussi la part et le tort des lettres? La littérature philosophique a joué en France le même rôle, a tenu la même place que la controverse religieuse en Angleterre. L'une et l'autre ont précédé les troubles civils; l'une et l'autre ont ébranlé les anciennes opinions sur lesquelles reposait, je ne dirai pas l'ancienne constitution, mais l'ancienne forme de l'état.

En Angleterre, des intérêts véritables et légitimes de libertés s'étaient cachés, s'étaient enveloppés sous les absurdités théologiques et les fantaisies bizarres de sectaires innovant à l'envi l'un de l'autre, depuis l'*indépendant* mystique jusqu'au *nullifidien*. La philosophie française eut également ses sectaires pour qui les mots de tolérance, de lumières et d'humanité devinrent le prétexte de spéculations dangereuses et bizarres; mais la philosophie française, comme la controverse anglaise, renfermait un principe de justice et de perfectionnement social. En peut-on douter, si l'on songe que cette philosophie est devenue, sous plus d'un rapport, le droit public de l'Europe, de la France; qu'elle a créé la liberté des cultes, l'égalité devant la loi, la liberté de la pensée et de la presse; qu'elle a fait disparaître les entraves d'une législation barbare et gothique; qu'elle a réclamé la publicité des procédures, l'abolition de cette infâme torture qui déshonorait nos lois jusque sous le règne du vertueux Louis XVI?

C'est à cette époque cependant que l'on vit aussi se produire avec une déplorable profusion les vieilles doctrines d'athéisme, de matérialisme, d'intérêt personnel que les Grecs et les Romains avaient jugées contemporaines de toutes les époques d'affaiblissement social. Singularité remarquable! tandis que la société française était travaillée de l'espérance de s'affranchir, de s'élever, tandis qu'on aspirait à retrouver presque la vertu civique, une partie des écrivains faisaient dominer dans leurs ouvrages les opinions les plus contraires à toute dignité, à toute indépendance de l'âme. En effet, Messieurs, ce n'est point la croyance de l'intérêt personnel et de la nécessité, ce n'est pas la doctrine qui enlève à l'homme son âme, et le réduit à n'être que l'instrument de ses propres organes; ce n'est pas cette doctrine qui pourra jamais inspirer le courage des grands dévouements, l'héroïsme des grands devoirs : réformation sociale et matérialisme semblent deux choses contradictoires.

Ici nous apercevons encore à côté des torts de la pensée libre les torts du pouvoir. En effet, sous quelle forme de gouvernement, sous quel régime politique s'est produite cette licence de doctrines ? Était-ce à la faveur d'une liberté illimitée ? était-ce sous des institutions parlementaires qui permettaient la discussion, l'examen ? Non, ce fut sous les auspices d'une censure très-rigoureuse, sous le calme du pouvoir absolu. Le droit commun était le silence, le respect du rang et de la faveur; mais comme la philosophie sceptique invoquait la licence des mœurs, comme elle consacrait et encourageait tous les plaisirs d'une vie élégante et polie, il y eut bientôt une complicité naturelle entre la cour, qui défendait d'écrire, et les écrivains, qui bravaient cette défense, au profit de l'amusement et du scandale.

Quand vous voyez Voltaire encenser le maréchal de Richelieu, le nommer son héros, ou bien écrire cette pièce du *Mondain*, charmante si l'on veut, mais qui n'est que l'apothéose du vice élégant, ne reconnaissez-vous que la faiblesse du courtisan, la flatterie du gentilhomme de la chambre de Louis XV? Une pensée plus sérieuse dictait ce frivole langage. C'était à l'appui du scepticisme et de la liberté d'opinion que Voltaire flattait ainsi les vices et les grands de la cour. Mais cette ruse de guerre, ce subterfuge de la stratégie philosophique, une postérité plus sévère ne l'admet pas pour excuse. Elle laisse peser sur une portion de la philosophie du xviiie siècle le tort d'avoir mal compris la métaphysique et dépravé la morale.

L'état de la société française, tel que nous l'avons esquissé devant vous, n'opposait aucune barrière à cette double influence; car les amendes, les lettres de cachet, et même le brûlement des livres au pied du grand escalier du Palais, ne sont pas des obstacles contre les doctrines. La pensée a quelque chose de libre et d'insaisissable qui ne peut être dompté que par la pensée. Nous l'avons déjà dit : en Angleterre, les doctrines sceptiques ont plus d'une fois recommencé le combat, chaque fois elles ont trouvé d'éloquents, de nobles adversaires. A une époque voisine de nous, l'irréligieuse démocratie de Thomas Payne disparaissait devant l'éloquence religieuse de Burke, et était foudroyée de toutes parts; c'est qu'au scepticisme on n'opposait pas la censure, mais la vérité. La défense était aussi libre et plus noble que l'attaque. Les talents supérieurs se jetaient de préférence vers une cause qui répondait davantage à l'élévation de l'âme, et ne laissait pas moins de dignité dans le combat. En France, au contraire, il y avait un haut clergé qui se taisait, qui jouissait de ses richesses, de ses honneurs, mais qui ne se mêlait plus aux querelles. Le parti philosophique, n'ayant pour contradicteurs que la censure ou le jésuite Nonotte, et éludant la censure à la faveur de la connivence universelle, triomphait et grandissait chaque jour.

Il est très-difficile d'être vainqueur, sans abuser de la victoire. Le parti philosophique fit un peu comme une armée d'invasion qui entre dans un pays sous prétexte de l'affranchir, et qui brûle, pille, saccage, détruit. Ainsi, dans le champ de la morale, ces écrivains qui ne voulaient que ruiner quelques préjugés, quelques impressions monacales, finirent par attaquer la spiritualité de l'âme, la réalité de la conscience, la liberté de la pensée humaine, et Dieu même.

Dira-t-on que, parmi ces agresseurs, dans l'avant-garde même de cette armée philosophique, il s'est trouvé des hommes généreux dont le caractère démentait les doctrines? j'en conviens. Me dira-t-on qu'Helvétius était un homme bon et secourable; que sa vie, trop occupée par le plaisir, était ennoblie par la bienfaisance; que dans sa magnifique terre de Voré, maître un peu irritable quand il s'agissait d'un délit de chasse, il était, du reste, le seigneur le plus humain et le plus doux? j'y souscris, j'y consens : je n'ai pas besoin de lui imputer un vice, un tort personnel pour faire retomber ce vice ou ce tort sur sa philosophie. Dans cette étude que nous faisons de l'esprit humain, manifesté par la littérature, l'instruction est pour nous plus curieuse, quand nous voyons une doctrine erronée plus forte que les vertus de l'homme qui la reçoit et la proclame. C'est là qu'on aperçoit la puissance de cette opinion générale, de cette force qui poussait la *trombe* irrésistible du xviiie siècle.

Maintenant je me demande si ce gros volume d'Helvétius renferme quelques vérités utiles au genre humain, si la métaphysique, cette toile de Pénélope qu'on recommence toujours, si la morale, ce fondement de la vie humaine, a dû au génie d'Helvétius quelques vérités nouvelles. J'ouvre le livre de l'*Esprit*, et j'y vois :

Nous avons en nous deux facultés, si j'ose le dire, deux puissances passives; l'une est la faculté de recevoir les impressions différentes que font sur nous les objets extérieurs; on la nomme *sensibilité physique*.

L'autre est la faculté de conserver l'impression que ces objets ont faite sur nous : on l'appelle *mémoire*; et la mémoire n'est autre chose qu'une sensation continuée, mais affaiblie.

Ces facultés, que je regarde comme les causes productrices de nos pensées, et qui nous sont communes avec les animaux, ne nous fourniraient cependant qu'un très-petit nombre d'idées, si elles n'étaient jointes en nous à une certaine organisation extérieure.

Si la nature, au lieu de mains et de doigts flexibles, eût terminé nos poignets par un pied de cheval, qui doute que les hommes, sans arts, sans habitations, sans défense contre les animaux, ne fussent encore errants dans les forêts?

Je n'en doute pas en effet ; si une partie des hommes étaient des chevaux, les autres hommes monteraient dessus. Mais ce n'est point ici la question. Ce qu'il importe de remarquer, c'est la singularité du raisonnement que tire l'auteur de la distinction entre les qualités sensibles et la constitution extérieure. Il semble que les qualités sensibles doivent l'emporter sur l'organisation extérieure, en fussent-elles le résultat. Point du tout. Telle est la logique d'Helvétius que, la parité admise dans le premier point, c'est de la différence sur le second qu'il fait tout sortir. Selon lui, l'homme a, comme les animaux, et pas plus, la sensibilité physique et la mémoire; mais, comme d'ailleurs il est autrement fait, cette seule différence extérieure suffit pour créer le prodigieux intervalle qui sépare l'homme des animaux. Plus conséquent avec lui-même, Helvétius aurait déduit de l'organisation matérielle de l'homme quelques autres qualités physiques et sensibles qu'il aurait jointes à ces deux premières, dont il l'avait doué en commun avec les animaux. Il aurait dit : « L'homme possède la sensibilité, la mémoire, et telle autre faculté. » Mais non ; il s'est arrêté à la seule forme extérieure, et il a été plus absurde que le matérialisme même. Ailleurs Helvétius entreprend de prouver que juger, c'est sentir. De ce que diverses actions peuvent être représentées dans un tableau, il conclut que le rapport moral de ces actions m'est donné par les sens, et que j'ai l'idée de la justice, comme celle de la grandeur ou de la petitesse physique.

Ce livre d'Helvétius, que les censures de la Sorbonne et les petites persécutions du pouvoir ont rendu célèbre, est partout écrit avec la même faiblesse de logique. On n'y sent aucune force de tête, aucune conception vigoureuse. Cependant il eut beaucoup d'influence; il offrait une doctrine morale qui flattait les penchants du siècle :

> C'est que la douleur et le plaisir sont les seuls moteurs de l'univers moral, et que le sentiment de l'amour de soi est la seule base sur laquelle on puisse jeter les fondements d'une morale utile.

Ainsi, Messieurs, voilà un seul point de vue offert à l'homme, le bonheur personnel; un seul sentiment consacré, l'égoïsme. Toute l'histoire vous dit, au contraire, que c'est dans le sacrifice du moi au devoir que se montre la dignité de la nature humaine, et que se révèlent, avec le plus d'énergie, les joies de la conscience satisfaite.

Mais cette doctrine d'Helvétius n'était qu'un commencement. Quelques années après parut un livre célèbre, *le Système de la nature,* dont la fastueuse diction et la mauvaise logique impatientaient la verve pleine de goût de Voltaire. Dans ce livre, l'auteur arrive gravement aux mêmes maximes que le cynique La Mettrie :

> Si l'homme, d'après sa nature, dit-il, est forcé d'aimer son bien-être, il est forcé d'en aimer les moyens; il serait inutile et peut-être injuste de demander à l'homme d'être vertueux, s'il ne l'était pas sans se rendre malheureux. Dès que le vice le rend heureux, il doit aimer le vice.

Voltaire se fâche sur ces paroles, et il s'écrie avec colère :

> Cette maxime est encore plus exécrable en morale que les autres ne sont fausses en physique. Quand il serait vrai qu'un homme ne pût être vertueux sans souffrir, il faudrait l'encourager à l'être. La proposition de l'auteur serait nécessairement la ruine de la société.

La réfutation est vive; elle n'est pas profonde; car ce n'est pas seulement par l'intérêt qu'il faut repousser la doctrine de l'intérêt. Si cette doctrine était vraie, l'esprit de l'homme l'adopterait en dépit du mal qu'elle peut faire; car il ne dépend pas de nous de croire ou de ne pas croire, par une considération d'utilité. C'est dans la réalité et le sentiment du devoir qu'il faut trouver la solution du problème; elle n'est pas ailleurs.

Cette doctrine exprimée dans le *Système de la nature* se retrouve dans vingt autres écrivains du xviii° siècle. Elle n'a pas de nom propre. C'est ici que l'on peut rappeler l'existence d'un ouvrage qui ne porte aucun caractère de génie, mais qui eut une grande puissance, l'*Encyclopédie*. Nul doute que Diderot ne soit un homme rare par le mouvement de l'esprit, par l'abondance des idées, par une sorte d'émotion électrique dans le langage; moins de doute encore que d'Alembert, esprit géométrique et esprit fin, n'ait embrassé une grande variété de connaissances, et porté la lumière sur toutes les choses qui tenaient à l'ordre matériel. La réunion de ces deux esprits semblait promettre un grand ouvrage. L'*Encyclopédie* caractérise le xviii° siècle, en ce qu'elle atteste le progrès des connaissances humaines et le désir de les faire servir au bien de l'espèce humaine; mais en même temps elle est remplie de ce scepticisme qui, pour changer un état de société en contradiction avec l'état des esprits, ébranle les principes de toute société, et quelquefois de toute morale. Que, de plus, ce livre soit souvent mal écrit, cela était inévitable dans quarante volumes in-folio. Que Voltaire dise : « J'y trouve des articles pitoyables qui me font honte, à moi qui suis l'un des garçons de cette grande boutique, » rien de plus naturel. Que Diderot se vante d'avoir dans cet ouvrage, « l'univers pour école, et le genre humain pour pupille, » l'expression est ridicule; mais l'intention qui dictait l'*Encyclopédie* n'en était pas moins puissante.

Que pouvait-on opposer à cette force active qui sapait les anciennes opinions? La Sorbonne pouvait-elle lutter contre cet esprit nouveau qui, rendu si piquant sous la plume de Voltaire, se retranchait encore dans les lourds et gros volumes de l'*Encyclopédie*, et donnait au scandale même un air de gravité?

Marmontel faisait paraître un livre, *Bélisaire*, qui contient de fort bonnes choses; il y est dit qu'il faut être humain, ne pas opprimer les peuples, favoriser le commerce, ne pas persécuter les hommes pour cause de religion. Malgré la simplicité de ces maximes, comme la Sorbonne ne les reconnaissait pas encore, tout le monde les applaudissait par malice. La Sorbonne, alors croyant Marmontel un hardi philosophe, prenait le parti de frapper un grand coup; elle faisait ce qu'on appelait une censure; elle tirait de *Bélisaire* trente-deux *propositions*, les déclarait hérétiques et mal sonnantes, et faisait imprimer cet anathème.

Dans le xvii° siècle, Bossuet, qui était à lui seul une Sorbonne, avait fait de ces choses-là. Surveillant tout ce qui pouvait porter atteinte à l'orthodoxie, voyait-il le Père Caffaro, dans une lettre écrite en latin, insinuer une opinion favorable au théâtre, Bossuet aussitôt le relevait par une réponse admirablement écrite. Élie Dupin avait-il, dans son *Histoire ecclésiastique*, inséré quelques maximes un peu libres, Bossuet, le censurant et le réfutant à la fois, l'écrasait de sa supériorité encore plus que de son épiscopat.

Mais lorsque ce grand docteur, lorsque cette puissante avant-garde de l'Église eut disparu, lorsqu'il resta seulement des bonnets de docteur, ce fut tout autre chose; cette censure de la Sorbonne dirigée contre *Bélisaire* trouve tout à coup un redoutable adversaire dans Turgot, l'un des hommes les plus éclairés et les plus sages du xviii° siècle. La Sorbonne avait intitulé, suivant l'usage, son recueil des propositions mal sonnantes, *Indiculus;* Turgot y joint l'épithète de *ridiculus*. La Sorbonne avait noté, parmi les propositions dangereuses, cette phrase assez commune, pour être irréprochable :

Ce n'est pas à la lueur des bûchers qu'il faut éclairer les âmes.

Turgot conclut de la logique de la Sorbonne, que

C'est à la lueur des bûchers qu'il faut éclairer les âmes ;

et un sifflet universel accueille l'*Indiculus ridiculus*.

Que fais-je en ce moment, Messieurs? Est-ce une épigramme contre le passé? une plaisanterie contre la Sorbonne d'un autre siècle? Non; mais nous avions besoin de faire remarquer cet état d'une société qui avait plus d'esprit que ceux qui voulaient la gouverner, et à laquelle il fallait de nouveaux titres de pouvoir, de nouveaux motifs et une nouvelle forme d'obéissance.

Tel était l'état de la société française au xviiie siècle; il explique les écarts, les excès, les erreurs d'une portion des écrivains philosophes; il explique leur irrésistible puissance, l'ardeur complaisante de l'opinion à les accueillir, la maladresse et le mauvais succès du pouvoir, quand il essayait de les frapper. De même que l'anathème de la Sorbonne ne faisait que soulever le poids du livre de Marmontel, les actes de rigueur du gouvernement ne servaient qu'à donner de l'éclat, de l'importance à la philosophie. Lorsqu'au milieu des plaisirs de Paris, on faisait arrêter Diderot, ou que Marmontel était conduit à la Bastille, dont il n'a gardé d'autre souvenir que celui des excellents dîners qu'il y a faits, nulle autorité morale n'était attachée à de pareilles rigueurs; elles ne donnaient aux opinions qu'elles essayaient d'opprimer que plus de force et de malice à la fois. Aussi la philosophie, avançant chaque jour à travers de faibles résistances, commençait à inspirer une inquiétude sérieuse aux esprits les plus fins et les plus prévoyants de l'époque. Frédéric, qui devait avoir à cet égard une double sagacité, comme homme de génie et comme roi, s'alarma singulièrement. Voltaire lui demandait d'ouvrir un asile dans ses états aux philosophes trop peu libres en France, où ils étaient si puissants. Frédéric lui répondait, avec une sorte de gravité :

> Vous me parlez d'une colonie de philosophes qui se proposent de s'établir à Clèves ; je ne m'y oppose pas ; je puis leur accorder tout ce qu'ils demandent : toutefois, à condition qu'ils ménagent ceux qui doivent être ménagés, et qu'en imprimant ils observent la décence dans leurs écrits.

Bien plus, il allait non pas jusqu'à excuser, mais jusqu'à concevoir le supplice si rigoureux infligé au jeune La Barre. Ce roi qui, dans sa correspondance secrète, professe le plus cynique mépris pour toutes les croyances humaines ; ce roi qui prend Julien pour modèle, mais qui, loin d'être enthousiaste comme Julien, avait toute la sécheresse du sceptique le plus spirituel et le plus endurci, Frédéric, dans les dernières années de sa vie, était si fort inquiet des hardiesses de la philosophie, qu'il en voulait beaucoup moins à l'intolérance. C'est que le scepticisme seul, la doctrine de l'intérêt personnel, ne suffisent pas pour élever l'âme à une philosophie qui ne se démente pas.

Un sceptique, dans sa correspondance privée, se moque des opinions les plus saintes ; mais si ce sceptique est roi absolu, il pourra bien, au profit de son pouvoir, appuyer même des préjugés tyranniques. A cet égard, Frédéric est lui-même un dernier argument contre cette philosophie de la sensation et de l'intérêt personnel ; longtemps approbateur de la licence morale, la réforme lui déplaît quand elle peut toucher au pouvoir absolu ; et son scepticisme même ne tient pas contre son intérêt.

Toutefois, Messieurs, cette exposition serait injuste et incomplète, si j'oubliais de rappeler qu'en présence de cette philosophie égoïste et sceptique, les doctrines de justice, de tolérance et de liberté trouvèrent aussi d'invariables défenseurs. Remarquez bien ce mouvement naturel à l'esprit humain, qui veut que, dans le combat de l'erreur et de la vérité, toujours la victoire reste à la vérité, si la force ne vient pas la compromettre en l'appuyant d'une protection brutale. On vit, à la fin du xviiie siècle, des hommes qui appartiennent à l'histoire sous d'autres rapports, M. Turgot et M. Necker, se déclarer les défenseurs de la morale la plus élevée et la plus pure. Un homme qu'on a souvent jugé avec sévérité, que les savants blâment, que les philosophes n'aiment pas, que les critiques ont censuré vivement, ramena le sentiment religieux dans les âmes : cet homme, c'est Bernardin de Saint-Pierre. Peu m'importe qu'il se soit trompé dans sa théorie des marées, et qu'on lui ait reproché des défauts de caractère en contradiction avec sa philosophie affectueuse et douce. Bernardin de Saint-Pierre avait connu Jean-Jacques ; c'était comme une espèce d'Élisée qui avait reçu le manteau de son maître ; il avait, comme lui, cet amour des champs, cette imagination descriptive et passionnée qui colore avec tant d'éclat le spectacle même de la nature, et qui, mêlant à la sensation physique tout ce que l'enthousiasme spiritualiste a de plus pur, séduit les imaginations vives et les cœurs vertueux. N'oublions pas que le xviii° siècle, époque d'incrédulité, mais de philanthropie, a vu naître un écrivain que l'enthousiasme de l'humanité a rendu le plus touchant interprète du sentiment religieux.

J'aurais beaucoup à dire, sans achever ; mais l'année prochaine nous parlerons encore du xviii° siècle ; nous le verrons finir : ce long jour, qui avait éclairé l'horizon de l'Europe, s'abaissera au milieu d'une nuit pleine d'orages. Ce sera sans doute un curieux spectacle d'étudier le dernier état des opinions philosophiques et morales dans cette société si près de sa ruine et de son renouvellement. Pour l'histoire de l'art, nous rechercherons aussi où s'arrêtait l'imagination à la fin de cette époque si féconde ; enfin nous examinerons ce caractère d'une littérature devenue toute politique, et, pour dernier œuvre, faisant naître la tribune. Là nos regards, détournés de la France, reviendront sur l'Angleterre pour y chercher le vivant modèle de la pensée qui gouverne par la parole. Pendant que la France est agitée de troubles civils qui nous feraient peine à voir, nous regarderons ces grands combats de la tribune anglaise souvent animés par le récent souvenir de nos théories ou le menaçant spectacle de nos terribles expériences. Nous mettrons en scène ces hommes supérieurs, les Fox, les Pitt, les plus grands témoignages peut-être de la puissance de la pensée; Fox défendant les libres opinions de la philosophie française; Pitt régnant par le talent de la parole, comme Richelieu avait régné par la politique et la menace. Certes, ce tableau d'un siècle où la pensée avait entrepris de changer tout, de se substituer à tout, doit comprendre le nom et quelques traits de la vie oratoire et politique de l'homme qui soutient seul le combat contre la France armée de ces doctrines, qu'elle propageait par des révolutions et des victoires. Ainsi sera complétée pour nous cette grande époque d'activité littéraire et de changement social, qui commence par des livres hardis et finit par le renouvellement du monde.

Je sens, Messieurs, combien dans ces leçons, qu'un devoir universitaire m'oblige de terminer aujourd'hui, j'ai été loin de répondre à ce que votre bienveillance avait le droit de me demander. Pour instruire dignement la jeunesse, il faudrait déjà l'avoir instruite plusieurs fois; et cependant, pour lui parler avec chaleur, avec intérêt, il faut une première vivacité d'âge qui n'admet pas ces expériences successives et réitérées, et qui déjà commence à s'affaiblir en moi. Je ne me flatte donc pas de pouvoir vous intéresser longtemps encore. Déjà je le sens, j'ai moins de cette prompte mémoire, de cette action naturelle et de cette facilité d'apprendre, si nécessaire pour instruire un semblable auditoire. Aussi mon ambition est d'avoir laissé dans ces séances non pas le souvenir de quelques paroles plus ou moins heureuses qui me seraient échappées, mais celui des sentiments qui me sont communs avec vous, de ce même amour des lois, de cette même ardeur pour toutes les vocations honorables, de ce même vœu, de cette même espérance pour le pays que nous aimons. (*Applaudissements prolongés.*)

TRENTE-NEUVIÈME LEÇON.

Esquisse générale du Cours pendant la première partie de cette année. — Revue de la critique littéraire au XVIII⁰ siècle. — Productions originales nées de l'esprit nouveau de cette époque. — Application de la littérature aux affaires. — Mirabeau. — Point de vue sous lequel l'éloquence politique sera considérée en France et en Angleterre.

De longs applaudissements ayant d'abord empêché le professeur de parler : « Messieurs, dit M. Villemain, je suis vivement touché de votre accueil si cordial, et, permettez-moi de le dire, si fraternel. Je suis heureux de retrouver aujourd'hui tout l'intérêt que vous m'avez montré dans une occasion bien différente, qui peut se reproduire, et que je n'éviterai jamais quand il le faudra. » (*Applaudissements réitérés.*)

Messieurs,

L'année dernière, j'ai retracé l'influence et le contre-coup des lettres françaises en Europe; maintenant il faut examiner ce que cet esprit littéraire était en France même, comment il agissait sur toute la société, ce qu'il devint lorsqu'il n'eut plus de grands hommes pour organes. Dès lors, il faut l'avouer, le génie de la littérature française n'égala pas sa puissance. Quand vous avez ôté ces quatre grands esprits, Voltaire, Montesquieu, Buffon et Rousseau, vous trouvez bien encore une nation, toute imprégnée d'esprit, pleine d'ardeur pour la philosophie et les arts ; mais vous ne rencontrez presque plus d'hommes supérieurs et de talents originaux. Voilà ce qui nous reste à étudier du xviiie siècle.

Ces grandes applications que l'éloquence avait reçues dans l'âge précédent ne se retrouvaient plus, et les nouvelles idées qui les remplacent étaient exprimées sans génie. L'éloquence de la chaire, cette éloquence qui avait eu longtemps une si grande autorité morale, une domination naturelle et avouée sur les esprits, passe à des abbés qui veulent avoir des bénéfices, à des rhéteurs ingénieux, à des hommes de talent, mais qui n'ont pas, ou n'osent avouer cette foi inexorable, si puissante pour la parole. Oh! que nous sommes tombés, lorsque du génie sublime et victorieux de Bossuet, lorsque de l'éloquence persuasive de Massillon nous venons écouter les phrases élégantes, la théologie académique de l'abbé Poulle!

A ces grands intérêts, à ces grands sujets de la chaire chrétienne, qui sont pris hors de l'empire du temps, on avait substitué des séductions mondaines de langage ; et l'éloquence religieuse était devenue toute temporelle. Que dans la *réforme* j'entende un discours chrétien, où l'argument théologique disparaît pour faire place à l'argument moral, rien ne me choque, ne m'étonne ; ce discours est en rapport avec les idées du culte protestant. Mais lorsque je vois le Père Neuville, jésuite, pour flatter l'esprit de son siècle, faire un discours sur *l'humeur*, sur *l'affabilité*, sur une sorte de vertu mondaine et sociale, je sens qu'il a perdu à la fois son caractère et sa puissance. Rien d'entraînant, rien d'élevé ne peut sortir d'un tel sujet. Quand on craint et qu'on évite sa propre croyance, peut-on l'imposer à ses auditeurs? L'éloquence a besoin d'être une conviction avant d'être un talent. Ce xviiie siècle, si vanté pour la domination qu'il a exercée sur les esprits, a-t-il donc manqué de force oratoire? Non; mais elle avait changé de forme avec les opinions du temps; et nous serons étonnés de la place où nous la trouverons quelquefois.

Au premier coup d'œil, on n'aperçoit dans le xviiie siècle, séparé de ses principaux génies, que la littérature agissant sur elle-même, la littérature devenant elle-même son objet de contemplation et d'étude. Ici se présentent ces rapports que nous avons déjà quelquefois indiqués, entre la littérature active, image de la vie, et la littérature artificielle, ingénieux reflet des livres. Une grande partie du xviiie siècle, qui fut cependant si novateur, a été consacrée à cette littérature artificielle. La critique qui est la forme la plus générale de cette littérature, voilà ce qui se présente à nous dans la seconde moitié du xviiie siècle. Il n'est pas un grand écrivain qui échappe à ce désir, à ce besoin d'analyse critique. Il semble qu'après de nombreuses innovations en théorie, la réforme réelle ne s'étant pas encore produite, le talent manquait de but et de carrière, et revenait sans cesse à la seule contemplation de l'art. Vous voyez Buffon faire un discours sur le style; vous voyez Montesquieu donner des préceptes de goût; Voltaire, ce génie du siècle, dans sa volumineuse collection, est plus critique encore qu'historien et poëte. L'époque et les institutions le ramènent à cet emploi subalterne des forces de sa pensée; c'était presque la seule tâche offerte aux talents du second rang, à Thomas, à La Harpe, à Marmontel, à Barthélemy, Chamfort, enfin, à presque tous les hommes célèbres du xviiie siècle qui ne furent pas des esprits originaux.

Cicéron, orateur et consul, a prodigué ses veilles à l'analyse la plus attentive et la plus minutieuse de l'éloquence : c'est que l'éloquence, dans l'antiquité, était quelque chose de plus haut et de plus sacré que parmi nous; elle était la première puissance et la première sauvegarde; elle était toute la publicité, la parole, l'imprimerie, la liberté, tout ensemble. Vous ne vous étonnerez pas maintenant de voir dans Cicéron ces élans d'enthousiasme, lorsqu'il parle de la gloire d'un orateur, et qu'il se souvient de la sienne. Dans les états modernes, le même pouvoir suivait-il le talent de la parole? Non, sans doute; mais l'état de la civilisation moderne attachait un autre intérêt non moins grand à l'étude des lettres. Il ne s'agit plus, comme dans l'antiquité, d'une seule langue et d'une seule nation, s'étudiant elle-même ou étudiant les Grecs. Plusieurs nations se sont avancées à la fois dans la carrière des arts ; plusieurs époques rivalisent. De là cet esprit d'analyse et de comparaison, cette science des lettres qui devait occuper tant de place dans le xviii⁰ siècle.

Maintenant, Messieurs, analyserons-nous des analyses, critiquerons-nous longuement des ouvrages de critique? N'est-ce pas une tâche ingrate? Mais y manquer serait-ce représenter le xviii⁰ siècle?... A cette époque, les lettres se servaient de point de vue à elles-mêmes, en attendant un autre intérêt. Voyez dans les ouvrages du temps, avec quelle ardeur les salons de Paris étaient préoccupés d'une pièce de vers, passionnés pour une lettre de Voltaire. Voyez aussi ces mêmes salons, lorsque le premier souffle des intérêts politiques vient les agiter, leur fougue se retourne, et va se jeter sur ce nouvel aliment. Mais aujourd'hui que les questions littéraires qui agitaient le xviii⁰ siècle sont bien refroidies, comment parcourir cette longue série de critique? Nous ne mettrons pas de noms propres en tête de nos chapitres. Un nom propre n'est expressif qu'autant qu'il indique un système, une pensée. Ainsi, nous chercherons d'une manière générale quelle était la critique littéraire dans le xviii⁰ siècle; quelles innovations elle approuvait; quelles idées elle se faisait de l'originalité et du goût ; comment elle concevait le génie antique et le génie moderne. Nous nous demanderons si au milieu d'une société amollie, dans une vie toute de plaisir et de dissipation, le xviiie siècle pouvait avoir le sentiment le plus vrai de l'antiquité, et l'exprimer avec force. Nous nous demanderons s'il pouvait heureusement s'enrichir de l'imitation étrangère. Ici se présenteront les tentatives et les théories de changement faites à cette époque. Voltaire avait, dit-il lui-même, ramassé des diamants dans la fange de Shakspeare, et se plaisait à les polir et à les faire briller à tous les yeux; mais plus tard, la gloire de Shakspeare étant évoquée contre la sienne, il fulminera contre Shakspeare les anathèmes d'un goût dédaigneux; il voudra le replonger dans cette fange, et l'appellera *Gilles*. Alors viendront d'autres imitateurs du poëte anglais. Ces révolutions du goût tenaient-elles à l'esprit de hardiesse ou à la satiété? Nous l'examinerons.

Les tentatives des novateurs, comment se faisaient-elles? Avec une timidité maladroite. Ils ne traduisaient de Shakspeare que ses défauts, et dédaignaient son naturel, sa simplicité. Les traducteurs de Shakspeare, dans le xviiie siècle, l'ont rendu lourd, rhéteur, et l'ont chargé de plates périphrases. Le poëte anglais vous peint-il la passion violente, forcenée de son Othello : au milieu des mouvements qu'il donne à cette âme naturellement féroce, il lui échappera des expressions d'une grâce que Racine aurait enviée. Si Othello voit descendre sur le rivage de Chypre la jeune Desdemona, qui a bravé tous les périls pour le suivre, il la salue de ces simples et gracieuses paroles : O ma belle guerrière! Les traducteurs mettront : Aimable enfant!... intéressante orpheline; et, après cela, on pourra leur dire : Vantez-vous d'avoir tué un poëte.

Ce goût de pompe, de dignité, de haute convenance, que le xviie siècle avait imprimé à la littérature, et qui se produit avec tant d'éclat dans les ouvrages des grands hommes de cette époque, ne se conservait que d'une manière artificielle dans le xviiie siècle; et par là, peut-être, l'antiquité si simple devait être moins comprise que les littératures étrangères.

Si je cherche le génie de la Grèce dans l'ouvrage du savant, de l'ingénieux Barthélemy, je suis souvent trompé; la vérité même de son érudition semble altérée par le goût factice de son temps. Épaminondas est rapetissé par le voisinage d'un Français de Paris, qui s'appellera Philotas. Ai-je lu dans la retraite des Dix mille de Xénophon, cet éloge si vrai, si touchant, si naïvement républicain de quelques guerriers morts pour leur pays : *Ils moururent irréprochables dans la guerre et dans l'amitié?* Que j'ouvre maintenant les pages de l'élégant Barthélemy, j'y trouve, sous des noms grecs, une épitaphe d'un genre bien différent, qui renferme une allusion flatteuse pour M. le duc de Choiseul :

> Je veux qu'on grave profondément sur mon tombeau ces paroles :
> Il obtint les bontés d'Arsame et de Phedime.

Il obtint les bontés.... Quel anachronisme de langage dans un pareil sujet!

C'est ainsi qu'au xviiie siècle, ce défaut de costume et de vérité que l'on a trop reproché à Racine, se reproduisait sans cesse, et n'avait pas la même excuse.

Cependant cette critique, ce goût de la littérature pour elle-même, qui était devenu la passion du xviiie siècle, essayait de créer une éloquence nouvelle. Un homme d'une âme élevée, Thomas, qui aimait la gloire comme on ne l'aimait guère dans ce xviiie siècle, car on cherchait surtout la vogue et le bruit; Thomas, par des veilles assidues, voulut se créer une réputation d'orateur; il s'est flatté d'être un grand homme; il a cru qu'en faisant pour l'Académie française les éloges du maréchal de Saxe et de Duguay-Trouin, qu'en imaginant l'éloge de Marc-Aurèle, il trouverait cette puissante émotion, cette vie de la parole qui faisait la grande éloquence antique. On souffre presque à songer que ce noble et rare talent a été dominé toute sa vie par une illusion dont il n'aurait pu être détrompé sans une amère douleur? Mais ne voit-on pas tout d'abord que ces discours, prononcés vingt ans après l'événement, qui n'avaient ni l'autorité de la religion, ni la solennité de la mort, ne sont que des œuvres de rhéteur? Aussi ce n'est pas comme orateur, mais comme savant critique, comme appréciateur éloquent du génie littéraire, que Thomas a mérité sa renommée.

La critique, Messieurs, à laquelle retombaient tous ces hommes du xviiie siècle, qui cherchaient l'originalité, se présente sous trois formes : elle est dogmatique, historique ou conjecturale.

La première est la critique d'Aristote; elle n'a pas pour objet de produire, de demander de nouveaux chefs-d'œuvre. Aristote traite l'éloquence et la poésie comme la nature : il constate ce qui a été fait, il ne cherche point à inspirer ce qu'il faut faire; et les préceptes qu'il pose sont comme des lois générales qu'il a tirées des faits de l'intelligence.

La forme historique, appliquée à la critique littéraire, est plus féconde et plus variée; elle est durable, et se rajeunit par le mouvement de l'esprit humain. On la voit s'introduire et même occuper trop de place dans presque tous les ouvrages du xviiie siècle.

Voltaire enferma dans l'histoire une foule de détails sur les lettres. Le xviie siècle, dépeint par ce brillant génie, nous laisse souvent oublier les événements politiques qui troublaient l'Europe, pour nous occuper du progrès des arts et nous faire assister aux créations de l'éloquence et de la poésie. La critique peut suivre cet exemple en mêlant l'histoire à la littérature comme Voltaire mêlait la littérature à l'histoire.

La dernière forme de critique est la critique conjecturale, qui a l'ambition de pousser les esprits en avant, de leur ouvrir des routes qu'on n'a pas encore tentées, de dire enfin, comme un pilote habile : Allez là; naviguez vers ce point; vous découvrirez quelque terre nouvelle. Cette critique a été presque étrangère au xviiie siècle; il était trop content de lui pour imaginer rien au delà de lui-même; il s'étudiait, se proposait pour modèle à lui-même, se copiait sans cesse. Il y avait, à cette époque, plus de salons que de cabinets d'étude; on pensait pour les autres et non pour soi; on innovait selon la mode, et non d'après une rêverie capricieuse et solitaire.

A la même époque, au contraire, chez une nation savante, spéculative, ingénieuse, en Allemagne, un grand travail d'esprit se faisait dans le champ de la critique conjecturale. Un homme de talent n'inventait pas; mais il inventait comment il fallait inventer. Il ne faisait pas d'abord une tragédie, un poëme épique; mais, dans l'ardeur de ses illusions poétiques, dans le vague de ses espérances, regardant à droite, à gauche, les Grecs, les Français, Shakspeare, il s'ingéniait pour concevoir quelque chose que l'on n'eût pas pensé, pour trouver quelque route où l'on n'eût pas marché, et la proposait à l'émulation de ceux qui voudraient s'y élancer avec lui, ou sans lui. De là, Messieurs, dans la littérature du xviiie siècle, en Allemagne, des gloires qui se succédaient comme des systèmes, tandis que le caractère de la gloire est d'avoir quelque chose de permanent et d'universel : ce sont les paroles de Cicéron, qui s'y connaissait. Et le génie semblait naître de la critique au lieu de l'inspirer. En France, dans la seconde moitié du xviiie siècle, Diderot donna l'exemple de cette critique conjecturale. Il avait, comme les Allemands, quelque chose de désordonné, le goût de l'extrême naturel et la facilité de tomber dans l'affectation. Diderot commença une réforme dramatique par un traité, et fut novateur en théorie avant de l'être en fait.

Il en fut autrement de Ducis. Le bon Ducis, homme éloquent, homme inspiré, quoiqu'il n'ait presque fait que traduire, homme original qui copiait souvent, Ducis n'avait fait aucune théorie; seulement il avait lu Shakspeare dans des traductions. Son esprit avait été saisi des traits de cette nature si simple et si forte; il avait eu le frisson de Shakspeare, comme dit un Anglais. Il fit des tragédies jetées dans le moule français, il est vrai : Shakspeare était entré là-dedans comme il avait pu; on l'avait rapetissé, dépouillé, ébranché, pour ainsi dire. Ces scènes monstrueuses, ces larges développements, cette liberté illimitée de temps, de lieu, avaient disparu; on l'avait emboîté dans la règle des vingt-quatre heures. Pour épouvanter les spectateurs, et la mère d'Hamlet, pour lui arracher l'aveu de son crime par la terreur, on n'avait pas osé, comme Shakspeare, ramasser sur la route une troupe de comédiens ambulants, et leur faire jouer une tragédie dans une tragédie. Ducis avait pris gravement une urne : une urne! c'est quelque chose de plus régulier; il y avait déjà une urne dans *Oreste*. C'est un moyen grec admis, incontestable. Du reste, la terreur est également sortie de cette épreuve. La scène admirable où Hamlet presse sa mère de jurer sur les cendres de son père, cette crise du remords qui fait rebrousser le faux serment de la mère d'Hamlet, tout cela est neuf, dra-

matique, hardi. Malheureusement, dans le reste
de l'ouvrage, le naturel de Shakspeare est détruit;
les termes abstraits et métaphysiques abondent;
mais il y a une force poétique, l'âme de Ducis,
qui se mêle à tout et qui anime l'ouvrage en dépit
du faux système. Le poëte français ne peut pas hasarder, comme son modèle, de grandes apparitions
d'ombres. Voltaire l'avait essayé; et quand on avait
vu une ombre qui venait se promener dans le palais de Ninus, tout le monde avait trouvé cela extraordinaire; il avait donc fallu renoncer à cet appareil tragique; il avait fallu recourir à des choses
connues, usitées, un songe, par exemple; mais
Ducis, dans la peinture de ce songe, mit une expression énergique et terrible.

Plus réfléchi, mais non poëte comme Ducis, Diderot n'avait tenté qu'en prose sa révolution dramatique; c'était ce qu'on a nommé le *drame bourgeois*, la parfaite représentation de la nature, non
plus de la nature choisie, mais de la nature habituelle dans ses moindres détails. On avait pensé à
cela dès le xviie siècle. Vous connaissez ce passage
où La Bruyère se moque de la minutieuse exactitude à retracer tous les petits faits de la vie commune. Diderot, en faisant la tentative de mettre la
vie réelle sur la scène, aurait pu certainement s'élever à un haut degré de vigueur et d'originalité;
car la vie réelle, ce ne sont pas ces détails matériels, c'est le naturel des passions. Les détails peuvent être vrais; mais si le style est emphatique,
affecté, tandis que les actions sont vulgaires et

communes, vous n'y gagnerez rien; le faux est déplacé, mais il existe; il est dans le langage au lieu d'être dans la décoration. Le *Père de Famille* et le *Fils naturel* sont écrits, aux accidents de talent près, comme la traduction de Shakspeare par Letourneur. C'est une emphase perpétuelle; c'est une exaltation de tous les sentiments, c'est une surcharge des sentiments par les expressions; c'est l'opposé, dans le style, de la vérité que l'on cherchait par le costume. Ainsi, Messieurs, la critique littéraire dans le xviii° siècle peut nous offrir une étude historique, mais non pas l'exemple d'une innovation de théorie justifiée par d'heureuses créations.

L'intérêt nouveau qui devait passionner les esprits n'était pas venu. La réforme de toutes les idées était déjà faite; la réforme d'aucune des institutions n'avait eu lieu. Ainsi les esprits s'exerçaient dans le vide; ils faisaient des discours académiques, parce qu'ils n'avaient pas autre chose à faire; ils mettaient des hardiesses dans une tragédie, parce qu'ils ne pouvaient pas exprimer des vérités ailleurs. On voyait une lutte entre le mouvement prodigieux de la nation et l'étroite barrière qui l'enfermait de toutes parts; mais quelque chose annonçait le moment où cette barrière tomberait d'elle-même. Rien n'était changé extérieurement, et cependant tout était changé : les formes, les hiérarchies étaient les mêmes; la foi vivifiante qui les avait animées n'existait plus. Les parlements, si puissants, si vénérés au milieu de la persécution, et même de la révolte, dans le xvi° siècle, ces parlements que, sous la main dominatrice de Louis XIV, on avait vus encore graves, irréprochables, sévères, vous les voyez faibles et agités dans le xviii° siècle : un coup d'état d'un homme médiocre et violent les fait disparaître; et Voltaire en félicite avec admiration le chancelier Maupeou, parce que Voltaire ne voyait dans le parlement, dernier défenseur des libertés publiques, qu'un corps mécontent de ses hardiesses irréligieuses. Une double révolution sociale s'était donc faite. Le principe qui avait animé ces corps était tombé, et l'esprit de liberté, qu'ils avaient protégé, invoquait un autre appui.

Cet événement fit naître les occasions dont le talent avait besoin pour grandir. Bientôt ce ne sera plus l'éloquence académique, la critique littéraire, qui tiendra la première place; ce ne sera plus la philosophie vague; ce ne sera plus la contemplation de l'esprit occupé à se regarder lui-même. La lutte va s'élever entre deux opinions qui veulent se détruire l'une l'autre. Les talents viendront alors; ils auront carrière.

Si vous aviez vécu au xviii° siècle, Messieurs; que le matin, vous promenant au Jardin des Plantes, vous eussiez remarqué un homme alors obscur, Bernardin de Saint-Pierre, qui passait de longues heures à étudier la botanique; que le soir, parcourant les salons de Paris, vous eussiez rencontré Beaumarchais dans l'inquiétude des spéculations, dans le mouvement des intrigues, dans l'agitation de son procès contre le parlement Maupeou, ayant du crédit à la cour, mais poursuivi, *blâmé*, vous eussiez vu dans le même jour les deux talents originaux, les deux vrais écrivains de l'époque. Ce sont sans doute deux diversités bien étranges ; c'est le contemplatif au plus haut degré, et l'homme actif; c'est le rêveur solitaire, l'écrivain mélancolique, capricieux, et l'écrivain industrieux, ardent, habile au succès, faisant des mémoires judiciaires et des drames. Eh bien, la littérature de la fin du xviiie siècle ne présente, pendant trente années, d'esprits originaux, que ces deux hommes. C'est que, dans la carrière de l'esprit, il n'y a, pour ainsi dire, que ces deux grandes originalités, de la solitude, ou de l'activité, de la méditation repliée sur elle-même, s'élevant par une pensée intérieure à tout ce que l'amour de l'humanité a de plus bienfaisant et de plus noble; ou bien du talent novateur qui se mêle à tout, agite et domine l'opinion. Pour compléter le tableau du xviiie siècle, et pour l'intelligence de l'art et de la nouveauté politique qui change les bornes de l'art, nous nous arrêterons devant ces deux esprits qui avaient une physionomie si diverse.

Un écrivain de nos jours, singulièrement vif et spirituel, s'est plu à comparer Sheridan et Beaumarchais, l'un et l'autre obscurs, pauvres, nés de leurs œuvres, parvenus par le talent; mais l'un, en faisant des comédies, arrive à la chambre des communes, puis au ministère; le crédit de cour ne suffit pas à l'autre : pour s'élever un peu, il lui faut un procès. Ce fait n'est point particulier à Beaumarchais; il appartient à toutes les nouveautés, à toutes les puissances de cette époque. S'élever par l'éclat pur et paisible de la littérature était réservé à bien peu d'hommes. Au mieu de l'agitation des esprits, à mesure que la société avançait vers un dénoûment commencé depuis la régence, vous voyez se multiplier les hommes qui se produisent par le bruit et par l'influence politique. C'est alors qu'aux parquets des parlements de France retentit une éloquence nouvelle, celle des Servan, des La Chalotais, des Montclar. Si nous cherchons du génie dans ces hommes, nous ne le trouverons pas, quoiqu'ils aient exercé une grande puissance. Tel est le sort de la littérature active qui se mêle aux événements; son succès n'est pas la gloire. Souvent, lorsque les passions qui l'inspiraient ont disparu, lorsque le bien qu'elle a réclamé s'est accompli, lorsqu'elle a réussi dans son œuvre enfin, il ne reste plus d'elle qu'un souvenir. C'était une illusion faite aux contemporains; la postérité, en consacrant les intentions utiles et généreuses, n'admire que le génie. Mais, indépendamment du mérite de ces hommes, il faut noter leurs efforts, parce qu'ils marquent une époque nouvelle. La réforme politique occupait tous les esprits : c'était la réforme appliquée à la législation criminelle que demandait Dupaty; c'était la réforme appliquée à l'administration du royaume, que Necker et Turgot préparaient, sans le vouloir, par d'éloquents écrits. C'était la réforme sociale que demandait le vertueux Malesherbes, éloquent défenseur de la liberté publique, avant d'être martyr du trône; c'était la même réforme que demandait ce Mirabeau, que nous attendons depuis une heure, et qui a été l'orateur du xviiiᵉ siècle.

Combien se justifie, par son exemple, la remarque déjà faite sur les étranges efforts dont un homme avait besoin pour arriver à la renommée, à travers tous les obstacles qu'opposait cet ordre social, à la fois si puissant et si faible! Deux duels, un enlèvement, quatre lettres de cachet, un procès criminel et un procès en séparation ; voilà les moyens de célébrité de Mirabeau, voilà sa représentation au public. Cependant il était d'une naissance illustre; gentilhomme de Provence, il appartenait à la classe des nobles possédant fief; son père, le marquis de Mirabeau, était considérable par son nom, sa fortune et par plusieurs écrits consacrés à des généralités philanthropiques, quoiqu'il eût obtenu cinquante-quatre lettres de cachet contre sa famille.

Nous verrons le génie oratoire renaître au milieu des orages de la vie à demi romanesque, à demi coupable du jeune Mirabeau, puis se produire avec éclat à la faveur des premières mutations politiques. Cette éloquence, qui, sous des formes différentes, tour à tour est sortie des agitations de la liberté, ou des méditations de la foi religieuse, du forum ou du cloître, Mirabeau semble nous la rendre, au milieu des scandales de sa vie tumultueuse. Lui-même disait, de l'un de ses mémoires contre sa femme, avec cet orgueil qu'il opposait au sentiment de ses vices :

> Si ce n'est pas là de l'éloquence inconnue à nos siècles barbares, je ne sais quel est ce don du ciel, si rare et si grand !

Quelque temps encore, que la carrière s'agrandisse, que les passions politiques succèdent aux scandales privés, que l'approche des *états généraux* appelle en Provence Mirabeau qui semblait dégradé par ses fautes et par le malheur, là, vous apercevez tout à coup la puissante nouveauté qui va changer la France ; vous entendez une voix, telle que vous n'en avez pas encore entendu, s'écrier dans cette assemblée d'où la noblesse repousse le noble qu'elle appelle transfuge :

> Ainsi périt le dernier des Gracques; mais avant d'expirer il lança de la poussière vers le ciel, en attestant les dieux vengeurs; et de cette poussière naquit Marius, Marius, moins grand pour avoir exterminé les Cimbres et les Teutons que pour avoir abattu dans Rome l'aristocratie de la noblesse.

Quelques jours encore, l'homme qui avait prononcé ces mots terribles arrête une émeute, contient le peuple de Marseille, tout en l'excitant par son éloquence familière; il le veut paisible, mais paisible par lui, et par sa parole : vous reconnaissez l'orateur, vous voyez renaître le génie des Gracques.

Bientôt cette France, qui était devenue un immense auditoire entraîné par une foule d'écrivains, va se concentrer dans une seule assemblée où ne dominera plus que la parole : c'est là que paraît l'orateur moderne, l'orateur des intérêts politiques, les plus grands après ceux de la religion, et les plus faits pour inspirer une vive et soudaine éloquence. Ne me demandez pas ce que fut Mirabeau selon les maximes de la morale, mais ce qu'il fit, et quelle puissance il exerça sur les autres hommes.

Personne de vous, peut-être, ne l'a connu; mais si nous consultons les Mémoires du temps, si dans ses paroles à demi figées sur le papier nous cherchons à reconnaître l'inspiration primitive, nous voyons un homme audacieux par le caractère autant que par le génie, attaquant avec véhémence lorsqu'il aurait eu peine à se défendre, faisant passer le mépris qu'on lui avait d'abord montré pour le premier des préjugés qu'il veut détruire, y réussissant à force de talent, et ressaisissant par l'éloquence l'ascendant sur les passions populaires, qu'il cesse de flatter. Ces dons naturels, cette voix tonnante, cette action, tout cela était enseveli dans les livres des rhéteurs; mais tout cela est ressuscité par Mirabeau. Sa tête énorme, grossie par son énorme chevelure; sa voix âpre et dure, longtemps traînante avant d'éclater; son débit, d'abord lourd, embarrassé; tout, jusqu'à ses défauts, impose et subjugue.

Il commence par de lentes et graves paroles qui excitent une attente mêlée d'anxiété; lui-même il attend sa colère; mais qu'un mot échappe du sein de la tumultueuse assemblée, ou qu'il s'impatiente de sa propre lenteur, tout hors de lui, l'orateur s'élève; ses paroles jaillissent énergiques et nouvelles; son improvisation devient pure et correcte en restant véhémente, hardie, singulière; il méprise, il menace, il insulte : une sorte d'impunité est acquise à ses paroles comme à ses actions : il refuse des duels avec insolence, et fait taire les factions du haut de la tribune.

Cette puissance oratoire le suit partout avec une majesté théâtrale. Après la séance fameuse où tous les nobles de l'assemblée avaient abandonné leurs titres, le comte Mirabeau n'avait plus été désigné dans les feuilles publiques que sous son ancien et obscur nom de famille, *Riquetti*. La plaisanterie parut mauvaise à l'orgueilleux tribun; et s'approchant des logographes en descendant de la tribune : *Avec votre Riquetti*, dit-il, *vous avez désorienté l'Europe pendant trois jours.*

Les discours médités de Mirabeau surpassaient encore, pour la vigueur et la logique, sa parole improvisée. A la vérité, il a des hommes de talent à son service; il a des ouvriers qui travaillent à son éloquence; il est parfois plagiaire à la tribune, comme il l'était dans les gros volumes qu'il compilait pour vivre pendant les mauvais jours de sa jeunesse; mais il est plagiaire inspiré, et par un mouvement, par un mot, il rend éloquent comme lui ce qu'il emprunte aux autres.

Cet examen du génie de Mirabeau sera presque exclusivement une étude historique; il y aurait de la petitesse à mesurer d'après les règles du goût cette parole qui fut une action si dominante. Mais, puisqu'elle fut si puissante, elle était sans doute animée d'une grande verve de passion et de génie. Après Mirabeau, nous ne chercherons pas plus avant dans nos troubles civils. Que demander à des temps où la parole, après avoir été la plus puissante des actions, était devenue le plus irrésistible des désordres, et n'était plus maîtresse d'elle-même ?

C'est une belle chose que la gloire, et l'antiquité nous a transmis assez d'admiration pour ces hommes qui, après avoir défendu avec courage leur pays, ou même leur parti, avaient la tête tranchée, et ne paraissaient plus que comme des victimes à cette tribune qu'ils avaient illustrée de leur génie.... Mais, dans nos troubles civils, les sacrifices sont trop fréquents, les victimes trop nombreuses; il y a trop de sang pour qu'on s'arrête à étudier le talent sur des échafauds et des ruines.

Un autre sujet que je vous avais annoncé l'année dernière occupera notre attention; il aura pour vous quelque nouveauté. Cette éloquence politique qui troublait la France, nous la verrons en Angleterre plus calme et autrement puissante; nous entendrons dans le parlement britannique le contre-coup des orages de notre tribune; sans adopter le point de vue des insulaires, nous trouverons dans cet éloignement quelque chose de plus désintéressé et de plus calme qui favorise la réflexion; nous concevrons mieux quand nous verrons les craintes de Pitt, quand nous l'entendrons dans le parlement se débattre contre son puissant adversaire, et trembler à la fois au nom de Fox et de la France; nous concevrons mieux quel était ce prodigieux mouvement des esprits, qui, né à Paris, se perpétuait dans toute l'Europe avec tant de violence et de rapidité.

Je ne sais si les Anglais eux-mêmes sont assez sensibles à leur gloire de tribune.

M. Hume ne croit pas à cette gloire :

> De toutes les nations polies et savantes, dit-il, la Grande-Bretagne seule possède un gouvernement populaire, et admet au partage de l'action législative des assemblées assez nombreuses pour que l'on y suppose le pouvoir de l'éloquence ; mais quels orateurs pouvons-nous citer? où peut-on rencontrer les monuments de leur génie? On trouve, il est vrai, dans nos histoires, les noms de quelques personnes qui dirigeaient les résolutions de notre parlement; mais ni eux-mêmes ni les autres n'ont pris la peine de conserver leurs discours, et l'autorité qu'ils exerçaient semble avoir tenu plutôt à leur expérience, à leur sagesse, à leur crédit, qu'au talent de l'éloquence.

En effet, dans la révolution anglaise, il n'y eut peut-être qu'un homme éloquent; et c'est celui qui aurait pu se passer de l'être, grâce à son épée, Cromwell. Hormis Cromwell, éloquent parce qu'il avait de grandes passions, la révolution anglaise sembla presque n'inspirer que des rhéteurs théologiques, en qui la vérité du fanatisme même était faussée par un verbiage convenu.

Plus tard, et du temps de M. Hume, le parlement britannique eut des orateurs. Lord Chesterfield nous représente ainsi le premier Pitt, qui fut depuis lord Chatam :

> Il égala d'abord les plus anciens et les plus habiles. Son éloquence était variée, et il excellait par la discussion comme par le mouvement; ses invectives surtout étaient terribles et prononcées avec une telle énergie de diction, avec une dignité si sévère d'action et de parole, qu'il intimidait ceux qui voulaient et pouvaient le mieux le combattre. Les armes leur tombaient des mains, et ils frissonnaient sous l'ascendant de son génie.

Pour qu'un juge délicat et moqueur, tel que Chesterfield, prodigue tant de louanges, il fallait l'autorité d'un bien rare talent. Nous tâcherons d'en recueillir les débris épars.

Plus tard, vous verrez M. Pitt, ministre à vingt-deux ans, accomplir déjà cette œuvre difficile du gouvernement par la parole, lutter longtemps contre la haine d'une portion de l'aristocratie, et contre toute la puissance des passions populaires.

Ne sera-t-il pas intéressant de rechercher, de reproduire devant vous quelques-uns des combats oratoires qui signalèrent cette vie agitée et glorieuse?

Lorsque Sheridan balance la puissance du gouvernement britannique par un discours, vous croyez revoir le génie des républiques anciennes; mais une raison plus haute et forte, une politique plus savante domine tous ces mouvements de la parole moderne.

M. Hume dit quelque part : « Les grands intérêts nous manquent; nous n'avons pas de Verrès. » Mais l'Inde, avec ses cent millions d'habitants subjugués, si doux, si faciles à se laisser piller, n'offrait-elle pas un champ assez vaste à l'ambition anglaise? Et lorsqu'un colonel Clive dépouillait et opprimait les petits rois de l'Inde, lorsqu'un lord Hastings dominait avec tant de rapacité, les matériaux de l'indignation manquaient-ils donc à l'éloquence? Nous la retrouverons, je l'espère. Pour l'honneur de l'éloquence, il faut qu'elle ait été mise en mouvement cette fois. Grandeur des sujets, immensité des intérêts politiques débattus, sentiments d'humanité et de générosité faciles à invoquer, lutte violente d'ambition, tout s'offrait dans cette cause, et Burke y portait la parole; cependant, nous le verrons, la sublime idée de l'éloquence antique n'y fut point égalée. Cicéron disait à quelques hommes de son temps : *Non vobis deest ingenium, sed oratorium deest ingenium;* « Ce n'est pas le génie qui vous manque, mais le génie oratoire. »

M. Hume, qui écrivait avant l'époque la plus glorieuse et la plus féconde du parlement britannique, semble appliquer à ses concitoyens cette sentence de Cicéron.

Il y a, disait-il, je l'avoue, dans le tempérament et le génie anglais quelque chose de peu favorable au progrès de l'éloquence, et qui rend tous les efforts de ce genre plus dangereux et plus difficiles parmi nous que chez toute autre nation. Les Anglais sont remarquables par le bon sens, ce qui les met en défiance contre les tromperies de la rhétorique et de l'élégance. Ils sont aussi particulièrement modestes; et ils trouveraient de l'arrogance à présenter aux assemblées publiques autre chose que la raison, et à vouloir les conduire par la passion ou la fantaisie. Peut-être me permettra-t-on d'ajouter que nos concitoyens ne sont pas généralement fort remarquables par la délicatesse du goût et la sensibilité pour les arts. Leurs facultés musicales, pour me servir de l'expression d'un noble auteur, sont médiocres et froides. De là, leurs poëtes tragiques, pour agir sur eux, ont recours au sang et au meurtre; et leurs orateurs, privés de tout moyen semblable, ont renoncé à l'espérance de les émouvoir, et se sont confinés dans le raisonnement et la discussion.

En vérité, si ce reproche est fondé, la modestie des Anglais ne serait pas une excuse suffisante. Peut-être trouverait-on un autre motif dans quelques circonstances des mœurs et des usages de cette grande nation ; peut-être les formes même de la discussion établies, cette autorité des précédents, cette jurisprudence parlementaire, qui restreint les débats, ont-elles souvent gêné l'éloquence, sans pourtant arrêter celle de Fox. Certes, lorsque le génie d'un Chatam, d'un Fox, d'un Pitt, d'un Sheridan est emporté par quelque grand intérêt de politique ou d'honneur national, lorsqu'ils regardent le continent, lorsqu'ils sortent de leur île, en la prenant pour point d'appui, lorsqu'enfin il s'agit pour eux de la liberté de l'Amérique ou de l'envahissement de l'Europe, toutes ces petites entraves disparaissent; et leur âme monte aussi haut que peut aller la puissance de la parole; mais ces grands effets sont rares.

Peut-être, Messieurs, parmi les peuples appelés à la sage liberté des temps modernes en est-il chez qui le mélange de l'imagination et du raisonnement, de la force et de la vérité, doit se produire avec plus d'éclat que chez les Anglais. La nation qui, longtemps privée de droits politiques, s'est illustrée par de si éloquents écrivains, ne doit pas manquer d'orateurs. On peut le croire, en songeant au passé et à l'avenir de la France; et déjà les exemples ne nous manqueraient pas, si nous pouvions les nommer.

QUARANTIÈME LEÇON.

Digression sur le caractère général de la critique. — Époque et forme de la critique dans l'antiquité grecque. — Influence de l'imitation et de l'analyse sur les lettres romaines. — Comment la littérature ancienne se réduisit à la critique. — Renouvellement des idées par le christianisme. — Age nouveau de la critique après le Dante. — Renaissance du goût en Italie. — Enthousiasme littéraire du xvie siècle. — Haute critique dans le siècle de Louis XIV. — Son influence sur le siècle suivant.

Messieurs,

Je vous ai promis une assez grande variété d'objets dans nos séances, mais non pas un intérêt égal, et je crains que certaines questions, dont il faudra nous occuper, ne justifient bien peu et ne fassent disparaître cette nombreuse affluence. De quoi vais-je d'abord vous entretenir? encore de la critique : c'est presque vous parler de moi-même; et cependant, achèverais-je le tableau du xviiie siècle, indiquerais-je suffisamment les caractères de cette époque, si je passais trop vite sur ce qui fut sa destinée, son étude et en partie sa gloire, sur ce qui occupa tant de place dans le génie de Voltaire, et faisait tout le génie d'un autre.

Ainsi, Messieurs, avant d'arriver à ce que vous attendez, à cette éloquence active, animée, réelle de la tribune britannique, je vais vous retenir quelque temps, je vais vous faire languir dans les détails sur la théorie et les révolutions du goût.

Que de questions cependant, inférieures sans doute aux grands intérêts qui préoccupent les esprits, et à ces hautes études qui les poussent en avant, mais utiles et curieuses, se lient à ces recherches! la question du goût en général et du goût national; la question du beau, de la vérité dans les arts, de la décadence et du progrès.

Une des idées, Messieurs, qui se présentent le plus souvent dans les écrits, dans les discours de notre temps, une idée que tout le monde doit croire un peu, parce qu'elle flatte tout le monde, c'est l'idée du progrès continu des connaissances; c'est l'idée de ce noble et beau développement de l'esprit humain, si manifeste dans chaque nation civilisée, et plus manifeste encore dans le mouvement commun de l'Europe.

Cependant, lorsqu'on ramène ses regards sur l'étude des lettres, cette espérance semble contredite et démentie. C'est un lieu commun, c'est un axiome, qu'il y a dans les lettres décadence inévitable, que la pureté, l'éclat des langues, que la prospérité de l'imagination et du goût, ne se soutiennent pas longtemps à la même hauteur; qu'après des âges de poésie, de fécondité, viennent des époques de critique, d'analyse et de raisonnement, que cette première fleur de la pensée humaine une fois enlevée, lorsqu'un Homère, s'il y a eu un Homère, un Dante, un Tasse, un Milton, un Racine ont passé, il faut de longs siècles, des renouvellements de civilisation, des barbaries intermédiaires et salutaires, pour que de nouveau le génie poétique enfante quelque chose de grand et d'inattendu.

La critique doit rechercher les causes de ce problème : et c'est pour cela que nous devons nous occuper d'elle.

La critique est aussi ancienne que les lettres. « Le potier porte envie au potier, et le poëte au poëte, » dit le vieil Hésiode. De l'envie à la critique il n'y a qu'un pas ; mais on peut assigner un motif plus noble à la réflexion qui juge les inspirations du génie.

Si nous reportons nos yeux vers l'antiquité grecque, nous voyons les premiers philosophes tellement saisis du génie d'Homère, que l'analyse, l'enthousiasme raisonné de ses poëmes, se mêlent à toutes leurs pensées. Platon est le premier commentateur d'Homère; les vers d'Homère cités, discutés, approuvés pour la poésie, condamnés pour la morale, reviennent sans cesse dans les plus belles pages de Platon. Pour Aristote, comme il était de son génie d'embrasser tout ce qui existait et tout ce qu'on avait pensé, de faire les catégories de la nature et les catégories de l'esprit humain, la littérature ne pouvait pas lui échapper. Mais l'examinait-il dans la même vue qui nous occupe aujourd'hui ? nullement : il ne raisonnait pas sur la poésie, dans l'intention de créer des poëtes. Il ne ressemblait pas aux critiques modernes qui ont composé une esthétique à Zurich, une esthétique à Weymar, dans l'espérance qu'elle serait reproduite et mise en valeur par des poëtes de Zurich ou de Weymar. C'était la pensée humaine qu'il étudiait dans les œuvres de tous les hommes qui en avaient le plus signalé la gloire; c'était l'histoire naturelle de l'esprit humain qu'il écrivait. Ses ouvrages de critique n'ont ni poussé l'imagination dans des routes nouvelles, ni arrêté son essor. Ce qui a sans doute arrêté l'essor de la pensée grecque, ce fut la perte de la liberté. Toute cette littérature grecque, qui avait été prodigieusement neuve et puissante, parce qu'elle était active et mêlée à de grandes passions, parce qu'une tragédie était une fête religieuse, parce qu'un discours était une action qui frappait le peuple assemblé autour de la tribune, et de là toute la Grèce; cette littérature tomba quand elle n'eut plus la liberté pour âme. Elle devint tout entière critique, non plus à la manière d'Aristote, avec cette sagacité haute qui fait un ouvrage original sur les procédés connus de la pensée humaine; mais avec cette facilité ingénieuse, qui discute, commente, admire ce qu'a créé le génie. C'est là-dessus que cette Grèce, si vantée, si brillante, a vécu pendant quatre ou cinq siècles.

Successeurs d'Alexandre, les Lagides voulurent relever la gloire du génie grec transplanté sous le ciel de l'Égypte. Ils avaient fait construire une magnifique tour pour servir aux recherches d'astronomie, et une plus magnifique bibliothèque pour inspirer des écrivains et des poëtes. Quand on élève une tour en faveur des astronomes, il y a chance pour qu'ils découvrent quelque chose de nouveau dans le ciel; mais toutes les bibliothèques du monde ne feront pas naître un poëte; au contraire. Les Ptolémée, les Hipparque firent de précieuses découvertes; mais pas un poëte véritable n'est éclos dans le muséum d'Alexandrie; quelques versificateurs, moitié critiques, moitié poëtes, y naquirent. Ils faisaient des tragédies, des hymnes, des poëmes épiques; ils faisaient des choses qui portaient les mêmes noms que dans les beaux jours de la Grèce libre et inspirée : mais toutes ces œuvres d'imagination prétendue n'étaient, au fond, que des œuvres de science et d'industrie : et dans ce sens, je puis dire que la critique était devenue le caractère unique de la littérature.

Il n'en est pas moins sorti de cette école des hommes rares; car, remarquez-le, tout ce qui est une passion peut devenir une source de talent. Quelle était, par exemple, plusieurs siècles après cette première décadence, la passion de Longin? Ce n'était ni la gloire et la renaissance de la Grèce morte pour toujours, ni la liberté, ni la religion, ni rien des grandes choses qui ont fait battre les plus nobles cœurs : c'était l'amour des lettres pour elles-mêmes, la contemplation du beau dans les arts, la recherche de cette perfection idéale que Platon avait si bien exprimée, par des paroles qu'a si vivement rendues Cicéron :

Insidebat quippe animo species eximia quædam pulchritudinis, quam intuens in eaque defixus, ad illius similitudinem artem manumque dirigebat.

Cette espèce d'idolâtrie littéraire pour la beauté de l'éloquence, cette passion, la moins active de toutes, la plus étrangère à la vie réelle, aux débats sérieux qui grandissent les hommes, mais passion enfin, a suffi pour animer le rhéteur grec d'une verve qui nous intéresse et nous attache encore. C'est là le sublime de la critique; c'est son œuvre d'inspiration.

La littérature romaine naquit à demi sous l'action des mœurs, à demi sous l'influence de la critique; telle était la puissance des lettres, qu'il fut impossible au peuple romain, en succédant aux Grecs dans l'empire du monde civilisé, de ne pas rester sous la domination de leur esprit. Chose remarquable! un des premiers grands poëtes de Rome fut un critique.

Cette critique si rarement éloquente, même chez les Grecs où elle était née de la perfection et de l'enthousiasme des arts, la voilà élevée, dans Horace, à la dignité et à la passion de la poésie.

Lorsque l'on parle du rapport de la littérature classique avec l'antiquité, de la ressemblance du siècle de Louis XIV avec le siècle d'Auguste; toutes ces expressions, si peu vraies dans le détail, ne se justifient que par cette grande conformité des modernes et des Romains, d'avoir eu, dans les arts, d'illustres devanciers dont le génie les a dominés en dépit d'eux-mêmes, et se mêle à leurs pensées, comme il a influé sur leur langue.

La littérature latine, mélange de l'inspiration et de la critique, porta l'imitation et l'analyse dans les œuvres les plus spontanées de l'éloquence. Quand vous lisez Cicéron, lui dont le génie fut excité par les plus grands événements qui puissent animer les hommes, vous semble-t-il plus passionné pour la république, ou pour l'éloquence? En vérité, la question serait douteuse. Quand il explique toutes les ruses de la stratégie oratoire, quand il décrit, en palpitant, les victoires de la tribune, quand il pénètre dans les joies et les angoisses qu'ont senties les Antoine et les Crassus, quand il admire cette parole brûlante et soudaine qui tombe comme la foudre sur une grande assemblée, quand il s'attendrit sur les Gracques qu'il a blâmés comme aristocrate, et dont il est fou comme orateur, quand il passe par toutes ces émotions si vives, vous sentez qu'il est encore plus écrivain qu'il n'est consul et homme d'état. Toutefois, à cet amour de l'art se mêlait une grande, une sérieuse inspiration, celle à laquelle il a consacré sa vie, et qui lui fit trancher la tête. Mais après lui, après l'élévation d'Octave, lorsque vint ce règne si vanté comme l'ère du goût et de la politesse romaine; lorsque l'on put dire: *Augustus eloquentiam, sicut omnia, pacavit*, « Auguste a *pacifié* l'éloquence comme tout le reste: » oh! c'est alors que la littérature romaine, détournée des hautes voies de l'inspiration originale et de l'enthousiasme, entra plus avant dans cette route d'imitation et de critique.

De là ce caractère d'artiste qui prédomine dans

presque tous les écrivains de cette époque. L'éloquence pacifiée devint plus pompeuse que virile. Chassée du forum, elle se réfugia dans l'histoire, et n'y trouva pas toute la liberté dont elle avait besoin.

En lisant Tite-Live, en l'admirant même, nous devinons que ce beau génie a été élevé par des rhéteurs, des rhéteurs grecs pleins d'imagination et de goût; mais des rhéteurs. Les anciennes vertus de la république lui servent d'un texte pour bien dire; il fait parler avec une habile élégance la rudesse des vieux Romains. On a perdu cette lettre, admirée des anciens, que Tite-Live avait composée sur l'éloquence; mais son histoire nous dit ce que cette lettre devait contenir. César avait écrit des Mémoires dans la vive et soudaine inspiration de ses campagnes. Tite-Live écrit l'histoire de la république avec l'artifice savant d'un Romain monarchique du siècle d'Auguste et d'un studieux imitateur des Grecs du temps de Périclès.

Dans la suite, ce caractère de science critique domina de plus en plus dans la littérature romaine jusqu'au moment où les vices d'un gouvernement barbare et corrompu abattirent à la fois l'art et le talent. Le livre ingénieux et brillant de Quintilien, un grand nombre de lettres de Pline, ce traité de l'éloquence échappé à la jeunesse de Tacite, un ouvrage qu'il ne faut pas lire et qu'il est à peine permis de nommer, cette satire de Pétrone où quelques leçons de goût sont indignement mêlées à toutes les impuretés du vice, plusieurs lettres de Marc-Aurèle et de Fronton, beaucoup d'autres monuments encore nous montrent que la littérature romaine passa par tous les artifices, par toutes les tentatives de la science littéraire ; que successivement elle épuisa l'imitation des Grecs, l'imitation d'elle-même dans son époque de pureté, l'imitation d'elle-même dans ses siècles de décadence ; qu'elle alla successivement de l'innovation à l'archaïsme, de l'archaïsme à la barbarie ; qu'enfin, n'étant pas renouvelée par une grande et libre inspiration qui vint des mœurs publiques, elle croyait se rajeunir par des artifices et des procédés de sophistes, par des ruses d'écrivains, par l'imitation morte des anciens livres, à défaut de sentiments libres et de pensées originales.

C'est ainsi, Messieurs, que l'esprit humain, mis en mouvement par quelques génies puissants, resta, plusieurs siècles ensuite, à travailler sur leurs œuvres et leurs pensées, et que les lettres, au lieu d'être l'instrument de ses efforts, en devinrent l'objet.

Je crois, et je parle ici dans une vue toute littéraire et tout historique, je crois que si les orateurs chrétiens, avec leurs idées nouvelles, leur enthousiasme, leurs martyres, leurs passions de cloître et de tribune tout à la fois, n'étaient venus dans le monde, on aurait continué sans fin à faire des commentaires sur Homère et sur Virgile, et que l'univers serait devenu scoliaste. C'est là le caractère ineffaçable de la littérature des derniers temps du paganisme grec ou romain.

Mais enfin ces hommes parurent ; ils mirent dans

le monde une passion nouvelle et tout un ordre d'idées inconnues. Malgré leur admiration des lettres profanes, ils cessèrent de les imiter, les regardant comme une idolâtrie. Ils firent la plus grande des révolutions contre cet enthousiasme étroit et servile, qui retenait les esprits dans une contemplation oisive des chefs-d'œuvre antiques. Ce zèle eut son excès voisin de la barbarie. Un pape du vi[e] siècle écrivait à un évêque pour lui reprocher d'enseigner la grammaire, c'est-à-dire les lettres. Cette étude lui semblait une profanation païenne. Ce pape était Grégoire le Grand.

De cette prodigieuse révolution de l'esprit humain sortit lentement toute une littérature. Vous voyez pendant plusieurs siècles, non-seulement par la barbarie, mais par l'épuisement, par la préoccupation des nouvelles idées qui ne servaient qu'à l'éloquence religieuse (car je ne compte pas une tragédie de Grégoire de Nazianze), vous voyez l'esprit humain sommeiller, indifférent tout à la fois à l'inspiration et à la critique. Il fallait que ce goût d'études, de contemplations poétiques, fût réveillé encore par l'apparition d'un grand génie; il fallait qu'Homère recommençât, et qu'il naquît des idées, des croyances, des passions nouvelles, qu'il sortît de la barbarie du moyen âge comme le premier Homère, ou comme l'école homérique était sortie de l'agitation des guerres de la Grèce en Asie : ce fut le Dante. Le plus grand hommage peut-être qui ait été rendu à la puissance des lettres latines, conservée à travers toutes les altérations de la pensée humaine, c'est le sceau que le génie de Virgile a mis sur le génie du Dante. Ce théologien sublime et à demi barbare, cet esprit si prodigieusement poétique et subtil, voit dans Virgile un maître de la parole, et une espèce d'enchanteur, dont la magie doit lui ouvrir le paradis. C'est là sans doute un des premiers et des plus saillants exemples de ces étranges confusions d'idées que les souvenirs de l'antiquité et l'alliance des pensées nouvelles jetaient dans les esprits à la faveur d'une naïve ignorance. Quoi qu'il en soit, le Dante, voilà l'homme qui remet en mouvement l'imagination humaine, qui la fait marcher dans une route inconnue, et appelle de nouveau la contemplation sur les œuvres du génie. A la suite du Dante, vous voyez renaître la critique, l'esprit de comparaison, d'analyse, l'admiration ingénieuse et savante. Il y a encore dans l'Italie des chaires consacrées à l'interprétation du Dante; mais souvent cette interprétation est moins littéraire qu'elle n'est historique; souvent les commentateurs s'occupent avant tout de retrouver certaines antiquités, de constater les droits de certaines villes, quelquefois même de justifier des généalogies, et de sauver telle ou telle noble famille du malheur d'avoir été mise en la personne de ses ancêtres, dans les cercles infernaux du Dante.

Tel ne fut pas le premier caractère de l'interprétation *dantesque;* Boccace et un fils du Dante, qui se succédèrent dans cette tâche de commenter le premier poëte moderne, s'occupèrent avant tout de pénétrer cette mysticité théologique qui faisait la poésie du moyen âge. J'ai lu quelques pages du Commentaire de Boccace; et, bien que l'esprit d'un faiseur de contes forme un contraste singulier avec la sublime et sauvage imagination du Dante, c'est merveille de voir avec quelle sagacité et quel enthousiasme Boccace pénètre dans la pensée du grand poëte.

Voilà donc, Messieurs, la critique littéraire enfin retrouvée, voilà de nouveau le goût éveillé par le génie. C'est au milieu du xive siècle.

Un poëte anglais a dit : « Nous naissons tous originaux, et nous mourons tous copies. » Ce poëte est dépité de ce que nous tous et lui-même nous ne pouvons échapper à l'action des hommes de génie qui nous ont précédés, et secouer le joug de leurs idées. Il est certain qu'une partie de l'Italie resta longtemps copiste du Dante. Les imaginations avaient été tellement ébranlées par la puissance de cette première et dominante imagination, qu'elles se souvenaient de lui quand elles voulaient créer quelque chose.

Bientôt cette *critique* d'enthousiasme fut mêlée d'une *critique* d'érudition. Le Dante, averti par l'antiquité, quoiqu'il fût, avant tout, suscité par lui-même et par la théologie de son temps, donna tout à la fois le signal à la poésie et à la science. Tous ceux qu'il anima de l'amour des arts, sans les rendre créateurs comme lui, se précipitèrent vers les monuments de l'antiquité, que l'on commençait à dégager des ruines. On voit tout à coup se déployer et les trésors de la Grèce et ceux de l'ancienne Italie ; on voit l'esprit de l'homme changer de place et d'enthousiasme, quitter ces idées théologiques qui l'avaient seules occupé pendant les premiers siècles, et se ravir d'admiration à la vue des chefs-d'œuvre de l'antiquité profane. Vous le savez, cet enthousiasme alla presque jusqu'à la réalité de l'idolâtrie. Nous avons vu tout à l'heure que la critique est une passion ; eh bien, il faut le dire, au xve et au xvie siècle, elle devint presque une religion. Beaucoup de ces imaginations italiennes, que le moyen âge qui les entourait encore avait rebutées par sa barbarie et par sa rudesse, et qui se laissaient charmer à ces idiomes retrouvés de la Grèce et de Rome, et à ces monuments pleins d'imagination et de génie, ne pouvaient pas séparer la forme du fond, et enveloppaient dans leur enthousiasme, et la beauté du langage qui les saisissait, et les fables bizarres que ce langage avait couvertes d'un immortel éclat. C'est une des plus étranges illusions de l'esprit humain, une de celles qui expliquent le mieux cette puissance des lettres, que ni le progrès des sciences exactes, ni la variété et l'instabilité des doctrines, ni la décadence de l'art ne peuvent détruire, parce qu'elle tient à la partie la plus sensible de l'homme, et qu'elle est à la fois, de toutes les émotions de l'esprit, la plus vive et la plus populaire.

Aussi, Messieurs, au xvie siècle la critique naissante était étendue, fortifiée par l'alliance de la vieille érudition. Ce fut un âge nouveau. Aujourd'hui, Messieurs, vous voulez bien vous réunir, vous empresser avec une extrême indulgence, pour écouter, pour juger des réflexions sur cette littérature moderne déjà si vieille, des commentaires plus ou moins sensés sur les productions des grands écrivains du dernier siècle, sur les ressemblances et les diversités des littératures modernes. Vous avez mille autres objets d'intérêt et de distraction savante; mais songez, devinez par la pensée, quelle devait être l'impression bien plus vive de curiosité, d'enthousiasme, dans les lycées nouveaux de l'Italie, combien les salles devaient être plus étroites, lorsque cette littérature, aujourd'hui surannée pour nous, était toute jeune et toute vivante, lorsqu'elle sortait hier du tombeau, lorsqu'elle arrivait ce matin de la Grèce, sur un vaisseau fugitif, lorsque cette imagination italienne, la plus heureuse de toutes, préludant par l'étude à l'inspiration immortelle de l'Arioste et du Tasse, expliquait, par la bouche éloquente de Politien, avec une chaleur qu'on ne peut plus retrouver, les merveilles du génie d'Homère, la grâce et la grandeur du génie de Sophocle et d'Euripide. Oh! que nous sommes des barbares en comparaison. (*Applaudissements.*)

C'est alors, Messieurs, que la critique fut éloquente; c'est alors qu'elle fut un pouvoir, un enthousiasme qui faisait tomber les larmes des yeux, nous dit-on, qui faisait battre le cœur, non-seulement aux jeunes Italiens, mais encore à ces froids

Germains, à ces Français, à ces Anglais, à ces Bourguignons accourus de loin, et par de pénibles voyages, pour entendre les hommes nouveaux de l'Italie, interprétant les chefs-d'œuvre de l'antiquité.

Ainsi les lettres exerçaient chaque jour une domination plus active sur les âmes. Elles créaient un autre pouvoir moral que l'influence théologique, et opposaient une résistance de plus à l'empire de la force brutale, qui avait régné dans le moyen âge. Du milieu de cette vive préoccupation qu'inspiraient les souvenirs et l'étude de l'antiquité, s'éleva le génie moderne, non plus sauvage dans sa grandeur, irrégulier dans sa sublimité, mais gracieux, correct, et séduisant tout à la fois : ce fut le Tasse. Vous ne croyez pas, Messieurs, que dans ce grand poëte, l'art soit une espèce d'instinct qui s'ignore lui-même. Non, tout ce que la philosophie des arts, tout ce que la réflexion et l'étude peuvent donner au génie, appartenait au Tasse. Jamais poëte ne fut plus savant, et surtout jamais savant ne fut aussi poëte. Je ne dis pas que toute cette science, que cette richesse et cet embarras de souvenirs, lui fût présent, lorsqu'il laissait échapper tant de vers délicieux et faciles. Il en est de cette influence des livres, comme de toutes celles que les impressions de la vie, le mouvement du monde, l'intimité des hommes supérieurs, peuvent exercer sur nous. Elles modifient, elles élèvent, elles éclairent l'esprit qui les reçoit ; mais, quand elles lui servent longtemps après pour créer et pour agir, il n'a pas la conscience de leur origine étrangère : elles sont devenues partie de lui-même. C'est ainsi que le Tasse, après avoir médité avec science, avec goût, imaginait de verve. Cette action d'une critique savante et élevée qui prenait sa source dans l'enthousiasme du beau, et dans la plus fine intelligence de ses effets, on ne peut en douter, après avoir lu quelques traités du Tasse ; on y voit un homme tout rempli de Platon et d'Homère, de Virgile et du Dante, qui sait l'antiquité comme le moyen âge, et que toute chose inspire, parce qu'il est lui-même original.

Mais l'Italie seule eut alors une critique ingénieuse et féconde ; l'Italie eut cette gloire d'avoir des génies originaux pleins de l'âme de l'antiquité, et des savants qui l'interprétaient avec passion, avec goût, avec quelque chose qui semblait échappé d'elle.

Je respecte infiniment la vieille Université de Paris ; mais, aux xve et xvie siècles, malgré le nombre prodigieux de ses étudiants, au milieu de leurs disputes de *réalistes* et de *nominaux*, je ne puis trouver en eux ce sentiment délicat des lettres qui avait ranimé et enchanté l'Italie.

Sans doute, Messieurs, le xvie siècle en France offre un prodigieux mouvement d'érudition et d'esprit ; mais le goût semble peu s'y mêler. La *poétique* de Scaliger est un curieux monument de savoir et de lecture. Mais, bien que Scaliger ait de l'enthousiasme, et qu'il dise d'une ode d'Horace : « J'aimerais mieux l'avoir faite que d'être roi d'Aragon; » malgré la rare et profonde sagacité de Scaliger, on sent, à quelque chose de rude et de pesant, que l'on n'est plus en Italie.

J'imagine, il est vrai, que dans les entretiens où se plaisaient ensemble Paul de Foy, le cardinal d'Ossat, le jeune de Thou, quelques-uns de ces esprits fiers et libres qu'avait produits le xvi⁰ siècle, le sentiment des lettres et le goût devaient s'élever et s'épurer. Voyez cependant quelle fausse idée de la beauté poétique avait le xvi⁰ siècle! Voyez la gloire de Ronsard! Malgré tout ce qu'une critique moderne, savante et fort spirituelle, peut dire en faveur de Ronsard, malgré le *recours en cassation* après deux siècles, j'ai peine à concevoir que de vrais, d'ingénieux appréciateurs des Grecs et de Virgile aient pu jadis tant admirer Ronsard : l'immense réputation de ce poëte marque le peu de progrès que le goût avait alors fait en France.

Un seul homme qui admirait Ronsard aussi, mais peut-être par scepticisme, et parce qu'il aimait à ménager les opinions puissantes, un seul homme, Montaigne, eut un goût vrai, et porta dans la critique une intelligence exquise, comme dans toute chose. Ce que nous pouvons trouver de mieux senti sur les lettres, à cette époque, ce sont quelques pages où Montaigne parle de Sénèque, de Cicéron, de Plutarque; ce sont ses ingénieuses comparaisons d'Horace, de Virgile, de Lucain. L'expression de génie suit en lui le mouvement d'enthousiasme naturel et sincère; il se colore du style des écrivains qu'il admire; son français, encore irrégulier, et souple à tous les mouvements, s'agrandit, s'élève, s'anime et s'empreint de tout l'esprit de l'ancienne Rome : voilà le grand critique du xvi° siècle.

Quant à notre grand siècle de Louis XIV, à ce siècle sur lequel la littérature française raisonne depuis cent cinquante ans, il naquit comme le siècle d'Auguste, à moitié sous l'influence de la critique, à moitié sous celle de l'inspiration. Je n'examine pas en soi ce fait ; je n'en tire pas surtout, comme on l'a voulu quelquefois, une objection absolue ; je ne dis pas que la littérature du xvıı° siècle ne fut pas une littérature nationale, parce que les Grecs et les Romains avaient existé auparavant, et que les esprits du siècle de Louis XIV n'avaient pu ignorer leurs chefs-d'œuvre, ni méconnaître leur génie ; mais je conçois que dans cette littérature née sous deux influences comme la littérature latine, éveillée tout à la fois par elle-même et par des souvenirs étrangers, il y ait quelque chose d'artificiel.

Je le sens toutefois dans les critiques, bien plus que dans les hommes de génie. Lorsque le père Le Bossu, par exemple, dont Boileau parle avec admiration comme *d'un des plus excellents écrivains du siècle*, lorsque le père Le Bossu, frappé de la lecture de l'*Iliade*, de l'*Odyssée*, de l'*Énéide*, y remarquant des récits placés d'une certaine façon, un certain merveilleux, des songes, des tempêtes, détermine une espèce de recette pour la composition générale des poëmes épiques, constate l'existence d'un certain nombre d'éléments poétiques et créateurs qui doivent entrer dans les épopées futures, je vois là sans doute une critique faible et stérile ; mais lorsqu'un rare et nerveux esprit comme celui de Boileau, sous la loi de correction que lui donne l'antiquité, caractérise avec tant de force et de finesse le faux goût de son temps, la fausse imitation espagnole alors à la mode, le ridicule des grands romans, la fadeur du bel esprit, voilà une critique féconde et créatrice, une critique qui, comme Descartes et comme l'école de Port-Royal, servit à donner aux grands talents du siècle de Louis XIV ce tour mâle et simple que l'on pouvait ne pas attendre sous le pouvoir absolu, et sous une domination si haute et si fastueuse.

On peut le dire sans manquer de justice envers un roi qui a tant fait pour la splendeur et le progrès de la France : Port-Royal avec ses études austères et ses résistances philosophiques, Boileau avec son goût ferme et moqueur, Descartes, plus que tout le monde, avec son génie si dégagé de tout ce qui l'entourait, voilà les hommes qui, plus que Louis XIV, ont créé le siècle littéraire de Louis XIV, et l'ont jeté dans les routes de l'imitation antique sans lui ôter la vigueur originale.

Dans cette grande époque la critique eut l'avantage incontestable d'être exercée par des hommes de génie.

Dans l'éloquence, alors, c'était Pascal qui était le premier critique : c'étaient ses réflexions si vives et si neuves sur l'art de persuader, sa comparaison si ingénieuse de l'esprit de géométrie et de l'esprit de finesse qui fixaient les vrais principes du goût dans l'art d'écrire, et d'avance faisaient justice de quelques paradoxes de d'Alembert et de Condillac. Géomètre comme d'Alembert, mais éloquent comme Démosthène, et trouvant sa place dans tous les partages de l'esprit humain, Pascal se moque par prévoyance de cette froide régularité, de cette desséchante méthode que Condillac enseigna dans son *Art d'écrire*, et qui défend à tout le monde d'être orateur et poëte, au nom de la justesse.

Pour compléter cette perfection de la critique dans le xviie siècle, à côté de Pascal, de ce génie si pénétrant et si vif, si grave et si moqueur, paraît Fénelon avec la vive sensibilité de son âme, avec ce pur enthousiasme de l'antiquité, avec cette disposition tendre et rêveuse qui peut produire une hérésie en théologie, mais qui est merveilleusement salutaire pour l'imagination poétique.

Je ne vous parle pas de Bossuet ; sa gravité apostolique lui interdisait presque de raisonner sur les lettres. Il dit quelque part qu'il trouve un *grand creux* dans la poésie ; il s'indigne avec véhémence contre Molière ; il ne pardonne pas même au sévère Boileau ; il lui reproche d'avoir, dans les exagérations de la *Satire sur l'Homme*, choqué de hautes vérités. Je crois qu'il n'est pas non plus content de La Fontaine. Quant à Racine, il le trouve profane et dangereux, et ne le loue que de son repentir ; et cependant, Messieurs, Bossuet, qui s'offenserait de cet éloge, est aussi un grand, un admirable maître de goût : c'est bien lui qui, le plus original des hommes par l'expression, sent avec un égal enthousiasme la Grèce et la Judée, est à la fois attique et oriental. Quel charme éloquent dans ses discours familiers, nous dit un témoin, lorsque se promenant dans les allées de Germiny, après avoir occupé ses graves interlocuteurs de la fatale hérésie de M. de Cambray, ou de la grande conversion de M. de Turenne, il les entretenait avec un inexprimable enthousiasme de *la douceur de Virgile* et de *la sublimité d'Homère!* Beaucoup de traits épars dans ses écrits, même les plus sévères, dans son *Histoire universelle*, dans sa *Lettre au souverain Pontife*, dans sa *Lettre contre les spectacles*, décèlent combien ce grand homme avait sur les lettres un goût vif et vrai, antique, naturel.

Il faut l'avouer, Messieurs, en sortant de cette grande école, on descend ; là revient ce problème que nous avons indiqué au commencement de la séance. Depuis le siècle de Louis XIV, l'esprit humain s'est élevé sur beaucoup de points. Je ne parle pas seulement des sciences naturelles, je ne parle pas seulement de ce progrès inévitable qui fait que les découvertes s'enchaînent aux découvertes, qu'il n'y a pas de décadence dans la géométrie, et que dans l'intervalle, entre Newton et Lagrange, on avance toujours, quoique d'un pas moins rapide.

Mais indépendamment de cette marche des sciences, personne ne contestera que sur d'autres points de l'ordre moral, les esprits n'aient gagné depuis cette grande époque. Certes, depuis le temps où madame de Sévigné, si bonne quand elle s'intéressait, si spirituelle, si éloquente, raconte avec une insouciante raillerie les troubles, les malheurs de la Bretagne, et dit : « Nos paysans ne se lassent pas de se faire pendre, » jusqu'à l'époque où un sentiment plus vrai de l'humanité, où non pas une pitié, mais un intérêt grave et sérieux pour le peuple, est entré dans toutes les âmes, un progrès moral s'est fait sentir. Certes, de la proscription des *dissidents*, justifiée par d'illustres écrivains du xviie siècle, aux idées de tolérance religieuse si universellement adoptées, si légalement consacrées aujourd'hui, une grande et salutaire réforme s'est opérée.

Nous pourrions indiquer, sur d'autres points, des progrès qui ne sont pas douteux. Pourquoi donc, dans les lettres, qui tiennent de si près à toute la vie morale, ne retrouve-t-on pas le même résultat ?

Voltaire en donne une raison :

Le goût, dit-il, peut se gâter chez une nation ; ce malheur arrive d'ordinaire après les siècles de perfection. Les artistes, craignant d'être imitateurs, cherchent des routes écartées ; ils s'éloignent de la belle nature, que leurs prédécesseurs ont saisie. Il y a du mérite dans leurs efforts ; ce mérite couvre leurs défauts. Le public, amoureux des nouveautés, court après eux ; il s'en dégoûte, et il en paraît d'autres qui font des efforts pour plaire ; ils s'éloignent de la nature encore plus que les premiers. Le goût se perd : on est entouré de nouveautés, qui sont rapidement effacées les unes par les autres ; le public ne sait plus où il en est, et il regrette en vain le siècle du bon goût, qui ne peut plus revenir : c'est un dépôt que quelques bons esprits conservent encore loin de la foule.

Ce n'est pas tout, Voltaire a écrit cent fois, mille fois, qu'il était chez *les Welches* :

> Que le goût était perdu ; que l'on tombait dans la barbarie ; que le xviii° siècle était l'égout de tous les siècles ; que le xviii° était dans la fange, s'il n'avait pas été relevé par le quinzième chapitre de Bélisaire ;

et nous, qui croyons que le quinzième chapitre de Bélisaire ne relève pas un siècle, où en sommes-nous ?

Sans adopter ces mépris colériques de Voltaire pour son temps, il est vrai de dire que, lorsqu'une forme de société est affaiblie, vieillie, les lettres doivent baisser avec elle.

Des chances plus favorables renaissent pour le talent, si quelque principe nouveau et fécond s'introduit dans les mœurs de cette nation. Il n'y a pas alors de décadence fatale et constante.

Parmi les nations modernes, choisissons celle qui n'est pas le mieux née pour les arts, mais qui porte en elle un principe de mouvement et de liberté, l'Angleterre ; la poésie y semblait morte, lorsque tout récemment un homme de génie s'est élevé. Byron fait chaîne avec les grands hommes, dont il est séparé par cent ans d'intervalle. Il y avait eu décadence intermédiaire ; mais il n'y a pas décadence continue. Est-il besoin de citer la France, et le grand exemple qu'elle offre ?

Disons-le sans hésiter, le progrès social, la liberté civile et politique qui semble distraire les esprits de l'étude des lettres, qui semble y substituer un intérêt plus grave et plus dominant, élève et ranime les lettres, au lieu de les affaiblir. Voyez l'Espagne. Après l'enthousiasme religieux, l'enthousiasme de guerre, de découverte, de poésie qu'elle eut au xvie siècle, rien n'ayant renouvelé ni affranchi les esprits, sa littérature s'arrêta; ces génies naturellement libres et originaux restèrent sous le joug; un vain travail sur les mots, une science subtile pour obscurcir et alambiquer les pensées, produisit l'école de Gangora. Quelques poëtes gracieux s'élevèrent encore pour rendre cette nature de sentiments qui échappe le plus aux influences extérieures, et qui sort tout entière d'une âme émue. Mais, à cette exception près, qui appartient à l'homme, et non pas à la nation, il semble que cette Espagne autrefois si poétique ait dormi pour les arts.

Ne croyons donc pas, Messieurs, comme Voltaire semble le dire, que ce soit seulement l'action de la littérature sur elle-même qui hâte ou suspend la décadence du goût; elle est soumise à mille autres causes locales, accidentelles, politiques.

Mais une question qui se présente alors, c'est la question de la vérité dans le goût : si les influences sociales doivent le rajeunir et le modifier, le caprice peut-il aussi le changer? n'a-t-il pas quelque chose d'invariable comme la vérité, et quelque chose de passager, de mobile comme les usages et les coutumes des peuples? Si tout est incertain dans le goût, nulle raison pour ne pas croire que la barbarie ne vaille mieux que la perfection poétique et oratoire; nul motif pour ne pas méconnaître les plus grands génies d'une nation, et ne pas leur préférer tous les caprices de la pensée.

Le XVIIIe siècle fut peu novateur à cet égard. Très-libre dans la critique philosophique, religieuse, historique, il fut en général timide dans la critique littéraire. Il était subjugué, dominé par le grand siècle qui l'avait précédé; il l'était surtout par Voltaire qui, le plus hardi des hommes en toute chose, était circonspect en fait de goût et de langage. Il y eut cette singularité dans le XVIIIe siècle, que, contradicteur violent du siècle qui l'avait précédé dans les questions religieuses et morales, il en resta souvent le fidèle continuateur dans les formes poétiques et littéraires; mais ces formes, n'étant plus animées par les mêmes sentiments qui les avaient vivifiées dans le XVIIe siècle, n'eurent plus le même éclat. Une tragédie de Voltaire ne valut pas une tragédie de Racine, parce que Voltaire avait imité Racine.

La critique, dans le XVIIIe siècle, fit peu cette différence : elle s'attacha presque exclusivement à l'élégance et à l'art du style. Parmi les critiques de cette époque où tout écrivain était critique, un homme nous paraît avoir eu surtout un beau sentiment des lettres; c'est le jeune officier dont nous avons parlé en même temps que de Voltaire, Vauvenargues, que Voltaire estimait tant, et dont il citait les maximes élevées et pures :

Il faut avoir de l'âme pour avoir du goût. — Les grandes pensées viennent du cœur.

Que de choses dans ces simples paroles! *Il faut avoir de l'âme pour avoir du goût* : ainsi le goût n'est pas une théorie, ni un dogmatisme fait d'avance, ni une tradition de Rome, de Florence ou de la Grèce. Non, le goût se retrouvera partout où l'âme sera vivement émue. Qu'une société s'élève, s'améliore ; qu'un sentiment de dignité morale se répande, le goût doit s'épurer, se ranimer. Voyez, en effet, toutes les fois que c'est l'âme qui a parlé, qui a répondu, qui a été éloquente, y a-t-il pour vous une question de goût ? Quand ce prédicateur racontait à une mère le sacrifice d'Isaac commandé à Abraham par Dieu, et que cette femme troublée lui répondait : « Dieu n'aurait jamais ordonné ce sacrifice à une mère : » vous inquiétez-vous de savoir si cette parole est belle, selon les règles du goût ? Est-il aucun art, aucun talent qui puisse imaginer au delà ? C'est l'âme qui a trouvé cela, et l'âme a trouvé la chose que le goût de tous les temps admirera et sentira de même.

Cette autre maxime : *Les grandes pensées viennent du cœur,* n'est pas moins féconde, ou plutôt rentre dans la première, et se confond avec elle. Toutes les fois que le cœur aura été ému, il s'élèvera de lui-même au plus haut degré de vérité. C'est une règle plus sûre que ce conseil général de se rapprocher de la nature, de ressembler à la nature; en effet, qu'est-ce que la nature ? C'est l'émotion vraie du cœur de l'homme. Il ne faut pas dire que les anciens ont été plus grands orateurs ou poëtes que les modernes, parce qu'ils étaient plus près de la nature ? Est-ce que la nature est un lieu placé quelque part, et dont vous pouvez être près ou loin ? La nature, c'est l'âme de l'homme. Toutes les fois qu'elle s'améliore par des sentiments de vertu, de liberté, de justice, les lettres doivent s'améliorer aussi. Ainsi, Messieurs, la littérature, et c'est par là que cette étude, qui, j'espère, ne passera pas de mode en France, doit intéresser tous les nobles cœurs, est engagée dans toutes les nobles causes ; elle a besoin non-seulement de paix et de prospérité, comme on l'a dit souvent, mais de dignité morale et de vertus publiques, pour s'élever elle-même.

QUARANTE ET UNIÈME LEÇON.

Étude de l'antiquité trop négligée dans le xviiie siècle. — Infériorité de la critique littéraire sous ce rapport. — Exceptions honorables. — Thomas. — Barthélemy. — Caractère général de l'éloquence de Thomas. — Quelques remarques sur ses *Éloges* académiques. — Supériorité de Thomas dans la critique. — Examen de l'*Essai sur les Éloges*. — Lacune dans cet ouvrage. — Résumé sur le caractère et le talent de Thomas.

MESSIEURS,

Nous devons chercher quelle fut l'application de la critique à l'antiquité, dans le xviiie siècle. Ici, quoique nous n'ayons plus à parler que des seconds rangs de la littérature, le nom d'un génie qui a prédominé et agité toute cette époque se présente d'abord. On ne peut s'occuper du xviiie siècle sans penser à Voltaire; il en est l'âme, le mouvement, la vie. Son esprit tout moderne, ses capricieux dédains, sa vivacité moqueuse, tout cela devait plus ou moins influer sur la manière dont le xviiie siècle concevrait l'antiquité. C'est assez dire que cette époque ingénieuse ne nous paraît pas avoir eu le sentiment le plus vrai des beautés simples et grandes de la littérature grecque et romaine.

Aujourd'hui on est souvent injuste pour le génie du xviii*e* siècle : on le croit emprisonné tout à la fois dans l'imitation antique et l'étiquette de cour. On prend toutes les circonspections que montrait alors le talent pour des timidités de théorie : rien n'est moins vrai. Sans doute la civilisation élégante et un peu formaliste de cette époque arrêtait parfois le génie de Racine, et lui a fait peut-être sacrifier quelques belles scènes; mais le goût, la science de Racine avaient tout conçu, tout embrassé, tout comparé. Il admirait de l'antiquité mille choses qu'il ne lui empruntait pas. Dans une de ses préfaces, si simplement écrites, mais toujours si pleines de vues et de goût, Racine vous dit qu'il y a dans l'*Alceste* d'Euripide « une *scène merveilleuse*, celle où la jeune reine est dépeinte *mourante au milieu de ses deux petits enfants qui la tirent par la robe.* »

Certes, Messieurs, toute la familiarité du goût moderne et ce désir d'imitation exacte de la nature, que l'on vante aujourd'hui, ne pourraient rien imaginer de plus simple que cette situation naïve tant admirée par l'excellent goût de Racine.

La critique, dans le xviii*e* siècle, moins savante et moins amie du vrai, ne me paraît pas avoir eu cette même intelligence vive et libre des beautés antiques, les plus étrangères à nos mœurs. L'antiquité, pour Voltaire, c'est surtout le xvii*e* siècle; c'est dans les formes élégantes, majestueuses que la littérature du siècle de Louis XIV avait données à ses imitations, que Voltaire étudie surtout les Grecs et les Romains; il les voit peu face à face. Par cela même, son goût théorique est plus restreint, plus timide que celui de ses illustres devanciers.

De même que Racine avait cultivé son génie par l'étude si variée de toutes les beautés de la poésie grecque, Voltaire se forme presque exclusivement par la contemplation de Racine, pour le mouvement et l'expression poétique, et l'imitation des Anglais pour cette liberté philosophique qu'il a portée dans la poésie.

Née sous l'autorité de Voltaire, la critique, au xviiie siècle, méconnut souvent comme lui le simple et beau génie de l'antiquité. Le dirai-je, Messieurs, à cet égard, l'érudition manquait au xviiie siècle encore plus que le goût. Ces études classiques, accusées de nos jours, mais toujours si précieuses et si inspirantes, étaient fort affaiblies ; mille causes y concouraient. Il y avait déjà longtemps que l'abbé Gédoyn, dans un morceau plein de grâce et d'esprit, avait malignement comparé la vie bruyante et dissipée des commencements du xviiie siècle aux études austères du siècle précédent, qui déjà dégénérait un peu de l'érudition du xvie.

En rappelant ces magistrats du vieux temps, qui, retirés dans leurs maisons, après les travaux du palais, y consumaient de longues veilles à lire Tacite et les orateurs de la Grèce et de Rome, il opposait à ces exemples passés de mode cette sociabilité nouvelle, cette civilisation élégante et si polie, qui répandait les hommes les plus graves au milieu du monde le plus léger. La trace de ce changement de mœurs se retrouve dans toute la littérature du xviiiᵉ siècle. Elle est une conversation plutôt qu'un travail. Les fortes études y sont abandonnées. Comme on n'entendait plus aussi bien l'antiquité, on cesse de l'aimer, de la sentir avec cette prédilection ingénieuse et délicate qui avait caractérisé les grands esprits de l'époque précédente.

Aujourd'hui, Messieurs, le goût de la littérature grecque a été singulièrement ranimé. Une école célèbre, qui a duré trop peu de temps, a popularisé en France un goût vif pour cette belle langue, et en a multiplié les interprètes. Au contraire, si nous jetons les yeux sur le xviiiᵉ siècle, si nous feuilletons les ouvrages de plusieurs critiques célèbres de cette époque, nous y trouvons une grande indifférence, et souvent une fâcheuse ignorance de la langue grecque. Des critiques éminents sous d'autres rapports, d'Alembert, par exemple, esprit sage, si méthodique, si ferme, d'Alembert qui a porté si loin sa gloire dans les sciences mathématiques, semble connaître médiocrement la littérature ancienne, dont il aime à s'occuper. Ses traductions de Tacite sont remplies d'erreurs et de faux sens.

Un homme dont il faut parler avec une estime vraie, un homme qui avait porté dans la critique ce qu'il y a de plus rare peut-être, l'éloquence et l'émotion, La Harpe est supérieur, sous plus d'un rapport, quand il n'a d'autre antiquité à examiner que le xviiᵉ siècle. Mais la vraie, la vieille antiquité, lui échappe à demi. Souvent il a l'air de n'avoir pas lu les écrivains dont il parle avec admiration.

Je ne rappellerai pas les expressions trop amères dont le savant helléniste Brunck s'est servi pour relever les fautes de La Harpe dans ses traductions de Sophocle. Les auteurs latins, Cicéron, Tite-Live, lui étaient plus familiers. Il les analyse avec talent, avec vivacité; rien ne manque souvent à ses éloges, que d'avoir saisi le vrai sens de l'auteur.

Les traductions fréquemment semées dans le *Cours de Littérature* de La Harpe sont remplies des fautes les plus graves, les plus inattendues. L'esprit antique y est sans cesse altéré, et la pensée de l'original souvent défigurée par les plus singulières inadvertances. Me permettrez-vous, Messieurs, au milieu de cette imposante réunion, de revenir un moment au collége, et d'indiquer, en passant, quelques erreurs qui sont un symptôme de la négligence des études classiques dans un écrivain d'un goût d'ailleurs si sévère.

(Le professeur entre ici dans des détails techniques, et cite un assez grand nombre de passages latins.)

Voilà, Messieurs, une réponse un peu longue à l'accusation que l'on m'a faite de vouloir décréditer l'étude des langues anciennes.

Ajouterai-je que l'auteur du *Cours de Littérature*, dans son analyse, d'ailleurs éloquente, de Démosthène, commet une erreur continue : c'est de faire ressembler Démosthène à un écrivain élégant du xviiie siècle? Est-ce Démosthène qui a dit, au milieu d'un mouvement fort animé : « Le succès est dans la main des dieux; l'intention est dans le cœur du citoyen? »

Non, certes, Démosthène, dans toute sa vie, n'a pas fait une semblable antithèse. Je ne voudrais pas, Messieurs, chicaner ainsi plus longtemps la renommée d'un critique justement célèbre. Mais ces remarques appartiennent à l'histoire des lettres; elles sont moins un reproche personnel qu'une réflexion générale sur l'affaiblissement des études classiques dans le xviii siècle. Ajouterai-je mille erreurs de détail relevées par les savants étrangers ou français? dirai-je que, parlant d'Aristote, La Harpe a oublié qu'Aristote a fait des vers, un hymne sublime? dirai-je qu'il n'a rien dit d'une foule de fragments précieux de la poésie grecque; qu'il juge Aristophane, Pindare, Thucydide, Xénophon, Térence, Tite-Live, avec une légèreté ou une brièveté singulière? dirai-je enfin que l'auteur du *Cours de Littérature,* qui, dans l'analyse des productions principales du xvii siècle, et surtout dans le jugement de notre théâtre tragique, est plein d'émotions pour le génie et heureusement animé d'une admiration sincère et persuasive, semble un guide infidèle, trompeur, toutes les fois qu'il s'agit de littérature ancienne?

Il ne faut pas croire cependant que le xviii siècle tout entier ait négligé les graves et puissantes études, sans lesquelles, hormis quelques esprits originaux nés d'eux-mêmes, le talent moderne a rarement acquis toute sa vigueur, et ce bon sens mâle et simple qui marqua le xvii siècle. Deux hommes alors, Messieurs, parmi les écrivains du second ordre, étudièrent l'antiquité avec ardeur, en eurent la science plutôt que le sentiment, mais enfin ajoutèrent à leur talent tout ce que peut donner la lecture la plus vaste, la méditation la plus laborieuse. Ces deux hommes, plus dignes encore de respect que de gloire, sont Thomas et Barthélemy.

Nous parlerons d'abord du premier, en le considérant surtout comme un habile et élégant critique.

Thomas appliquait à l'étude des lettres une imagination forte, quoique dépourvue de création et de variété, un talent de style cultivé par le travail le plus opiniâtre, un goût qui manquait un peu de délicatesse et de naturel, une âme plus élevée que sensible, et dont l'enthousiasme ressemblait à l'exagération. Qu'un rayon de plus, qu'un rayon du feu sacré fût descendu dans cette âme généreuse, il eût été grand orateur : ou peut-être (car le talent des hommes varie par leur destinée et par leur époque) que Thomas, né plus tôt, eût été associé à ces fortes et religieuses études qui formèrent les plus grands esprits du xviie siècle; qu'il fût entré à Port-Royal; que, dans la candeur d'une foi non combattue et qui eût semblé naturelle à la gravité et à la mélancolie de son caractère, il eût embrassé le ministère de l'Évangile, sans doute une vive croyance aurait développé en lui un talent énergique. Ayant des sujets sérieux pour se passionner, un devoir à remplir, trouvant dans cette action que la parole chrétienne exerçait sur un auditoire ému, de quoi s'inspirer, de quoi soutenir sa verve intérieure, il eût été un prédicateur éloquent.

Mais Thomas s'éleva dans une époque où l'Académie remplaçait la chaire : il composa pour l'Académie des discours d'une forme indécise, entre la dissertation savante et l'allocution oratoire. Il fit pour des grands hommes, morts depuis longtemps, des oraisons funèbres, sans cercueil et sans temple. Il les fit avec une liberté d'allusions qui est puissante pour l'effet momentané, mais qui ne suffit pas à la vie durable des productions de l'art. Son éloge de Duguay-Trouin semble maintenant chargé de grands mots emphatiques. A l'époque où il fut prononcé, sous une forme de gouvernement qui ne permettait aucune discussion politique des intérêts présents, ce discours saisissait les esprits par une allusion à l'état malheureux où était tombée la marine française, à la langueur de ces ports jadis si animés, à l'abaissement de ce pavillon jadis si glorieux. Une sorte d'intérêt électrique s'attachait aux paroles de l'orateur, qui sont maintenant froides et mortes sur le papier. Il en est de même de quelques autres de ses *Éloges*. Lorsque dans la France gouvernée, il est vrai, par des mœurs douces, quelquefois par des influences généreuses, il n'y avait cependant aucun droit garanti, excepté les abus ; lorsque, par exemple, les lettres de cachet étaient une chose usuelle, courante, reconnue : figurons-nous ce cadre allégorique d'un éloge de Marc-Aurèle prononcé par un philosophe stoïcien, et, parmi des généralités hautaines et pompeuses sur la dignité de l'âme, sur l'inviolabilité du sanctuaire de la conscience, un morceau énergique, animé, contre cette justice arbitraire qui enlève l'homme à lui-même, qui le jette dans un cachot, loin de l'image sacrée de la loi qu'il doit toujours pouvoir invoquer : nous le concevons, le public était saisi, transporté; cette allusion paraissait un grand, un admirable mouvement d'éloquence; l'impression contemporaine traduisait en sublime ce qui n'est aujourd'hui qu'une vérité commune et avouée de tout le monde. C'est ainsi qu'une partie du pouvoir attaché à cette incomplète éloquence a disparu par le changement des mœurs et le progrès politique; c'est ainsi que, grâce à des institutions libres, on trouvera maintenant presque déclamatoire ce qui paraissait alors une hardiesse utile et courageuse.

En rendant hommage au généreux écrivain, ce ne sera pas, Messieurs, dans cette partie de ses ouvrages, dont le langage est fastueux et la vérité commune, que nous pouvons chercher le titre durable de sa renommée.

Malgré ses efforts pour atteindre à l'éloquence active et populaire, c'est dans un monument de critique, dans un livre où il analyse ingénieusement les productions les plus artificielles de l'antiquité, que Thomas a montré le plus de talent.

Son *Essai sur les Éloges* est le durable, le vrai titre de la gloire de Thomas; et qu'est-ce que l'*Essai sur les Éloges?* C'est un ouvrage sur tous les éloges qui ont été faits dans le monde, depuis qu'on fait des éloges. Au premier coup d'œil, une inévitable monotonie est attachée à un semblable sujet. Je ne sais si un essai sur toutes les satires qu'on a faites dans le monde depuis qu'on fait des satires, serait amusant; mais, sur les éloges, c'est bien pis.

Si, dans l'étude de la littérature, quelque chose est surtout favorable au talent de l'écrivain et à l'intérêt du lecteur, c'est cette naturelle, cette facile variété qui naît de tous les accidents de la pensée humaine, de tous les mouvements divers de la civilisation, de toutes les vicissitudes du talent. Quand vous lisez des ouvrages, qui peut-être auraient pu recevoir quelques développements nouveaux, l'*Histoire littéraire de l'Italie* de Ginguené, quelques belles parties du *Cours* de La Harpe, ce qui vous plaît, c'est que votre pensée passe rapidement d'un objet à un autre, c'est qu'elle suit la pensée humaine; mais si dans un traité en deux volumes, écrit avec talent, avec chaleur quelquefois, on vous entretient sans cesse de panégyriques, panégyriques des princes morts, panégyriques des princes vivants, panégyriques des grands écrivains, il est impossible que tout le talent de l'auteur sauve son ouvrage d'une fatigante uniformité.

De plus, l'éloge est-il un genre de littérature parfaitement vrai? dans quelques situations, sans doute. Oui, cet éloge que Cicéron prononçait sur les guerriers de la légion de Mars tombés dans un combat contre Antoine, et qui n'était qu'une harangue politique, une philippique nouvelle; oui, cet éloge que l'on prononçait dans Athènes sur la tombe des guerriers morts, et qui suscitait un nouvel héroïsme dans le cœur des citoyens. Mais les panégyriques qui furent faits successivement à l'honneur de tous les Césars romains; voilà, j'en ai bien peur, une littérature froide, morte d'avance; et cependant ce sont ces cendres que Thomas a voulu ranimer sous nos yeux. Le souvenir de ses propres ouvrages, et l'analogie qu'ils offraient avec les écrits des anciens rhéteurs, déterminaient cette préférence. Au fond, toute la partie académique de la littérature du xviiie siècle avait beau, par l'allusion, par la hardiesse contemporaine, s'élever au-dessus d'elle-même, elle ressemblait un peu à la littérature sophistique, sans objet avoué, sans passion véritable.

Ce n'était pas l'éloquence religieuse agissant sur un auditoire qu'elle instruit et qu'elle touche; ce n'était pas l'éloquence philosophique, dans le calme de la solitude, dans l'indépendance de la réflexion, s'adressant à tous les esprits qui pensent, à tous ceux qui veulent être éclairés ou consolés; ce n'était pas l'éloquence politique se mêlant à tous les intérêts de la vie, dominant par la parole, entraînant avec force les volontés des hommes. C'était une éloquence indécise et mêlée, sans caractère personnel et sans effet durable. De là cette pompe factice qui voulait suppléer à l'absence des intérêts présents. Lorsque les rhéteurs latins veulent caractériser la véritable éloquence : *Grandis, et, ut ita dicam, pudica oratio, non est maculosa neque turgida, sed naturali pulchritudine exsurgit*, ou lorsqu'ils en déplorent la perte, et l'expliquent par ces mots : *Ventosa ista et enormis loquacitas ex Asia nuper commigravit*, ils ne nous apprennent rien; ils n'indiquent les causes ni de la perfection, ni de la décadence. Cette haute simplicité, cette pureté d'un goût mâle et sévère, disparut avec la liberté de la Grèce, avec la liberté de Rome. Ce n'est pas le faux goût des orateurs asiatiques, c'est le despotisme asiatique importé dans Rome, qui énerva le génie. Quand l'âme est à l'étroit, quand elle cherche des expressions pompeuses, parce qu'elle ne peut montrer ses sentiments dans leur naïveté énergique et primitive, alors le goût tombe, l'éloquence meurt. Voilà ce qui, dans les ouvrages de Thomas comme dans ceux des anciens rhéteurs, amène cette emphase si justement blâmée, ces grands mots, ces paroles fastueuses que Voltaire, le plus léger, le plus ingénieux, le plus naturel des moqueurs, appelait du *gali-thomas*, quoiqu'il écrivît à Thomas des lettres bien affectueuses et bien admiratives; en voici quelques phrases qui ne sont pas un modèle de franchise :

On ne lit plus Descartes; mais on lira son éloge, qui est en même temps le vôtre. Ah ! Monsieur, que vous y montrez une belle âme et un esprit éclairé ! etc., etc....
On m'a dit que vous faites un poëme épique sur le czar Pierre. Vous êtes fait pour célébrer les grands hommes; c'est à vous à peindre vos confrères. Je m'imagine qu'il y aura une philosophie

sublime dans votre poëme. Le siècle est monté à ce ton-là ; et vous n'y avez pas peu contribué.

Je ne sais, Messieurs, mais sous ces paroles flatteuses n'y a-t-il pas quelque chose d'ironique et de railleur? Thomas ne s'en apercevait pas; il était dans la bonne foi, dans la candeur de son ambition oratoire. Il se regardait comme un missionnaire de raison et de vérité ; il croyait que ces paroles pompeuses, ces généralités un peu vagues qui passaient sous la censure de la Sorbonne, et dont elle rayait quelques hardiesses, étaient décisives pour le bonheur, pour l'affranchissement de l'espèce humaine.

Et puis, dans cette vie oiseuse et tranquille du xviii° siècle, au milieu de cet engouement littéraire si flatteur pour les écrivains, parmi ces apothéoses de la mode qu'obtenait la philosophie, son âme rêvait des persécutions et s'aguerrissait contre des tyrannies imaginaires.

Thomas, nous dit Marmontel, était, par complexion et par principes, un stoïcien à la vertu duquel il n'aurait fallu que de grandes épreuves. Il aurait été, je le crois, un Rutilius dans l'exil, un Thraséas ou un Soranus sous Tibère, mieux qu'un Sénèque sous Néron, un Marc-Aurèle sur le trône.

Mais le xviii° siècle, malgré la forme arbitraire du pouvoir, n'offrait rien pour exercer, pour animer cette énergie du martyre philosophique. Thomas fut longtemps le secrétaire et l'ami de M. de Praslin, qui était ministre; ensuite il fut accueilli, honoré dans la maison de M. Necker, qui était ministre. Quoique laborieux et souvent solitaire, il vivait dans cette haute société dont les opinions et les goûts étaient en contradiction avec les préjugés qu'elle gardait encore dans ce monde brillant qui redoutait la philosophie et admirait les philosophes.

Ainsi donc, sa vie s'écoula sans épreuves, sans combats, sans aucun incident qui fît éclater cette puissance d'indignation qu'il avait, dit-on, au fond de l'âme.

Les occasions lui manquèrent pour être éloquent au sérieux. Nous ne voulons pas parler ici, comme Marmontel, de ces grandes épreuves que la tyrannie antique réservait au courage. On ne peut espérer ces choses-là dans nos temps modernes. Mais si Thomas fût né dans un pays libre comme l'Angleterre; si, parmi les agitations régulières d'une liberté forte cependant, il eût eu quelque grand combat à soutenir contre un parti, contre un pouvoir, je crois qu'alors son éloquence eût été plus vraie et de meilleur goût, en devenant énergique à propos. Mais cette véhémence qui se perd dans le vide et s'adresse à des tyrannies qui ont deux mille ans de date, cette association de colère avec Helvidius et Thraséas ne peut inspirer des paroles vives et naturelles.

C'est seulement l'art des rhéteurs; c'est ainsi que Thémiste, Libanius, Dion Chrysostôme, dans des temps de domination absolue, tempérée par l'amour des lettres, ou quelquefois par la philosophie du prince, rappelaient poétiquement les anciennes vertus des républiques, et étalaient sans péril de grands sentiments dans de longues harangues, qui se terminaient par l'éloge pompeux du maître.

Cependant, Messieurs, après ces réflexions qui ne sont pas des critiques personnelles (car elles portent moins peut-être sur l'écrivain que sur l'époque), il faut rendre justice aux rares qualités de l'âme et de l'esprit de Thomas. Il avait dans le cœur l'amour de la gloire, de la vertu et de la science; il était zélé pour le progrès de l'humanité; il y croyait avec ardeur, sentiment qui nous paraît manquer à la philosophie des derniers siècles de l'Empire. Lorsque les *éloges* de Thomas rentrent dans la critique littéraire, dans l'histoire de l'esprit humain, son éloquence s'anime. Il suffit de rappeler son panégyrique de Descartes. Il règne dans quelques parties de cet ouvrage, malgré les malicieuses flatteries de Voltaire, une pompe un peu déclamatoire qui ne vaut pas le portrait énergique et simple que l'on vous a tracé de Descartes dans cette chaire où je parle. Mais on y trouve aussi, je crois, une élévation de sentiment, un enthousiasme qui peut parler à l'âme, à travers l'appareil scientifique.

On peut citer comme belles les pages où Thomas, après avoir énuméré les premières découvertes de Descartes, qu'il grandit un peu par le faste de ses paroles (car Descartes n'a pas tout à fait recréé l'entendement humain; c'est trop), où l'orateur, dis-je, s'anime à l'idée des progrès infinis de la science, à l'idée de ce mouvement commun du genre humain, et écrit ces paroles :

> Au siècle de Descartes, il n'était pas temps d'expliquer le système du monde; ce temps n'est pas venu pour nous. Peut-être l'esprit humain n'est-il qu'à son enfance. Combien de siècles faudra-t-il encore pour que cette grande entreprise vienne à sa maturité? Combien de fois faudra-t-il que les comètes les plus éloignées se rapprochent de nous, et descendent dans la partie inférieure de leurs orbites? Combien faudra-t-il découvrir dans le monde planétaire, ou de satellites nouveaux, ou de nouveaux phénomènes des satellites déjà connus? Combien de mouvements irréguliers assigner à leurs véritables causes? etc.
>
> Et peut-être après ces collections immenses de faits, fruits de deux ou trois cents siècles, combien de bouleversements et de révolutions ou physiques ou morales, sur le globe, suspendront encore pendant des milliers d'années les progrès de l'esprit humain dans cette étude de la nature! Heureux si, après ces longues interruptions, le genre humain renoue le fil de ses connaissances au point où il avait été rompu! C'est alors peut-être qu'il sera permis à l'homme de penser à faire un système du monde, et que ce qui a été commencé dans l'Égypte et dans l'Inde, poursuivi dans la Grèce, repris et développé dans l'Italie, en France, en Allemagne et en Angleterre, s'achèvera peut-être ou dans les pays intérieurs de l'Afrique, ou dans quelque endroit sauvage de l'Amérique septentrionale ou des terres australes; tandis que notre Europe savante ne sera plus qu'une solitude barbare, ou sera peut-être engloutie sous les flots de la Méditerranée. Alors on se souviendra de Descartes; et son nom sera prononcé peut-être dans les lieux où aucun son ne s'est fait entendre depuis la naissance du monde.

Me suis-je trompé, Messieurs? ce morceau magnifique par les termes n'excite aucune impression sur vous. Votre froideur est un jugement. L'épreuve d'un vaste auditoire me révèle le côté faible de cette éloquence fastueuse, mais inactive, éloquence de combinaison et de cabinet, qui n'est pas faite pour émouvoir les hommes assemblés.

Du reste, nous l'avons dit, cet *Éloge de Descartes* était un ouvrage de critique, une dissertation philosophique et littéraire : c'est par là que j'explique la supériorité de ce discours ; il appartenait à un genre vrai, bien que gâté par l'exagération du langage.

Je n'en parle, du reste, ici, Messieurs, que par épisode : j'ai voulu marquer le rapport du talent de Thomas avec ces sophistes, avec cette littérature artificielle, dont il s'est fait l'ingénieux historien, l'élégant traducteur, dans son *Essai sur les Éloges*. C'est ce dernier ouvrage qui nous importe pour y chercher quels progrès faisait la critique par les longues études de Thomas sur un grand nombre de monuments de la littérature grecque et latine. Je devrais indiquer avec quel art l'habile écrivain rattache l'histoire des mœurs à celle des lettres, et souvent, à l'occasion d'un panégyrique assez médiocre, introduit dans ses analyses de curieux rapprochements historiques, des vues intéressantes sur la civilisation et les arts. Mais, avant tout, il est une omission singulière qui me frappe dans cet ouvrage, d'ailleurs si serré, si rempli de faits et de recherches : c'est l'oubli de ce qu'il y a peut-être eu de plus caractéristique et de plus vrai dans la littérature du *panégyrique*. Le savant critique remonte aux premiers temps et aux premiers éloges, aux hymnes pour les dieux ; il ne fait grâce d'aucun panégyrique, en prose, en vers, déclamé ou chanté, chez les peuples civilisés ou barbares ; il parcourt la Grèce libre, la Grèce soumise aux Romains, mais toujours savante et plus adulatrice que jamais, Rome libre si peu de temps, dès qu'elle fut lettrée, et Rome asservie sous les empereurs ; mais il nomme à peine et il oublie d'analyser les *panégyriques* de l'Église chrétienne. N'était-ce pas là, Messieurs, cependant, que l'on pouvait espérer l'originalité et la vie, comme je l'ai dit dans la dernière séance? Qu'à la mort d'un empereur, une cérémomie se célèbre, qu'un sophiste grec ou romain, un Libanius, un Thémiste, ou quelquefois le successeur de l'empereur, prenne la parole et fasse un discours, ou bien encore que l'empereur soit célébré de son vivant, et en personne, malgré quelques traits d'éloquence, je m'ennuie de cette littérature qui semble un cérémonial. Mais à côté de cette société officielle et pompeuse il y avait une société secrète et passionnée. Si quelque chose pouvait me faire retrouver l'éloquence qui avait animé les beaux jours de la Grèce, si quelque chose pouvait me rendre la place publique d'Athènes, sous une autre forme, c'était une catacombe, une église chrétienne. Là aussi, en effet, c'étaient des hommes libres et enthousiastes qui célébraient le grand exemple que leur avait laissé l'un d'eux en mourant pour la cause commune. Quel intérêt puis-je éprouver, lorsque vous me faites lire les compliments que Libanius adressait à l'empereur Valens, et plus tard à l'empereur Théodose, ou à tel autre empereur? Dans une époque même plus heureuse pour les lettres, quel vif étonnement puis-je éprouver à l'analyse des longues louanges que le consul Pline adresse en face à l'empereur Trajan? Mais que sur les pas de ces orateurs obscurs et véhéments que forme le christianisme, vous me fissiez descendre dans une réunion de persécutés ; si là, l'un d'eux se lève, prend la parole, commence par une prière, et ensuite, en termes énergiques et familiers, avec l'enthousiasme et le pressentiment du martyre (il s'agit du martyre tel que l'éprouva l'église naissante), décrit les douleurs et la constance de celui que pleure la société chrétienne, ne sentez-vous pas quelle vie puissante animait de semblables panégyriques qui pouvaient être interrompus tout à coup par les satellites des empereurs et par un renouvellement de persécution ? Il y a, par exemple, dans les ouvrages de saint Cyprien, un écrit intitulé : *In Laudes martyrum ;* ce n'est pas l'éloquence correcte et pure de la Grèce ; c'est une éloquence qui se rapproche davantage de l'énergie véhémente de quelques orateurs du xvie siècle. Là point d'éloges pompeux ; point de phrases élégamment polies ; l'orateur vous dit :

> Lorsque les bourreaux déchiraient ces victimes de notre foi, j'ai compris par les paroles des spectateurs qu'il y avait, à leurs yeux, je ne sais quoi de grand à ne pas être dompté par la douleur. On disait à l'entour : Celui-ci a des enfants ; il a une femme dans sa maison, et ni la tendresse ni la pitié pour ces gages chéris ne l'ont distrait du supplice ; il faut connaître cette religion et en pénétrer la vertu. Ce n'est pas une confession faite à la légère que celle pour laquelle un homme peut mourir.

Ces simples paroles, que je traduis mal et de mémoire, ont une force naïve d'éloquence que vous ne trouverez pas dans tous les panégyriques de l'Empire.

Je suis donc fâché, pour l'art et pour la vérité, que Thomas ait négligé ces sources fécondes de pathétique et de grandeur morale : j'insisterai quelque peu sur le caractère et les occasions de cette éloquence. Dans l'état du monde d'alors, sous la domination des Césars et des prétoriens, tandis que d'un côté étaient la force matérielle et les préjugés sanguinaires de l'idolâtrie, de l'autre les vertus et la foi des chrétiens, la mort même naturelle de tout chrétien zélé était une perte patriotique pour la société nouvelle ; tout le monde se réunissait dans l'église ; là un frère déplorait la perte de son frère, un fils celle de son père ; rien n'était apprêté dans cette éloquence ; ce n'était point un hommage décerné seulement à la puissance ; ce n'était pas le culte exclusif de la grandeur ; il n'y avait pas ces vaines formalités qui remplissent tous les panégyriques païens de cette époque ; on n'entendait pas les mots de *vir perfectissimus*, *vir clarissimus*, rien des formalités de la courtisanerie de Byzance ; c'était, au contraire, quelque chose de libre, de fier dans l'humilité même. Après Constantin, ce caractère d'égalité évangélique se conserve encore. Représentez-vous Grégoire de Nazianze, orateur grec, dans sa petite ville de Nazianze, dont tout le peuple est chrétien comme lui ; il a perdu son frère Césarius, qui avait vécu longtemps à la cour des empereurs, qui avait été médecin du palais de Julien. Julien, et cette anecdote appartient à l'histoire, malgré son ardeur de prosélytisme païen, a ménagé **Césarius** par estime pour ses rares talents, par attrait pour son éloquence; il a voulu seulement le vaincre par les séductions du pouvoir et de l'amitié : le chrétien fut inflexible, s'exila, erra longtemps dans la Thrace. Ces aventures de la vie chrétienne et ces épreuves sont contées vivement, avec enthousiasme; tout cela était interrompu sans doute par les acclamations de la société chrétienne qui était là présente, et qui triomphe dans les éloges donnés à l'un de ses frères : n'est-ce pas là l'éloquence populaire dans toute sa vérité? Une autre fois, Grégoire de Nazianze prononçait l'éloge funèbre de son père, qui avait été évêque de Nazianze; il est interrompu par la présence de saint Basile, son ami, et alors le plus grand homme de l'Église d'Orient, Basile, cet orateur chrétien, si savant dans les lettres et la philosophie profane, et longtemps élevé dans Athènes où il avait excité l'admiration et la jalousie même de Julien.

Grégoire de Nazianze se détourne un moment du triste et solennel office qu'il rend à son père, et s'adressant, au milieu de la société chrétienne, à l'ami qui vient le visiter dans sa douleur :

> Homme de Dieu, lui dit-il, d'où viens-tu? Que veux-tu? Quel bien nous apporte ta présence? Viens-tu pour chercher le pasteur, ou pour examiner le troupeau? Si tu viens pour nous, hélas! tu nous trouves à peine vivants et déjà frappés de mort dans la plus chère partie de nous-mêmes.

Ces expressions si simples et si vives, cette confusion de la famille et de l'Église, ces sentiments de la nature mêlés à l'émotion du prêtre, selon le génie des premiers temps, répandent sur ces discours un intérêt mélancolique, une tristesse religieuse pleine de charme et d'originalité.

Le dirai-je même, lorsque ce n'est plus la vie privée du christianisme, si l'on peut parler ainsi, qui occupe les orateurs, lorsqu'ils rentrent sous la loi pompeuse de l'étiquette de Rome ou de Byzance, leur culte, dans sa pureté et sa vivacité primitive, leur laisse quelque chose de fier et de libre. Un éloge funèbre de Théodose, prononcé par saint Ambroise, par ce saint Ambroise qui avait réprimandé la cruauté de Théodose, ne ressemblera pas aux fastueux éloges que les rhéteurs païens prodiguaient à la mémoire de ce prince dont leur flatterie fait un dieu, tout chrétien qu'il était. Ces idées de la brièveté de la vie et de l'immortalité de l'âme, ce mépris des grandeurs, ce compte à rendre devant Dieu, ces choses, qui sont des lieux communs dans les bouches vulgaires, et des vérités sublimes dans celle de Bossuet, animent toutes les oraisons funèbres des Pères de l'Église. L'orateur n'est pas un sophiste qui loue, mais un intercesseur puissant, quelquefois même un juge.

De plus on voit poindre, dès le IIIe siècle, cette domination théocratique qui a si longtemps pesé sur le monde au moyen âge, et embarrassé la civilisation des temps modernes; mais alors elle luttait contre une force plus rude et moins éclairée; alors elle était un secours donné, au nom de la religion, à la liberté humaine vaincue et chassée de toutes parts. Un vif intérêt, une sorte de sympathie involontaire s'attache à ces résistances religieuses, à cette autorité morale que l'orateur chrétien porte avec lui, alors même qu'il vient célébrer, sur un tombeau, la puissance terrestre, qu'il humilie au nom du ciel.

A ces grands spectacles du christianisme naissant, à cette éloquence active, qu'il ressuscitait et qu'il appelait à toutes les affaires de la vie, en même temps qu'il lui faisait exprimer des idées nouvelles et mystérieuses, on ne pourrait opposer les harangues des sophistes grecs ou romains; et cependant ce sont ces monuments d'une froide éloquence qui ont presque seuls occupé l'attention, l'intérêt de Thomas.

En ce sens, on peut dire que son travail est bien supérieur à son sujet. Il faut en excepter quelques belles digressions, où il a ramené les noms et les ouvrages de plusieurs grands écrivains de l'antiquité, Platon, Xénophon, Tacite. Là, il admire avec goût, avec éloquence. Je voudrais donner quelque exemple de ce genre de beautés ; je voudrais faire ressortir le talent de l'auteur. Ce talent ne sera jamais simple ; jamais on ne pourra dire de Thomas ce que Pascal aimait tant à dire : « Vous êtes tout étonnés, tout ravis, quand vous trouvez le style naturel. Vous vous attendiez à un auteur, et vous rencontrez un homme. » Non, Thomas est toujours un auteur; c'est un auteur savant, ingénieux, élégant ; mais c'est un auteur. Eh bien, je crois qu'il se fait, qu'il se fera chaque jour un progrès dans le goût public, et que ce progrès nous éloigne de ce qui tient trop au métier d'auteur. Des choses qui, à une époque trop exclusivement littéraire, à une époque de bel esprit et de nullité politique, auraient plu singulièrement, nous paraîtraient aujourd'hui froides, vides, pompeuses. L'antiquité, toujours théâtrale dans Thomas, serait aujourd'hui conçue d'une manière plus simple et plus vive tout à la fois. Cette pompe, qu'on a reprochée à quelques tragédies françaises, choque surtout quand on la trouve placée dans de simples ouvrages de philosophie et d'analyse; quand on voit que l'écrivain, sans aucune émotion dramatique, s'est, de gaîté de cœur, en quelque sorte guindé, pour paraître grand et sublime.

Mais enfin, me direz-vous, quel mérite trouverez-vous dans cet ouvrage? Pourquoi nous en parlez-vous longtemps si, lors même que vous prétendez le louer, vous retombez dans une critique involontaire, et par cela même plus rigoureuse? Je louerai, Messieurs, une grande érudition dont l'objet n'est pas assez varié, un talent d'écrire noble et ferme, une dignité, une chaleur de sentiment à laquelle manque seulement la réalité d'une application utile et immédiate.

Thomas, tourmenté du besoin de l'inspiration, et ne la trouvant pas dans les événements et les mœurs de son siècle, la demandait à l'histoire, la cherchait dans les livres. Ainsi, il composait avec effort des pages d'un tour élevé, dans lesquelles on désire un peu de cette chaleur qui fait vivre même les incorrections et les fautes. On m'a reproché d'avoir parlé de Mirabeau, et d'avoir fait, en cela, preuve de mauvais esprit et de mauvais goût. Oh! combien Mirabeau, avec ce qu'il a d'inculte, de bizarre, est un orateur plus vrai, plus expressif que le studieux, l'élégant, le pompeux Thomas!

Quelquefois cependant, nous l'avons dit, lorsqu'il se borne à la critique, et qu'il élève la critique par le sentiment moral, l'éloquence se retrouve sous sa plume. C'est presque toujours cette éloquence secondaire, née à l'occasion d'une autre éloquence; mais quelquefois les expressions en sont neuves et le mouvement pittoresque.

Plutarque, biographe et peintre des grands hommes, est admirablement dessiné par Thomas. Je rappellerai ce morceau, quoique trop connu; et je le cite en expiation de mes censures :

Évoque devant moi les grands hommes; je veux les voir et converser avec eux, disait un jeune prince plein d'imagination et d'enthousiasme à une Pythonisse célèbre qui passait, dans l'Orient, pour évoquer les morts. Un sage qui n'était pas loin de là, et qui passait sa vie dans la retraite, s'approcha et lui dit : « Je vais exécuter ce que tu demandes : tiens, prends ce livre, etc., etc., etc. »

Hormis quelques expressions un peu abstraites et techniques, dans la suite de ce morceau, le langage en est élevé et le sentiment vrai.

Thomas, sans être jamais familier, sans descendre à ces traits de mœurs qui peignent un caractère ou une époque, n'a pas moins bien retracé la vie et l'influence des sophistes grecs dans les derniers temps de l'Empire. Ce tableau dont la malignité contemporaine voudra peut-être faire une application, est plein d'élégance et de finesse.

<blockquote>Les orateurs grecs, qu'on nomme sophistes, jouaient alors un grand rôle, etc., etc.</blockquote>

Cette description élégante vous touche peu. C'est que vous avez le sentiment d'une vie beaucoup plus vraie, et par conséquent d'une éloquence plus sérieuse. Vous voulez bien venir écouter quelqu'un qui vous parle avec moins de facilité qu'un sophiste grec, et qui n'a pas non plus un intérêt actif à défendre, une passion sérieuse à faire prévaloir. Toutefois il vous entretient d'un objet d'étude; peut-être ne le considère-t-il pas sous un point de vue assez intéressant, assez élevé. Mais enfin l'enseignement est ici le but de la parole. L'histoire de la langue et des lettres, les accidents variés du goût, la diversité des époques, le génie des écrivains, leur biographie dans ses rapports avec leur talent, leur influence sur les opinions et les mœurs, voilà, sans doute, autant de sujets d'un intérêt secondaire, mais véritable, qui ne sont pas empruntés à des passions fugitives et fausses, qui n'ont pas besoin d'être exagérées par la parole. C'est en ce sens que nos écoles, tant calomniées aujourd'hui, n'ont pas de ressemblance avec la brillante et vaine sophistique des anciens rhéteurs.

En Grèce et à Rome, du temps de leur décadence, que faisait-on dans les écoles des sophistes?

On y parlait, pour bien parler; on improvisait sous un personnage fictif, dans une situation imaginaire; on jouait soi-même un rôle. Ici, il n'y a que la littérature sous la forme historique; c'est un livre négligé, incomplet, incorrect, que vous écoutez; mais c'est un livre sur l'objet de vos études. Rien de factice ou de théâtral ne se mêle à ce qui vous occupe : l'examen des lettres et du goût.

Vous me reprocherez peut-être, Messieurs, d'avoir consacré une heure à l'analyse de cette ancienne sophistique grecque et latine, à laquelle Thomas, avec son talent et son érudition, a consacré un gros volume; mais il faut la connaître un peu, ne fût-ce que pour ne pas l'imiter.

Thomas, qui a fait un excellent ouvrage de critique sur un sujet stérile, et a étudié de l'antiquité la partie la moins instructive, cet écrivain dont la postérité connaîtra peu de pages, était cependant un homme rare, et eût mérité, par ses vertus, d'être un homme de génie.

Rien n'égala la pureté, la simplicité de sa vie. Il était né pauvre. Dévoué longtemps à des devoirs austères, à une vie simple, jamais il ne sacrifia à aucun intérêt; cet héroïsme de délicatesse ne pouvait, dans la tranquillité de la vie du xviiie siècle, s'exercer que sur de petites choses. C'était une place à l'Académie à prendre, ou à ne pas prendre; c'était une place de secrétaire du duc de Praslin à quitter, ou à ne pas quitter : mais Thomas, dans ces petites épreuves, fit tout ce qui était noble; il le fit bien, il le fit à propos. Jeune, il avait été préoccupé de sentiments très-religieux ; il avait écrit contre Voltaire avec une foi sincère. Plus tard, ses opinions changèrent ; il devint un philosophe, comme on l'était alors. Je ne sais s'il était sceptique ; mais il fut toujours grave, pur, irréprochable dans sa vie. Jamais dans ses ouvrages, qui le firent accuser d'impiété, de sédition, vous ne trouverez une phrase qu'une conscience sévère et juste puisse blâmer ; le goût y blâmera beaucoup de choses, jamais la conscience. Enfin, quand il sortait de cette pompe oratoire dont il était entouré, quand c'était son âme qui parlait, non-seulement il était éloquent, mais il était poëte. Certainement cette ode *au Temps*, qui fut couronnée à l'Académie, réunit, dans les premières strophes, tout ce que la pompe, le galimatias, le faux goût peuvent entasser ; mais lorsque le poëte revient sur lui-même, par retour naturel et attendrissant, les expressions sont simples et pures :

> Si je devais un jour, pour de viles richesses,
> Vendre ma liberté, descendre à des bassesses ;
> Si mon cœur par mes sens devait être amolli,
> O Temps ! je te dirais : Hâte ma dernière heure ;
>   Hâte-toi, que je meure ;
> J'aime mieux n'être plus que de vivre avili.
>
> Mais si de la vertu les généreuses flammes
> Peuvent de mes écrits passer dans quelques âmes,
> Si je puis d'un ami soulager les douleurs ;
> S'il est des malheureux dont l'obscure innocence
>   Languisse sans défense,
> Et dont ma faible main puisse essuyer les pleurs :
>
> O Temps ! suspends ton vol, respecte ma jeunesse ;
> Que ma mère, longtemps témoin de ma tendresse,

Reçoive mes tributs de respect et d'amour;
Et vous, gloire, vertu, déesses immortelles,
Que vos brillantes ailes
Sur mes cheveux blanchis se reposent un jour.

Enfin, lorsque Thomas était loin de l'Académie, loin des sociétés brillantes et fastueuses du xviiie siècle, lorsqu'il était triste, malade, réfugié sous le climat de Provence, où il cherchait à ranimer un peu sa vie défaillante, il écrivait des lettres qu'on ne peut lire sans la plus vive émotion. Il n'est plus rhéteur, il n'est plus bel écrivain, mais il est plein d'éloquence. Il écrivait à un homme célèbre du xviiie siècle, à Ducis, esprit si original et si naturel, bien plus original dans sa personne que dans ses tragédies; car ses tragédies étaient à moitié fausses, par bien des causes; mais sa personne, rien ne l'avait jamais touchée ni altérée. De nos jours, il passa devant Bonaparte, sans être effleuré par lui, sans baisser la tête. Thomas l'aimait. C'étaient deux hommes excellents, faits l'un pour l'autre. Il lui écrivait cette lettre, qui sera ma dernière citation et mon plus grand éloge de l'auteur:

Je voudrais pouvoir vous accompagner dans votre voyage à la Grande-Chartreuse. Ce lieu est fait pour vous. Combien il réveillera, dans votre imagination, d'idées mélancoliques et tendres! Je vous connais, vous serez plus d'une fois tenté d'y rester; vous n'en partirez, du moins, qu'avec les regrets les plus touchants. Ces pieux solitaires ont abrégé et simplifié le drame de la vie, ils ne s'occupent que du dénoûment, et s'y précipitent sans cesse. C'est bien là que la vie n'est que l'apprentissage de la mort; mais la mort y touche aux cieux: c'est une porte qui s'ouvre sur l'éternité. L'horreur même du désert qu'ils habitent ressemble à un tombeau. Il semble que déjà ils se sont retirés de la vie le plus loin qu'ils ont pu. Ah! que la vue de Ferney sera différente à vos yeux! quel contraste! Là, tout tendait à la gloire, à l'agitation, au mouvement. C'était pourtant aussi une retraite, mais celle d'un homme qui, de là, voulait remuer le monde et se mêlait à tous les événements, dont le bruit même le plus éloigné ne parvient pas jusqu'aux autres. On a de la peine à s'imaginer encore aujourd'hui que sa cendre soit tranquille, etc.

J'ai appris avec douleur la mort de ce pauvre abbé Millot. Mon cher ami, le canon perce nos lignes, et les rangs se serrent de moment en moment; cela est effrayant. Aimons-nous jusqu'au dernier jour; et que celui qui survivra à l'autre aime encore et chérisse sa mémoire. Quel asile plus respectable et plus doux peut-elle avoir que le cœur d'un ami? C'est là qu'elle repose, au lieu que, dans l'opinion et dans la gloire, elle est errante et agitée.

QUARANTE-DEUXIÈME LEÇON.

Barthélemy. — Anecdotes de ses premières années. — Ses vastes études. Plan de son ouvrage sur la Grèce. — Beauté réelle du sujet. — Inconvénient d'un cadre fictif. — Rapprochement de Barthélemy avec des écrivains de nos jours. — Faux goût plus fort que son érudition. — Il ramène tout aux idées françaises, au lieu de conserver l'originalité grecque. — Principales parties de son ouvrage. — Parallèle entre un récit de Xénophon et un récit de Barthélemy. — Mérite durable du *Voyage d'Anacharsis*.

Messieurs,

J'ai dit que la critique littéraire, au xviiie siècle, étudiait trop peu l'antiquité, la traduisait faiblement, la jugeait quelquefois avec une injuste légèreté. Cependant un ouvrage célèbre de cette époque est là pour démentir une partie de mes censures : c'est cet ouvrage qui doit aujourd'hui nous occuper.

Si nous avons regretté que le cadre adopté par Thomas, que cet examen étroit et uniforme d'un seul genre de littérature, le moins heureux, le moins favorable de tous, ait gêné son talent, ce regret ne convient plus quand il s'agira d'un autre sujet de critique, traité à la même époque, de l'histoire littéraire de la Grèce, c'est-à-dire du sujet le plus beau, le plus varié que l'imagination puisse embrasser, que le goût puisse choisir.

D'une autre part, Messieurs, a-t-il manqué quelque chose à l'écrivain? Cette frivolité mondaine dont nous avons parfois accusé le XVIII° siècle, ce goût tout moderne de littérature qui semblait une mode plutôt qu'une étude, cet oubli, ce dédain des lettres antiques étaient-ils le partage de l'abbé Barthélemy? Non. Jamais homme ne fut plus érudit, plus studieux amateur, plus ingénieux annotateur de l'antiquité. Son érudition doit épouvanter non-seulement tout le XVIII° siècle, mais même le XIX°, qui se pique de savoir et d'exactitude.

Quelques souvenirs de sa vie, quelques anecdotes qui ne peuvent vous déplaire le prouveront assez. L'abbé Barthélemy ne fut pas, selon l'usage du XVIII° siècle, saisi, presque au sortir du collège, par la vie littéraire; il ne suivit pas cette carrière, tracée d'avance, qui faisait qu'après avoir achevé ses études on entrait dans le monde, que l'on avait un prix à l'Académie, ou même que l'on composait sa tragédie, et qu'on était dès lors homme de lettres reconnu et déclaré. Rien n'égale, Messieurs, la jeunesse laborieuse, les profondes études, la vie de *bénédictin* par laquelle l'abbé Barthélemy se prépara de loin à cet ouvrage, que nous allons accuser d'être un peu superficiel et frivole.

Barthélemy, l'un des hommes les meilleurs qui aient honoré les lettres, l'un des plus savants et des plus sagaces qui aient éclairé la haute critique et les recherches d'antiquité, était né dans la Provence, auprès de la petite ville d'Aubagne. Il fut prédestiné, dès sa première jeunesse, à être érudit. Ses distractions, ses amusements étaient de composer des *Racines* de la langue arabe, d'apprendre par cœur les sermons de quelque moine maronite, et de les réciter aux chrétiens orientaux que leur commerce appelait à Marseille.

Il avait fait de plus toutes les études savantes du temps ; rien ne lui manquait ; il avait d'abord étudié chez les oratoriens, et ensuite chez les jésuites. Maintenant, ces études avaient-elles complétement développé son esprit ? lui offraient-elles tous les points de vue scientifiques et littéraires que l'on doit ouvrir à la jeunesse ? Voyons comme lui-même en a jugé. On n'accusera pas dans sa bouche la frivolité dédaigneuse et profane d'un professeur de notre époque ; et, comme souvent, Messieurs, on vous reproche les leçons que vous écoutez, il faut que je vous dise ce que l'abbé Barthélemy pensait lui-même de celles qu'il avait entendues à votre âge :

J'avais fait mes cours de philosophie et de théologie chez les jésuites. Dans le premier de ces cours, le professeur, voulant nous donner une idée du cube, après s'être bien tourmenté sans réussir, prit son bonnet à trois cornes, et nous dit : « Voilà un cube. » (*Rire universel.*) Dans le second, le professeur du matin, pendant trois ans entiers, et pendant deux heures tous les jours, écumait et gesticulait comme un énergumène pour nous prouver que les cinq propositions étaient dans Jansénius.

Je m'étais heureusement fait un plan d'étude qui me rendait indifférent aux bêtises et aux fureurs de mes nouveaux régents, etc.

Je n'aurais pas dit cela de mon chef ; je n'aurais pas ainsi traité une éducation que l'on opposerait sans doute avec hauteur à l'éducation de nos jours ;

mais enfin, comme c'est à la fois le plus grave et le plus doux des critiques du xviiie siècle qui a porté ce jugement, je ne suis pas fâché de le lire, sans y engager ma responsabilité.

Au milieu de ces études officielles, régulières chez les jésuites, corrigées par cette méditation de la langue arabe qui occupait les récréations de Barthélemy, son érudition s'accroissait prodigieusement. Il y joignait une singulière modestie, une aimable naïveté de caractère, qui n'était cependant pas exempte de quelque malice, mais d'une malice qui avait son aménité, sa douceur piquante.

Voici ce qu'il raconte lui-même de son érudition :

Mon maître avait dressé, pour mon usage, quelques dialogues arabes, qui contenaient, par demandes et par réponses, des compliments, des questions et différents sujets de conversation; par exemple : Bonjour, Monsieur; comment vous portez-vous ? — Fort bien, à vous servir. — Il y a longtemps que je ne vous ai vu. — J'ai été à la campagne, etc.

Un jour on vint m'avertir qu'on me demandait à la porte du séminaire. Je descends, et me vois entouré de dix à douze principaux négociants de Marseille. Ils amenaient avec eux une espèce de mendiant qui était venu les trouver à la Loge (à la bourse) : il leur avait raconté qu'il était Juif de naissance, qu'on l'avait élevé à la dignité de rabbin; mais que, pénétré des vérités de l'Évangile, il s'était fait chrétien; qu'il était instruit des langues orientales, et que, pour s'en convaincre, on pouvait le mettre aux prises avec quelque savant. Ces messieurs ajoutèrent, avec politesse, qu'ils n'avaient pas hésité à me l'amener. Je fus tellement effrayé qu'il m'en prit la sueur froide. Je cherchais à leur prouver qu'on n'apprend pas ces langues pour les parler, lorsque cet homme commença tout à coup l'attaque avec une intrépidité qui me confondit d'abord. Je m'aperçus heureusement qu'il récitait en hébreu le premier psaume de David, que je savais par cœur. Je lui laissai dire le premier verset, et je ripostai par un de mes dialogues arabes. Nous continuâmes, lui, par le second verset du psaume, moi, par la suite du dialogue. La conversation devint plus animée; nous parlions tous deux à la fois, et avec la même rapidité. Je l'attendais à la fin du dernier verset : il se tut en effet; mais pour m'assurer l'honneur de la victoire, j'ajoutai encore une ou deux phrases, et je dis à ces messieurs que cet homme méritait, par ses connaissances et par ses malheurs, d'intéresser leur charité. Pour lui, il leur dit, dans un mauvais baragouin, qu'il avait voyagé en Espagne, en Portugal, en Allemagne, en Italie, en Turquie, et qu'il n'avait jamais vu un si habile homme que ce jeune abbé. J'avais alors vingt et un ans. (*Rire général.*)

Ces anecdotes ne sont pas indifférentes à la connaissance du caractère littéraire de Barthélemy. Vous voyez que l'érudition ne lui a pas inspiré le charlatanisme, au moins pour ses lecteurs; vous voyez qu'il est ingénieux, agréablement moqueur dans sa manière de conter. Lorsque ses études se seront encore étendues, lorsque tout ce qu'on peut savoir de littérature classique aura passé par cet esprit facile et fin, nous chercherons quel ouvrage doit en sortir.

Barthélemy, après avoir ainsi longtemps étudié à Marseille, vint à Paris, objet de toutes les jeunes ambitions, carrière ouverte à tous les jeunes talents. Il débuta par l'intime confiance, par la docte familiarité de M. de Boze, homme alors très-considérable, ayant cette existence grave et paisible que donne un mélange de crédit et d'érudition.

M. de Boze était conservateur du cabinet des médailles. Là, Barthélemy vit, pour la première fois, les gens de lettres, comme on disait alors. Il les vit avec ce respect, cette candeur qui lui était naturelle et qu'il peint à merveille; permettez-moi encore cette citation :

> C'est là que j'ai connu le Comte de Caylus, M. l'abbé Sallier, les abbés Gedoyn, de La Bletterie, du Resnel, etc.....

Tous hommes célèbres, Messieurs, que vous ne connaissez pas beaucoup aujourd'hui. Mais poursuivons :

> Leurs paroles, leurs gestes, rien ne m'échappait ; j'étais étonné de comprendre ce qu'ils disaient. Ce profond respect pour les gens de lettres, je le ressentais tellement dans ma jeunesse, que je retenais même les noms de ceux qui envoyaient des énigmes au *Mercure*. (*On rit.*)

Barthélemy, dans cette société savante, sous ce maître habile et sévère dont il devint le collaborateur, étudia profondément l'antiquité dans ses rapports avec la science des médailles. Une mission de confiance le conduisit en Italie. Pourquoi faire? ce n'était pas pour recueillir les impressions que le spectacle de ces lieux antiques et poétiques peut donner à l'âme du voyageur; ce n'était pas pour les considérer en artiste; mais pour acheter quelques médailles. Cette science et ce devoir de sa place étaient devenus pour lui une passion. Son voyage n'est donc qu'une description, froide pour vous, des visites qu'il fait chez de célèbres antiquaires, des beaux et riches cabinets qu'il parcourt, de la jalousie que lui inspirent ces cabinets de savants italiens, qui font rougir la pauvreté du *cabinet du roi*; enfin des efforts qu'il fait pour acquérir une médaille. Il vous parle de tel fameux antiquaire de Florence ou de Padoue, qu'il a supplié longtemps de lui céder une médaille double. « Je n'ai jamais pu, dit-il, fléchir ce tigre. » Toute fantaisie vive, toute étude ardente et continue devient une passion; et toute passion a son intérêt. Les médailles, voilà quel était l'enthousiasme de l'abbé Barthélemy à cette époque.

Conduit à Rome, il ne faut pas oublier ce fait qui influa sur toute sa vie : il y connut l'un des plus spirituels seigneurs de la cour de Louis XV, M. de Stainville, qui fut célèbre plus tard sous le nom du duc de Choiseul, ami des arts, protecteur des lettres, brillant de tout ce que la science du monde et le goût peuvent donner de plus séducteur. L'abbé Barthélemy était tout fait pour cette société; il y plut singulièrement; et comme il vivait au xviiie siècle, sa faveur d'homme de bonne compagnie fit sa fortune de savant.

Dans sa prospérité, Barthélemy resta l'homme le plus doux, le plus bienveillant, le plus généreux. Comblé des faveurs de cour, il en refusait plus qu'il n'en acceptait. De retour à Paris, il s'était plongé de nouveau dans l'érudition. Il nous dit quelque part : « Tout mon regret, c'est de n'avoir pas commencé mon ouvrage dix ans plus tôt, et de n'avoir pas eu dix ans de plus pour l'achever; » et cependant, ce livre, il y consacra trente ans.

La vue de l'Italie lui avait d'abord inspiré le plan d'un autre ouvrage que celui qui a fait sa gloire. Parcourant ces beaux lieux en antiquaire, il y avait partout trouvé la trace de cette magnifique restauration des arts qui avait signalé le xvie siècle. En même temps, son goût vif pour l'érudition lui avait fait croire qu'un intérêt presque égal s'attachait aux productions graves et lourdes des savants de cette époque et aux enchantements des arts et du génie de l'antiquité. Ainsi, il voulait d'abord supposer un voyage en Italie au xvie siècle, parcourir en imagination toutes ces villes si brillantes du luxe de l'industrie et du luxe des arts, communiquer avec ces professeurs célèbres, ces savants de tout genre, qui exploitaient, déterraient, rajeunissaient l'antiquité; admirer ici Michel-Ange, là Jérôme Cardan, ici Arioste, là le savant Alciat, Accurse, et une foule d'autres, dont les noms ne sont plus vantés que dans des commentaires qu'on ne lit pas. Heureusement il abandonna cette idée. Il craignait de n'avoir pas assez d'études, dit-il lui-même; et il se reporta vers la littérature classique qui avait occupé toute son enfance, toute sa jeunesse, et que son travail assidu pour les médailles remettait sans cesse devant ses yeux.

Le voilà donc dévoué à un grand, à un immense travail.

Ici, Messieurs, j'aperçois la difficulté de la tâche que j'essaye en ce moment. Comment oser juger le travail d'un homme à la fois si savant et si modeste, d'un homme qui, possédant l'antiquité tout entière, étant, aux yeux de la critique habile de notre temps, un des érudits les plus profonds qui aient existé, a consacré la plus belle partie de cette érudition à un ouvrage dont nous ne ferions pas la moindre partie?

Mais, Messieurs, une double question se présente : la question du savoir et celle du goût, du sentiment vrai dans les arts. Barthélemy, par ses études, ses recherches profondes et minutieuses, s'était donné tout ce que l'érudition peut offrir au talent. Par le caractère de l'époque où il a vécu, par la manière dont cette époque a compris l'antiquité, par la disposition paisible de son esprit, étranger à tous les intérêts passionnés de la vie, a-t-il aussi bien senti ce qui devait animer un pareil ouvrage? Le plan même qu'il s'est proposé est-il le mieux conçu, le plus naturel, le plus favorable tout ensemble à l'effet et à la simplicité? Nous pouvons tous nous faire et la question et la réponse. Pour moi, je ne sais, mais il me semble que l'abbé Barthélemy n'a pas exploité toute la belle et riche carrière où pouvait fouiller l'érudition.

Certes, si après les œuvres d'imagination et de création, il est un sujet vaste qui doive soutenir et inspirer le talent, ce serait l'histoire critique du génie de la Grèce; mais cette histoire simplement faite. Nous savons tous quelle place les lettres occupent dans la vie d'un peuple civilisé; mais ce qui est vrai de tous les peuples l'est cent fois plus de la Grèce. La Grèce! c'est la poésie, c'est l'éloquence, ce sont les lettres vivantes et personnifiées. La Grèce, dans la variété de ses climats, dans la diversité de ses républiques, dans cette diversité violente et continue d'une république avec elle-même, par les agitations et les rivalités de ses citoyens, les combats de la tribune et du théâtre, elle avait rassemblé tous les accidents et tous les contrastes de l'imagination humaine. La Grèce, depuis l'Attique jusqu'à l'Ionie, depuis Syracuse jusqu'à Stagyre, elle avait, dans un étroit espace, tous les degrés et, pour ainsi dire, toutes les températures du génie; il n'était pas une de ces petites îles qui ne produisit quelque grand poëte. Aussi sa littérature n'eut pas de courtes existences comme les littératures modernes, des deux ou trois siècles, de gloire, comme la France, l'Italie, l'Angleterre; elle a duré des milliers d'années. Quand a-t-elle commencé? Était-ce avec Homère? mais Homère n'était-ce pas plusieurs poëtes réunis sous un seul nom? Et plusieurs siècles après Homère, ne s'élève-t-il pas des poëtes qui ont l'air de poëtes originaux? Eschyle est neuf, libre, inculte, comme le grand poëte d'une littérature qui commence, et pourtant il y a quatre siècles derrière lui; Sophocle est également neuf. Puis viennent d'autres grands poëtes, dont l'imagination est toute fraîche. Cependant leur idiome n'a pas l'air d'être sorti tout récemment de la pensée humaine. C'est une langue qui rend toutes les émotions que la guerre, la politique, les passions et les arts peuvent faire passer dans l'homme.

Enfin cette littérature grecque, lors même qu'elle devient critique, qu'elle n'agit plus sur la vie humaine, qu'elle agit sur elle-même, elle est encore riche, originale, autant que la critique peut l'être; elle a gardé surtout ce privilége d'une langue admirable, souple à tous les caprices, à toutes les finesses de la pensée. Et puis, cette prodigieuse révolution morale dont nous avons parlé, cet événement le plus grand qui ait traversé le monde, ce renouvellement des cultes, par où a-t-il passé d'abord? par la langue grecque. C'est par le christianisme et la langue grecque que le monde a été changé. Tous ces missionnaires qui allaient de la Judée jusqu'à Lyon, jusqu'à Rome, étaient des juifs hellénistes ou des Hellènes judaïsants; toutes ces écoles, qui florissaient dans Alexandrie, dans Antioche, dans Ascalon, dans Gaza, étaient grecques. Cette immensité, ce cosmopolitisme, pardonnez-moi ce mot barbare, qui sera le dernier état de la littérature grecque, est le dernier caractère de sa puissance. On a bien tort de croire qu'elle finit au règne d'Alexandre. Elle se transforme, elle s'étend au contraire. Après avoir été jusqu'à Alexandre, la première souveraine de l'imagination et du goût, elle est devenue, après Alexandre, la pensée de l'univers. (*Applaudissements.*)

Je crois, Messieurs, qu'il fallait conserver ce beau sujet dans son immense unité, dans sa grande et féconde simplicité, qu'il fallait raconter l'histoire de l'esprit grec. L'abbé Barthélemy a choisi de préférence un cadre imaginaire. Il a cru trouver dans une fiction quelque chose de plus grand, de plus original que la vérité. Nous ne pouvons nier que ce cadre ne soit adroitement disposé, qu'un art délicat, industrieux, n'ait présidé à l'emploi de toutes ces richesses qu'avaient amassées une lente érudition. Barthélemy lisant tous les auteurs grecs et latins par ordre, puis les commentateurs, recueillait sur des cartes les faits, les mots, les interprétations qui pouvaient, comme autant de parcelles, être un jour employés dans le monument dont il avait fixé la forme et l'étendue.

Mais quoi de plus difficile que de faire une mosaïque éloquente? Comment, après avoir ainsi amassé en détail une foule innombrable de particularités, après les avoir classées avec toute la perfection de la méthode, ou retenues avec la plus grande précision de mémoire, comment animer le tout d'un esprit de vie et d'unité? Je ne sache qu'un homme de notre temps qui ait fait cela, surtout dans deux cents pages : c'est ce jeune homme dont je vous ai parlé souvent, l'historien de la *Conquête de l'Angleterre par les Normands*. Une multitude de petits détails, de phrases, de mots perdus, disséminés dans les chroniques, formant toutes les nuances, toutes les variétés de la vie de cette époque, se sont habilement groupés dans ses récits; mais il ne les a pas déposés, pour ainsi dire, l'un après l'autre sur le papier; sa pensée les avait fortement saisis, son imagination s'en était colorée; il a jeté de verve tout ce qu'il avait appris, comme autant de choses qu'il aurait intimement senties. Mais, pour cela, il faut une merveilleuse et vive disposition, une mémoire passionnée. C'est un don bien rare; et, en respectant les vastes études, le talent de Barthélemy, je n'y trouve pas ce caractère. Cependant ce caractère était essentiel au plan qu'il s'était proposé; car ce plan, ce n'est pas une analyse, ce n'est pas un récit, c'est l'imitation de la vie, la traduction littérale, pittoresque de tout ce que le spectacle de la Grèce aurait donné d'émotions et d'idées à un contemporain. Il s'était donc imposé, il s'était commandé à lui-même cette vivacité de coloris, ce naturel dans les détails, cette expression du moment, dont je lui reproche d'avoir manqué. Un autre plan, historique et plus simple, ne lui aurait pas demandé autant et aurait rendu davantage.

Le défaut du plan qu'il a préféré, c'est aussi de rapetisser, de diminuer la grandeur du sujet. Je crois que, dans l'austérité du bon goût qui caractérisait le xviie siècle, on n'eût guère approuvé le cadre inventé par Barthélemy. J'imagine que Boileau lui aurait reproché d'imiter les grands romans de madame Scudéry; lui aurait dit qu'il ne fallait pas ainsi mêler le faux et le vrai, ni à côté d'Épaminondas, ou de tout autre grand homme bien réel, bien vrai de la Grèce, mettre un personnage de fantaisie. Cependant, Messieurs, un semblable artifice de composition fait, sous quelque rapport, la gloire de notre époque. Les ouvrages tant admirés d'un célèbre écrivain de nos jours ne sont autre chose qu'un emploi, une exploitation de l'histoire, à la faveur de la fiction, qu'une manière de faire ressortir les personnages réels par les personnages inventés. Marie Stuart a-t-elle jamais été plus vivement peinte, plus naïvement retrouvée que dans un roman de Walter Scott? L'explication de cette difficulté et de ce contraste entre deux époques tient à la forme des ouvrages. Si vous concevez un plan où des personnages inventés expriment tout ce qu'il y a de privé dans la vie humaine, tandis que vos personnages historiques sont l'image de la vie publique et privée tout ensemble, un véritable intérêt peut s'attacher à cette composition. Mais, pour y réussir, il faut à la vivacité des couleurs joindre la nouveauté des découvertes. L'antiquité nous donne-t-elle assez pour cela? les détails originaux sont-ils assez nombreux pour entretenir l'illusion du lecteur? Un célèbre romancier anglais a imaginé, dit-on, de mettre en roman l'histoire de Marc-Antoine et du triumvirat. Je suis en doute du succès. Ma raison, c'est que le romancier moderne ne fera pas un récit plus pittoresque et plus animé que Plutarque, et qu'il n'a pas de mémoires secrets sur Marc-Antoine. Il est d'avance vaincu par l'histoire. Pour matériaux, il n'a que des statues taillées par le ciseau des grands maîtres; quand il les aura morcelées pour les refaire, il n'aura fait qu'un double emploi : à la bonne heure pour le moyen âge, où les matériaux bruts abondent; mais là où il ne reste que les monuments de l'histoire, on ne peut faire passer le roman. Je le crains donc, l'idée du savant, de l'ingénieux Barthélemy n'était pas heureusement choisie. Ses personnages fictifs ne sont que les spectateurs convenus des événements; leur présence n'ajoute pas un trait au tableau. Philotas, Timagène, Apollodore, Lysis, pâles figures que nous ne regardons pas : Philotas, je crois, est tué à la bataille de Chéronée; l'auteur lui donne des regrets que personne ne partage. Barthélemy n'avait pas su créer une physionomie antique; il avait attribué seulement à Philotas quelques manières françaises, frivolité, vivacité, légèreté, amour-propre, des défauts ou des qualités qui courent le monde; mais il n'avait pas fait un personnage grec d'origine. Même défaut de vérité dans tout l'ouvrage : l'introduction même est écrite par le personnage imaginaire qui voyage dans la Grèce. C'est un Scythe; cette supposition ne peut plaire, que si quelques traits de la nature originale de ce personnage, de son climat, de son pays, se retrouvent dans ses récits. Malheureusement ce Scythe est encore un Français du xviiie siècle; voici comme il s'exprime :

> Les premiers habitants de la Grèce n'avaient pour demeures que des antres profonds, et n'en sortaient que pour disputer aux animaux des aliments grossiers et quelquefois nuisibles. Réunis dans la suite sous des chefs audacieux, ils augmentèrent leurs lumières, leurs besoins et leurs maux. Le sentiment de leur faiblesse les avait rendus malheureux; ils le devinrent par le sentiment de leurs forces.

Que d'antithèses, que d'expressions abstraites pour un Scythe! Plus loin je lis :

> L'Hercule qu'on adore est un fantôme de grandeur élevé entre le ciel et la terre, comme pour en combler l'intervalle.

Un Grec ou un Scythe a-t-il jamais parlé ainsi? Cette supposition d'un ouvrage écrit dans l'antiquité était bien peu faite pour le talent ingénieux et tout moderne de Barthélemy.

Voyons maintenant quelles sont les belles parties de cet ouvrage, et quel en fut le succès. La critique devra non pas se taire, mais s'humilier un peu à ce souvenir. Lorsque le *Voyage du jeune Anacharsis* parut, jamais les esprits n'avaient été plus occupés, en France, d'intérêts sérieux : c'était en 1788. La société était toute palpitante de curiosité et de passion politique; il s'agissait d'un renouvellement universel. Le *Voyage du jeune Anacharsis*, vivement accueilli, fut presque une distraction. Il fut lu, vanté, admiré. Sans doute tout ce qu'il y avait de respectable dans l'auteur, sa réputation, sa vieillesse, sa vie exempte de tout reproche, un grand nombre d'amis, des protections éclatantes, l'intérêt même du livre, cette prétendue nouveauté de couleurs que le xviii° siècle prenait pour l'antiquité elle-même, voilà des causes de succès et de faveur publique. Mais de plus, il faut le dire, bien que rien n'égale la circonspection de l'abbé Barthélemy, bien que son esprit fût très-éloigné de l'enthousiasme de nouveautés qui agitait alors les têtes, bien que l'imitation réelle de la liberté grecque fût à mille lieues de sa pensée, le reflet, même affaibli, des couleurs antiques, le ressouvenir des belles cités de la Grèce, de leur libre et puissante démocratie, plaisait aux imaginations, et flattait les vagues espérances du temps. On lisait cet ouvrage de littérature et d'érudition, précisément parce qu'on était occupé de tout autre chose que de littérature et d'érudition.

D'autres motifs encore avaient favorablement préparé les esprits. Comme si la famille de Choiseul avait dû faire sentir de toutes manières, à Barthélemy, l'influence salutaire de son nom et de son amitié, un autre Choiseul, le comte de Choiseul-Gouffier, ami passionné des arts, les étudiant tout à la fois par goût et par une sorte de coquetterie pour le public, avait parcouru la Grèce dont il rêvait la renaissance et dessinait les ruines. De retour en France, le comte de Choiseul publia le premier volume d'un magnifique ouvrage, rempli de gravures, et en même temps semé de pages brillantes, où sont retracées et l'abrutissante oppression des Turcs et l'infortune des Grecs. Barthélemy avait inséré dans ce voyage une élégante description des fêtes antiques de Délos. M. de Choiseul alla de nouveau dans l'Orient comme ambassadeur de la France à Constantinople, où il faisait, au nom des arts, et par son enthousiasme, une espèce de conspiration contre la barbarie musulmane. Les sentiments libres répandus dans son ouvrage, je ne sais quelle générosité tout à la fois poétique et novatrice qui en avait inspiré les plus belles pages, continuaient à charmer le public français. C'était un prélude au succès de Barthélemy, un commencement d'admiration qui était prêt et attendait son ouvrage.

Ces impressions contemporaines ont disparu; il reste le livre qui garde encore dans l'estime publique une place élevée ; il a été traduit dans presque toutes les langues ; les nations les plus érudites lui ont rendu cet hommage. Presque aucun des faits qu'il renferme n'a été contesté. En Angleterre, on l'a réimprimé, en supprimant toutes les indications d'auteurs, toutes les notes. Après les avoir soigneusement vérifiées, on les supprimait comme inutiles, à force d'être exactes. En Allemagne, le savant Schlegel, dans son beau traité de l'art dramatique, ne relève que deux erreurs ou deux opinions de l'abbé Barthélemy ; il l'accuse de s'être mépris sur le véritable sens d'une réponse d'Antigone, et d'avoir cru qu'elle laissait échapper l'aveu de sa tendresse pour le fils de Créon ; une autre fois il lui reproche d'avoir supposé que les femmes grecques, qui n'assistaient qu'aux tragédies, fréquentaient aussi le théâtre comique. Ce n'est qu'entre gens du métier que ces difficultés existent. Parfaite exactitude dans l'infinie variété des détails ; voilà d'abord un grand mérite. De plus, Messieurs, ce plan qui nous plaît moins qu'une histoire simple et complète du génie grec, ce plan qui nous paraît un peu factice, conventionnel, a cependant l'avantage de réunir, dans une étendue médiocre, une foule incroyable de faits, de souvenirs. Le *Voyage d'Anacharsis* renferme mille précieux détails de géographie, d'histoire générale et anecdotique, des peintures de mœurs, des descriptions d'arts, des analyses, des traductions, des citations habilement intercalées dans un récit facile et varié. On parcourt la Grèce entière; on la voit sous toutes les formes que lui avaient données la nature et le génie de l'homme. Le style paraît brillant; les descriptions, les images y sont répandues avec une profusion qu'on prend pour la vérité grecque.

Comment ne pas se croire dans le pays de la poésie, lorsque ces belles *Messéniennes*, dont le nom est devenu populaire par le talent d'un poëte de nos jours, remettent sous nos yeux les guerres cruelles de Lacédémone contre un peuple libre? Comment enfin ne pas croire qu'on a sous les yeux l'image fidèle de la société athénienne, lorsque des anecdotes, des bons mots, des épigrammes font passer devant nous tout le bel esprit d'Athènes?

Ici, Messieurs, nouvelle objection. Barthélemy connaissait à fond l'antiquité; mais il était surtout de son temps; il aimait mieux son temps que tout autre. Le plus grand service qu'il pût rendre à la Grèce, à ses propres yeux, c'était de rapprocher l'esprit grec de l'esprit français. Il y a telle soirée décrite dans son livre qui vous transporte dans un salon de Paris : cette soirée, par exemple, où un poëte sifflé arrive, et est accueilli par la maîtresse de la maison avec une espèce de compliment consolatoire et épigrammatique. Ne croyez-vous pas que vous êtes chez madame Geoffrin, et que vous voyez arriver M. de La Harpe, sortant de la représentation des *Brames*, ou M. Marmontel, sortant de celle de *Cléopâtre*? Les mœurs parisiennes, le bel esprit français, la société animée, ingénieuse du xviiie siècle préoccupaient incessamment Barthélemy. Cette manière de peindre l'antiquité par des ressemblances modernes peut plaire un moment; mais elle n'est ni la plus instructive, ni la plus amusante. Hume a fait un dialogue où il s'attache à montrer la prodigieuse différence qui sépare un peuple ancien, quel qu'il soit, d'un peuple moderne. Il raconte une foule d'usages athéniens, sous des noms barbares; l'exposition des enfants, les fréquentes tortures des esclaves, la réclusion habituelle des femmes, et d'autres traits de mœurs que je ne veux pas rappeler; il les place dans je ne sais quel pays sauvage, qui n'est pas sur la carte, et quand un des interlocuteurs s'étonne, il montre qu'il a parlé des Athéniens, et retrouve dans chacun de ces faits hétérodoxes, bizarres, invraisemblables, une citation classique; puis il laisse à juger si, comme on le dit, les Athéniens sont les Français de la Grèce. Cette manière philosophique et satirique de Hume est plus piquante et plus vraie que l'art de Barthélemy pour calquer les mœurs des Athéniens sur les mœurs françaises, et mettre des madrigaux ou des épigrammes du xviiie siècle dans le pays de Platon et de Démosthène.

Résumons maintenant, Messieurs, les principaux sujets enfermés dans le cadre de l'auteur. Lorsqu'il passe en revue l'histoire et la politique de la Grèce, il rencontre, de son temps, des rivaux habiles. Dans l'université de Cambridge, huit ou dix jeunes Anglais, des meilleures familles (il y en a deux qui, je crois, sont devenus ministres), s'étaient occupés de l'étude de l'antiquité avec la forte attention particulière à cette jeunesse anglaise qu'on élève pour la vie politique et les grands emplois. Ils réunirent leurs essais dans de prétendues *Lettres athéniennes*, où, sous le nom d'un agent qui réside à Athènes et de quelques autres personnages, ils décrivent la société grecque comme ils la conçoivent. La guerre du Péloponnèse, le gouvernement, les mœurs passent sous nos yeux; on voit Périclès et Aspasie. Toute la portion historique et politique de cet ouvrage est, je crois, supérieure au savant travail de l'abbé Barthélemy; on sent que ce sont de jeunes esprits élevés dans un pays libre. Les intrigues de la place publique, les caractères des orateurs, les ambitions rivales, les révolutions d'une mobile démocratie, tout cela est vivement décrit. Le goût littéraire occupe peu de place dans l'ouvrage; ce que les auteurs ont voulu savoir, c'est le sérieux de la Grèce pour la guerre et la politique. Le langage est moderne, plein d'anachronismes; mais les faits, les détails, les causes sont exposés avec une intelligence et une énergie singulières.

Barthélemy n'avait pas connu ce travail, que lord Dower lui envoya comme un hommage que rendaient au savant écrivain de vieux ministres qui se souvenaient d'avoir composé un livre d'érudition à vingt ans.

Une autre partie de l'ouvrage de Barthélemy s'attache à l'examen, à l'analyse des beaux-arts. Là, il me semble que l'auteur n'a pas ces vives impressions, cet enthousiasme et cette science du beau qui caractérise Winkelmann, et qu'on retrouve dans le *Jupiter Olympien* d'un critique de nos jours. Ses descriptions de temples et de statues, d'après Pausanias, n'ont pas cette éloquence qui rivalise avec la pensée de l'artiste, et la fait comprendre, en l'égalant.

L'histoire anecdotique est peut-être ce qu'il y a de plus agréable dans le livre de Barthélemy; mais la fiction qui se mêle toujours à la vérité, la gâte un peu. Je veux bien visiter l'Académie, je veux bien y rencontrer Diogène, puisqu'il y va; et j'applaudis au trait ingénieux qui distingue son cynisme de la simplicité de Phocion. Mais ensuite, si je vais souper chez Platon, ne me donnez que des paroles de Platon. Je suis inexorable sur ce point. Lorsque Dion se retire après avoir soupé comme on soupait chez Platon, avec des olives, si vous faites dire par le philosophe à ses convives : « Dion est aujourd'hui victime de la tyrannie; je crains bien qu'il ne le soit un jour de la liberté ; » je relis Platon pour y trouver ces mots, et je les cherche en vain. Vous m'avez donné une phrase moderne pour une anecdote grecque.

Une dernière et précieuse partie du *Voyage d'Anacharsis*, ce sont les analyses littéraires. Personne ne possédait mieux que l'auteur la littérature grecque, personne n'avait plus de science. Avec quel plaisir ne s'arrête-t-on pas à l'entendre redire quelques beaux passages de Platon au cap

Sunium, ou raconter une représentation théâtrale, ou faire parler Xénophon dans sa retraite, et plus tard Démosthène à la tribune? Toute cette partie de l'ouvrage de Barthélemy est instructive, intéressante, ingénieuse. Cependant il me reste encore un scrupule : vous en serez juges. Cette fois, ce n'est pas moi qui vais critiquer Barthélemy; c'est la Grèce mal interprétée par moi, il est vrai; mais enfin, c'est elle. Je vais mettre en présence de l'abbé Barthélemy, un écrivain grec que je traduirai mot à mot, que je traduirai mal, mais que je traduirai. Je puis choisir entre beaucoup d'exemples; j'en prends un où cet atticisme et cet ionisme, qui sont les deux caractères de la langue grecque, et semblent offrir ce qu'il y a de plus gracieux dans l'élégance et de plus fin dans la simplicité, sont heureusement réunis. Lorsque Barthélemy, au lieu de rassembler des traits épars, emprunte à Xénophon des discours, des récits entiers, conserve-t-il la vérité du langage grec? Vous allez le voir.

Une des belles scènes retracées par Barthélemy, c'est la vie de Xénophon dans sa retraite de Scillonte. L'écrivain conduit ses personnages imaginaires dans cette retraite que la générosité des Lacédémoniens a donnée au héros exilé d'Athènes. Il fait converser Xénophon pour lui enlever quelques pages de ses écrits. Cet entretien, qui succède à une *partie* de chasse *extraite* d'un traité de Xénophon, amène le récit de la mort d'Abradate et de Panthée. Vous connaissez cette histoire touchante. Sachons d'abord ce qu'elle est dans Xénophon ; et puis nous verrons si l'élégance moderne ne l'a pas altérée.

Xénophon raconte, dans la *Cyropédie*, que Cyrus, ayant fait captive une princesse d'Orient, Panthée, l'avait confiée à la garde d'un de ses favoris, qui devint épris d'elle. Instruit par la princesse, Cyrus blâma vivement ce favori, qui feignit de s'exiler ; Panthée, par reconnaissance, attira son mari Abradate dans l'alliance et sous les drapeaux de Cyrus ; Abradate fut tué dans un combat. C'est là que nous prendrons le récit original. La bataille s'est donnée dans les plaines de la Lydie. Abradate, emporté par son courage, a péri. Son corps a été placé dans un char et conduit au bord du Pactole ; Panthée son épouse est auprès. Cyrus envoie des présents vers elle, et fait rassembler des troupeaux et des chevaux pour les immoler en grand nombre aux mânes d'Abradate.

N'oublions pas ces usages de Grèce et d'Orient. Nous ne sommes pas de ces esprits dédaigneux, jaloux de faire que l'antiquité nous ressemble ; au contraire, et c'est l'esprit de notre temps, elle nous plaira d'autant plus, qu'elle sera plus différente de nous.

Dès qu'il vit cette femme assise par terre, et le corps étendu près d'elle, il pleura de douleur et dit : « Hélas ! âme bonne et fidèle, es-tu donc partie, nous quittant pour toujours ? » Et en même temps il prit la main du cadavre, et cette main resta dans la sienne ; car elle avait été coupée par le fer des Égyptiens. Cyrus voyant cela, s'affligea beaucoup plus encore : et la femme poussa des gémissements ; ayant repris la main que tenait Cyrus, elle la baisa, et de nouveau, comme elle pouvait, la rejoignit au corps. Et elle dit : « O Cyrus, tout le reste est de même ; mais pourquoi faut-il que tu le voies? » et elle dit encore : « Je sais qu'il a souffert à cause de moi, et pareillement à cause de toi, ô Cyrus. J'étais folle ; je lui ai recommandé de se conduire ainsi pour toi, afin de te paraître un ami digne d'estime. Et lui, je le sais, n'a pas songé à ce qu'il souffrirait, mais à ce qu'il ferait pour te plaire. Et pour cela, dit-elle encore, il est mort sans reproche; et moi, qui le lui ai conseillé, je suis là, vivante. »

Cyrus pleura quelque temps en silence ; ensuite il dit à haute voix : « O femme ! il a eu du moins une belle fin, car il est mort vainqueur. Mais toi, prends soin de le parer avec ces dons qui viennent de moi. » (Gobryas et Gadatas étaient là, portant beaucoup de précieux ornements.) « Sache, dit-il ensuite, qu'il recevra d'autres honneurs, qu'on lui élèvera un monument digne de vous deux, et qu'on immolera des victimes, comme il convient pour un homme vaillant. Et toi, tu ne resteras pas seule ; je t'honorerai pour ta sagesse et toutes tes vertus. Je choisirai quelqu'un qui te conduise où tu veux aller. Seulement, dit-il, apprends-moi vers qui tu souhaites d'être conduite. » Panthée répondit : « Aie confiance, ô Cyrus; je ne te cacherai pas près de qui je veux aller. » Cyrus s'était retiré, plaignant la femme qui était veuve d'un tel homme, et l'homme qui ne verrait plus une telle femme. Panthée donna l'ordre à ses eunuques de s'éloigner, afin, disait-elle, que je le pleure, comme je veux ; mais elle dit à sa nourrice de demeurer, et lui recommanda, quand elle serait morte, de l'envelopper elle et son mari sous le même voile. La nourrice la supplia beaucoup de ne point faire cela ; mais, comme elle n'obtenait rien, et qu'elle la voyait irritée, elle s'assit en pleurant. Panthée, ayant tiré un poignard qu'elle avait préparé depuis longtemps, se frappa, et, laissant tomber sa tête sur le cœur de son époux, elle expira. La nourrice, poussant des cris, les enveloppa du voile, comme Panthée l'avait voulu. Cyrus, lorsqu'il apprit l'action de Panthée, vint, tout saisi d'épouvante, comme pour la secourir. Les trois eunuques s'étaient percés de leur poignard au lieu où elle leur avait ordonné de rester. Cyrus, après s'être approché de ce spectacle de douleur, admirant cette femme et gémissant sur elle, se retira, et il eut soin, comme il le devait, qu'on leur rendît tous les honneurs et qu'un magnifique tombeau leur fût élevé, etc., etc. Sur trois colonnes plus basses on lit cette inscription : *Tombeau des eunuques.*

Voilà, Messieurs, un récit grec dans son admirable simplicité. Écoutez maintenant un récit français du dernier siècle :

Il arrive, il voit la malheureuse Panthée assise par terre, auprès du corps sanglant de son mari. Ses yeux se remplissent de larmes : il veut serrer cette main qui vient de combattre pour lui; mais elle reste entre les siennes : le fer tranchant l'avait abattue au plus fort de la mêlée. L'émotion de Cyrus redouble, et Panthée fait entendre des cris déchirants. Elle reprend la main, et après l'avoir couverte de larmes abondantes et de baisers enflammés, elle tâche de la rejoindre au reste du bras, et prononce enfin ces mots, qui expirent sur ses lèvres : « Eh bien, Cyrus, vous voyez le malheur qui me poursuit; et pourquoi voulez-vous en être le témoin? C'est pour moi, c'est pour vous qu'il a perdu le jour. Insensée que j'étais, je voulais qu'il méritât votre estime, et, trop fidèle à mes conseils, il a moins songé à ses intérêts qu'aux vôtres. Il est mort dans le sein de la gloire, je le sais; mais enfin il est mort, et je vis encore!... »

Cyrus, après avoir pleuré quelque temps en silence, lui répondit : « La victoire a couronné sa vie, et sa fin ne pouvait être plus glorieuse. Acceptez ces ornements qui doivent l'accompagner au tombeau, et ces victimes qu'on doit immoler en son honneur. J'aurai soin de consacrer à sa mémoire un monument qui l'éternisera.

« Quant à vous, je ne vous abandonnerai point; je respecte trop vos vertus et vos malheurs. Indiquez-moi seulement les lieux où vous voulez être conduite. »

Panthée l'ayant assuré qu'il en serait bientôt instruit, et ce prince s'étant retiré, elle fit éloigner ses eunuques, et approcher une femme qui avait élevé son enfance : « Ayez soin, lui dit-elle, dès que mes yeux seront fermés, de couvrir d'un même voile le corps de mon époux et le mien. » L'esclave voulut la fléchir par des prières; mais, comme elle ne faisait qu'irriter une douleur trop légitime, elle s'assit, fondant en larmes, auprès de sa maîtresse. Alors Panthée saisit un poignard, s'en perça le sein, et eut encore la force, en expirant, de poser sa tête sur le cœur de son époux.

Ses femmes et toute sa suite poussèrent aussitôt des cris de douleur et de désespoir. Trois de ses eunuques s'immolèrent eux-mêmes aux mânes de leur souveraine.

Pourquoi, Messieurs, « ses yeux se remplissent de larmes? » Pourquoi pas tout simplement, *il pleure?* Et plus bas, pourquoi, « cette main qui vient de combattre pour lui? » pourquoi cette petite circonstance, « au plus fort de la mêlée? » le grec dit seulement : *Mais cette main suivit la sienne; car elle avait été coupée par le fer des Égyptiens.*

Que dire surtout, Messieurs, de cette expression romanesque « de baisers enflammés? » et de ces mots « qui expirent sur ses lèvres? »

Il fallait des paroles analogues au triste effort de Panthée essayant d'ajuster ce bras coupé. Ces expressions froides ou fastueuses : « Il a moins songé à ses intérêts qu'aux vôtres, il est mort dans le sein de la gloire, » sont-elles le langage d'une telle situation?

Et dans la réponse de Cyrus : « Je ne vous abandonnerai point : je respecte trop vos vertus et vos malheurs, » ne reconnaissez-vous pas les phrases convenues d'une tragédie médiocre? *Vos vertus et vos malheurs!*

Pardon de tant de critiques. Ce n'est pas un manque de respect pour le talent qui a composé cet ouvrage, pour la vaste érudition qui l'a inspiré; c'est la censure de cette vaine pompe moderne, si déplacée dans un tel sujet.

Et dans les derniers mots de Panthée à Cyrus, comment n'avoir pas laissé cette ironie de douleur, cette amertume qui sied bien à l'extrême malheur et aux résolutions désespérées?

Barthélemy n'a pas même gardé cette expression toute simple, toute antique, *sa nourrice.* Il faut qu'il écrive : « une femme qui avait élevé son enfance. » A cette femme qui a élevé son enfance,

Panthée parle « du moment où ses yeux seront fermés. » Le grec dit : *quand elle sera morte.*

« L'esclave voulut la fléchir par des prières. » Il y a dans le grec : *l'esclave la supplia beaucoup de ne pas faire cela;* ce sont les expressions simples de la nature.

Mais voyons la fin du récit dans Xénophon : *La nourrice ayant poussé des cris, les enveloppa tous deux du même voile, comme Panthée l'avait ordonné.* L'auteur français oublie ce trait de mœurs, et se borne à dire noblement : « Ses femmes, et toute sa suite, poussèrent des cris de douleur. »

L'intérêt local cependant, l'intérêt historique, n'est-ce pas de voir cette femme obéir, avec la stricte obéissance de l'Orient, aux derniers ordres de sa maîtresse? Pourquoi l'auteur français a-t-il supprimé tout cela dans un ouvrage où la vérité littéraire ne devait servir qu'à faire connaître la vérité pittoresque et morale?

Je ne sais non plus par quel motif il a supprimé ce tombeau que l'on élève aux trois eunuques et l'inscription qui rappelait le souvenir de leur fidélité et de leur mort : tout cela était de l'Orient, raconté par la Grèce.

Messieurs, j'aurais beaucoup d'observations à faire ainsi, sous le rapport du goût et de la vérité grecque. Je pourrais revenir sur le *Voyage d'Anacharsis*, peut-être le ferai-je. Mais je voudrais ne pas laisser une fausse impression dans vos esprits; je voudrais que ces censures ne vous parussent tenir ni à une sorte de rigueur systématique, ni à une affectation de simplicité, ni surtout à un manque de respect pour une des renommées les plus vénérables et les plus pures du xviii° siècle.

L'influence de ce faux goût qui altérait la littérature à la fin du xviii° siècle m'a paru surtout attestée par l'exemple d'un homme que la science parfaite de l'antiquité, et une mémoire enrichie de tous les trésors du génie grec, n'a pu préserver de l'affectation et de la fausse élégance. Sa gloire en est-elle détruite? Non. Il aura toujours, il aura longtemps du moins, cette gloire d'avoir fait, à tout prendre, des forces de son esprit, l'emploi le plus habile et le plus ingénieux. Cet homme, digne de tant d'estime, de tant d'égards, n'avait pas reçu de la nature les dons élevés du génie. Eh bien, par l'étude, par le travail, il a fait un bel ouvrage, que l'on ne peut facilement égaler, qui ne sera pas remplacé. Il a fait un ouvrage durable, au lieu d'avoir, comme tant d'autres écrivains du xviii°, et peut-être du xix° siècle, disséminé ses forces sur vingt sujets divers. Il a, jeune encore, conçu la pensée d'une noble tâche; il l'a poursuivie avec la conscience et l'ardeur du talent; il a employé trente ans à l'accomplir, et il a fini par laisser après lui un monument dont nous blâmerons quelques parties, mais que nous serons obligés de louer et d'estimer toujours.

QUARANTE-TROISIÈME LEÇON.

Quelques mots encore sur le *Voyage d'Anacharsis.* — Point de vue de l'auteur dans le jugement du théâtre grec; — conforme à l'opinion de Voltaire. — Objection à cet égard. — Forme libre et variée de la tragédie grecque. — Fausse critique de la tragédie d'*Alceste.* — Rapprochement d'un passage d'Euripide et d'un passage de Shakspeare. — Imitations du théâtre grec dans le xviiie siècle. — Ducis. — *OEdipe chez Admète*, pièce grecque trop francisée. — *Philoctète* de La Harpe.

Messieurs,

Nous pourrions, à la faveur du *Voyage d'Anacharsis*, parcourir une partie de l'antiquité grecque; nous pourrions, en discutant les jugements d'un savant homme, en nous éclairant de son érudition, en attachant nos petites critiques à ses grandes recherches, vous entretenir longtemps de cette littérature si poétique et si éloquente; mais il faut se borner. Il y aurait à la fois digression et présomption à parler de la Grèce par incident, et à effleurer tout un ordre d'idées si divers et si élevé.

Je choisirai donc seulement un point dans cette grande histoire; je rappellerai ce qu'en a dit l'ingénieux, le savant Barthélemy; je chercherai ce que l'on peut dire encore.

De toutes les questions d'histoire littéraire qui

sont approfondies ou indiquées dans le *Voyage du jeune Anacharsis*, et qui peuvent le plus intéresser votre attention, l'une des principales, sans doute, c'est la question du théâtre, et du théâtre tragique.

En effet, sans vouloir nous occuper de toutes les nouveautés plus ou moins paradoxales qui peuvent paraître sur la scène très-mobile de l'opinion critique, aujourd'hui que nous entendons sans cesse vanter la tragédie irrégulière, et attaquer, comme suranné, ce théâtre classique, si long-temps admiré et admirable en tant de parties, il est naturel de nous demander quelle est la vérité à cet égard. Y a-t-il une espèce de tromperie qui dure en France depuis le temps de Racine? Avons-nous été dupes de notre admiration? ou plutôt la tragédie ne peut-elle pas avoir plusieurs formes? La véritable tragédie grecque ne diffère-t-elle pas infiniment de la tragédie française? Eschyle, Euripide même ne ressemblent-ils pas quelquefois à Shakspeare?

Dans l'examen du théâtre grec, Barthélemy sera pour nous un juge très-savant des faits et un témoin de la préoccupation involontaire avec laquelle le xviiie siècle appréciait cette belle portion du génie antique. Au jugement que la critique dans le xviiie siècle portait du théâtre grec, nous ferons succéder l'examen rapide des tentatives que fit alors le talent pour imiter ces grands modèles. Cet ordre est simple et naturel.

Il n'existe dans le monde que trois formes de

tragédies, même en y comprenant les tragédies chinoises et les tragédies indiennes, que j'ai peu lues, je l'avoue. Ces trois formes sont : la forme grecque, la forme anglaise ou espagnole, qui est l'absence de forme, la libre irrégularité de l'imagination se jouant à travers tous les accidents de la vie humaine, représentés sur la scène, sans limites de temps et de lieu ; enfin la forme française, création savante et originale tout ensemble, qui a voulu ressembler aux Grecs et qui en est très-éloignée, hormis ce charme et ce génie de style que Racine enlevait à Euripide, et qu'il aurait pu prendre également à Virgile, sans passer par le théâtre grec.

Un professeur savant, ingénieux, que vous avez le regret de n'avoir pas encore entendu cette année, M. Andrieux, a publié quelques réflexions pleines de goût et de nouveauté sur la tragédie grecque. Elles devraient m'empêcher de parler après lui ; mais il n'est rien de si excusable et de si aisé que de faire quelques plagiats en improvisant. Je mêlerai donc sans scrupule, et par réminiscence, plusieurs de ses idées à celles qui me viendront à moi-même.

Une première et importante remarque, c'est que les *trois unités* ne sont pas dans le théâtre grec, et même ne sont pas en toutes lettres dans Aristote. Voilà donc une loi qui ne se trouve ni dans les coutumes du peuple, ni dans la volonté du législateur. Ce n'est pas à dire qu'Aristote ait conçu la tragédie avec tous ces hasardeux caprices qui caractérisent quelques théâtres modernes. Sans doute, il l'a réglée, il l'a systématisée dans des bornes rigoureuses; mais il n'exige pas ces trois unités, devenues la loi du théâtre français.

Dans la réalité, le théâtre grec était plein de changements de scènes et de voyages. Vous savez que, dans *Eschyle*, plus d'une fois un acte est séparé d'un autre par un grand intervalle de temps et de lieu. Dans l'*Alceste*, dans les *Phéniciennes*, dans les *Troyennes*, les changements sont fréquents. Je ne parle pas du *Prométhée*, pièce monstrueuse, où l'on voit arriver l'*Océan* qui vole, porté sur un animal ailé, et d'autres folies poétiques de l'imagination grecque.

Enfin la première des unités, non pas dans la routine, mais pour la réflexion, l'unité d'intérêt n'était pas toujours observée dans le théâtre grec; souvent l'intérêt était multiple, variable, représenté par plusieurs personnages qui devenaient tour à tour les héros et l'objet du drame.

Quel était donc le caractère éminent, distinctif du théâtre grec? Était-ce la continuité du sérieux dans la tragédie? Non, Messieurs; dans ces pièces nombreuses qu'avait composées Sophocle, on trouverait tous les contrastes de tragique et de comique, toutes les familiarités de mœurs, toutes les licences de quelques scènes modernes. Il y avait un drame de *Nausicaa*, où non-seulement, comme dans Homère, la princesse de Nausicaa venait, entourée de jeunes filles, laver son linge à la rivière; mais on la voyait se livrer, avec ses compagnes, à mille jeux, et, entre autres divertissements, jouer à la paume.

Ce qui caractérisait le théâtre grec, Messieurs, était-ce donc le soin de tempérer l'horreur tragique, et d'éviter ce qu'il y avait de trop affreux pour l'imagination et pour les regards? Ce précepte qu'Horace donnait bien longtemps après:

Neu populo coram pueros Medea trucidet,

Que Médée n'égorge pas ses enfants devant les spectateurs,

était-il la règle de la scène grecque? Non! A lire quelques chefs-d'œuvre qui ont survécu, à consulter les souvenirs, les traditions des scoliastes sur beaucoup d'autres ouvrages perdus, la scène grecque était sans cesse ensanglantée; le spectacle de la souffrance et de la mort y frappait sans cesse les yeux. Hippolyte, brisé de sa chute, était apporté sur le théâtre avec ses plaies toutes saignantes. La tragédie de *Philoctète* offrait également les images les plus affreuses de la douleur physique. La scène grecque, non plus que la scène anglaise, ne répugnait pas à cette contemplation des misères de l'homme matériel. Elle n'admettait pas seulement ces nobles douleurs, ces angoisses de l'âme qui font l'héroïsme de nos grands hommes et de nos personnages de théâtre; elle se plaisait dans ce que l'humanité a de plus déplorable, et quelquefois de plus hideux.

Ces traits, imparfaitement rassemblés, vous montrent, dans la tragédie grecque, le caractère que l'on devait attendre d'une scène destinée à des républiques. Comment supposer que cette pompeuse décence qui, sous l'autorité de Louis XIV et de sa cour, réglait le génie des poëtes, ait pu se trouver dans les premières inspirations du théâtre, au milieu des passions démocratiques, parmi les haines cruelles qui déchiraient la Grèce, et dans ces mœurs païennes qui, malgré les prodiges des arts, laissaient l'homme encore dur et féroce?

La tragédie grecque eut donc, Messieurs, un caractère qui a disparu, et qui était singulièrement empreint de violence et de simplicité, de hardiesse et de naïveté poétique.

Lorsque, à des milliers d'années de ces mœurs primitives, de beaux génies qui cultivaient les lettres dans la paix d'une cour élégante, d'une civilisation tranquille, ont imité ces grands modèles, ils ont habilement dérobé quelques fictions poétiques; ils les ont rendues plus sages, plus régulières, selon l'esprit moderne; ils ont enlevé de riches ornements de langage; mais ils ont abandonné, quoiqu'en l'admirant, tout ce qui leur paraissait trop hardi, trop nouveau, trop antique. Racine n'aurait pas osé représenter, sur la scène française, Hippolyte entouré d'un chœur de jeunes gens comme lui et se dévouant à la rudesse et à la simplicité d'une vie de chasseur; il n'aurait pas fait entendre ce chœur qui célèbre la paix des champs, et décrit, en vers admirables, cette prairie solitaire où *la pudeur fait son asile;* il n'aurait pas imaginé Hippolyte, dans son enthousiasme, s'adressant à Diane, se vantant d'être séparé de tout, et de n'entendre que la voix de la déesse, au milieu de la solitude. Ce sont là des idées toutes grecques, toutes singulières, et quand Racine répondait aux reproches d'Arnault, *qu'auraient dit nos petits-maîtres, si je n'avais pas fait mon Hippolyte amoureux ?* il donnait le secret de toutes les transformations que le goût de son temps lui prescrivait dans les sujets antiques. Aussi, disons-le, rien ne ressemble moins et ne peut moins ressembler à une pièce grecque qu'une pièce française sur un sujet grec.

Lorsque le xviiie siècle remplaça cette grande époque, qui, tout en imitant, avait été si originale et si féconde, on se détourna de l'antiquité : mais quand on lui emprunta quelque sujet, on ne changea pas le point de vue qu'avait eu le xviie siècle. Voltaire, qui avec la prodigieuse mobilité de son esprit, sa curiosité infatigable et diverse, son besoin de tout embrasser, son désir de nouveauté, n'avait pas le temps de vieillir sur les ouvrages des Grecs, dit dans une de ses premières préfaces : « Les tragédies grecques sont maintenant oubliées et méprisées. » Mais il continue de les imiter avec timidité : il en change les mœurs et le caractère ; il en ôte l'originalité ; il gâte prodigieusement l'*Œdipe* de Sophocle, puisqu'il y met cette ridicule passion de Jocaste, dont il s'est tant moqué lui-même, qu'on n'en peut pas rire après lui.

Lorsque le goût devint plus hardi par la nécessité d'être neuf, lorsque l'épuisement des anciennes formes et l'impuissance d'égaler les admirables et gracieux modèles qu'avait donnés Racine, poussa vers l'imitation étrangère, et ramena quelquefois vers l'imitation grecque, on ne suivit pas une autre voie que Voltaire; on resta convaincu que la tragédie grecque devait être ce que l'avait faite Racine, qu'il ne fallait pas tenter de l'imiter autrement; qu'il fallait toujours l'épurer, la polir, la rapprocher de nos formes. On resta convaincu surtout qu'elle était constamment noble et sérieuse. Quand elle ne l'avait pas été dans le texte original, on lui en faisait la guerre, on se moquait d'elle. Écoutez Voltaire traduisant une scène de l'*Alceste* d'Euripide, et montrant Hercule à table, qui chante pendant les funérailles d'Alceste :

Un domestique, dit-il, vient parler tout seul de l'arrivée d'Hercule : c'est un étranger qui a ouvert la porte lui-même, s'est d'abord mis à table; il se fâche de ce qu'on ne lui sert pas assez vite à manger; il remplit de vin à tout moment sa coupe, boit à longs traits du rouge et du paillet, et ne cesse de boire et de chanter de mauvaises chansons qui ressemblent à des hurlements, sans se mettre en peine du roi et de sa femme que nous pleurons. C'est sans doute quelque fripon adroit, un vagabond, un assassin.

Il ne faut pas disputer des goûts, ajoute Voltaire; mais il est sûr que de telles scènes ne seraient pas souffertes chez nous à la Foire.

Voilà l'opinion du temps sur le théâtre grec. On croyait insupportable, on eût déclaré absurde, ridicule, et même nullement grec, ce qui, dans une pièce grecque, s'écartait de la forme que nous avions jusque-là donnée aux imitations de Sophocle et d'Euripide. La Harpe, qui avait étudié le théâtre grec, en jugeait de même. La scène que nous venons de citer, et qu'il ne connaissait pas seulement d'après la traduction ironique de Voltaire, lui paraît très-choquante.

Tout le savoir de Barthélemy, son immense étude des monuments de la Grèce, ne l'empêche pas d'exprimer la même censure, au nom des anciens qui n'en ont rien dit.

> Comment souffrir, fait-il dire à l'un de ses interlocuteurs antiques, ces scènes entremêlées de bas comique, et ces fréquents exemples *de mauvais ton* et d'une familiarité choquante?

Dans ces expressions, vous reconnaissez l'esprit de la critique française, l'idée que nul mélange de comique ne doit jamais s'allier à la dignité tragique, et que les Grecs ont dû faire ainsi, puisque c'est ainsi qu'on les a imités.

Ne pourrons-nous pas dire maintenant, Messieurs, que ces scènes grecques de mauvais ton, blâmées par Barthélemy, appartenaient à un genre de tragédie qui a son originalité, sa beauté, et qui touche tout à fait à celui que les Espagnols et les Anglais ont choisi de préférence? C'est le mélange de toutes les formes, de tous les langages, de tous les accidents, hauts et bas de la vie humaine librement produits sur la scène. La tragédie grecque avait connu et souvent employé ce moyen, cette confusion du terrible et du comique.

Je voudrais qu'un homme tel que l'abbé Barthélemy, après le savant et ingénieux chapitre où il retrace l'aspect du théâtre et les détails matériels de la scène, la foule des spectateurs, la présence des magistrats qui viennent se placer, l'arrivée des généraux, et enfin toutes ces formes particulières à la vie grecque, nous eût donné, non pas la pièce ou la scène grecque qui ressemble le plus à nos idées, mais celle qui s'en éloigne le plus, et qui est pour nous la plus originale, la plus étrangère.

Barthélemy nous fait entendre et traduire avec éloquence les plaintes d'Antigone qui, entraînée dans un cachot, regrette la vie, déplore tous les biens qu'elle perd, et laisse entrevoir un sentiment d'amour pour le fils de Créon. La scène est belle; mais il n'y a pas besoin d'aller en Grèce pour cela; c'est le pathétique ordinaire de la tragédie. Mais le théâtre grec, dans son infinie variété, pouvait offrir des singularités de mœurs et de génie qui, vues par un spectateur scythe, ne devaient paraître ni trop familières, ni de mauvais ton; car, probablement, cette impression n'aurait pas existé pour ce Scythe plus qu'elle n'existait pour les Athéniens. Puisque vous avez voulu faire juger Athènes par un témoin immédiat, vous avez dû laisser à ce témoin le même ordre d'idées qui préoccupait les contemporains. Eh bien, il est vraisemblable que pour les Athéniens, que pour les auditeurs d'Euripide, il y avait nouveauté, poésie, grand pathétique dans cette même tragédie d'*Alceste*, que Racine n'aurait pas osé imiter, mais qu'il admirait beaucoup, et que Voltaire n'imitait ni n'admirait. Les premières scènes vous reportaient au milieu des mœurs grecques. Vous voyiez la condition des femmes moins élevée, moins honorée que celle des hommes. Alceste était heureuse de se dévouer pour son époux. Les oracles avaient condamné Admète à mourir. Alceste, en se substituant à lui, remplissait le plus saint devoir d'une femme. Admète refusait longtemps ce sacrifice. Après la mort d'Alceste, dans son deuil inconsolable, il devient farouche, dur, inhumain même pour son père. Cependant sur le seuil du palais se présente un hôte. Il y avait, selon les mœurs antiques, quelque chose de sacré dans la présence d'un hôte; c'est un homme envoyé par Jupiter et par les dieux. Dès qu'il a touché vos foyers, dès qu'il s'est approché du lieu des libations, il est saint pour vous, vous devez l'accueillir; si vous avez un deuil dans votre maison, par générosité, par hospitalité, vous cacherez ce deuil à ses yeux. Admète cherche une excuse au désordre qui frappe les regards de son hôte; il prétexte la mort d'une femme étrangère, et se retire accablé de douleur. Hercule s'asseoit à la table hospitalière; il ne demande pas à boire du rouge et du paillet, comme dit Voltaire, ce sont là des circonstances trop modernes; mais voici ce que raconte de lui l'esclave qui l'a reçu, et qui s'indigne de son indifférence :

> Il prend en main une coupe entourée de lierre; il boit le jus noir de la vigne, jusqu'à ce que la flamme du vin l'ait tout échauffé. Il couronne sa tête de branches de myrte, et hurle des chants grossiers. Il chante, sans avoir souci des malheurs d'Admète; et nous, esclaves, nous pleurons notre maîtresse, et nous ne montrons pas à cet hôte nos yeux mouillés de larmes. Admète le veut ainsi.

Mais qu'arrive-t-il de ce contraste de tragique

et de comique, de tristesse et de joie, qui nous étonne un peu, malgré l'éclectisme littéraire de notre époque? un effet dramatique, inattendu. Cet hôte bruyant, qui se livre à la joie, auprès d'un deuil qu'il ignore, apprend enfin, par la tristesse de l'esclave, qu'Admète l'a trompé par respect pour les lois de l'hospitalité, et qu'il s'agit des funérailles, non d'une femme étrangère, mais d'Alceste, morte pour son époux. Saisi de douleur, il s'écrie :

> J'ai bû dans la maison d'un hôte si malheureux, je me suis assis à un festin, la tête couronnée de fleurs! C'est ta faute de ne m'avoir pas dit le malheur qui frappait ces demeures. Où est-elle ensevelie? où irai-je pour la trouver?

Hercule s'élance alors vers le tombeau, combat le génie de la mort, qui emmenait la jeune et belle Alceste, l'arrache de ses mains, et la ramène inconnue et voilée devant son époux.

Voilà ce qui ravissait, ce qui enchantait les Grecs. Quelle puissance d'illusions religieuses, pour faire adopter cette fable d'une femme arrachée à la mort et rendue à l'époux qui la pleurait! Mais une fois cette croyance admise, quel charme de pathétique dans un tel spectacle! Sont-ce là ces lois vulgaires, tant répétées, qui veulent que la tragédie se termine toujours du bonheur au malheur? Ce qui sera pathétique et théâtral, cette fois, c'est le retour d'Alceste, encore pâle du tombeau, et le bonheur inespéré de son époux; ce qui sera tragique, c'est le mélange même du comique, c'est le contraste des funérailles d'Alceste, de la douleur de ses jeunes enfants, du deuil de son mari, et de la joie de cet étranger indifférent qui est assis à table.

Ne reconnaissez-vous pas là ces vicissitudes de la vie humaine, si frappantes dans Shakspeare? Cette belle Juliette qui a brillé au milieu du bal, deux jours après elle est morte. Voilà des musiciens qu'on a fait venir pour sa noce; il n'y a plus de noce à faire : ces musiciens vont servir à autre chose, à l'enterrement. A côté de cette salle où est étendue Juliette morte, où sa famille pleure, ils sont là qui causent, et font des plaisanteries. Voilà Shakspeare éminemment classique; il se rencontre avec Euripide.

En devons-nous, Messieurs, moins admirer le goût sévère, l'admirable régularité de nos grands poëtes? Que ce soit seulement la preuve de cette liberté qu'il faut laisser au génie, pourvu qu'il soit du génie, et sauf à ne pas le reconnaître toutes les fois qu'il aura été bizarre, sans être plus pathétique et plus neuf.

J'imagine aussi que l'imitation du théâtre grec aurait pu être tentée par la hardiesse de l'exactitude, après l'avoir été par les artifices du goût. De même que Racine avait enlevé aux Grecs la beauté des formes poétiques, laissant de côté les traits de mœurs, la simplicité, la nudité des images, et l'horreur tragique qu'admirait Fénelon; ainsi, lorsque les esprits furent, je ne dis pas plus avancés, mais plus libres, le talent pouvait essayer de reproduire toute une pièce grecque, et mettre l'originalité du spectacle dans la fidélité de la copie. C'est la marche naturelle des esprits. D'abord, lors même qu'ils imitent, ils transforment. Racine ne pouvait se défendre de donner à son Iphigénie la dignité, la fierté que l'esprit chevaleresque et les mœurs de la cour de Louis XIV imposaient à une princesse. Il n'aurait pas osé, comme Euripide, lui faire exprimer l'espèce d'horreur timide, enfantine, qu'elle éprouve à la pensée de descendre dans le noir Tartare, et de quitter cette douce lumière du ciel de la Grèce :

> Je saurai s'il le faut, victime obéissante,
> Tendre au fer de Calchas une tête innocente.

C'est ainsi qu'une princesse bien élevée, respectueuse, doit répondre à son père.

Mais enfin, cent ans après Racine, les esprits concevaient-ils mieux que la nouveauté peut venir non pas de la transfusion d'un sujet antique dans un moule moderne, mais de la reproduction fidèle de l'antiquité sur la scène? La critique n'a pas su le conseiller. Cherchons si le talent l'a fait. Après Voltaire, deux hommes célèbres ont traité des sujets grecs dans le xviii° siècle, Ducis et La Harpe; c'est-à-dire un esprit hardi, incorrect, puissant, et un esprit sage, élégant, plein de goût. L'*Œdipe chez Admète* de Ducis saisit vivement les contemporains. Cette tragédie, pleine de grandes beautés, passa pour antique et fut fort admirée.

Première objection, cependant. Le sujet de cette pièce, c'est la confusion de deux sujets grecs. Les ennemis de Térence lui reprochaient de mêler quelquefois deux pièces grecques, pour en faire une latine : *quod græcas conmtacularet fabulas.* Ducis fit la même chose ; il prit le beau sujet grec d'*OEdipe à Colonne* et le sujet d'*Alceste.* Il imagina de mettre sur la scène cette fatalité de la vieillesse d'OEdipe aveugle, errant avec sa fille, de le conduire à la cour d'Admète, de cet Admète également menacé par les dieux ; et puis, comme OEdipe a l'air d'un homme maudit, qui n'est bon qu'à mourir, le poëte le substitue, pour victime, à la jeune Alceste et à son époux, et le fait périr pour tout accommoder. Plus tard, l'éloquent Ducis, car il était éloquent, a voulu simplifier sa pièce, et l'a réduite à n'être qu'*OEdipe à Colonne.*

Messieurs, votre bon goût vous avertit de ce qu'il y a de faux, de forcé dans ce mélange, dans cette alchimie littéraire, qui prend deux sujets, les met ensemble, renverse les mœurs grecques, en gardant les noms grecs, et fait servir OEdipe à un dénoûment. Si vous cherchez la nouveauté, l'originalité, lequel vous plaira le plus d'entendre au début de la tragédie refaite par Ducis, Thésée qui cause avec son confident, et ce confident qui lui dit :

D'où vous vient cet air sombre, ce front préoccupé?

ou d'être tout à fait dans la Grèce, d'apercevoir au loin, lorsque la scène s'ouvrira, les murailles d'Athènes, puis un bois sacré, un temple dont la forme effrayante annonce le sanctuaire des Furies?

Ce sont les environs du bourg de Colonne, près d'Athènes. Un vieillard appuyé sur les bras d'une jeune fille s'avance lentement, et dit :

> Fille du vieillard aveugle, Antigone, dans quelle contrée, vers quelle ville sommes-nous ? Quelle main doit aujourd'hui accueillir d'une indigente aumône OEdipe errant, qui demande peu, obtient moins encore, mais toujours assez pour lui ; car les malheurs, et le temps, et mon courage m'apprennent à m'en contenter.
> Mais, ô ma fille, si tu vois quelqu'un assis dans l'enceinte profane ou dans le bocage des dieux, arrête mes pas, et fais-moi reposer, afin que nous demandions où nous sommes ; car, étrangers, nous venons pour nous informer près des citoyens, et pour faire ce que l'on nous dira, etc.

Messieurs, oubliez cette prose, et mettez là-dessus de beaux vers ; mettez l'illusion de la mélodie, le charme du spectacle : ne sentez-vous pas quelle puissante originalité naîtrait de cette exacte imitation ? Au contraire, j'ouvre la pièce de Ducis, et je lis :

> Polynice, est-ce vous ? Pourquoi, par quel mystère,
> M'apprenant votre nom, m'engager à le taire ?

J'ignore pourquoi *Polynice se cache*; je vois un prince auquel un autre prince adresse la parole en termes pompeux. Rien de nouveau, de simple, de naturel ne me saisit, ne m'attache ; cependant le grand talent de Ducis avait senti ce qu'il y avait de beau dans les paroles de Sophocle ; mais il ne les a pas reproduites avec assez de fidélité, ni placées avec autant de bonheur. C'est au troisième acte qu'OEdipe paraît :

> Ma fille, arrêtons-nous, etc.

Mais que de circonstances originales ont disparu, cette vie errante d'OEdipe, cette aumône de chaque jour qu'il attend! L'auteur du *Paria* nous a rendu ce beau trait de simplicité antique.

Ducis l'avait négligé; il parle des rochers sauvages, des noirs cyprès qui entourent OEdipe. Ce qui est bien mieux dans la scène grecque, c'est ce mélange de la douleur du vieillard, de son incurable mélancolie, et de ces beaux lieux dans lesquels on lui dit qu'il est amené. Il écoute la description charmante de ces bois si frais et si paisibles; il entend les voix mélodieuses des oiseaux; et tout à coup il apprend qu'il est auprès du temple des Furies.

Voilà ces grands effets de l'imagination grecque, qu'il ne faut pas abréger, mais traduire!

Les scènes originales, poétiques, familières, se succèdent dans l'*OEdipe à Colonne*, et ne sont pas conservées par Ducis. Rien, au fond, n'est plus simple, et, pour certains critiques peut-être, ne semble plus monotone que cette pièce grecque, où OEdipe, immobile dans ce lieu dont il ne veut pas sortir, voit tous les personnages passer devant lui. Mais rien, selon le génie grec, n'était plus pathétique et plus nouveau que ces efforts si divers tentés auprès d'un inflexible vieillard, que les anathèmes des dieux ont endurci dans sa colère et dans sa haine des hommes. Ce vieux OEdipe, si maudit, si malheureux, et en même temps si indomptable, et en même temps si sacré, que ses cendres doivent communiquer quelque chose de saint et d'immortel au territoire de Colonne, quelle ne devait pas être la puissance tragique d'un tel spectacle sur les imaginations grecques! Des scènes variées venaient se mêler à la monotonie de la situation, ou plutôt du principal personnage, dont cette monotonie faisait la grandeur, parce qu'elle exprimait la constance même de son malheur et de sa haine.

Cependant les Grecs, au milieu de ce qu'il y avait de plus terrible et de plus fatal dans leur système tragique, ne pouvaient s'interdire les grâces de l'imagination. Œdipe, dans cet asile, est visité par sa seconde fille, Ismène. Je voudrais voir un poëte (où est-il?), je voudrais voir un poëte conserver fidèlement, renouveler ces beautés naïves, à la faveur de la disposition présente des esprits à tout concevoir dans les choses de goût; je voudrais entendre des vers français, simples et naturels, exprimant tous les traits de cette physionomie grecque.

J'en suis malheureusement réduit à ma traduction bien faible, et qui m'impatiente à lire; mais vous reconnaîtrez au moins, dans cette version littérale, le mouvement de la scène grecque:

ANTIGONE.

Je vois une femme qui s'avance vers nous, montée sur un haut coursier. Sur sa tête un chapeau thessalien défend son visage de l'ardeur du soleil. Que dois-je penser? Est-ce elle? n'est-ce point elle? Malheureuse! Non, ce n'est pas une autre. Ses yeux s'animent en s'approchant de moi; aux signes qu'elle fait, je ne puis reconnaître que la tête d'Ismène.

OEDIPE.

Que dis-tu, mon enfant?

ANTIGONE.

Que j'aperçois ta fille, que j'aperçois ma sœur. Sa voix dans ce moment va nous en assurer.

ISMÈNE.

O douces paroles de mon père et de ma sœur à la fois entendues! Hélas! parvenue avec tant de peine à vous trouver, avec quelle douleur je vous vois!

OEDIPE.

O ma fille! tu viens.

En présence de ces beautés si neuves et si simples, direz-vous, avec l'auteur du *Cours de Littérature* : « L'art des Corneille, des Racine, des Voltaire est plus riche, plus varié, plus savant que celui des Sophocle et des Euripide ? » regarderez-vous, avec lui, la tragédie comme une espèce d'industrie qui a fait des progrès successifs, depuis Eschyle jusqu'à nos jours, et était, de son temps, parvenue au plus haut degré représenté par lui et ses contemporains ? Je ne puis m'empêcher de signaler ces singulières illusions. La tragédie grecque est un tout; elle est complète. C'est la gloire du génie poétique; il ne procède pas par essai, mais par chef-d'œuvre; il ne continue pas, il recommence. La vraie manière d'imiter la tragédie grecque serait de la traduire avec une exactitude passionnée, de se transporter par l'imagination, s'il est possible, dans toutes les impressions qui l'ont dictée, et de trouver de naïves et belles paroles pour les rendre.

Quoi de plus tragique et de plus touchant que ce spectacle d'OEdipe réfugié dans le bois sacré des Furies, au pied de leurs autels, n'ayant pour soutien qu'une fille, compagne de tous ses malheurs, et, au milieu des menaces et de la défiance des étrangers, tout à coup secouru par la présence d'une seconde Antigone, qui apparait au loin! Mettez cette situation en beaux vers; ayez un théâtre, non pas étroit, étouffé, mais un théâtre antique, ouvert à trente mille spectateurs, éclairé par la lumière du beau ciel de la Grèce, offrant une scène immense, un paysage poétique, et concevez le charme de ces détails si naïfs, et de cette arrivée d'Ismène auprès de son vieux père.

L'influence du goût littéraire qui prédominait dans le xviiie siècle, la manière timide et dédaigneuse dont l'antiquité était comprise, n'a pas permis à ce talent de Ducis, qui semble rude et familier, de conserver ces beautés naturelles.

Mais comme Ducis était un homme doué d'une sensibilité forte, et, à tout prendre, un génie poétique, il a trouvé de grandes beautés aussi. Quelquefois il les a trouvées dans le renversement du système grec. Est-ce pour le talent la meilleure chance, que de s'emboîter ainsi dans des conceptions étrangères, et puis de les forcer, de les changer, de ne les embellir même qu'en les falsifiant? Ducis, par exemple, ne conserve pas la haine inflexible d'OEdipe; il ne le montre pas implacable comme la fatalité qui pèse sur lui, rendant autant de haine qu'il souffre de maux; il lui donne au contraire un retour d'attendrissement pour son fils. Toutefois ce mouvement est beau; cette péripétie, placée tout entière dans le cœur, est d'un grand effet dramatique. Cela n'est pas grec; mais c'est admirable.

Quels vers que ceux-ci! quelle énergie de haine!
quelle puissance d'imprécation!

> Toi, va-t'en, scélérat, ou plutôt reste encore,
> Pour emporter les vœux d'un vieillard qui t'abhorre.
> Je rends grâce à ces mains, qui, dans mon désespoir,
> M'ont d'avance affranchi de l'horreur de te voir.
> Vers Thèbes, sur tes pas, ton camp se précipite;
> J'attache à tes drapeaux l'épouvante et la fuite.
> Puissent tous ces sept chefs, qui t'ont juré leur foi,
> Par un nouveau serment s'armer tous contre toi;
> Que la nature entière, à tes regards perfides,
> S'éclaire en pâlissant du feu des Euménides!
> Que ce sceptre sanglant que ta main doit saisir,
> Au moment de l'atteindre, échappe à ton désir!
> Ton Étéocle et toi, privés de funérailles,
> Puissiez-vous tous les deux vous ouvrir les entrailles!
> De tous les champs thébains puisses-tu n'acquérir
> Que l'espace, en tombant, que ton corps doit couvrir!
> Et, pour comble d'horreur, couché sur la poussière,
> Mourir, mais en sujet, et bravé par ton frère!
> Adieu! tu peux partir. Raconte à tes amis,
> Et l'accueil et les vœux que je garde à mes fils, etc.

Polynice redouble son repentir et ses prières.
Il invoque le secours de sa sœur. Le cœur d'OEdipe s'émeut. La fatalité grecque est vaincue par
le pathétique du poëte, pour ainsi dire; OEdipe
pardonne, et laisse échapper ces mots qui excitaient un vif enthousiasme sur la scène française :

> Crois-tu qu'à pardonner un père ait tant de peine? etc....

Faut-il cependant, Messieurs, mêler ainsi des
beautés de nature et d'origine diverses? fallait-il
détruire cette inflexibilité consacrée du caractère
d'OEdipe, semblable à celle que Shakspeare a don-

née au roi Léar, et y substituer cette facilité de pardon, puisée dans d'autres mœurs ? Cependant les beaux vers de Ducis se gravent dans la mémoire. On oublie la question de la vérité grecque, et on reste sous la puissance du poëte moderne.

Un autre imitateur des Grecs fut La Harpe. Là, Messieurs, l'entreprise moderne rentrait dans cette exacte imitation, dans cette fidélité habile qui me semble un moyen d'originalité quand le modèle est loin de nous, et qu'il est beau et grand par lui-même. Rousseau avait dit :

> Nul doute que la plus belle tragédie de Sophocle, traduite fidèlement, ne tombât tout à plat sur notre théâtre.

Racine n'avait voulu emprunter aucun sujet à Sophocle, parce qu'il trouvait les ouvrages de ce grand poëte trop beaux pour y changer, et qu'il n'osait les reproduire fidèlement.

A la fin du siècle dernier, La Harpe tenta cette seconde épreuve, dont Racine avait désespéré. Déjà le goût public, par la satiété des fausses imitations du théâtre grec, était préparé pour accueillir une imitation fidèle et littérale. La Harpe l'essaya sur *Philoctète* ; malheureusement il était devancé : Fénelon avait passé par là. Il avait enlevé à Sophocle, dont il était admirateur passionné, les traits les plus énergiques de ses vives peintures, et les avait rendus dans une prose plus poétique que les vers.

Cependant La Harpe, par zèle pour les bons principes, et pour la vérité du théâtre grec, qu'il n'avait pas toujours assez reconnue, espéra traduire avec plus de fidélité que Fénelon. Ce n'est pas qu'il ne fasse encore bien des changements : il supprime les chœurs, il retranche des imprécations qui lui paraissent trop violentes, il change souvent le style. Au début de la pièce, nous lisons :

> Nous voici dans Lemnos, dans cette île sauvage
> Dont jamais nul mortel n'aborda le rivage.
> Du plus vaillant des Grecs, ô vous fils et rival.... etc.

Vous m'arrêtez tous. Non, Sophocle n'a pas dit, fils et rival ; il n'a pas fait cette antithèse. En effet, il y a seulement dans Sophocle :

> Fils du plus vaillant des Grecs, Néoptolème, fils d'Achille.

Je passe rapidement, mais avec regret, à la fin de la pièce, et je trouve :

> Je sers, en vous suivant, les dieux et l'amitié.

Je suis encore bien assuré que Sophocle n'a pas fait cette mesquine antithèse.

Mais les objections de détail, quelques critiques sur des vers qui manquent un peu d'élégance, le reproche d'une certaine roideur dans l'élocution, tout cela n'empêche pas que ce travail ne soit précieux, ne mérite de grands éloges. C'était d'abord, je le pense, un progrès vers le naturel que cet essai d'une reproduction complète d'un modèle antique.

Si vous songez qu'avant La Harpe un poëte qui

n'est pas sans mérite avait imaginé d'ôter à Philoctète sa solitude, et de placer près de lui sa fille, la princesse Sophie, qui ne manque pas d'exciter une violente passion dans le cœur de Pyrrhus, vous avouerez que l'abus du goût français ne pouvait aller plus loin.

La Harpe a gardé la situation dans sa forte simplicité : il a senti et exprimé tout ce qu'il y avait de tragique dans cette conception d'un homme trahi, solitaire, ulcéré de haine depuis dix ans, puis invoquant ceux qui l'avaient abandonné, les suppliant de l'emmener avec eux. Là toutes les catastrophes ne sont que les agitations du cœur de Philoctète.

De beaux contrastes se présentent entre un petit nombre de personnages ; la haine implacable de ce vieux guerrier trahi, la naïve candeur, en même temps la ruse involontaire de Néoptolème, l'habileté, le sang-froid, l'ambition patriotique d'Ulysse. Tous ces caractères sont fortement imaginés, mis à l'épreuve, et développés avec une vive éloquence.

Je connais peu de choses plus nouvelles et plus touchantes que cette première impression de Philoctète, à la vue de ces Grecs qu'il aperçoit de loin. Elle est rendue avec beaucoup de chaleur, de vérité, par La Harpe. Les prières ardentes de Philoctète, sa joie, son attendrissement, quand il a la promesse de partir avec Néoptolème, tout cela est éloquent. Ce qui manque, c'est je ne sais quelle grâce, quelle harmonie d'expressions grecques. Il me serait facile de citer beaucoup l'original, et d'en accabler le traducteur.

Il faut que je vous avoue que, presque enfant, il y a beaucoup d'années, j'ai joué la tragédie de Sophocle en grec ; je vous dirai même confidemment que je faisais le personnage d'Ulysse. (*On rit.*) Je suis assez faible helléniste ; mais il m'est resté des lambeaux de mon rôle, qui composent le fond de mon érudition grecque.

Des hommes de goût dont j'estime l'opinion m'ont reproché quelquefois une sorte de sévérité dans la critique. On m'a blâmé d'avoir sans titre, cela est vrai, mais non pas sans motifs, accusé La Harpe et d'autres écrivains du xviiie siècle de n'avoir qu'une connaissance superficielle de l'antiquité. Je pourrais en trouver des preuves nombreuses dans la traduction de Philoctète ; je le pourrais, toujours appuyé sur mon ancien rôle. (*On rit.*) Je pourrais emprunter de l'érudition toute faite. Brunck, personnage très-savant et rude dans son langage, a relevé les erreurs de La Harpe avec une impitoyable dureté ; il se sert de ces injures du xvie siècle, conservées jusqu'au xixe.

En effet, il y a, dans la version poétique de La Harpe, quelques méprises singulières, et qui ne choquent pas moins la poésie que le sens. Mais passons : La Harpe avait montré, dans son premier ouvrage, *Warwick*, l'expression énergique des sentiments de haine. Le même talent se retrouve dans sa version de Sophocle.

Cette scène, où les noms des héros du camp

grec moissonnés par la mort sont prononcés devant Philoctète, qui s'indigne que tous les hommes courageux périssent, et que Thersite soit debout, cette scène est éloquente dans le traducteur comme dans l'original. Les invectives contre Ulysse n'ont pas moins de véhémence. Mais il n'y a pas ce charme des contrastes familier à l'imagination grecque, cette mélodieuse douceur que Sophocle avait donnée aux adieux de Philoctète quittant sa claire fontaine et sa grotte sauvage.

En tout, cependant, cet ouvrage paraît un des plus beaux monuments de l'étude de l'antiquité dans le xvIII° siècle; il me laisse une idée, une espérance : si l'imagination de nos jeunes poëtes, qui est aujourd'hui tant curieuse de nouveauté, qui est en quête de l'originalité, qui s'en va en Espagne, en Angleterre, en Portugal, partout, cherchant des inspirations, des formes, veut un jour se porter sur le génie grec, non pour le corriger, le modifier, mais pour le rendre dans son originalité primitive, de beaux effets de l'art, d'heureuses singularités sortiront de cette étude. Je le souhaite au talent; et, Messieurs, l'originalité, soit qu'on la cherche dans les sujets, soit qu'on la voie dans le langage, ne croyez pas qu'elle ait besoin d'être empruntée à un mélange de barbarie et de beauté; elle est surtout dans la beauté pure. Quoi de plus original que la perfection d'une statue grecque? le génie grec (car nous ne lui reprochons pas comme une faute son naturel même, et ce que Barthélemy nommait *maurais ton et familiarité*), le génie grec, dans sa correction et dans sa liberté tout ensemble, offre tant de richesses, que si quelque heureux talent approchait de ces sources fécondes, il y trouverait l'inspiration de la nature même, et aurait l'avantage incalculable, quoi qu'on en dise, d'être à la fois original et pur.

QUARANTE-QUATRIÈME LEÇON.

Critique française appliquée à la littérature étrangère. — Pourquoi nulle dans le xvii⁰ siècle. — Innovation de Voltaire à cet égard. — Objet et caractère de sa critique. — Sa première opinion sur Shakspeare. — Autres tentatives de critique étrangère, superficielles et bornées. — Turgot. — Ses vues sur la poésie allemande. — Changement du goût public. — Traduction de Shakspeare. Indignation de Voltaire. — Examen de ses deux opinions sur Shakspeare. — Imitations de Shakspeare par Ducis. — Digression, anecdotes sur le caractère et l'originalité de Ducis. — Forme de ses imitations trop régulière, trop classique dans le sens vulgaire du mot. — Vrai génie du drame anglais manqué par lui. — Parallèle de son *Macbeth* avec celui de Shakspeare.

Messieurs,

Poursuivons notre incomplète analyse des travaux de la critique française au xviii⁰ siècle. Il nous reste à chercher quel esprit elle porta dans l'examen des littératures modernes et étrangères, quels exemples elle leur emprunta, quelles routes nouvelles elle entrevit. Peut-être aurais-je dû m'occuper plus longtemps de ses recherches et de ses opinions sur les anciens; mais, comme on l'a dit,

Trop de critique entraine trop d'ennui.

J'aurais pu louer, dans Marmontel, ses résumés solides, ingénieux, des théories oratoires de l'antiquité; mais nous en parlerons plus tard, quand nous mettrons en scène l'éloquence politique. J'aurais pu faire ressortir quelques beaux chapitres de La Harpe; mais vous les lisez, et votre estime n'a pas besoin d'être confirmée par un suffrage de plus. Je viens donc, sans plus différer, au jugement que la critique française du xviiie siècle portait des littératures étrangères. Je cherche quelles idées la France recevait du reste de l'Europe, comment elle concevait, imitait ou corrigeait le génie des autres nations. Là, comme ailleurs, il faut s'attendre ou se résigner à voir d'abord Voltaire; sa figure prédomine toute l'époque; il en a été le premier poëte, le premier critique, le premier historien, le premier pamphlétaire; c'était sa fatalité, c'était le droit de son infatigable talent. Ce fut Voltaire qui remua les esprits en tous sens et sur toutes les questions; ce fut lui qui les avertit de regarder autour d'eux, et de s'enquérir au dehors. Cette revue des autres nations, l'a-t-il faite avec une impartialité bien difficile pour un génie si vif? l'a-t-il faite avec une patience que ses propres inspirations ne lui laissaient pas le temps d'avoir, et qui serait une condition trop dure pour ces esprits mêlés d'air et de feu, suivant l'expression d'Arioste?

Il nous a laissé le soin de cette lente et curieuse investigation, de ces exactes recherches; c'est une besogne inférieure qu'il nous a renvoyée. Pour lui, il a le premier jeté beaucoup de vues neuves et de vives clartés sur le génie des littératures étrangères; mais on ne peut pas dire qu'il les ait véritablement appréciées. Son œuvre dans ce genre, le modèle qu'il a donné, c'est la perfection du style critique : sans beaucoup approfondir les questions, il a écrit sur la littérature avec plus d'aisance et de grâce que ne l'avait jamais fait personne, avec plus de vivacité, de sens, de justesse, lors même qu'il se trompait.... Cette expression hyperbolique et contradictoire m'échappe ; mais vous la corrigez. Vous entendez bien ce que j'ai mal dit. C'est que, lors même qu'il est emporté par un caprice d'humeur, par une saillie, et qu'il juge trop légèrement une littérature, une époque, un homme de génie, il y a cependant un fond de vérité fine et moqueuse qui subsiste dans son erreur.

Le xviie siècle, uniquement occupé de lui-même et des anciens, s'était fort peu inquiété de ce qui se passait dans la littérature du reste de l'Europe. La domination politique et sociale dont jouissait la France lui donnait, à cet égard, une insouciante et orgueilleuse sécurité. Comme presque toutes les nations imitaient la France, elle ne songeait pas elle-même à les imiter. La mode de la littérature espagnole et italienne, qui avait régné sous Louis XIII et sous la régence d'Autriche, était tombée par l'influence du goût plus sévère que consacraient les hommes de génie.

L'Angleterre faisait horreur, faisait peur ; c'était un pays d'hérétiques, qui venait d'être agité par une épouvantable révolution. Bien que les intérêts politiques aient souvent rapproché le cabinet de Versailles et celui de Londres ; bien que le mariage de la sœur de Charles II avec le frère de Louis XIV, et plus tard le long exil du roi Jacques, aient dû amener en France des idées anglaises, on n'en trouve aucune trace dans notre littérature. C'est que la communication était entre les deux cours, et non pas entre les deux pays. Les beaux esprits de France semblaient se garder de l'Angleterre, comme d'une contrée barbare. L'Anglais Hamilton écrivait, en français, d'une manière plus spirituelle, plus légère, plus française, qu'aucun Français peut-être. Mais Saint-Évremont, réfugié en Angleterre pendant vingt ans, n'apprit pas même à lire la langue anglaise. Parmi nos grands écrivains du xviie siècle, il n'en est aucun, je crois, où l'on puisse reconnaître un souvenir, une impression de l'esprit anglais. Corneille n'entendit jamais parler de Shakspeare, et j'en ai bien du regret. Quant à Molière, j'imagine, et c'est une curiosité philologique dont vous ne vous inquiéterez pas beaucoup, qu'il a mis à profit deux ou trois plaisanteries de Shakspeare, qu'on lui avait contées sans doute, et que je retrouve dans une des moindres pièces de notre grand poëte comique; mais elles ne valent guère la peine d'être citées.

Du reste, le voisinage des deux nations, et les intérêts des deux politiques qui s'entremêlaient ou se heurtaient souvent, n'avaient produit aucune analogie, aucune communication entre les deux littératures. Aussi, lorsque le grand novateur, Voltaire parut, son premier emploi fut d'aller en

Angleterre, d'y ramasser à pleines mains des idées nouvelles, et de les rapporter en France. Cette importation fit beaucoup de bruit et agrandit la renommée de l'auteur d'*OEdipe*. Les *Lettres philosophiques sur les Anglais* furent un de ses ouvrages les plus célèbres, les plus poursuivis et les plus puissants. En même temps que Voltaire introduisait les libres opinions et le scepticisme des Anglais, il imitait leur poésie, d'abord leur poésie philosophique qu'il voulait naturaliser en France, et qu'il savait faire pour lui; puis leur poésie dramatique, à laquelle il faisait quelques emprunts timides, et déguisés sous la parure de son langage. Dans sa pensée de *critique*, il regarda l'Angleterre comme une mine à exploiter, qui devait lui fournir de la philosophie et de la tragédie. Le premier, il prononça parmi nous, avec éloge, le nom de Shakspeare, qui plus tard lui donnait tant d'humeur. En vérité, on croirait qu'il y a dans la littérature des progressions et des fatalités comme dans la politique; et Voltaire, annonçant en 1730 la gloire de Shakspeare, ressemble à un noble qui aurait demandé les états généraux en 1788, et aurait émigré deux ans après, avec horreur, avec effroi. Voltaire ne ménageait pas d'abord son admiration en parlant de Shakspeare; car il le comparait à Homère, qu'à la vérité il traitait assez légèrement ; le passage est curieux : notons-le pour mémoire:

J'ai trouvé chez les Anglais ce que je cherchais, et le paradoxe de la réputation d'Homère m'a été développé. Shakspeare, leur premier poëte tragique, n'a guère, en Angleterre, d'autre épithète que celle de *divin*. Je n'ai jamais vu à Londres la salle de comédie aussi remplie à l'*Andromaque* de Racine, toute bien traduite qu'elle est par Philips, ou au *Caton* d'Addison, qu'aux anciennes pièces de Shakspeare, etc., etc. Quand j'eus une assez grande connaissance de la langue anglaise, je m'aperçus que les Anglais avaient raison, et qu'il est impossible que toute une nation se trompe en fait de sentiment, et ait tort d'avoir du plaisir.

Voilà donc un jugement admiratif, malgré les expressions sévères qui s'y mêlent. Pendant vingt ans, ce jugement fut la règle du goût en France. Pompignan, littérateur instruit, Racine le fils, poëte plein d'élégance et de goût, redisaient le nom de Shakspeare, comme celui d'une espèce d'Eschyle moderne. Voltaire faisait un pas de plus en sa faveur; il traduisit en vers élégants le monologue d'*Hamlet*. Un écrivain qu'on accusait de paradoxes littéraires, Marmontel, sans savoir l'anglais, vanta quelques intentions tragiques, quelques grands traits de Shakspeare, et félicita le comédien Garrick d'avoir corrigé et épuré, pour la scène moderne, les ouvrages de ce vieux poëte irrégulier, mais sublime.

Tel était, Messieurs, le point où s'était arrêtée en France la question du théâtre étranger et du génie de Shakspeare. Elle semblait fixée par le jugement suprême de Voltaire. Laissons-la reposer pour quelque temps, et cherchons les travaux de la critique française, au xviiie siècle, sur toutes les autres branches de littérature étrangère.

Ces travaux étaient superficiels et bornés. Voltaire, presque seul, avait parlé de la poésie italienne avec la grâce habituelle de son style. Il avait jugé trop vite et trop sévèrement le génie du Dante. Il s'était impatienté des langueurs de Pétrarque, tout en traduisant, avec une élégance admirable, quelques-uns de ses plus beaux vers. Mais il avait dignement célébré le Tasse, et l'Arioste surtout, que personne n'aima et ne sentit mieux que lui. Quant à l'Allemagne, il n'y pensait pas du tout. Je ne sais si le mauvais séjour qu'il avait fait à Francfort, et d'autres souvenirs amers de son voyage en Prusse, contribuaient à cette humeur; je ne sais si le dédain que Frédéric lui-même témoignait pour la littérature allemande avait favorisé et excité le dédain de Voltaire : mais enfin, dans toute la collection de ses œuvres, je ne trouve guère qu'un seul jugement sur les écrivains d'Allemagne : c'est qu'il leur souhaite *plus d'esprit et moins de consonnes.*

Cette plaisanterie frivole passa presque pour un arrêt, dont l'ignorance s'accommoda; et, jusqu'à l'époque où un homme ingénieux, pénétrant, d'un esprit vaste, et qui se portait à tout, M. Turgot, tourna les yeux vers la littérature allemande, on n'avait plus prononcé son nom dans la nôtre : et tandis que ce pays de la science laborieuse et du génie un peu artificiel, cette Alexandrie moderne qui a produit des philosophes profonds, des poëtes touchants et rêveurs, tentait toutes les formes de l'imitation et tous les hasards de l'originalité, nos critiques ignoraient presque l'existence de cette littérature tardive et féconde. M. Turgot, qui s'était essayé avec succès sur la philosophie, l'histoire, la politique, l'administration, et qui avait à la fois le besoin de beaucoup savoir et d'innover, s'occupa de la littérature allemande avec autant de sagacité que de goût. Il écrivit sur la versification de cette langue, alors presque inconnue en France. Par ses traductions élégantes, il fit admirer Gessner, le premier écrivain d'Allemagne qui ait été connu et populaire en France.

Mais vous le voyez, Messieurs, ces rares emprunts, ces communications accidentelles ne donnent aucune idée du rapport intime et rapide des perpétuels échanges que les littératures de l'Europe font entre elles aujourd'hui, et qui semblent presque un des objets de leur civilisation et de leur industrie.

Cette curiosité pour la littérature étrangère s'accrut cependant vers la fin du XVIIIe siècle. Les critiques qui s'en occupaient le plus, l'abbé Arnaud, M. Suard, étaient des hommes pleins de goût, d'un esprit facile, élégant; mais leurs travaux furent peu nombreux. C'étaient quelques analyses d'auteurs italiens; quelques traductions des historiens anglais, disciples de Voltaire. Ainsi la littérature française allait reprendre chez l'étranger ce qu'elle-même avait en partie donné : elle ne s'enrichissait pas de vues originales et nouvelles.

D'après cette revue rapide, vous voyez, Messieurs, qu'il faut revenir au point que nous avons un moment quitté. Toute la controverse de littérature étrangère, au xviiiᵉ siècle, toute l'innovation qui se manifesta dès lors, est dans Shakspeare. La question de savoir ce qu'il est, à quel point on doit l'admirer, comment on doit l'imiter, est toute la question de critique moderne que le xviiiᵉ siècle nous ait laissée. De plus, ce que nous cherchons, la théorie d'abord, puis la tentative de création, le conseil et l'œuvre, nous le trouvons à l'occasion de Shakspeare. Originairement annoncé par Voltaire, traduit par Letourneur, ce qui était un grand malheur pour lui, critiqué avec une vive prévention par La Harpe, il a été remanié, retraduit, refait par un poëte, par Ducis; ainsi tous les accidents que peut éprouver une gloire, un génie, toutes les transformations que la critique, la traduction, l'analyse et la recomposition, si l'on peut parler ainsi, peuvent faire éprouver aux pensées d'un homme, Shakspeare les a subies parmi nous. Voilà donc un heureux modèle d'expérience littéraire.

Nous allons faire dans cette séance (je vous demande pardon du parallèle) ce que Shakspeare fait sans scrupule dans ses tragédies; nous allons consumer vingt-cinq ou trente ans, Messieurs, en quelques minutes, et courir en un moment d'un point extrême à l'autre. Nous avons laissé, dans la première partie de ce cours, Voltaire proclamant le nom de Shakspeare, le soutenant contre les préjugés de la délicatesse française. Passons, trente ans plus tard, à l'époque où Voltaire est inquiet, embarrassé, effrayé de la réputation croissante de ce Shakspeare, qu'il a produit avec tant de peine dans le monde français.

Il y a vingt ans qu'il a fait *Zaïre,* cette pièce enchanteresse, comme dit Rousseau, où, malgré quelques formalités de langage, il y a tant de passion, de grâce, de naïveté quelquefois. Il a bien pris un peu dans Shakspeare pour faire *Zaïre;* mais il ne s'en souvient plus. D'ailleurs, il lui semble que ce sont quelques cailloux bien rudes, qu'il a taillés en diamants. Ses amis, hommes de goût, l'auraient bien rassuré à cet égard. S'il a mis dans la bouche d'Orosmane, jaloux, furieux :

> Oui, je le lui rendrai, mais mourant, mais puni,
> Mais versant à ses yeux le sang qui m'a trahi,

M. de La Harpe trouve ces vers élégants, bien supérieurs aux paroles du sauvage Othello : « De quelle mort le tuerai-je ? je voudrais le tenir neuf ans entiers mourant sous ma main. » Cela semble bizarre à l'ingénieux critique, et il ne s'inquiète pas de savoir si le désespoir d'Othello ne doit pas être en effet bizarre et forcené dans son langage. Que ce Maure, que ce barbare, parlant de Desdemona, s'écrie déjà plein de fureur : « Une musicienne admirable! Ah! les accents de sa voix adouciraient la férocité d'un tigre! » La Harpe se moque de cette simplicité de paroles, en la comparant à l'élégance du style d'Orosmane :

> Est-ce là cette voix
> Dont les sons enchanteurs m'ont séduit tant de fois ?
> Cette voix qui trahit un feu si légitime,
> Cette voix infidèle et l'organe du crime.

Quels vers, dit-il à Voltaire, à côté du grossier langage de Shakspeare! vous n'êtes pas inquiet de lui avoir pris cela.

La Harpe convient, une fois, que Voltaire a profité d'un mot pathétique, échappé à ce barbare Shakspeare : « Il faut que je pleure, mais ces pleurs sont cruels; » *I must weep; but these tears are cruel.*

> Voilà les premiers pleurs qui coulent de mes yeux.
> Tu vois mon sort, tu vois la honte où je me livre :
> Mais ces pleurs sont cruels, et la mort va les suivre.

Il oppose avec orgueil, à ce qu'il appelle le hasard heureux d'un génie brut, ces vers élégants de Voltaire.

Je ne crois pas que, dans cette imitation, la supériorité soit à Voltaire. Je n'aime pas ces expressions un peu trop languissantes : « La honte où je me livre, la mort va les suivre, » qui paraphrasent les paroles énergiques de Shakspeare. A quoi bon, du reste, relever ces fautes? Votre goût m'avait prévenu.

Mais enfin, lorsque l'élégance du style prédominait exclusivement, il est certain que ces vers si harmonieux, si doux, dans lesquels se cachent quelques expressions faibles, effaçaient de beaucoup une traduction de Shakspeare en prose prétentieuse et barbare.

Cependant cette traduction, toute mauvaise qu'elle est, saisit les esprits par une puissance d'originalité et par une foule de beautés primitives qu'elle n'avait pu étouffer. De plus, la satiété même, je ne dirai pas du beau, mais de l'imitation affaiblie du beau, cette fatigue que fait éprouver, à la longue, l'éclat un peu uniforme d'une littérature ingénieuse et raffinée, poussait vers ces nouveautés étrangères. La traduction de Letourneur eut le plus grand succès. Sans intelligence du naturel et de la simplicité, gâtant le génie de Shakspeare par la déclamation, le traducteur, dans ses préfaces, se montrait fort injurieux pour d'autres formes de génie, pour d'autres originalités non moins puissantes et plus pures que celles de Shakspeare. Il disait ridiculement que Shakspeare avait *dédaigné d'avoir du goût;* comme si ce dédain pouvait convenir à personne, et comme si Shakspeare n'avait pas eu parfois un goût admirable, et même une délicatesse exquise dans certaines nuances de passion et de vérité. De plus, il attaquait par d'assez lourdes épigrammes la dignité soutenue de notre théâtre, et par là Voltaire lui-même, dont la pompe et l'élégance régnaient paisiblement sur la scène française. Toutes ces choses arrivaient à Ferney, où Voltaire vieilli, mais toujours passionné pour la gloire du théâtre, survivant à son génie par son ardeur et par son esprit, ne faisait plus que *les Guèbres* et *les Lois de Minos.* Il crut voir ébranler son ancienne gloire, dans un moment où il ne pouvait plus la rajeunir par de nouveaux succès. Ce dépit, cette crainte, le mauvais goût du traducteur, l'emphase de sa version et de ses éloges, inspirent à Voltaire la verve la plus colérique et la plus amusante que je connaisse :

> Avez-vous lu son abominable grimoire, dont il y aura encore cinq volumes? Avez-vous une haine assez vigoureuse contre cet impudent imbécile? Souffrirez-vous l'affront qu'il fait à la France? Il n'y a point en France assez de camouflets, assez de bonnets d'âne, assez de piloris pour un pareil faquin. Le sang pétille dans mes vieilles veines en vous parlant de lui. S'il ne vous a pas mis en colère, je vous tiens pour un homme impassible. Ce qu'il y a d'affreux, c'est que le monstre a un parti en France; et, pour comble de calamité et d'horreur, c'est moi qui autrefois parlai le premier de ce Shakspeare; c'est moi qui le premier montrai aux Français quelques perles que j'avais trouvées dans son énorme fumier. Je ne m'attendais pas que je servirais un jour à fouler aux pieds les couronnes de Racine et de Corneille, pour en orner le front d'un histrion barbare. Tâchez, je vous prie, d'être aussi en colère que moi; sans quoi, je me sens capable de faire un mauvais coup.
>
> Les Gilles et les Pierrots de la foire Saint-Germain, il y a cinquante ans, étaient des Cinna et des Polyeucte en comparaison des personnages de cet ivrogne de Shakspeare, que M. Letourneur appelle le dieu du théâtre.

Heureusement, Messieurs, Voltaire ne fit pas un mauvais coup; mais il voulut faire un coup de force; il porta plainte contre Shakspeare à l'Académie française, il lui écrivit une grande lettre qui fut officiellement lue par d'Alembert, en séance publique. Cette lettre était singulièrement vive, spirituelle; seulement elle ne montre qu'un côté de la question. Voltaire parcourt rapidement toutes les pièces de Shakspeare, il en extrait ces bizarreries, ces absurdités, ces obscénités, ces fatras de mauvais goût, que l'on y trouve çà et là, et les jette pêle-mêle à la tête de l'Académie. La conclusion fut très-applaudie :

> Figurez-vous, Messieurs, Louis XIV dans sa galerie de Versailles,

entouré de sa cour brillante ; un Gille s'avance couvert de haillons, et propose à cette assemblée d'abandonner les tragédies de Racine pour un saltimbanque qui fait des contorsions, et qui a des saillies heureuses.

Cette vive et singulière prosopopée ne décide en rien la question; et on ne peut raisonnablement l'admettre comme un jugement définitif sur Shakspeare. Quel esprit fut jamais plus juste, plus pénétrant que celui de Voltaire! mais toute passion rend un peu étroit l'esprit le plus vaste. Ce goût si vif que ressentait le poëte du xviiie siècle pour l'élégance sociale dont il était l'interprète, cette gloire du théâtre français qui se confondait avec la sienne, cette jalousie en faveur de Racine et de Corneille, sous laquelle il cachait son nom, lui inspirait une violente partialité contre Shakspeare. Enfin, malgré son admirable souplesse, préoccupé des créations, des idées, des formes que lui-même avait portées dans l'art dramatique, pouvait-il entrer facilement dans le génie de ce théâtre fantasque et désordonné de Shakspeare, et se plaire à cette rude simplicité souvent mêlée d'affectation, à ces accidents si nouveaux de la pensée, qui n'ont aucun rapport avec l'élégance de la civilisation moderne, et sont une éloquente image des mœurs féroces du moyen âge ? sa colère, ses dégoûts étaient sincères autant que véhéments.

Mais Shakspeare a cela de particulier, que, fidèle écho des passions et du génie des temps barbares, il offre des sympathies profondes avec le cœur de l'homme, tel qu'il existe en tout pays. Son costume est national et du moyen âge; mais le fond de ses pensées est universel. Toutefois, ce fond de pensées, puisé pour ainsi dire dans le trésor commun de la nature humaine, aura d'autant plus d'attrait et d'empire, qu'il trouvera des esprits moins disciplinés au joug des formes établies et des conventions sociales. Il plaira peut-être encore plus en Amérique qu'en Angleterre; il plaira plus en Angleterre qu'en France; il plaira plus à la France nouvelle qu'il ne pouvait plaire à l'ancienne France, dominée par l'esprit de cour et d'académie. On peut le dire d'une manière générale, et c'est un nouvel exemple de l'alliance et du changement simultané des mœurs publiques et du goût littéraire: plus l'élément démocratique entrera dans les mœurs d'un peuple, moins Shakspeare le heurtera, l'étonnera. Il n'y a pas de doute que, pour un esprit charmé des bosquets de Versailles, des pompes de la cour de Louis XIV, enchanté des plaisirs d'un monde ingénieux et poli, cette crudité sauvage, cette violence hideuse, ce langage ardent et forcené qui remplit si souvent les pièces de Shakspeare, n'ait quelque chose de révoltant. Mais, pour cet esprit, Eschyle et souvent Homère n'auraient-ils pas le même défaut? Vous figurez-vous que la société élégante et polie de la cour de Louis XIV, ou la société spirituelle et philosophique du xviii® siècle, vînt assister à la représentation des *Euménides* d'Eschyle? eût-elle supporté Oreste poursuivi par ces déesses qui, de guerre lasse, finissent par s'endormir un moment, et le *possédé* du paganisme, Oreste, respirant quelque peu, pendant que les Euménides ronflent? eût-elle supporté de voir Apollon qui, pour protéger le parricide, avait endormi les Furies, et qui n'ayant pu les faire dormir assez longtemps, se trouve fort embarrassé lorsqu'elles se réveillent et qu'elles lui disent : « Jeune dieu, tu es bien osé d'avoir trompé de vieilles déesses. » Est-ce que toutes ces bizarreries de l'imagination grecque n'auraient pas été vraiment intolérables pour le bon goût du xviie et du xviiie siècle? Faut-il décider, cependant, que ces fantasques inventions étaient absurdes, ridicules, et qu'il n'y a pas un état de société, un état de l'imagination humaine où ces choses puissent avoir leur grandeur, leur énergie? Faut-il nier même qu'elles n'aient une beauté durable, pour qui saura les comprendre par cette imagination qui se rend contemporaine de toutes les époques?

Quoi qu'il en fût des colères de Voltaire, malgré la forme élégante que conservait la littérature du xviiie siècle, et que les théories seules ne pouvaient pas détruire (car elle ne devait céder qu'à des changements de mœurs), la renommée de Shakspeare grandissait chaque jour en France. On se moquait des phrases ridicules de Letourneur; mais on était saisi de quelques-uns de ces traits pathétiques, profonds, originaux qui abondent dans le poëte anglais.

De plus enfin, un homme qui, je crois, avait du génie, se chargea de le produire sur la scène française, non plus en lui enlevant à peine quelques intentions, quelques expressions poétiques, mais en transportant ses pièces avec les noms des personnages et des pays, en ne craignant plus ces mœurs du moyen âge, ou du moins en promettant qu'il ne les craindrait pas : ce fut Ducis.

Vous n'avez peut-être pas connu Ducis : c'était un des hommes le plus faits pour frapper l'imagination et laisser un long souvenir. Au milieu de cette espèce d'uniformité qui rapproche et confond les talents secondaires d'une époque, Ducis avait quelque chose de rare et d'original. Je ne l'ai vu que très-âgé. Sa figure, singulièrement grave et majestueuse, avait un caractère naïf et inspiré; on aurait cru voir, je ne dirai pas un descendant d'*Ossian* (cette généalogie est trop douteuse), mais d'Homère lui-même. On sentait au premier aspect que ce n'était pas un homme du temps, un homme tel que vous en verrez beaucoup, même parmi les poëtes. Il n'avait rien du monde; il ne s'inquiétait pas de toutes les petites affaires, de toutes les petites ambitions de la vie; sauvage et doux, poëte au plus haut degré, n'ayant besoin de rien pour être poëte, il a chanté les plaisirs de la campagne, du fond de sa petite maison, dans une rue de Versailles; c'était là qu'il rêvait, dans sa poésie inculte, cette nature pittoresque, négligée, qui lui plaît et qui lui ressemble.

Un autre trait distinctif, un autre caractère de cet homme, c'était quelque chose de fier, de libre, d'indomptable. Jamais il ne porta, ne subit aucun joug, pas même celui de son siècle; car, dans son siècle, il fut constamment très-religieux. Il vivait avec plusieurs hommes de l'opinion philosophique, surtout avec Thomas, dont il était l'ami le plus intime. Ses tragédies sont empreintes des libres maximes et des expressions abstraites, communes à la littérature du temps; mais son goût, son étude, sa préférence solitaire, était la lecture de la *Bible* et d'*Homère*. Voilà comment il résistait au xviiie siècle, comment il était un esprit original au milieu de son temps. Les théories ordinaires de l'élégance ne lui arrivaient pas. Il avait fait des tragédies en arrangeant Shakspeare, suivant sa guise et le hasard de son talent du jour. On les jouait; elles réussissaient. La Harpe en publiait d'ingénieuses critiques, relevait des invraisemblances, soulignait des vers incorrects; cela ne touchait pas Ducis; cela ne le changeait pas; il allait toujours de son pas, à la suite de Shakspeare. On ne lui faisait point, je crois, la véritable objection; nous tâcherons de la trouver tout à l'heure.

Mais achevons de marquer le caractère singulier de Ducis, au milieu de la philosophie du xviiie siècle. Lorsque commencèrent les troubles civils de la France, d'abord il saisit les idées nouvelles avec une ardeur singulière, à la fois novateur et dévot, républicain et royaliste, plein d'enthousiasme, et bon homme par-dessus tout. Quand ces troubles devinrent plus violents, plus sanglants, il n'eut pas peur, mais il eut horreur. On venait encore lui dire d'avoir du talent, de faire des tragédies :

« Hélas, disait-il, la tragédie court les rues; si je mets le pied hors de chez moi, j'ai du sang jusqu'à la cheville; j'ai vu trop d'Atrées en sabots, pour oser en mettre sur la scène. » C'était là sa manière de sentir et de s'exprimer.

Quand l'ordre social se rétablit avec pompe, lorsqu'on fit l'empire, l'homme qui voulait être la gloire publique de la France, et s'occupait d'attirer, d'absorber dans l'abîme de sa renommée toutes les célébrités secondaires, tourna les yeux vers Ducis; il voulait le faire sénateur. Ducis n'en avait nulle envie; vous me pardonnerez ces anecdotes qui achèvent l'esquisse d'un caractère original. Le maître de la France le chercha donc, et voulut l'honorer, le récompenser, l'*avoir* enfin. En général, il séduisait si facilement, qu'il était tout étonné de trouver quelqu'un qui osât résister, ou même échapper à ses bienfaits.

Un jour, dans une réunion brillante, il l'aborda, comme on aborde un poëte, par des compliments sur son génie : ses louanges n'obtiennent rien en retour. Il va plus loin, il parle plus nettement; il parle de la nécessité de réunir toutes les célébrités, toutes les gloires de la France, autour d'un pouvoir réparateur : même silence, même froideur; enfin, comme il insistait, Ducis, avec une originalité toute shakspearienne, lui prend fortement le bras, et lui dit : « Général, aimez-vous la chasse? » Cette question inattendue laisse le général embarrassé. « Eh bien, si vous aimez la chasse, avez-vous chassé quelquefois aux canards sauvages?

c'est une chasse difficile, une proie qu'on n'attrape guère, et qui flaire de loin le fusil du chasseur. Eh bien, je suis un de ces oiseaux, je me suis fait canard sauvage. » (*On rit.*) Et en même temps il fuit à l'autre bout du salon, et laisse le vainqueur d'Arcole et de Lodi fort étonné de cette incartade.

On ne peut pas, Messieurs, on ne doit pas séparer l'homme de l'écrivain. Cette nature originale dans la vie commune, cette indépendance capricieuse, imployable à tout joug, aura sans doute laissé quelque chose d'elle dans les œuvres les plus artificielles du poëte; voilà l'excuse de mes anecdotes.

Cependant, Messieurs, telle est, dans les choses même d'imagination, la force des idées reçues, l'influence presque invincible des formes adoptées, que cet homme si difficile à prendre, si libre de sa nature, est loin de s'être assez affranchi, dans ses ouvrages, des habitudes et des théories consacrées avant lui sur la scène française. Ce que les contemporains de Ducis auraient dû lui reprocher, ce n'est pas quelque vers incorrect ou dur. Il fallait lui dire : Prenez garde! vous innovez beaucoup, et vous n'innovez pas assez. Vous allez prendre les tragédies de Shakspeare, génie vaste et sans frein, qui déroulait, dans la libre irrégularité de ses plans, les grands tableaux du moyen âge, et mettait tout un siècle et tout un monde sur la scène. Vous conservez quelques-unes de ses idées, ses sujets, ses expressions; puis vous l'enfermez dans le moule antique et moderne de la tragédie française, mais ce n'est plus Shakspeare.

Prenons sa plus belle tragédie, *Macbeth*. Qu'est-ce que cette pièce de *Macbeth*? quand a-t-elle été faite, et pour quels spectateurs? pour l'Angleterre, au temps où les mœurs féroces et l'esprit violent du moyen âge commençaient à peine à se régler un peu sous la dure domination d'Élisabeth; pour une cour du xvie siècle, grossière et raffinée, portant quelque chose de rude dans son luxe encore nouveau et dans ses premières jouissances de l'esprit; pour un peuple fanatique, souvent effarouché par les cruautés de ses maîtres, et à qui cependant les querelles religieuses et quelques vieux usages nationaux laissaient une sorte de liberté, même dans l'esclavage. Les rêves de la sorcellerie étaient là plus qu'ailleurs conservés, au milieu des imaginations mélancoliques du Nord. Lisez les ouvrages du temps, vous y trouverez des opérations magiques, des sorts, des empoisonnements. Lisez même, quarante ans plus tard, les mémoires de *Whitelocke*; vous verrez, là, que trois sorcières ont été brûlées, ici, qu'on fait le procès à quelques autres; puis des prédictions, des sortiléges, des prodiges. Que Shakspeare mît des sorcières hideuses sur le théâtre; qu'il en fît les agents visibles de ses drames, la croyance populaire était prête, et rien ne manquait dans l'imagination pour la terreur tragique. La pièce s'ouvre admirablement par ces sorcières, attendant l'issue d'une bataille. Le langage complète la fiction. Elles disent quelques mots mystérieux et vagues qui vous jettent dans le monde idéal de l'horreur. Puis paraît Macbeth victorieux, et, dans le cœur, fidèle encore à son souverain.

Macbeth et Banquo traversent la bruyère où se tiennent les trois fées infernales. Les voyez-vous sous le pinceau du poëte?

> Quelles sont ces créatures si décharnées et d'une forme si bizarre? elles ne sont pas semblables aux habitants de la terre, et pourtant elles sont sur la terre. Vivez-vous? êtes-vous quelque chose que l'homme puisse interroger? Vous semblez m'entendre ; chacune de vous pose son doigt amaigri sur ses lèvres desséchées. Vous devriez être des femmes ; mais ces barbes m'empêchent de m'expliquer ainsi ce que vous êtes. Parlez, si vous pouvez; qui êtes-vous?

Et soudain elles répondent par ces cris mystérieux :

> Salut à toi, Macbeth Thane de Glanis! salut à toi, Macbeth Thane de Cawdor! salut à toi, Macbeth ; tu seras roi.

Représentez-vous, Messieurs, un auditoire préparé par la superstition populaire, et concevez la puissance prestigieuse d'un tel spectacle.

Maintenant, ouvrez la tragédie de Ducis : que trouvez-vous au lieu de cette exposition si terrible, et de cette action qui marche si vite, au lieu enfin de cette conjuration magique qui déjà s'est emparée de Macbeth?

Vous assistez à une conversation entre Duncan et son confident Glamis :

> Seigneur, où sommes-nous? jamais des cieux plus sombres, etc.

puis le récit, l'exposition d'usage, et la pompe habituelle de la tragédie française. Rien de nouveau, d'inattendu, d'horrible ne vous frappe.

Cependant on a voulu profiter des terribles inventions de Shakspeare; mais comment? il a fallu anoblir et déguiser ces sorcières du moyen âge. Le roi Duncan vous dira :

..... Les erreurs populaires,
Sans doute, en d'autres temps, objet de mon mépris,
Ont vaincu, malgré moi, mes timides esprits.
On prétend (et ce bruit n'a plus rien qui m'étonne),
Qu'on a vu sur nos bords la terrible Iphyctone,
Iphyctone, interprète et ministre des dieux,
Qui se montre aux mortels, et s'échappe à leurs yeux.

Ainsi voilà une espèce de magicienne du grand monde, qui s'appelle du beau nom d'Iphyctone, qu'on ne voit pas, qu'on n'entend pas, qui n'a rien de cette sorcellerie sauvage et populaire étalée par Shakspeare, et qui certes ne fera pas plus de peur à la société polie du xviiie siècle, qu'elle n'en eût fait aux imaginations grossières du xvie. C'est un personnage sans date, sans réalité dans l'imagination.

Ducis, cependant, était obsédé de ces fantômes du génie de Shakspeare, qu'il n'osait pas reproduire, et qu'il ne savait comment rendre supportables à la délicatesse moderne; il en prend ce qu'il peut, et le place dans un songe.

Cette forme est bien usée; mais le récit de ce songe est énergique :

« Existez-vous? leur dis-je,
Ou bien ne m'offrez-vous qu'un effrayant prestige? »
Par des mots inconnus, ces êtres monstrueux
S'appelaient tour à tour, s'applaudissaient entre eux,
S'approchaient, me montraient avec un ris farouche :
Leur doigt mystérieux se posait sur leur bouche.

Ce sont là de beaux traits, ce sont des intentions poétiques fortement rendues; mais ce n'est plus la vie et la terreur de la scène originale.

Continuons; car c'est une manière de juger à la fois Shakspeare et l'esprit littéraire du xviiie siècle. On a dit que, dans la sauvage irrégularité de ses pièces, tout est jeté à l'aventure, qu'aucune vue de l'art ne détermine la place d'une scène, que rien n'est préparé. Sans doute la forme de ses tragédies, image des mœurs féroces du moyen âge, admet peu les longs développements usités sur notre scène; mais souvenez-vous de l'histoire du moyen âge. Quoi de plus commun, dans la rudesse et la violence de ces temps, que des crimes subits, et comme involontaires?

Voyez nos annales au xve siècle : le duc de Bourgogne, assassin du duc d'Orléans, déclare que le diable l'a tout à coup poussé, et qu'il a fait cette action. L'homme du moyen âge était violent, soudain, irréfléchi dans ses résolutions. Voilà l'homme que peignait Shakspeare.

Ces scènes qui semblent détachées, regardez-les bien; ce qu'elles vous offrent, c'est toujours un contraste. A l'instant où cette terrible manifestation de l'enfer a épouvanté et animé Macbeth, arrive la nouvelle qu'il est nommé Thane de Glanis, puis Thane de Cawdor; et ces premières prophéties justifiées l'enhardissent à réaliser lui-même la dernière. Ces grands effets de théâtre disparaissent dans l'imitation. Le poëte s'arrête à décrire les combats du cœur, et les nuances successives de l'ambition, au lieu de montrer coup sur coup toutes les attaques du dehors qui viennent ébranler l'âme de Macbeth, l'enlèvent, et la précipitent vers son crime.

Une idée que Shakspeare a eue comme Corneille, c'était, lorsqu'il fait les femmes perverses et cruelles, de les faire pires que les plus méchants hommes. Ces personnages de Cléopâtre, de Rodogune, qui sont une des plus fortes créations de Corneille, se retrouvent dans lady Macbeth. Voyez si, quand je traduirai quelques passages de ce rôle, vous trouverez justes les plaisanteries de Voltaire; voyez si vous ne sentirez pas le frémissement tragique.

Dans la rapide et savante composition de ce drame, irrégulier en apparence, lorsqu'une fois le germe du crime est déposé au cœur de Macbeth par l'infernale vision, et lorsque divers incidents sont venus, sans relâche, le développer, le faire croître, arrive la tentation dernière. C'est la présence du roi dans le château de Macbeth, son défenseur, son vengeur et son successeur prédestiné. Lady Macbeth est avertie de son arrivée par une lettre, qui lui annonce en même temps les promesses de grandeur faites à son époux. Elle entre sur la scène, cette lettre à la main, et dit ces paroles, étranges, mais sublimes :

<small>Le corbeau lui-même s'enroue à croasser l'entrée fatale de Duncan dans nos murailles. Venez, esprits qui excitez les pensées de mort; ôtez-moi mon sexe, et remplissez-moi de la plus implacable cruauté. Endurcissez mon sang, fermez tout accès, tout passage au remords; et que la pitié, par ses repentirs, n'ébranle pas mon cruel</small>

projet, et ne fasse pas trève entre la pensée et l'action. Venez, dans mon sein de femme, changer le lait en fiel, vous ministres de mort, qui que vous soyez, invisibles substances qui veillez au malheur du genre humain; viens, épaisse nuit, revêts-toi des plus noires fumées de l'enfer, afin que mon couteau ne voie pas la blessure qu'il fait, et que le ciel ne regarde pas à travers le rideau de l'obscurité, et ne crie pas : Arrête! arrête!

Au milieu de ce funèbre soliloque, dans l'action pressée du poëte, survient à l'instant Macbeth; et toute la pensée du crime est commune aux deux époux, avant d'être exprimée; ou plutôt elle passe comme l'éclair de l'âme fortement criminelle de lady Macbeth, à l'âme ardente et faible de Macbeth.

Lady Macbeth seule :

Noble Glanis, digne Cawdor, plus grand encore par le salut qui a suivi, ta lettre me transporte au delà de ce temps présent, tout rempli d'ignorance, et je suis dans l'avenir en ce moment.

MACBETH.

Cher amour, Duncan arrive ici ce soir.

LADY MACBETH.

Et quand part-il d'ici?

MACBETH.

Demain, selon son projet.

LADY MACBETH.

Oh! jamais le soleil ne verra ce demain.

Voilà, Messieurs, ce qui remplace les préparations dramatiques. Maintenant, et je ne veux affaiblir en rien la gloire méritée de Ducis, ouvrez la tragédie française.

Macbeth entre sur la scène :

Posez là ces drapeaux; vous, que l'on m'avertisse,
Si l'on a de Menthet découvert l'artifice.

Frédégonde (lady Macbeth) paraît avec son fils:

> ..... En sortant des alarmes,
> Pour le cœur d'un guerrier la nature a des charmes, etc.

Messieurs, je vous le demande, dans la plus complète impartialité, les beautés si originales du poëte anglais, ce crime conçu entre les deux époux par leur seule présence, tout cela est-il remplacé, égalé par des conversations semblables à tant d'autres?

Essayons de marquer encore quelques-unes des beautés de l'ouvrage anglais, qui ont disparu dans l'imitation.

Macbeth est l'*Athalie* anglaise, le chef-d'œuvre de Shakspeare. La scène du meurtre de Duncan, le festin royal et l'ombre de Banquo, la terreur et le délire de Macbeth, toutes créations d'une incomparable énergie! Je ne sais si l'imagination peut concevoir quelque chose de plus atterrant que ce guerrier, invincible jusque-là, qui est abattu, qui est vaincu par son crime, qui semble agité d'une noire folie au milieu du festin de triomphe, qui voit l'ombre sanglante de sa victime, occupant la place destinée pour lui-même, et pressé de s'asseoir, répond d'une voix lugubre : « La table est pleine; » *the table is full;* paroles intraduisibles pour la force et pour le son.

Puis, quand ce délire a troublé l'assemblée, quand sa femme l'arrache à ceux qui le regardent, qu'elle l'excite, en l'insultant, à avoir un peu plus de courage, quoi de plus terrible que cette frénésie de désespoir sans remords, qui lui fait dire :

> Les temps sont changés ; autrefois quand on avait tué un homme, quand on lui avait brisé la tête, tout était fini. Maintenant, le tombeau nous renvoie ceux qui sont morts.

Non, l'horreur tragique et la puissance de l'imagination, s'effrayant elle-même et effrayant les autres, ne peut pas aller plus loin.

Eh bien, Messieurs, que trouvez-vous dans l'imitation française? Une scène solennelle, comme on en avait vu tant d'autres; une scène qui peut rappeler le couronnement de Sémiramis, je suppose, ou tout autre couronnement, etc.... C'est un guerrier qui s'avance et qui dit :

> Macbeth, Duncan n'est plus ; j'apporte devant toi
> Ce signe du pouvoir, le livre de la loi ;
> S'il t'assure le droit qu'il te donne à l'empire,
> De tes devoirs sacrés il doit aussi t'instruire.

Voilà des idées fort sages et fort justes sur la nécessité d'un bon gouvernement !

Le grand talent de Ducis éclate pourtant à travers ces langes d'un faux système et d'une imitation incomplète. La terreur et l'illusion de Macbeth, qui croit voir l'ombre de Duncan, sont rendus avec énergie : de beaux vers éclatent çà et là ; mais ils ne sont pas enchâssés au milieu de ces circonstances familières et terribles qu'avait combinées l'imagination sauvage et libre de Shakspeare.

Si nous poursuivons l'analyse du drame anglais,

nous y rencontrons encore des choses admirables, que rien ne remplace dans l'ouvrage français. Là, il est vrai, c'est la libre conception du théâtre anglais qui a permis ces beautés. A la faveur de cette irrégularité de temps, le poëte a pu montrer toutes les suites d'un premier crime : il a couronné Macbeth, et puis il l'a fait tyran, parce qu'il avait d'abord été meurtrier; il a multiplié le nombre de ses victimes, jusqu'au moment où, l'horreur devenant plus forte que la crainte, la vengeance reviendra de toutes parts contre lui. Il faut pour cela la liberté de cette scène; il faut disposer de l'espace et du temps. Dans les vingt-quatre heures, on ne saurait entasser tant d'événements.

Macduff, un des chefs, un des seigneurs de la cour de Duncan, a fui en Écosse, depuis les premiers crimes du règne si long de Macbeth. Il voit paraître un compatriote, fugitif comme lui. Là commence une scène aussi neuve que pathétique :

MACDUFF.

Qui est-ce?

MALCOM.

C'est un compatriote, mais je ne le connais pas. Qui êtes-vous? L'Écosse existe-t-elle encore ?

ROSSE.

Hélas! pauvre pays qui peut à peine se reconnaître lui-même; on ne peut plus l'appeler notre mère, mais notre tombeau, ce pays où personne ne sourit, excepté celui qui n'a pas l'intelligence; ce pays où les soupirs, les gémissements ne sont plus remarqués, où le chagrin le plus violent semble un mal ordinaire, où, quand la cloche sonne pour la mort d'un homme, on ne demande plus pour qui, où les hommes meurent plus vite que les fleurs qu'ils portent à leurs chapeaux.

Mais cette peinture terrible n'est qu'un prélude

à de plus grandes douleurs. Macduff demande s'il y a quelques nouvelles encore.

ROSSE.

Votre château est surpris, votre femme et vos enfants barbarement massacrés. Raconter comment, ce serait joindre à cette curée de meurtres votre propre mort.

MACDUFF.

Mes enfants aussi?

ROSSE.

Votre femme, vos enfants, vos serviteurs, tous ceux qu'on a pu trouver.

MACDUFF.

Et je n'étais pas avec eux? Ma femme aussi, ma femme tuée?

ROSSE.

Je l'ai dit, raffermissez votre courage contre cette douleur mortelle. Cherchons le remède d'une grande vengeance.

MACDUFF.

Il n'a pas d'enfants! (*Applaudissements.*)

Ce mot, le plus terrible qu'une juste haine ait inspiré; ce mot, à la fois si barbare et si paternel; cet aveu, qu'il n'y a pas de vengeance possible contre l'homme qui, ayant tué vos enfants n'en a pas à lui que vous puissiez tuer, pourquoi n'éclate-t-il pas, avec la même énergie, dans l'ouvrage de Ducis?

D'autres beautés originales ont été également abandonnées et, pour ainsi dire, désespérées par le traducteur.

Sans doute, il y a un grand effet dramatique dans la scène de somnambulisme, conservée par Ducis; mais pourquoi l'avoir ennoblie, pourquoi l'avoir séparée de quelques détails familiers conçus par Shakspeare? Combien, dans l'original, la terreur de ce spectacle n'est-elle pas rendue plus naturelle par la présence du médecin qui contemple les phénomènes de la maladie, et en raisonne à sa manière! et l'indifférence de Macbeth, trop coupable pour garder quelque tendresse à sa complice, n'est-elle pas un trait de plus? Il n'écoute pas les discours du médecin; il est tout entier à son péril et à ses remords :

> As-tu, répond-il avec impatience, quelque potion pour ôter les remords d'un cœur malade, pour soulager la conscience du poids des crimes?

Ainsi entouré, ce somnambulisme n'est plus une recette de terreur, un épouvantail de théâtre; il fait partie de cette folie qui suit le crime, et que semble éprouver Macbeth. Concluons de là, Messieurs, que Shakspeare ne doit pas être imité, parce qu'il ne faut guère imiter personne, mais que surtout il ne doit pas être imité par fragments, morcelé, changé, raccommodé; qu'il faut le donner tel que Dieu et la nature l'avaient fait, ou ne pas le donner du tout; que, dans ses créations originales et puissantes, il y a quelque chose qu'aucun calcul de l'art moderne ne peut surpasser, et que l'on fausse en le corrigeant. Laissons cependant à Ducis une part de gloire et de génie, quoique dans une tentative incomplète et fausse. Maintenant, pour expier mes critiques sur un poëte qui, né avec un talent original, a trop imité, je vous recommande, Messieurs, de relire l'ouvrage où il n'a été inspiré que par son âme, la belle tragédie d'*Abufar*.

QUARANTE-CINQUIÈME LEÇON.

Grand nombre des écrivains critiques au xviii° siècle. — Ouvrages trop connus pour être analysés. — Littérature trop artificielle, et partant uniforme. — Exception à ce caractère. — Bernardin de Saint-Pierre. — Rapport que sa vie présente avec celle de Rousseau. — Son enfance rêveuse. — Ses premières études interrompues par un voyage à la Martinique. — Ses plans chimériques. — Ses voyages en Hollande, en Russie, en Pologne, en Saxe. — Sa pauvreté. — Son projet de civiliser Madagascar. — Son séjour à l'Ile-de-France. — Sa description de cette colonie. — Ses aventures, ses malheurs, source de son talent original. — Quelques mots sur son caractère. — Anecdotes à ce sujet.

Messieurs,

Je ne sais si vous n'êtes pas un peu fatigués d'entendre si longtemps parler d'auteurs et de critiques. Quant à moi, je sens ou je prévois l'inévitable uniformité qui suivrait l'examen de toute la littérature critique et secondaire du xviii° siècle; et je m'arrête avant que le sujet ne s'épuise. J'aurais beaucoup à dire encore, même pour être juste. Je devrais rappeler tant d'hommes ingénieux qui ont écrit sur les lettres, la philosophie, l'histoire. Pourquoi ne parlerais-je pas de Champfort, écrivain spirituel, et dont la fin fut si malheureuse après une vie brillante, frivole au milieu des cercles de Paris? Comment ne pas m'arrêter à Rulhière, un des esprits les plus élégants et les plus fins du xviiiᵉ siècle, qui travaillait une anecdote, préméditait une épigramme, la lançait à propos, et jouissait de cette gloire pendant plusieurs mois de suite? Pouvons-nous oublier que Rulhière, dont la célébrité fut longtemps un succès de société, méritait en même temps, par des travaux lents et secrets, une renommée plus durable? Ne faudrait-il pas aussi parler de l'abbé Raynal, écrivain déclamateur et pourtant instruit, esprit abondant, facile, plein de paradoxes, de vues fausses, et de choses utiles qui passaient pour imprudentes, et qui sont devenues vulgaires après lui?

Quand j'aurais étendu cette liste, d'autres noms viendraient encore, d'autres hommes d'esprit ou de talent réclameraient leur part de souvenir. Ne faudrait-il pas dire un mot de Rivarol, qui le premier porta, dit-on, l'improvisation dans la société, homme plus célèbre par ses conversations que par ses ouvrages, mais singulièrement ingénieux, ce que la facilité de parler ne suppose pas toujours; à la fois puriste et novateur, écrivant sur les lettres, la philosophie, la politique, avec un caractère particulier d'expression qui échappait à cette uniformité d'élégance commune au xviiiᵉ siècle? Pourquoi enfin ne parlerais-je pas de beaucoup d'hommes encore qui, sur la fin du xviiiᵉ siècle, dans ce passage de la décadence au renouvellement, furent des hommes de beaucoup d'esprit, et toujours des écrivains puissants sur l'opinion? Messieurs, c'est qu'en vous parlant de ces talents divers, je vous occuperais cependant toujours d'un même sujet ; je vous parlerais toujours d'une littérature convenue, artificielle, ingénieuse. Malgré la variété des noms, la ressemblance des physionomies répandrait une sorte de langueur dans mes analyses; et vous seriez, comme on l'était au xviii° siècle, ennuyés de tant d'esprit, et attendant quelque chose de nouveau, d'original, que vous demanderiez avec impatience; car les réflexions, les critiques sur cette littérature artificielle, vous paraîtraient plus artificielles encore.

Hâtons-nous donc de chercher d'où viendra le changement, d'où luira quelque rayon nouveau de naturel et de simplicité dans les arts.

Nous n'y serons pas embarrassés, quand tout aura changé, quand les événements réels seront venus rajeunir la scène; mais à cette époque, nous restons encore dans le champ paisible de la spéculation et des lettres; et c'est là que nous attendons quelque nouveauté qui nous enlève à cette littérature si uniformément spirituelle. Nous cherchons la grande puissance qui avait marqué les commencements du xviii° siècle, l'originalité, l'imagination. Les hommes d'esprit, les raisonneurs piquants, hardis que j'ai nommés, n'avaient pas cet heureux don.

L'imagination, c'est le rameau d'or dont parle Virgile, qui brille et se fait reconnaître, dans la forêt sacrée, au milieu de tous ces arbres d'une hauteur égale :

Discolor unde auri per ramos aura refulsit.

Mais cette imagination se forme-t-elle aisément, au milieu des raffinements et des industries de la vie sociale, lorsque l'esprit est une monnaie courante que tout le monde se passe, lorsque l'idée la plus hardie devient tout de suite un lieu commun, et que, dans ce mélange rapide et continu, personne n'est plus assuré de penser comme soi-même? Dans ce dernier degré de sociabilité littéraire, l'originalité du talent devient plus rare encore que la force des caractères dans une civilisation corrompue.

Considérez de plus la vie des hommes de lettres que je vous ai nommés. Cette vie est uniforme; elle est la même pour tous. Le collége, l'étude, les succès du monde, l'Académie : les voilà. Quelques personnes ont trouvé sévères et déplacées mes remarques sur le style d'un homme très-savant, l'abbé Barthélemy; elles n'étaient que justes, et seulement un peu faibles. C'est que l'érudition solitaire de Barthélemy, et ces fortes études qui auraient dû lui donner au moins l'originalité du savoir, étaient venues se perdre dans l'élégance du monde et dans la couleur générale de la littérature du temps. Le souvenir de ses lectures ne pouvait pas être plus fort que toutes les habitudes de la vie dont il était entouré; après avoir tant étudié la Grèce ancienne, et lu si longtemps Homère et Xénophon, il n'avait qu'un style académique.

L'étude ne suffit pas pour développer les germes du talent original : c'est la vie entière qu'il faut, une vie exercée par des passions, des combats, des épreuves. Plus la société polie, élégante, oisive, produit des esprits aimables et légers, moins il s'élèvera d'esprits libres, indépendants, créateurs. Voyez, dans toute l'Europe, le XVI° siècle et le commencement du XVII° : c'était une époque rude, inégale, féconde, où tout annonçait la richesse et la puissance de l'esprit humain; les grands hommes pullulaient; on vit de grands poëtes, des orateurs énergiques et populaires, des écrivains forts, pleins d'une conscience hardie : c'était le temps des hommes qui changeaient le monde par la parole; c'était le temps des grandes aventures, et c'était souvent par les aventures de la vie réelle que l'on préludait à celles de l'imagination. Avant de faire un poëme épique, on allait jusqu'au bout du monde, aux Indes, on éprouvait des exils, des captivités, des naufrages; on connaissait, pour les avoir soufferts, tous les accidents et toutes les passions de la vie, dans un siècle orageux. Mais lorsque, au contraire, du milieu de la vie la plus calme, on veut s'élancer dans tous les hasards de l'imagination, l'effort est souvent vulgaire et prosaïque. Ce n'est pas à dire qu'il faille recommander le malheur, comme moyen d'avoir du génie. Tous les accidents du sort ne suffiraient pas, si la nature ne s'y prêtait. Mais on sent qu'une âme ainsi exercée a toute une autre force. Il ne faut donc pas s'étonner que ces époques heureuses d'une civilisation si bien arrangée ne soient pas un champ fécond pour l'originalité. Bien plus, si nous pouvons l'y trouver encore, ce sera dans quelque homme isolé au milieu de ce monde si sociable, ayant eu ses aventures, ses malheurs particuliers, dans la tranquillité générale.

Tel fut en effet Rousseau. Malgré les dons naturels d'imagination et de sensibilité qui étaient en lui, croyez-vous, Messieurs, que si Rousseau eût fait ses études au collége des Grassins, sous M. Le Beau, ensuite eût obtenu quelque petite place de faveur, pour lui laisser le temps d'avoir du talent, eût bientôt concouru avec Thomas, eût été vainqueur ou vaincu dans l'éloge de Duguay-Trouin ou de Descartes, puis eût fait un livre? croyez-vous que, dans cette vie paisible, se fût également développée cette puissance singulière d'imagination, cette verve de caprices, et enfin toutes ces choses qui l'ont fait Rousseau? Non, sans doute : sa vie longtemps errante, ses humiliations si dures, si diverses, les essais qu'il fit du monde dans les plus basses conditions, cette misère si poignante qu'il souffrit plus d'une fois, et qui était en contraste avec son génie et sa prédestination à la gloire, cette nécessité de noter, dans son souvenir, le jour où il a cessé de craindre de mourir de faim, toutes ces épreuves ont puissamment contribué à lui donner cette verve misanthropique qui agissait avec tant de force sur les esprits amollis de son siècle. Ces idées d'innovation et de changement dont les heureux mêmes étaient alors préoccupés, il les proclamait avec l'expérience et l'irritation du malheur.

Cette même puissance des impressions personnelles, pour le développement du génie, se retrouve dans un autre écrivain du xviii° siècle. L'homme qui, à la fin de cette époque de raisonnement et d'analyse, fit croire encore à l'imagination, avait passé presque par les mêmes épreuves que Rousseau. C'est Bernardin de Saint-Pierre. C'est de lui que je vais vous parler.

Sa vie est un roman; mais nous y cherchons une étude littéraire; et ce roman, d'ailleurs, je ne le conterai pas tout entier, parce que je parle en Sorbonne. La réflexion qui sortira de ce récit, c'est l'avantage, pour le talent, de se former au milieu des accidents naturels de la vie. A la vue de cet homme qui, à travers la vie la plus aventureuse, devient un écrivain de génie, vous sentirez combien l'éducation des livres est incomplète, et combien le spectacle de la nature et la rude expérience du monde, même lorsqu'elle est mal reçue, mal comprise par un esprit trop inquiet, sont féconds et inspirateurs.

Il était né au Havre, ville qui de nos jours a produit un poëte. Son enfance fut studieuse et rêveuse; il lui arriva, comme à tout le monde, de ces petites aventures, de ces niaiseries du premier âge qui deviennent des anecdotes dans la vie des hommes célèbres. Un trait de son caractère naissant, c'est le goût vif qu'il avait pour la campagne et pour la solitude. Il avait trouvé, dans sa famille, les *Vies des Pères du Désert* ; il les lut avec toute la curiosité d'une jeune et vive imagination. Ces merveilleux récits, ces fuites dans la Thébaïde le remplirent d'enthousiasme pour la vie solitaire et de confiance dans le secours de la Providence, si bien qu'à neuf ans, il se détermine un jour à se faire ermite. Le mobilier de son ermitage était un petit panier, où l'on avait mis son déjeuner pour l'école. Avec cela, il se rend dans un bois, à une demi-lieue du Havre, et y passe la journée. Sa bonne vint l'y chercher, et le ramena le soir; et voilà la première aventure de sa vie terminée. (*On rit.*)

Dirai-je un autre événement de son enfance? Il vola un jour des figues dans un jardin. Vous savez que Rousseau a volé des pommes, et que saint Augustin a volé des poires. Saint Augustin a consigné ce fait dans un livre original et charmant, qui n'était cependant, pour lui, que le témoignage de son repentir et de ses graves sollicitudes. Il s'est beaucoup grondé de ce petit vol d'enfant: *Non ipsa re quam furto appetebam, sed furto ipso delectabar,* dit-il avec une ingénieuse componction. Je n'approfondirai pas le caractère du vol de saint Augustin: quoi qu'il en soit, Bernardin de Saint-Pierre ne paraît pas s'être autant repenti du sien.

Ces premières dispositions, qui n'avaient rien de singulier dans un enfant, furent suivies bientôt d'un goût très-vif pour les voyages. Cette impression, qu'entretenait la lecture de tous les livres de voyage qu'il pouvait dérober, était sans cesse excitée par le séjour même du Havre et la vue de son port animé. Il y avait quelque chose de bien décidé, sans doute, dans le penchant du jeune de Saint-Pierre, puisqu'à douze ans ses parents consentirent à le laisser partir pour la Martinique avec un de ses oncles, qui était capitaine de vaisseau. Il s'ennuya de la vie du navire, ne fut pas touché de l'aspect de la Martinique, et revint faire ses études au collége des jésuites de Caen. Les jésuites étaient des hommes habiles et ingénieux; ils aimaient à rendre l'instruction amusante, mais toujours au profit de leur ordre. Ainsi, dans les heures de récréation, et même quelquefois dans les heures d'étude, ils lisaient à leurs élèves les *Lettres édifiantes*, ouvrage que Montesquieu aimait tant, qui est plein de descriptions curieuses sur l'Inde, la Chine et tout l'Orient, mais aussi d'anecdotes et de miracles à la gloire des *jésuites*.

L'imagination de Saint-Pierre fut encore saisie avec une nouvelle vivacité par cette lecture, et il était déterminé à se faire missionnaire, beaucoup moins pour convertir des infidèles que pour voir des pays nouveaux et se remplir de l'aspect de ce magnifique Orient, qui l'enchantait dans les récits des Pères. Vous savez que Fénelon avait eu le même désir d'aller en Grèce, en Orient, à la fois pour gagner des âmes à Dieu, et pour satisfaire son imagination éprise des souvenirs et des antiquités de la Grèce. Le jeune de Saint-Pierre, comme Fénelon, cédant aux prières de sa famille, abandonna ce projet; mais il ne perdit pas son instinct voyageur.

Doué d'un esprit singulièrement facile, il continua ses études par les mathématiques, et il y fit de rapides progrès. Son instruction le porta bientôt à un état honorable. Nommé ingénieur des ponts et chaussées, il partit pour l'Allemagne, où nous faisions une campagne qui n'était ni très-utile ni très-brillante. Il se trouva au siége de Dusseldorf, et s'y battit avec beaucoup de courage, comme s'était battu Descartes. Il revint blessé, mécontent. On dit que son caractère était ombrageux, qu'il se fit des querelles avec ses supérieurs et ses égaux. Je ne sais ; il est difficile qu'une imagination vive, qu'un talent supérieur n'ait pas quelque chose de fier et d'indépendant que les esprits médiocres ou tyranniques appellent insubordination, hauteur. De retour en France, il sollicita, chose qui suffit pour donner de l'humeur. Il présenta des plans, des projets, des mémoires ; il avait l'esprit possédé de mille idées de réforme et d'innovation. Quelque chose de positif et de romanesque se mêlait en lui : il avait des systèmes d'améliorations pratiques pour le service militaire, et en même temps l'espérance de fonder une colonie parfaitement pure, parfaitement heureuse, à l'abri des maux et des vices de nos grands états.

Plein de ces projets divers, sans protecteur, sans appui, ayant excité quelques jalousies subalternes, de Saint-Pierre se vit, avec des talents et une ambition romanesque, par conséquent innocente, éloigné de tout. Il tomba dans la pauvreté et dans le découragement. Alors l'idée lui vint un jour de quitter Paris et sa chétive demeure, de vendre ses livres de mathématiques, qui faisaient à peu près toute sa fortune, d'emprunter quelques louis à ses amis, et d'aller au fond de la Russie fonder sa colonie sur les bords du lac Aral. Il en coûte quelque chose d'avoir de l'imagination; cela donne parfois un peu de bizarrerie dans la conduite de la vie et dans les projets qui la remplissent. Il part, il arrive d'abord en Hollande; et en Hollande, au lieu d'être fondateur de colonie, créateur d'empire, il devient provisoirement journaliste. Un Français, homme d'esprit, qui faisait une gazette à Amsterdam, le prend pour associé; il profite de son talent, le traite avec estime, le comble d'offres avantageuses; mais il ne peut enchaîner longtemps l'humeur mobile du jeune voyageur. Après avoir écrit dans la gazette d'Amsterdam cinq ou six mois, de Saint-Pierre se souvint de sa colonie; impatient de l'établir enfin, il part de nouveau pour Lubeck, se rend de Lubeck à Cronstadt, s'embarque, et arrive un matin à Saint-Pétersbourg.

Promptement séparé de quelques compagnons de voyage descendus dans le yacht avec lui, il se trouva perdu dans cette ville immense, où il ne connaissait personne. L'argent, ce sauf-conduit universel chez les peuples civilisés, ne tarda pas à lui manquer. Il errait le long des quais de granit qui bordent la Newa, sans amis, sans ressource, n'ayant plus que six francs pour vivre, et encore préoccupé de l'espérance de fonder sa colonie dans quelque canton fertile et désert de la Russie.

Ce pays, malgré la prétendue stabilité du pouvoir absolu, venait tout récemment de changer de maître, par le crime et le génie de Catherine.

Parmi les hommes qui, après avoir servi l'infortuné Pierre III, étaient entrés dans la faveur de Catherine, se trouvait le maréchal de Munich, vieux guerrier éprouvé par toutes les vicissitudes de cette cour orageuse et par un exil en Sibérie; un hasard lui fit connaître Bernardin de Saint-Pierre; il s'intéressa pour lui, c'est-à-dire qu'il le mit sur un traîneau, et l'envoya chercher fortune à Moscou.

Arrivé dans cette ville, théâtre récent de la révolution qui avait changé l'empire, de Saint-Pierre est protégé par un Français, M. de Villebois, grand maître de l'artillerie, et enfin présenté à la czarine, dont le crime semblait disparaître dans l'éclat qu'elle répandait autour d'elle.

Le jeune étranger fut accueilli avec une bienveillance singulière, sur laquelle l'ambition et les intrigues de cour fondèrent quelques espérances. Puis il est conduit chez Orlof, grand seigneur parvenu, favori puissant, protecteur des arts, futur libérateur de la Grèce, et le même qui avait de ses mains étranglé Pierre III. Orlof le reçut avec un mélange de politesse européenne et de sauvagerie tartare; il lui parla de la cour, des arts, de la littérature française, des grands hommes qui faisaient la gloire de Paris, de l'Opéra, de l'*Encyclopédie*. Il lui montra, sur un pupitre, deux volumes de l'*Encyclopédie*, tout chargés de notes françaises de la main de Catherine. Il lui offrit de riches présents, et parut vouloir attacher à sa fortune le talent du jeune étranger. Si de Saint-Pierre eût été un esprit adroit et pratique, ou bien un homme intéressé, ambitieux, il eût flatté Orlof, il se fût élevé ou enrichi comme tant d'autres. Mais il n'était occupé que d'une idée, d'établir promptement sa colonie sur les bords du lac Aral, de lui donner de sages lois, de bonnes mœurs. Il répondit aux politesses empressées, et même aux offres séduisantes d'Orlof, en lui déroulant son projet. Orlof ne songeait pas à fonder des républiques ni des colonies. De Saint-Pierre passa tout de suite, à ses yeux, pour un rêveur. On l'envoya en Finlande comme capitaine d'artillerie, reconnaître et déterminer des positions militaires.

Voilà donc cet esprit plein d'illusions bienfaisantes, ce Platon moderne, ce rêveur d'une nouvelle Atlantide, qui part pour aller dans les immenses forêts de la Finlande, choisir des positions, calculer la résistance que ces bois épais doivent opposer au feu de l'artillerie. Il y resta plusieurs mois, tout occupé de combinaisons militaires, au milieu de ces déserts de sapins et de bouleaux, dont il a tracé de si pittoresques descriptions.

Sa mission achevée, il revint à Moscou; mais un caprice de cour avait exilé ses principaux protecteurs. Son projet favori, l'établissement de sa colonie, devenait plus impossible que jamais. Le chagrin de ce mécompte, l'aspect de cette cour licencieuse et barbare, où les vices élégants n'ôtaient rien à la férocité, le rebutent. Un souvenir de la liberté polonaise qui brillait au loin, le séduit. Il renonce à l'ambition subalterne de rester capitaine d'artillerie, ou de devenir colonel dans les troupes russes, et demande son congé.

Ce sont ces caprices, ces bourrasques d'un esprit généreux et inquiet, qui l'ont fait accuser; et c'est pour cela que je les rappelle. Arrivé en Pologne, il oublia, dans de brillantes séductions, les intérêts de la liberté polonaise. Il quitta la Pologne par un caprice, courut à Vienne, retourna inutilement à Varsovie, partit pour Dresde, y vécut dans les plaisirs, et revint, en passant par la Prusse. Là, ce n'était plus de folles distractions qui l'attiraient. Frédéric, déjà vieux, courbé, chagrin, ne croyant qu'à l'esprit, et cependant ne se servant que du despotisme, s'occupait à faire manœuvrer sa garde, en même temps qu'il écrivait des lettres charmantes à Voltaire et à d'Alembert. Pour lui, un homme de la taille de Bernardin de Saint-Pierre, ayant déjà servi dans les troupes russes, n'était bon qu'à faire un officier. Mais l'esprit indépendant de Bernardin de Saint-Pierre fut blessé à l'aspect de cette discipline dure et impitoyable, exercée par un roi philosophe, enfin à cette image de servitude et d'uniformité qui, comme le dit Alfieri, faisait de la Prusse une vaste caserne. Il ne voulut pas rester là; et quoiqu'il eût perdu six années en courses vaines, quoiqu'il n'eût ni argent, ni amis, ni protecteurs, ni titres à faire valoir, il repartit de Prusse pour la France. Qu'avait-il fait pendant ces six ans, où il semble imprudent, oisif, et quelquefois désordonné ? Il avait vu, il avait senti, il avait souffert : il avait amassé des émotions et des couleurs; il s'était fait autre que les autres hommes; il avait été pour le vulgaire un aventurier; mais il avait passé par l'école qui développe les peintres, les poëtes, les hommes de talent. Voilà ce qu'il avait gagné à ses longs voyages. Toutefois il mourait de faim, ou à peu près.

Il se remit à travailler, mais non pas pour la gloire; il ne savait pas qu'il était fait pour elle, mais pour les bureaux du ministère. Il faisait des projets : projet pour prévenir le partage de la Pologne, ce qui était fort raisonnable en soi; projet pour aller aux Indes par une route nouvelle; projet pour coloniser l'île de Madagascar. Enfin, les mémoires qu'il envoyait dans les bureaux, l'amitié d'un M. Henin, auquel il adressait des lettres pleines d'intérêt et de noblesse, lui valurent la modeste faveur d'aller, comme ingénieur, à l'Ile-de-France, avec la mission secrète de passer, s'il le pouvait, à Madagascar, et de jeter là les fondements de sa colonie.

Là, Messieurs, la vie de Bernardin de Saint-Pierre commence à devenir moins obscure; on dit que ce fut à son désavantage. Je persiste dans mon opinion; je n'aime pas à chicaner la gloire et le caractère d'un homme d'un rare talent. Je conçois, j'explique une vivacité trop ombrageuse dans l'homme qui portait en lui une supériorité réelle, et se voyait sans cesse maltraité par la fortune et par les sots favoris qu'elle crée si souvent. Il se blessait aisément; et pourquoi n'aurait-il pas eu de fierté? Il était en butte à des jalousies, des délations, des défiances. Cela semble naturel ; car il n'était pas à sa place.

Ainsi, son séjour à l'Ile-de-France se passe en discussions avec l'ingénieur en chef, avec le commissaire de la marine. Il fait des écritures contre eux; ils font des écritures contre lui. Tout cela nous importe peu : lorsque Cicéron a des querelles avec Antoine et des explications avec Brutus, le débat intéresse doublement. Mais si Tite-Live avait eu, de son temps, des contestations avec quelque préfet ou quelque proconsul inconnu, nous nous serions fort peu empressés d'en éclaircir le sujet, et de chercher si l'écrivain de génie a eu des torts de caractère.

Quoi qu'il en soit, alors pour la première fois, le talent de Bernardin de Saint-Pierre, enrichi déjà de tant d'impressions diverses, s'annonça au public par un ouvrage. Il était revenu pauvre, comme toujours, de l'Ile-de-France; mais il en rapportait un livre inspiré par la vue des lieux, rempli d'intéressantes remarques sur le climat, les productions de l'île, et des réflexions éloquentes sur la vie coloniale et le sort des esclaves. A l'âge de près de quarante ans, le voilà enfin arrivé à la destination pour laquelle la nature l'avait fait, qu'il avait cherchée à travers toutes les vicissitudes de la vie active; le voilà peintre de la nature et écrivain moraliste. A cette époque, un livre était le grand moyen de distinction, de célébrité dans Paris. De Saint-Pierre, accueilli par d'Alembert, fut introduit dans la société des philosophes.

Je ne les accuse pas ici. Plusieurs d'entre eux avaient de l'élévation, du talent, des vues généreuses; mais ils avaient l'inconvénient de toute société qui domine, ils étaient absolus, tyranniques; ils ne supportaient ni le dissentiment ni même l'indépendance. Voyez comme ils ont haï Rousseau! Bernardin de Saint-Pierre fut exposé aux mêmes disgrâces. Cette vie aventureuse et solitaire, ces épreuves si rudes, où l'âme se trouve aux prises avec tous les périls et avec sa propre faiblesse, l'avaient averti de Dieu. Il était penseur libre, mais il était homme religieux, et préoccupé de l'idée de la Providence. Plus d'une fois, au milieu de la tempête, au milieu du désert, ou dans ce désert d'hommes indifférents qui laissent mourir de faim celui qu'ils ne connaissent pas, il croyait avoir été protégé de Dieu. Il avait une sorte de piété à lui, originale comme toute sa vie. Cette émotion était rare dans le xviiie siècle; elle ne plaisait pas à beaucoup de ces esprits, durs et sybarites, qui, au milieu de toutes les douceurs de la vie sociale, n'ayant pas connu la souffrance, regardaient l'invocation à Dieu comme une faiblesse. Il se trouva bientôt déplacé dans ces réunions philosophiques. Esprit naïf, formé par la lecture des anciens, de Virgile, de Plutarque, et par la réflexion solitaire, il n'apportait pas dans le monde cette vivacité légère et moqueuse que l'on recherchait alors. Il n'avait pas de saillies; il était rêveur, distrait, timide et ombrageux, comme les hommes qui ont beaucoup souffert. Tout cela déplut dans la société de mademoiselle de L'Espinasse. Son amour-propre, à la fois craintif et irritable, exagéra peut-être de légères marques de froideur. Il rompit avec les philosophes; il regarda d'un autre côté; car il était à la fois désintéressé et inquiet de sa mauvaise fortune, épris de la solitude et capable d'ambition. Il espéra qu'un grand seigneur du temps, le baron de Breteuil, la première fois qu'il serait ambassadeur, le mènerait à sa suite; mais un jour, ce grand seigneur lui dit : « Mon cher Bernardin de Saint-Pierre, vous n'êtes pas gentilhomme; je ne puis rien faire pour vous; je pars demain pour mon ambassade. »

Une personne d'un esprit rare [1] a peint très-vivement cet état des mœurs, dans lequel il y avait des préjugés plus forts que la sociabilité même, qui semblait rapprocher tous les rangs. Souvent au milieu d'une familiarité libre, affectueuse, que le goût des lettres avait fait naître, un mot dur et blessant vous avertissait d'une inégalité que rien ne pouvait détruire.

Bernardin de Saint-Pierre retomba de tout son poids sur lui-même, également las des grands seigneurs et des philosophes. Le voilà rejeté dans la solitude et dans la pauvreté. Il habitait une petite chambre de la rue Saint-Étienne-du-Mont; et là, oublié de tout le monde, ou même défavorable-

---

[1] Madame de Duras.

ment jugé par ceux qu'il avait quittés trop vite, il vivait obscur. Il connaissait Rousseau, il allait le voir, et s'étonnait parfois de le trouver misanthrope et insociable; c'est qu'il était moins vieux que Rousseau, qu'il n'avait pas encore passé par la gloire, qu'il n'avait pas souffert pour elle, et qu'il n'avait pas autant rompu avec les espérances du monde. Quelquefois ces deux hommes, dont l'un était l'élève de l'autre, allaient se promener ensemble dans les campagnes voisines de Paris, et là prenaient en pitié tous les désordres d'une société inégale et corrompue, l'excès du luxe et celui de la misère. Ces idées, qui occupaient alors les esprits les plus graves, ces idées qui tourmentaient les Necker, les Turgot, agissaient avec plus de force encore sur des imaginations vives et passionnées, qui spéculaient loin de la réalité.

Enfin, du milieu de cette vie malheureuse, de cette indigence presque continuelle, de cette solitude presque absolue, de cette communication rare et inspirante avec Rousseau, sortit un écrivain original, et le livre des *Études de la Nature*.

Oh! s'il est dans la vie d'un homme qui a beaucoup souffert, qui a été maltraité des hommes et qui a la conscience du génie méconnu, s'il est dans sa vie un beau jour qui le paye de toutes ses peines, qui l'en paye avec usure, c'est le moment où son talent se révèle, où tout à coup il est assuré de sa gloire par le cri public. Souvenez-vous du récit où Rousseau se représente assistant au *Devin du Village*, dans les magnificences de Fontainebleau, au milieu des pompes de la cour; lui inconnu, pauvre, avec son costume négligé, et où tout à coup il entend l'admiration qui circule autour de lui, et mille voix qui répètent : *Que cela est divin! Tous ces sons vont au cœur!* Ce jour-là, Rousseau, dans son âme de poëte, goûta la plus grande des joies.

Eh bien, cette enivrante émotion d'un juste orgueil, elle fut sentie par Bernardin de Saint-Pierre, jusque-là si malheureux, lorsqu'au milieu de cette société, qui vivait de systèmes d'économie sociale et de petits vers, s'éleva un cri d'enthousiasme pour saluer l'écrivain nouveau qui rendait tant de charmes au spectacle de la nature.

Voilà quel fut le succès de Bernardin de Saint-Pierre; voilà la gloire qui lui échut un jour, la gloire du génie littéraire; il est proclamé le premier, ou du moins le plus séduisant *coloriste* de son temps : Rousseau était mort depuis quelques années.

Cependant Bernardin de Saint-Pierre n'avait pas encore publié son ouvrage enchanteur, *Paul et Virginie*. Cette pastorale, d'une forme si neuve, lui avait été inspirée par l'impression de ses voyages et par une anecdote recueillie à l'Ile-de-France. Mais cette anecdote n'offrait rien du charme que l'auteur a répandu dans son récit. C'est lui qui a créé ces deux figures idéales, et qu'on n'oubliera jamais; c'est lui qui a imaginé cette vie si simple, si pure; c'est lui qui, réalisant les rêves de sa jeunesse, a peint le bonheur de la vertu et de l'innocence dans cette pauvre famille, rejetée loin de l'Europe par l'infortune ou par le préjugé.

Cet ouvrage augmenta l'enthousiasme que le public ressentait déjà pour l'auteur des *Études*. Ce qu'il y avait de vrai dans la philanthropie du xviii° siècle, et ce qu'il y avait de factice dans sa sensibilité, le naturel et la mode furent également intéressés, ravis par le charme de ces peintures sans modèle.

Cependant la révolution approchait. Tandis que les esprits s'amusaient doucement à ces images de bonheur, de simplicité, de pureté patriarcale, toutes les agitations terribles des troubles politiques se préparaient; et le cœur de l'homme allait être mis à nu dans ce qu'il y a de plus grand et de plus hideux. Que deviendra le philosophe, le rêveur solitaire, l'ami de l'humanité, au milieu de ce profond bouleversement? Il faut le dire, Messieurs, la conduite de Bernardin de Saint-Pierre fut simple et pure. L'illustration répandue sur lui, les doctrines qu'il avait soutenues, sa haine de l'odieux trafic des noirs, tant d'autres idées philanthropiques dont la révolution se parait, le recommandaient alors aux hommes alors puissants. Ainsi, Bernardin de Saint-Pierre, par un choix naturel, fut nommé directeur du Jardin des Plantes.

Pendant une époque de sang et de violence, mille souvenirs protégeaient encore le génie de l'auteur des *Études de la Nature* : et l'on ne doit ni l'accuser, peut-être, de s'être enveloppé dans une silencieuse obscurité, ni le louer de n'avoir pas prostitué sa plume à la tyrannie décemvirale. Mais plus tard, d'autres séductions plus glorieuses vinrent le chercher. C'est une anecdote qui ne peut vous déplaire, que le souvenir des avances du vainqueur de l'Italie et de la France envers un écrivain célèbre.

Du fond de l'Italie, le général qui ménageait toutes les gloires, toutes les illustrations, qui flattait la cendre d'un pape, de même qu'il courtisait un membre de l'Institut, Bonaparte lui avait écrit une lettre où il lui disait : *Votre plume est un pinceau*. Un écrivain, un poëte, ne résiste pas à ces choses-là, dites par un grand général.

Lorsque le vainqueur d'Italie, rappelé par la maladroite jalousie du Directoire, vint à Paris, lorsque, avec cette modestie connue, il voulut fuir tous les honneurs, rompre avec l'ambition, qu'il accepta la place de membre de l'Institut, qu'il annonça le projet d'être assidu aux séances et de s'occuper exclusivement du progrès des sciences, il alla voir l'auteur des *Études de la Nature* avec le même empressement qui lui faisait rechercher tous les hommes célèbres de l'époque. Il confia ses projets de retraite à Bernardin de Saint-Pierre, qui vivait dans une petite maison de campagne qu'il avait acquise du fruit de son travail. Il lui dit, entre autres choses, avec beaucoup de candeur, qu'il était las de tout, même de l'Institut, et qu'il était résolu d'acheter, comme lui, une petite campagne près de Paris, et de s'y retirer définitivement. Bernardin de Saint-Pierre entra tout à fait dans ce projet; il alla même jusqu'à proposer sa maison d'Essonne. Le général fut un peu embarrassé; et malgré ses desseins de réforme, il murmura les mots *de train de chasse,* d'équipage, qui faisaient que la maison n'était pas assez grande. Il ne disait pas tout; il lui fallait l'Europe.

Cependant, quoique le général n'eût pas acheté la petite retraite de l'écrivain, il continua de le voir familièrement, et il l'invitait à dîner. Un jour, entre autres, il le reçut avec quelques hommes de lettres célèbres, Ducis, Colin d'Harleville, Arnault. La conversation fut douce de sa part, aimable et spirituelle de la part des convives, flattés d'être réunis par un hôte dont la gloire enivrait alors la France. Le général parla de nouveau de ses projets de retraite. Il y tenait plus que jamais; cependant, tout à coup, il s'anima, s'emporta contre la malignité des journalistes qui l'accusaient d'ambition; et par une transition naturelle, comme il causait là avec quatre ou cinq amis intimes, avec des hommes de talent et de bonne foi, qui avaient un crédit naturel sur l'opinion, il leur proposa d'entreprendre un journal, afin de défendre la vérité, de le justifier lui-même de ses prétendus projets d'ambition, et de favoriser le retour de la raison publique vers les idées d'ordre et de modération, qu'il était si nécessaire d'établir. Messieurs, malgré la candeur connue des poëtes, ce projet les étonna quelque peu. L'esprit indépendant et fin de Bernardin de Saint-Pierre ne fut pas satisfait du rôle qui lui était proposé; il ne voulut pas devenir le journaliste du conquérant; et le vieux poëte

Ducis, avec sa figure vénérable et sa voix de stentor, se leva tout à coup, et dit : « Allons donc, général, vous nous appelez à un pouvoir impossible; si nous faisions ce que vous demandez, bientôt vous nous redouteriez, vous nous écraseriez. » Le général ne dit rien, et il renonça à son projet de journal, comme il avait renoncé à son projet de solitude champêtre.

Cependant la célébrité inoffensive de Bernardin de Saint-Pierre et ces premières avances de protection et d'amitié lui assuraient faveur, sous l'empire du conquérant, lorsqu'il revint d'Égypte, avec plus de gloire et plus d'ambition que jamais. On dit que l'auteur des *Études de la Nature* pouvait devenir sénateur. On dit aussi que l'illustre guerrier lui fit proposer d'écrire ses campagnes, et que l'écrivain s'excusa, refus qui devait déplaire. Il vécut paisible, assez silencieux admirateur du nouveau pouvoir, s'occupant des lettres, qui avaient fait sa gloire, et d'un petit jardin; allant à l'Institut, où il soutint plus d'un combat, toujours zélé pour les saintes doctrines de l'existence de Dieu et de l'immortalité de l'âme, et les annonçant avec une persuasive éloquence.

Il eut des adversaires, des ennemis. Son caractère fut attaqué. La trop longue épreuve de la mauvaise fortune lui avait laissé, peut-être, quelque chose d'inquiet et d'ombrageux dans la prospérité même. Mais cela doit attirer plus d'intérêt que de blâme.

Il me semble que cet écrivain si éloquent et si

pur fut un homme sincère et bon. J'ai trouvé des preuves de sa candeur qui ne permettent aucun doute. Il en est une que je vais vous lire. Publique, elle eût paru peut-être une flatterie, mais elle était confidentielle et secrète.

Il raconte à sa femme qu'il a été nommé président ou directeur de l'Académie, et que l'abbé Maury a eu une voix; que sans doute il sera chargé de féliciter l'empereur à sa première victoire, que quelques personnes ont paru lui envier ce privilége; et puis il ajoute :

> Tu sais qu'il vient de battre les Russes et qu'il est à leur poursuite.... Hier, j'ai lu un trait qui m'a fait plaisir. Deux jours avant la bataille d'Eylau, il était logé à deux lieues de là, dans un village. Il occupait la maison du ministre, située à mi-côte, et il avait couché dans sa bibliothèque. Il y avait sur sa table un livre des amis. Quand il fut parti, le ministre y trouva écrit de la main de l'empereur : « Heureux asile de la tranquillité, pourquoi es-tu si voisin du théâtre des horreurs de la guerre? »
> Ne semble-t-il pas qu'il pensait à notre Éragny? S'il t'y avait vue avec notre chère famille, crois-tu qu'il eût donné la bataille ? (*On rit.*)

Quand on a écrit cela, Messieurs, on peut paraître dupe; mais on est absous de tout calcul, de toute combinaison habile et intéressée. Je trouve dans cette confidence naïve l'apologie de Bernardin de Saint-Pierre et la marque la moins douteuse de sa candeur, de la simplicité de ses pensées et de sa conduite. De plus, il était l'ami de Ducis. Heureux l'homme dont le nom est une défense, un éloge pour ceux qui furent ses amis!

J'ai parlé longtemps de Bernardin de Saint-Pierre, et n'ai rien dit de son talent : le temps m'a manqué; une seule observation cependant. L'originalité de Bernardin de Saint-Pierre, inspirée par les épreuves de sa vie, s'est développée surtout dans l'expression du sentiment religieux et des beautés de la nature. Ces deux choses se tiennent, et saisissent les âmes avec plus de force, dans un temps de raffinement social.

Ainsi, dans une époque dont j'aime à vous parler, dans les premiers jours du christianisme, lorsque la société était savante, dure et corrompue, le génie, l'action populaire passa tout à coup du côté des orateurs du christianisme. Que faisaient-ils ces hommes? ils parlaient de Dieu, de l'âme et de la nature. Ils rendaient à des peuples gâtés par la force rude et factice de la vie sociale, l'amour des beautés naturelles, et par elles les élevaient vers Dieu.

Les ouvrages des Grégoire de Nazianze, des Basile, des Jérôme sont remplis de descriptions pittoresques. Ouvrez saint Basile : tantôt dans des homélies au peuple de Césarée, il explique toutes les merveilles de la création avec un langage savant et poétique; tantôt il décrit sa fuite loin des hommes, sa retraite dans un lieu charmant de la province du Pont, l'épaisseur de la forêt, la hauteur et la verdure des arbres, puis le fleuve qui passe sous ses yeux, et qui le sépare du monde.

Voyez saint Jérôme : la Dalmatie et la Judée, tout renaît dans ses écrits. Presse-t-il un ami de venir le rejoindre dans la solitude, « La religion, lui écrit-il, fait fleurir le désert; que tardes-tu plus longtemps ? Qui peut te retenir dans le cachot enfumé des villes ? »

Cette impression de solitude, ce goût des champs, cette émotion de la vie champêtre sous les yeux du Créateur, ce mélange de sentiments religieux et de sensations naturelles, est, ce me semble, ce qui ravive le mieux l'âme de l'homme usé par la fatigue de la société.

Avec moins de foi et de puissance, Bernardin de Saint-Pierre eut quelque chose de ce charme. Il fit briller, aux yeux du xviiie siècle, les plus pures images de la nature; mais il ne décrivit pas, comme Delille, pour décrire; il ne regarda la nature que pour être ému dans tout ce que l'âme de l'homme peut enfermer de plus religieux et de plus intime; il ne fut pas seulement un écrivain pittoresque; il fut un poëte, un moraliste. Avec un instinct de goût, il comprit qu'à ce public, rassasié et dédaigneux, il ne suffisait pas de montrer les beautés vulgaires de la nature qui l'entourait. Il avait vu cette riche et puissante nature des tropiques; il la rendit avec d'éblouissantes, d'immortelles couleurs : mais surtout il en anima le tableau par des impressions morales; et dans cette nature qu'il sentait si bien, il ne vit, il ne conçut rien d'aussi grand que la beauté de l'âme et le spectacle de l'innocence ou de la vertu, sous les regards de Dieu. Voilà sa puissance et son originalité, qui ne passera pas. Un soin minutieux des détails, une exactitude, une belle imagination l'ont fait peintre; mais le sentiment religieux dont il est rempli l'a fait poëte gagnant les âmes à l'attrait de sa parole.

QUARANTE-SIXIÈME LEÇON.

Caractère poétique des ouvrages de Bernardin de Saint-Pierre. — La poésie avait-elle manqué au xviiie siècle ? — Distinction à ce sujet. — Poésie pittoresque et religieuse ; puissance qu'elle a sur les âmes. — Du genre descriptif considéré comme un progrès inconnu aux anciens. — Défaut de plan dans les *Études de la Nature.* — Éléments du génie de l'auteur : l'observation de la nature et l'imitation des anciens. — Nouveauté de ses images et forme antique de sa langue. — Ses théories de bonheur et de perfection sociale. — Les trois âges d'or. — Attaques de Bernardin de Saint-Pierre contre l'ancienne société. — Résumé général de ses vues, soit chimériques, soit pratiques. — Rapprochements de son style et de celui d'Amyot ; citations. — Motif de cette longue analyse. — Adieux à la pure littérature.

Messieurs,

A notre dernière réunion, je me suis un peu perdu dans la biographie. J'ai conté l'histoire d'un homme, au lieu d'analyser un livre. Cependant il faut en venir aux ouvrages de M. de Saint-Pierre. Ils ont trop fortement saisi l'esprit des contemporains, pour ne pas renfermer un intérêt durable, qu'il importe de connaître et d'étudier.

Quelle fut la cause de ce prodigieux succès ? Quel charme nouveau animait ces écrits, dans une littérature en décadence, et dans une langue déjà fatiguée de tant de chefs-d'œuvre ? Je le crois, Messieurs, le caractère des ouvrages de Bernardin de Saint-Pierre, c'est qu'on y trouve ce qui manquait le plus à la fin du xviiie siècle, de la poésie, et une poésie nouvelle. En effet, cette époque, dont je suis loin de rabaisser l'éclat littéraire, avait connu deux formes de poésie, représentées presque uniquement par le même homme, la poésie pompeuse et la poésie épicurienne, les vers élégants, harmonieux, le beau langage dont Voltaire animait son *OEdipe* et son *Brutus*, les vers spirituels, insouciants, sveltes, moqueurs, qui lui échappaient encore à quatre-vingts ans, les *Stances à madame du Deffant*. Voilà les deux extrêmes de beauté poétique, les deux formes, l'une théâtrale, et l'autre toute mondaine, que le xviiie siècle avait surtout admirées.

Mais n'y a-t-il que cela, Messieurs, dans l'imagination humaine? L'impression vive des beautés naturelles, la méditation de l'âme repliée en elle-même, n'est-elle pas une poésie? Dieu, la Providence, l'ordre du monde, plus merveilleux encore à la science qui le découvre qu'à l'ignorance qui s'en étonne, l'origine, les mystérieuses espérances de notre nature, et les secrets infinis de notre cœur, ne sont-ce pas, pour le poëte, autant de sources fécondes qui se renouvellent, au lieu de tarir? Notre xviiie siècle semblait en avoir détourné ses regards, pour n'écouter que les accents pompeux du théâtre, ou les chants ironiques du scepticisme et de la mollesse.

Un grand maître de l'art de la parole, comme de la science philosophique, vous a dit, Messieurs, que toute la poésie du xviiie siècle était en Allemagne; il l'a rassemblée, réalisée, personnifiée dans Klopstock et dans Goëthe. Cela, comme presque toute opinion concise, rapidement jetée par un homme de talent, est en partie vrai, en partie contestable. Non, sans doute; si la poésie est cette fantaisie mobile et puissante, qui rend avec une vivacité singulière et des termes ineffaçables les choses qui la frappent, ou les rôles qu'elle veut prendre, toute la poésie n'était pas en Allemagne; car Voltaire était en France.

Mais si la poésie est encore cette contemplation ardente et réfléchie de l'âme sur elle-même et sur les grands spectacles de la nature, ces élancements d'un cœur religieux vers la Divinité, ce trouble intime qui agitait Milton, cela convenait peu au siècle et au génie de Voltaire. Si la poésie est un sentiment naïf, qui s'intéresse aux plus petites choses, s'arrête à décomposer le calice d'une fleur, mais ne se borne pas à le décrire, et s'émeut, s'enthousiasme sur ces imperceptibles merveilles de la nature, on peut la refuser à Voltaire. Quoiqu'il fût agriculteur bienfaisant, et qu'il ait enrichi les bords de son lac, il n'a pas, comme Virgile, cet instinct délicat et cet amour passionné des champs; il ne sent pas la nature comme un poëte antique. Son esprit était trop vif, trop mondain, trop plein de malice et de réflexion tout ensemble.

Ajoutons une autre remarque. Non-seulement ces caractères, ces attributs de la poésie n'appartenaient pas aux écrivains du xviiie siècle, et au plus célèbre de tous ; mais jusque-là ils s'étaient rarement alliés à l'esprit français. On a dit, dans un ouvrage célèbre, que la poésie descriptive est une création moderne, que les anciens, avec leurs dieux et leurs fables, peuplant le monde d'une foule d'allégories ingénieuses qui arrêtaient sur elles l'imagination du poëte, n'avaient pas conservé de regards pour la nature même, et qu'elle était moins bien sentie par eux que par les modernes. Débarrassés de ces images fabuleuses, de ces voiles élégants que l'antiquité interposait entre les objets naturels et le cœur de l'homme, les modernes ont mieux vu la nature face à face, et l'ont rendue dans leurs tableaux avec toute la vivacité, toute la vérité des couleurs primitives.

Je ne sais si l'illustre auteur du *Génie du Christianisme* a eu raison cette fois. Lorsque je regarde l'antiquité, j'y vois bien cette prestigieuse mythologie répandue sur le monde entier; mais j'y vois en même temps, sous un beau climat, une vie simple et rude, qui favorise l'amour des champs. Où le spectacle de la nature a-t-il été jamais mieux reproduit que dans Homère? ces peintures sont presque entièrement étrangères à nos poëtes du XVIIe siècle.

Boileau dit quelque part :

> Tous ces bords sont couverts de saules non plantés,
> Et de noyers souvent du passant insultés.

Voilà, je crois, le seul trait de description naturelle qu'on trouve dans ses ouvrages. Racine, l'admirable Racine, n'en pouvait faire entrer aucun dans ses nobles et touchantes tragédies. Cela était permis à Euripide; mais notre théâtre n'eût pas admis ce mélange. De grands poëtes, Corneille et Molière, n'ont été occupés qu'à la peinture de la vie historique et de la vie sociale. L'impression des champs, la vive émotion de ce spectacle merveilleux qui remplit le monde, n'avaient que faire, pour ainsi dire, avec notre belle et savante poésie du XVIIe siècle. Je ne vois alors qu'un poëte qui ait aimé les champs, et qui ait peint la nature; la nature était pour lui le cadre de ses drames. Ce n'était pas une nature cherchée bien loin; La Fontaine n'avait pas du tout voyagé. Venu au monde à Château-Thierry, dans la Champagne, un des pays les moins pittoresques de la France, ses courses se bornèrent à quelques châteaux de princes, au parc de Versailles et à la Provence. De plus ses distractions étaient grandes; il nous a conté lui-même qu'en route, il s'oublia un jour à lire Tite-Live dans la cour d'une auberge, et laissa partir la voiture, ne songeant plus ni au voyage, ni au pays où il était.

Cependant, de tous les écrivains du siècle de Louis XIV, La Fontaine semble presque le seul qui ait regardé la nature ailleurs que dans les poëmes des anciens, et qui ait joint à l'étude une observation minutieuse et naïve. Les beautés du spectacle de la nature qu'il a décrites étaient simples et vulgaires, comme il pouvait les rencontrer dans ses promenades. Mais ce spectacle n'a pas besoin d'être compliqué, d'être enrichi d'accidents pittoresques, de phénomènes variés. Partout la nature est admirable pour qui sait la sentir. La beauté ravissante du tableau est dans l'âme du peintre. La Fontaine décrivant un printemps de France, un printemps ordinaire, loin du ciel de la Grèce ou de l'Italie, La Fontaine montrant le lapin qui trotte à *travers le thym et la rosée*, est aussi poëte que les anciens le furent jamais.

Un autre génie de cette époque a senti vivement la nature; mais il semble qu'il l'ait sentie surtout d'après les anciens. Une préférence de son goût lui a fait chérir, dans leurs ouvrages, ce qui peint le calme des champs, la solitude des bois, le brillant horizon de la Grèce; il a aimé cette traduction élégante, harmonieuse qu'ils avaient faite les premiers, de tous les sentiments qu'éveille dans l'âme le spectacle de la nature; mais il l'a peu regardée lui-même, ou ne l'a pas vue dans son incomparable richesse : pour le peindre, il a pris les couleurs d'Homère ou de Virgile. Cette puissance d'imitation, qui caractérise la littérature du xviie siècle, n'est nulle part plus visible que dans Fénelon; il lui est arrivé, pour le spectacle de la nature, ce que Platon raconte de tous les hommes qui s'arrêtent à de secondes *images*, au lieu de remonter au type divin. La beauté de la copie a intercepté ses regards, et lui a dérobé le modèle; il ne voit pas la nature au delà d'Homère, de Théocrite, de Virgile; il a tracé, d'après eux, ces descriptions gracieuses, ces détails champêtres du

Télémaque et d'Aristonoüs, un peu vieillis pour nos sens, depuis qu'on nous a rapporté des natures rares du tropique, des cieux du nouveau monde brillant sur l'immensité des fleuves et du désert, des levers et des couchers du soleil au milieu du grand Océan, qui ont un peu gâté le simple coucher du soleil de notre village. Ainsi l'émotion de l'homme, au spectacle des merveilles du monde physique, est devenue plus difficile et plus exigeante; on a demandé à la nature même de montrer ce qu'elle *avait de plus rare*. Cependant Fénelon, reproduisant l'image des champs, par une réminiscence de l'antiquité poétique, avait commencé à donner à la littérature magnifique du siècle de Louis XIV le goût d'une simplicité pittoresque; c'est le même charme qui nous touche parfois dans les récits naïfs d'un vieux missionnaire, d'un voyageur illettré, et qui se trouve si rarement sous la plume des savants et des auteurs.

Après ces essais peu nombreux, après ces deux hommes qui, l'un par des émotions intérieures et poétiques, l'autre par une imagination nourrie de l'antiquité, avaient décrit la nature dans un siècle de philosophie religieuse et d'inspiration littéraire, restait une place pour l'homme qui aurait beaucoup vu, beaucoup observé, et saurait tirer de ses impressions une poésie neuve et variée. Rousseau avait mêlé à sa dialectique et à son éloquence l'impression vive des lieux qu'il avait vus. Voyageur plus aventureux, observateur non moins sensible, Bernardin de Saint-Pierre a-t-il fait davantage? a-t-il étendu et rajeuni le domaine des lettres? Son imagination, il faut l'avouer, avait plus de grâce et de sensibilité que de force; son coloris était plus doux qu'éblouissant : il semble aussi que cette puissance de composer et de réunir, sans laquelle le génie ne paraît pas tout entier, lui ait un peu manqué. Il ne s'était proposé lui-même que de faire des *Études;* et il n'a presque laissé que de beaux fragments.

Il se comparait à un jeune peintre qui s'essaye sur mille formes, sur mille intentions, plutôt qu'il ne conçoit un grand et vaste tableau. Seulement les esquisses de Bernardin de Saint-Pierre sont achevées; et il a mis dans les détails la perfection qu'il ne portait pas dans l'ensemble. Ce qui manque au plan général ne manque pas au style et à l'expression. L'éloquence peut se trouver dans des fragments; elle peut animer les diverses parties d'un ouvrage qui n'est ni progressif, ni complet, ni créé d'un seul jet de génie. Disons-le : esprit trop mobile pour ordonner le plan vaste d'une description de la nature, liée à l'idée de la Providence, et qui réunit à la science des faits les vérités morales, il a effleuré cet immense sujet. Il a rassemblé quelques anecdotes de la nature, au lieu d'en écrire l'histoire. Les peintures sont exquises; les réflexions souvent faibles, paradoxales, sans nouveauté : mais l'âme du poëte est partout.

Quand il parut avec cet ouvrage, devant la sévérité mathématique et la justesse moqueuse de d'Alembert, devant la raison grave de Necker, devant la belle littérature de La Harpe, de Champfort et de tant d'autres écrivains qui n'imaginaient pas qu'il y eût dans le monde un autre sujet d'intérêt que la société, et le travail de l'esprit sur lui-même, Bernardin de Saint-Pierre sembla presque un novateur étrange.

On raconte que, la première fois qu'il vint timidement lire un de ses ouvrages chez madame Necker, une société choisie s'était rassemblée. Là se trouvaient Buffon, Thomas, le chevalier de Chastellux, d'autres hommes célèbres. Il commence sa lecture : c'était *Paul et Virginie*. M. de Buffon s'arrête avec assez de plaisir à quelques mots d'histoire naturelle; mais la simplicité, la naïveté de ces peintures, la conception même de cette histoire, cette vieille esclave, ces deux petits enfants auxquels on veut l'intéresser, le fatiguent, et il demande sa voiture; M. Thomas ne paraît pas moins froid; madame Necker accorde à peine quelques mots d'éloge. L'auteur sort de cette lecture, découragé, désespéré. Depuis quinze ans, il poursuit l'espérance de faire une œuvre de génie, dans son donjon de la rue des Grès. Il consulte son ami, le peintre Vernet, qui n'est pas littérateur, homme de goût, selon le monde, mais qui, par son art et son génie pittoresque, est poëte; Vernet admire ces brûlantes descriptions de la riche nature des tropiques, ces trait naïfs de mœurs, mêlés à de si vives couleurs; il dit à Bernardin de Saint-Pierre :

« Vous avez du génie. » Cependant ce témoignage sincère et enthousiaste ne suffisait pas, il fallait des appuis, des prôneurs, un libraire enfin. L'auteur chercha longtemps, et présenta ses *Études de la Nature* aux libraires les plus célèbres : on lui rendait son manuscrit; on lui disait que cet ouvrage n'était pas dans le goût à la mode; et on ne s'apercevait pas que l'ouvrage qui doit devenir le plus à la mode sera nécessairement celui qui ressemblera le moins à tous ceux qui étaient à la mode jusqu'alors. (*On rit.*)

Après bien des refus et des retards, les *Études de la Nature* furent enfin publiées; et malgré les défauts du plan, la nouveauté des images enchanta tout le monde. L'ouvrage fut réimprimé de toutes parts, et trop pour l'auteur, qui a tant accusé les contrefaçons. *Paul et Virginie* eut encore un succès plus populaire. Lettrés, curieux, ignorants, tous les esprits furent saisis du charme infini de cet ouvrage, où l'intérêt romanesque est si naïf, et la description si passionnée.

Nous avons dit la grande cause du succès de Bernardin de Saint-Pierre : c'est qu'il était poëte dans un siècle où, malgré le rare talent de Delille et tous les artifices ingénieux de sa versification, il n'y avait plus guère de poésie : c'est encore que la poésie est une chose vraie, qui ne peut jamais se montrer sans se faire reconnaître, et sans être puissante sur les cœurs.

Qu'un siècle soit préoccupé de sérieux intérêts, d'études techniques, ou qu'un siècle soit frivole, épicurien, charmé du bel esprit en littérature, si vous lui montrez la véritable poésie, vous le distrairez, vous le ravirez, vous vous ferez écouter. Poëtes, qui que vous soyez, n'accusez jamais votre siècle ; mais, siècles, accusez quelquefois vos poëtes.

Ainsi, Messieurs, l'ouvrage de Bernardin de Saint-Pierre saisit l'imagination des contemporains, leur rendit l'intelligence des beautés naturelles, et réveilla dans les âmes des émotions poétiques qui semblaient étrangères à la philosophie dominante du xviie siècle. Maintenant essayerons-nous d'analyser les sentiments divers qui composent pour nous cette poésie? Y a-t-il beaucoup d'art? N'y trouve-t-on que la trace de l'éducation singulière qu'avait reçue le génie de l'auteur, au milieu d'une vie toute d'aventures? ou bien y reconnaît-on l'éducation des livres, et l'étude des grands modèles? Cette double influence est visible dans ses écrits. Il réunit à l'impression personnelle et naïve toutes les traditions du goût; il les sait, et les retrouve à la fois.

Sous le rapport de la langue et du style, Bernardin de Saint-Pierre avait habilement rétrogradé vers un autre siècle. Avec tant de nouveauté dans ses images, il a de l'archaïsme dans sa manière d'écrire. La littérature, depuis le siècle de Louis XIV, avait toujours été s'épurant, cherchant l'élégance, la noblesse, la dignité des formes; Buffon, si grand écrivain d'ailleurs, avait dit : « Ayez du scrupule sur le choix des expressions, de l'attention à ne nommer les choses que par les termes les plus généraux. » C'est-à-dire soyez pompeux, et soyez vague. Au contraire, Bernardin de Saint-Pierre, malgré le tour brillant de son imagination, ne craint pas les termes simples, particuliers, les noms propres des choses. Son expression colorée n'en est pas moins familière. Il y a chez lui du savant, pas trop savant, qui parfois emploie les paroles techniques, quand elles sont plus précises, mais plus souvent fait servir le langage usuel à exprimer avec grâce, avec vivacité, les objets que récapitule et que dissèque la science. Il y a dans son style du voyageur, du marin, du botaniste, autant que du poëte. On reconnaît l'homme qui a souffert les bourrasques de la vie. Son langage n'est pas digne et pompeux comme un langage de cabinet ou de théâtre. Les images basses et vives qui abondent dans nos auteurs ne lui répugnent pas. Écrivain si harmonieux et si pur, il a baissé d'un ton la dignité du beau style. Comme J.-J. Rousseau, et peut-être plus que lui, il innove par la familiarité des comparaisons; l'expressive simplicité des images, son dédain pour la richesse et le faste, sous toutes les formes, depuis le luxe des palais jusqu'à celui des livres et du style, l'ont ramené vers notre littérature du xvie siècle. Il est élève de Montaigne et d'Amyot. Il étudie dans leurs ouvrages une double antiquité, celle des sentiments grecs et romains, et du bon vieux style français. Il imite avec un art infini cette langue moins régulière, moins bien faite, moins liée que notre langue classique, mais libre, naïve, abondante en images et en expressions heureuses, que la désuétude a rajeunies. La nature lui donne le sujet de ses tableaux ; la vieille littérature française lui donne en partie ses couleurs.

Mais ce n'était pas tout aux yeux du xviiie siècle : pour agiter, pour saisir les esprits, il fallait des vues, des systèmes, une conception philosophique. C'est là que Bernardin de Saint-Pierre a tenté, plus qu'il ne l'a fait. C'est dans la partie ambitieuse de son ouvrage et de son talent que j'aperçois ce qui peut lui manquer. Ce n'est pas que le reproche soit général ; ce n'est pas que je méconnaisse ce qu'il y a de consciencieux, de naturel, d'involontaire dans ses théories. Évidemment de Saint-Pierre appartient à l'école de ces sublimes penseurs qui de tout temps ont souhaité l'amélioration et le bonheur du genre humain. Il est disciple de Pythagore, et de ces sages de Sicile, disciple de Platon, dans sa *République*, de Xénophon, dans sa *Cyropédie*, de Thomas Morus, dans son *Utopie*, de Fénelon enfin. Il est tourmenté des mêmes idées, épris des mêmes espérances.

Le monde, depuis qu'on raisonne, depuis qu'on imagine, a été perpétuellement occupé d'une espérance qui était un peu sa condamnation. Il a toujours rêvé quelque chose de bien meilleur que ce qu'il était, que ce qu'il éprouvait. Dans la naïveté des premiers temps, il a rêvé l'âge d'or; il a mis le perfectionnement, l'amélioration derrière lui, pour ainsi dire.

Une autre époque de l'esprit humain ne chercha point l'âge d'or dans des temps reculés, mais dans des contrées lointaines, où l'on n'était pas encore parvenu.

Cette illusion se remarque dans les derniers temps de l'antiquité grecque. Elle animait les efforts que faisait le peuple conquérant et éclairé pour civiliser des pays barbares. Il espérait y trouver bien plus qu'il n'y portait.

De même que vous trouvez dans les vieilles traditions de la Grèce la croyance et le regret de l'âge d'or aux premiers jours du monde : ainsi, dans les récits du siècle d'Alexandre, on voit partout l'idée qu'il existe des terres mystérieuses, où se conserve un âge d'or contemporain des malheurs du monde. Sans doute l'imagination grecque, excitée par les exploits d'Alexandre, ne rêvait cet âge d'or que pour l'envahir, que pour le prendre; mais une telle espérance n'indique pas moins l'idéal de perfection naturel à l'esprit humain. On en trouve mille traces dans les auteurs grecs de cette époque. Chose singulière! ce rêve occupait les esprits, au milieu des guerres sanglantes et des crimes de la succession d'Alexandre. Nous lisons dans Diodore qu'Evhemère, envoyé par le tyran Cassandre, avait découvert, visité, décrit l'île Panchaïa, merveilleux séjour de richesse et d'innocence, où le plus parfait bonheur, la paix, la justice, la puissance paisible, l'obéissance volontaire et libre florissaient depuis des milliers d'années.

D'autres écrivains de la même époque plaçaient

ces chimères de félicité dans les parties de l'Inde où n'avaient pas encore pénétré les armes des Grecs. Cette illusion se prolongea plusieurs siècles. Lucien s'est moqué de toutes ces rêveries dans son *Voyage imaginaire;* il atteste, par ses hyperboles amusantes, tous les mensonges que ses contemporains devaient faire, et que nous avons perdus. Sous ce rapport, cette ingénieuse parodie est historique. Nous entrevoyons, en la lisant, ces espérances de perfection et de bonheur dont se berçait encore l'esprit grec sous le joug de Rome.

Dans le mouvement du xve et du xvie siècle, époque où l'esprit d'aventure et de découverte offre plus d'une analogie avec les expéditions lointaines des Grecs sous Alexandre, les hardis navigateurs de l'Europe avaient espéré que dans ces pays nouveaux, où ils devaient porter le fer et le feu, ils trouveraient le bonheur, le règne parfait de l'innocence et de la vertu. C'est une naïveté qui remplit les lettres de quelques-uns des contemporains de Colomb. Ils annoncent que l'on a découvert les îles *fortunées.* Colomb lui-même, dans les illusions mêlées à son sublime enthousiasme, cherchait plus que le passage aux Indes, plus que des îles fortunées, plus qu'un nouveau monde. Dans ses derniers voyages de découverte, il croyait, par des raisonnements scientifiques, s'approcher du paradis, c'est-à-dire du plus haut degré de l'âge d'or.

Serait-ce que, sans l'aiguillon d'une espérance chimérique, les plus grands esprits eux-mêmes ne pourraient pas réaliser toute la hauteur de leurs pensées? serait-ce que, dans la faiblesse et l'ambition de l'homme tout ensemble, la vérité n'est pas un attrait assez fort pour lui, et qu'il a besoin, pour atteindre où il doit monter, qu'un peu d'illusion, de rêverie vienne se mêler à ce qu'il éprouve de vrai et l'élève au-dessus de lui-même? Enfin, Colomb s'imaginait, appuyant de calculs physiques ses pieuses illusions, que le monde qu'il avait poursuivi avec tant d'opiniâtreté, à travers les démentis de ses contemporains, devait le conduire vers des hauteurs inconnues, où l'air et la vie s'épuraient, où une atmosphère semi-divine enveloppait et nourrissait des créatures meilleures et plus heureuses; et qu'enfin sa découverte du nouveau monde était un pas vers le ciel. C'est ainsi que, vieux, cassé d'infirmités, de douleurs, abreuvé d'amertumes, presque aussi malheureux de sa gloire qu'il l'avait été de sa longue attente, Colomb s'embarquait de nouveau, et naviguait vers cette grande et dernière espérance.

Après ces illusions de l'esprit humain, rêvant le bonheur, rêvant l'âge d'or, à des époques et sous des formes diverses, il est encore une autre espérance commune aux sociétés avancées, et qui naît, non de la crédulité, non de l'enthousiasme, mais de l'expérience même, et du progrès de la vie sociale.

Le troisième âge d'or, c'est la perfectibilité; c'est le but où conduit cette conviction, que le monde s'améliore par sa durée, que des idées plus vraies, que des mœurs plus pures, qu'une liberté plus grande doivent progressivement élever l'intelligence et la condition de l'homme.

Un moraliste qui, comme de Saint-Pierre, avait plus d'imagination que de force d'esprit, se trouvant au xviiie siècle, a dû mêler ces diverses théories de bonheur. Séduit par les rêves poétiques de l'antiquité, il voyait en même temps poindre devant lui les systèmes nouveaux de réforme sociale; poëte, il aimait à se reporter vers ces images de bonheur, d'innocence, réalisées, supposées dans la vie patriarcale et dans les mœurs des nations primitives. Philosophe du xviiie siècle, il révérait cet âge d'or de la perfectibilité qui doit naître du raisonnement et de la science.

Ainsi, l'écrivain le plus simple, le plus naturel du xviiie siècle, le plus opposé à l'esprit général de scepticisme et d'analyse, était novateur comme les autres; et ce n'est pas là, sans doute, la moindre singularité de son ouvrage. Au milieu de tant de descriptions naïves, de tant de souvenirs de voyageur, de tant d'émotions de poëte épris des beautés de la nature, il mêle des idées de changement politique, il raisonne en publiciste; il rédige des constitutions; il fait même une découverte à ce sujet, découverte qui a son importance, puisqu'elle a été inscrite dans la loi fondamentale d'un état puissant de l'Amérique méridionale, et qu'elle a été réclamée par un publiciste célèbre. C'est Bernardin de Saint-Pierre qui, le premier, a cru sage d'ajouter au pouvoir législatif et au pouvoir exécutif un pouvoir neutre et indépendant. « Je conçois, dit-il, dans la monarchie, ainsi que dans toute puissance, un troisième pouvoir nécessaire à son harmonie, que j'appelle modérateur. » Et ailleurs : « Le pouvoir modérateur appartient essentiellement au roi. »

Vous me direz, Messieurs : A la bonne heure; il est curieux de voir l'influence du siècle se manifester à ce point sur l'esprit de l'homme que sa vocation primitive, ses études, ses aventures semblent le plus y dérober; il est remarquable de voir un homme que la nature avait fait botaniste et poëte, devenir publiciste. Mais que valent ces idées en elles-mêmes? elles ont gardé le tour d'esprit un peu romanesque de l'auteur. Seulement, à une époque où la théorie était souvent chimérique, ses plans d'innovation, toujours purs et bienveillants, ont un caractère particulier de candeur antique. Que penserez-vous, par exemple, de son idée sur la responsabilité des ministres? Il ne veut pas qu'on se borne à déterminer par des lois les abus du pouvoir ministériel, et à établir par des institutions le moyen de les réprimer : il veut encore que le zèle des ministres soit excité par des récompenses; il veut que, dans un gouvernement sagement pondéré, tout ministre qui aura bien gouverné dix ans ait une statue au bout de ce terme. Il ne songe pas que, pour un ministre, dix années de ministère sont une assez belle récompense, et que la statue est de trop. (*On rit.*)

Beaucoup d'autres pensées de Bernardin de

Saint-Pierre sur l'éducation, sur l'Élysée réservé
aux grands hommes, sont poétiques, ingénieuses,
sans être fort utiles. Lorsque, cependant, ses vues
de politique, en même temps qu'elles tiennent à
l'esprit général du temps, sont liées à ses propres
études, on peut les lire avec un double intérêt.
Elles font sentir plus vivement à quel point toutes
les idées qui ont dominé depuis un quart de siècle
étaient puissantes, victorieuses, universelles,
avant l'époque où elles commencèrent à être appliquées : ainsi, et cette remarque ne peut trop se répéter, parce qu'elle explique une partie de l'histoire de France, quand Bernardin de Saint-Pierre
publia son livre des *Études de la Nature*, en 1784,
il fut obligé de le porter d'abord à un censeur laïc,
puis à un censeur ecclésiastique; voilà bien des
précautions : cependant les derniers chapitres de
cet ouvrage, tel qu'il parut, avaient pour objet la
diminution du pouvoir temporel du clergé, l'enlèvement d'une partie de ses richesses, l'abolition
du célibat des prêtres, l'abus des grandes propriétés. Regardez, Messieurs, quelles idées, au milieu
des années 1780 et 1784, c'est-à-dire dans un temps
où l'ancien ordre social reposait encore, vermoulu,
mais immobile. C'est alors que, par la puissance
de l'opinion, les hommes qui étaient les contrô-
leurs privilégiés des pensées, les douaniers postés
à la barrière, laissaient passer tranquillement ces
principes nouveaux, qui entraînaient le renversement inévitable de tout le système ancien; et
ces idées étaient produites par l'écrivain le plus

paisible, le moins animé d'une passion novatrice et violente.

En parlant d'un écrivain illustre et aimable tout à la fois, vous concevez que j'ai dû changer l'ordre naturel du développement, commencer par les choses que j'admire le moins, et pour conclusion réserver la louange.

Je ne voudrais pas vous laisser pour dernière impression la faiblesse de quelques vues politiques de Bernardin de Saint-Pierre ; je ne voudrais pas même faire juger la gloire d'un grand écrivain, d'un poëte, par quelques vérités politiques qui lui sont échappées, et qui étaient l'expression d'opinions générales de son temps : ce n'est pas seulement comme écho de son siècle que nous voulons le faire entendre, c'est comme une voix nouvelle qui s'élevait, et qui venait du désert.

Sans doute, vous voyez se réfléchir en lui les opinions contemporaines avec une grande vivacité. S'agit-il de ces grandes propriétés féodales, de ces droits oppressifs, monuments des iniquités d'un autre âge, il attaque avec amertume. Dans son amour des champs, dans ses goûts d'indépendance et de simplicité, dans ses vœux pour le bonheur du paysan, il trouve mille arguments contre l'état de la propriété dans l'ancienne France ; il les exprime avec une énergique candeur qui ne prévoyait pas des révolutions, et qui pouvait les provoquer.

Mais lorsque l'esprit nouveau lui apparaît, non plus comme rénovateur de la société, non plus comme ennemi de l'orgueil et de l'oisiveté des riches, comme protecteur du travail des pauvres, mais comme sceptique, et comme incrédule à Dieu et à la Providence, alors son âme se soulève et se passionne; et c'est dans cette opposition à son siècle que fut en partie son éloquence. Il est poëte par son amour de la nature; il est homme éloquent par ces anathèmes qu'il lançait contre les doctrines sceptiques et désolantes qu'avait attaquées Rousseau.

Ce nom nous ramène à la plus grande influence qui ait agi sur le talent de Bernardin de Saint-Pierre. Vous figurez-vous, en effet, quelle devait être l'inspiration de ces entretiens avec l'homme de génie qui, déjà vieux, fatigué du monde et de la retraite tout à la fois, sans amis, et cependant plein d'amitié, prêt à s'épancher dans le premier cœur qui s'ouvrait à lui, se confie au pauvre voyageur revenu de l'Ile-de-France? Dans une promenade, un jour, Bernardin de Saint-Pierre avait récité à Rousseau les beaux vers de La Fontaine sur *Philomèle et Progné*; Rousseau fond tout à coup en larmes; il apercevait une sorte de ressemblance entre sa propre destinée, glorieuse et infortunée, et celle de cet oiseau qui enchante les bois, où il se cache, et fuit les hommes, dont la vue lui rappelle ses maux. Ces larmes de Rousseau ne devaient pas impunément couler devant un homme fait pour la gloire. D'autres conversations, où Rousseau lui raconta les épreuves de son talent, ses premières idées, ses tentatives, tantôt d'écrire l'histoire, tantôt d'achever son beau, son singulier roman d'*É-mile*, tout cela éveillait le génie du jeune écrivain.

Rousseau lui inspirait aussi, avec une force nouvelle, le goût des anciens. Ni l'un ni l'autre, Messieurs, ne connaissaient beaucoup les langues anciennes; mais le goût des anciens est une sympathie, une disposition de l'âme, bien plus qu'il n'est une érudition, une doctrine.

Rousseau, comme vous le savez, ne savait pas le grec; il entendait médiocrement le latin. Quand il a traduit Tacite, il s'est mépris souvent; mais il avait l'âme toute préparée, toute conformée pour l'intelligence de l'antiquité.

Il en est de même de M. de Saint-Pierre : les livres modernes, composés par des auteurs, lui déplaisent, le choquent. Il lui faut des hommes qui aient connu la vie active, qui aient souffert au milieu des aventures réelles de ce monde. Il croit les trouver bien davantage dans les anciens, dans Hérodote, par exemple, qui a tant voyagé; dans Xénophon, qui a fait la retraite des Dix mille, et qui l'a écrite; dans Thucydide, général, homme d'état, orateur, amiral, proscrit, éprouvé enfin par toutes les conditions de la vie. Ce sont là les écrivains qui le charment, en dépit de l'obstacle d'une langue mal connue, à travers ces nuages d'un idiome étranger; l'instinct de son âme lui fait retrouver la vérité, l'originalité antique, bien mieux que ne la comprenaient et Thomas, si lettré, et l'abbé Barthélemy, qui était si érudit.

Ainsi, le sentiment de la nature, le goût de nos

vieux écrivains, l'intelligence profonde et passionnée de l'antiquité : voilà trois éléments, trois sources de talent qui se réunissent pour former le génie de M. de Saint-Pierre.

Maintenant, Messieurs, vous me direz : Mais chacun de ces éléments est-il aussi précieux que vous le supposez? Vous nous parlez de cette vieille langue, de cette vieille littérature : est-ce qu'en effet, au milieu de nos mœurs du xve ou du xvie siècle, pendant nos querelles religieuses, dans cette vie moderne d'alors si rude, sans être pour cela naïve, il y avait quelque chose qui puisse servir au génie d'un écrivain moderne? Sans doute, les pamphlets théologiques du xvie siècle sont de mauvais modèles de goût ; mais les livres de cette époque, où l'étude de l'antiquité se mêle à l'esprit gaulois, ont un caractère original. On y trouve cette naïveté que nous supposons toujours aux anciens, et que les anciens ont souvent. Nos vieux auteurs la donnent à ceux qui ne l'avaient pas. Nous l'avons remarquée déjà, la naïveté de Plutarque est du fait d'Amyot. Un autre écrivain, qui a servi quelque peu de modèle à l'auteur de *Paul et Virginie*, Longus, avec son *Daphnis et Chloé*, est naïf, à condition d'être traduit par Amyot. Longus, en lui-même, est un sophiste qui exploite artificiellement une idée heureuse et naturelle. Il est rhéteur, fait des phrases symétriques, antithétiques, à consonnances et désinences calculées. Dans le style d'Amyot, il est devenu simple, ingénu, presque négligé. Toutes les finesses de la pensée grecque au ive siècle se sont simplifiées, sans perdre de leur grâce primitive. L'art de l'auteur se change en une sorte d'enjouement délicat qui amuse l'imagination.

Aussi Bernardin de Saint-Pierre nommait Amyot l'un des écrivains les plus durables de notre langue; c'est par lui qu'il étudiait la Grèce ; c'est de lui que vient ce mélange d'élégance antique et de vieille naïveté qui fait un des plus grands charmes du style des *Études de la Nature*. Reste maintenant à dire ce qui animait ces imitations diverses, et ce qui fut l'âme, la vie de ce talent original et artiste, que Bernardin de Saint-Pierre avait cultivé par l'étude de l'antiquité et du moyen âge : c'était le sentiment religieux.

Ici, Messieurs, veuillez observer que cette réaction religieuse dont on a beaucoup parlé ne date pas seulement du *Génie du christianisme*. Il est arrivé à l'illustre auteur de ce bel ouvrage ce qui arrive à tout homme de génie, qui fait ce que d'autres avaient essayé avec moins d'à-propos ou de puissance. Les premières tentatives disparaissent dans sa gloire; il semble rester inventeur, parce qu'il est modèle.

Dans la réalité, du milieu même du xviiie siècle s'éleva d'abord la résistance au parti sceptique. Et pourquoi? c'est que le scepticisme n'est pas un état définitif de l'âme humaine, mais une épreuve, un passage. Ainsi, le combat contre le scepticisme commence le jour de sa victoire. Tant qu'il est une attaque contre les abus du pouvoir religieux, il est possible, il est naturel que les talents, les imaginations les plus vives, les consciences les plus fières, se rangent de son côté. Mais, vainqueur, il ne satisfait plus; la guerre recommence au milieu de lui-même. Ainsi, la réaction religieuse, pour parler comme on le fait, dont le *Génie du christianisme* fut un si éclatant témoignage, un si admirable monument (l'auteur est à Rome, assez loin pour qu'on puisse le louer), avait été précédée, préparée sous des formes diverses, et d'abord par quelques pages de l'*Émile*. La réaction religieuse dans Rousseau, c'était la haine de l'athéisme, c'était le spiritualisme le plus ardent, c'était l'agitation même d'un doute plein de respect; enfin, c'était l'éloquence même de l'écrivain; c'était cette chaleur, cette puissance d'émotion qui était tout un culte, et qui excluait, qui repoussait bien au delà d'une simple réfutation les doctrines froides et sceptiques.

Après Rousseau, il est un homme célèbre à plus d'un titre, que l'on doit placer parmi les premiers chefs de ce mouvement religieux : c'est Necker. Le titre de son ouvrage, *De l'importance des opinions religieuses,* semble annoncer que les croyances religieuses apparaissent, surtout à l'auteur, sous un point de vue politique et d'intérêt social. Mais le livre même, par la gravité des sentiments, par la chaleur d'âme vive et sérieuse dont il est rempli, appartient à une conviction plus haute, et signale le retour de l'esprit philosophique vers le dogme religieux.

Avec sa belle imagination et son coloris nouveau, Bernardin de Saint-Pierre tentait le même effort; non-seulement il soutenait l'existence de Dieu et la spiritualité de l'âme qui en est le corollaire, mais il se faisait, pour ainsi dire, le commentateur le plus enthousiaste et le plus minutieux de la Providence. Tandis qu'autour de lui les sciences naturelles semblaient se passer de Dieu à force de bien analyser le monde matériel, de Saint-Pierre entreprend de replacer partout Dieu, de montrer sans cesse l'action d'une providence ingénieuse, infatigable, qui pourvoit à tout, qui prépare tout, qui a disposé le nid de la colombe, comme elle soutient les soleils au milieu de l'immensité. — Rien de nouveau dans cette vue: Fénelon, dans le *Traité de l'existence de Dieu*, Cicéron avant lui, Platon et tant d'autres avaient épuisé l'argument des causes finales. Oui, mais la nouveauté était dans l'époque et dans la forme. C'est en présence de l'*Encyclopédie*, au milieu du triomphe des sciences physiques, et enfin dans un livre d'histoire naturelle, que l'auteur des *Études* relève l'honneur des doctrines religieuses et spiritualistes, et fait de la description pittoresque une arme pour le raisonnement.

Pour louer, je devrais citer; mais l'ouvrage est trop connu; d'ailleurs, les beautés en sont gracieuses, égales, faites pour plaire, par le charme continu du langage, plutôt que vives, éclatantes, destinées à enlever l'admiration par force et par surprise. Après avoir décomposé ce talent, si pur et si nouveau, et montré ses inspirations principales, j'en rapporterai seulement quelques exemples, dans l'ordre d'idées que j'ai marqué.

Emprunte-t-il quelque chose aux anciens, vous voyez, pour la première fois depuis Fénelon et Rousseau, ce goût exquis, cette intelligence délicate de l'antiquité qui, en l'imitant, la continue, qui parle et sent comme elle. Voyez, par exemple, combien, dans une opinion qu'il partageait avec son temps, il était antique par la forme :

> Plutarque disait que de son temps, sous Trajan, on n'aurait pas levé trois mille soldats dans la Grèce, qui avait fourni autrefois des armées si nombreuses, et qu'on y voyageait quelquefois tout un jour sans rencontrer d'autres personnes que quelques bergers le long des chemins. C'est que les terres de la Grèce étaient presque toutes tombées en partage à de grands propriétaires, etc., etc.
> Les grandes propriétés ôtent à la fois le patriotisme à ceux qui ont tout et à ceux qui n'ont rien. « Les gerbes, disait Xénophon, donnent à ceux qui les font croître le courage de les défendre. Elles sont dans les champs comme un prix au milieu d'un jeu pour le vainqueur.

Citation et texte, tout semble ici de la même date. Son imitation d'Amyot et de nos vieux auteurs naïfs est plus imperceptible, en quelque sorte, plus répandue dans ses pages élégantes, plus cachée sous les formes gracieuses de sa parole. Citons d'abord Amyot : prenons quelques-unes de ses peintures de bonheur, que Bernardin de Saint-Pierre aime à reproduire :

> Janus avoit à Rome un temple ayant deux portes, lesquelles on appelle les portes de la guerre, pour ce que la coutume est de l'ouvrir quand les Romains ont guerre en quelque part, et de le clore quand il y a paix universelle, ce qui est bien malaisé à voir et advient bien peu souvent. Mais, durant le règne de Numa, il ne fut jamais ouvert une seule journée, ainsi demeura fermé l'espace de

quarante et trois ans entiers. Tant étoient toutes occasions de guerre et partout éteintes et amorties, à cause que non-seulement à Rome le peuple se trouva amolli et adouci par l'exemple de la justice, clémence et bonté de Numa; mais aussi ès villes d'alenviron commença une merveilleuse mutation de mœurs, ne plus ne moins que si c'eust été quelque douce haleine, d'un vent salubre et gracieux, qui leur eust soufflé du côté de Rome pour les raffraichir : et se coula tant doucement ès cœurs des hommes un désir de vivre en paix, de labourer la terre, d'élever des enfants en repos et tranquillité, et de servir et honorer les dieux.

Voilà, Messieurs, cette plaisante et douce simplicité, ce langage rompu, amolli dans sa rudesse, qu'un écrivain très-spirituel et très-savant de nos jours, qu'un grand artiste de négligences s'étudiait à imiter à force de soins. Eh bien, mille traces heureuses de ce modèle se retrouvent dans le style de Bernardin de Saint-Pierre : elles y semblent naturelles.

Relisez-le, Messieurs, pour vérifier vous-mêmes cette remarque ; revoyez ces descriptions charmantes qu'il trace de la vie de son pays, de sa province de Normandie; ce sont autant de détails touchants sur le sort des laboureurs, les soins de la culture, la paix des champs. Des images, des expressions, jetées çà et là dans ses récits, vous rendront cette grâce inimitable du vieux français d'Amyot.

Mais la vive couleur de ses propres impressions, cette force de poésie descriptive qui peint une nature riche et nouvelle, vous la trouverez dans des descriptions qu'il a faites du climat des tropiques, dans sa peinture enchanteresse des îles Cyclades, de l'île de Délos, tableau de la vérité la plus riante et d'un goût antique, où la mythologie même est renouvelée par l'imagination pittoresque et le vif sentiment de la nature.

Enfin, sa plus grande puissance de poëte et d'homme éloquent, il la reçoit du sentiment religieux, si rare dans son siècle. Dans ces pages si rêveuses et si touchantes, de Saint-Pierre n'est pas seulement théiste, spiritualiste; il avait quelque chose de plus dans l'âme. Parmi les écrivains du xviii° siècle, il est le seul qui aime à citer les livres hébraïques et l'Évangile. Il se plaît aux cérémonies religieuses. On le sent, à la manière dont il raconte qu'il est allé un jour avec Rousseau visiter les ermites du Mont-Valérien, et qu'ils furent tous deux singulièrement touchés en les entendant réciter les litanies de la Providence. Que veux-je dire par là, Messieurs? sinon que ces deux esprits furent sans cesse agités d'émotions religieuses qui ne se renfermaient pas seulement dans le spiritualisme; leur âme vive allait au delà; ils avaient quelque chose de cette piété d'imagination et de sentiment qui intéresse et qui touche dans quelques pages des *Confessions* de saint Augustin. Ce mélange d'impressions mystiques et de vif attrait pour la nature faisait, en grande partie, leur originalité.

Est-ce saint Augustin, est-ce saint Jérôme, ou bien est-ce un écrivain du xviii° siècle qui a écrit ce que je vais vous lire?

Les riches et les puissants croient qu'on est misérable et hors du monde quand on ne vit pas comme eux; mais ce sont eux qui, vivant loin de la nature, vivent hors du monde. Ils vous trouveraient, ô éternelle beauté! toujours ancienne et toujours nouvelle; ô vie pure et bienheureuse de tous ceux qui vivent véritablement, s'ils vous cherchaient seulement au dedans d'eux-mêmes; si vous étiez un amas d'or, ou un roi victorieux qui ne vivra pas demain, ou quelque femme attrayante et trompeuse, ils vous apercevraient et vous attribueraient la puissance de leur donner quelque plaisir; votre nature vaine occuperait leur vanité, etc., etc.

Cependant, qui ne vous voit pas n'a rien vu; qui ne vous goûte point n'a jamais rien senti; il est comme s'il n'était pas; et sa vie entière n'est qu'un songe malheureux; moi-même, ô mon Dieu! égaré par une éducation trompeuse, j'ai cherché un vain bonheur dans les systèmes des sciences, dans les armes, dans la faveur des grands, quelquefois dans de frivoles et dangereux plaisirs. Dans toutes ces agitations, je courais après le malheur, tandis que le bonheur était auprès de moi, etc., etc. Je n'ai cessé d'être heureux que quand j'ai cessé de me fier à vous. O mon Dieu! donnez à ces travaux d'un homme, je ne dis pas la durée ou l'esprit de vie, mais la fraîcheur du moindre de vos ouvrages! que leurs grâces divines passent dans mes écrits, et ramènent mon siècle à vous, comme elles m'y ont ramené moi-même! Contre vous toute puissance est faiblesse; avec vous toute faiblesse devient puissance. Quand les rudes aquilons ont ravagé la terre, vous appelez le plus faible des vents; à votre voix, le zéphyr souffle, la verdure renaît, les douces primevères et les humbles violettes colorent d'or et de pourpre le sein des noirs rochers.

Messieurs, je vous retiens le plus longtemps que je peux dans ces méditations tranquilles, dans ces douces spéculations de poésie, de solitude, de rêverie. C'est une expiation anticipée.

Encore un peu, et nous allons entrer dans les horreurs de la vie active, autant qu'on le peut faire dans un cours de littérature. Ce ne sont plus ces aimables rêveurs, ces moralistes poëtes, ces enchanteurs par la parole qui vont nous occuper. Bientôt nous entendrons les voix de la tribune, affaiblies, il est vrai, en passant par cette tribune d'ici, mais encore bruyantes et sévères.

La belle et pure littérature va faire place, dans nos studieuses recherches, à cette éloquence active que vit renaître la France à la fin du dernier siècle, que l'Angleterre possédait depuis sa liberté, et qui est liée désormais à la dignité et au développement de l'espèce humaine. Nous en chercherons le caractère et les formes diverses. Nous allons en esquisser l'histoire, comme un grand et dernier chapitre de l'histoire des lettres. Nous parlerons de la France et des orateurs anglais qui nous avaient précédés dans la carrière. Nous les ferons connaître depuis Chatam et Burke jusqu'à l'homme qui semble de nos jours un tribun retrouvé pour la cause de la liberté religieuse.

Nous essayerons de raconter cette vie dévorante de la tribune, ces combats, ces grands devoirs, puis d'analyser cette parole énergique et simple que demande la gravité des intérêts et des passions politiques; et alors vous regretterez, peut-être, les premières contemplations douces et variées que vous offrait l'étude des lettres, et vous direz comme Milton :

> Oh! combien de fois, depuis que je suis entré sur cette mer turbulente, au milieu de ces rauques disputes, il m'arrive de regretter ma solitude animée d'heureuses pensées, et cette atmosphère paisible et pure de mes études bien-aimées qui m'enchantaient d'innocence, de douceur et d'harmonie. (*Applaudissements.*)

QUARANTE-SEPTIÈME LEÇON.

État de la littérature au moment où elle devint toute polémique. — Progrès général des esprits. — Voltaire avait donné l'exemple de l'application des lettres aux affaires. — L'examen porté sur les institutions religieuses. — La Chalotais; Monclar. — La suppression des jésuites accroît l'autorité des parlements. — Esprit de réforme porté sur la procédure criminelle. — Intérêt nouveau de ces questions. — Servan; Dupaty. — Esprit de réforme politique. — Malesherbes. — Débat judiciaire et politique tout ensemble. — Le parlement Maupeou; Beaumarchais. — Mérite singulier de ses *Mémoires*. — Résumé. — Toute la littérature de ce temps aboutit vers la tribune.

Messieurs,

Nous avons donc quitté le champ paisible de l'imagination et des lettres; et, sans le vouloir, nous sommes, par le mouvement du xviiie siècle, entraînés sur la haute mer. Il nous faut aborder les écueils de la politique : cette pensée moderne, dont nous suivons l'histoire, n'aura bientôt plus d'autre objet ni d'autre forme.

Ce n'est pas que, pour nous, ce dernier point de vue ne soit dégagé de toute passion violente, et ne nous apparaisse déjà dans la perspective historique; mais, à cette distance, il préoccupe encore d'un tout autre intérêt que l'intérêt des lettres. Nous aurions même quelque peine, et nous trouverions quelque chose de puéril à raisonner sur les principes du goût, à l'occasion de ces grandes crises sociales qui bouleversent le monde.

Mais le renouvellement qu'elles impriment à l'esprit humain, la puissance inattendue qu'elles communiquent à des talents vigoureux, déplacés dans le repos, et que l'agitation fait paraître, le réveil de l'éloquence populaire après tant de siècles de silence, la force active, vivante, le despotisme soudain de la parole succédant à la lente autorité des livres, voilà ce qui nous reste à expliquer, à retracer. Nous n'irons pas, à l'imitation des anciens rhéteurs, analyser des préceptes d'éloquence, qui en vérité nous semblent bien variables, et soumis à tous les accidents du génie et de la situation sociale; mais nous rappellerons ce qui prépara l'éloquence politique parmi nous.

Vers la fin du XVIIIe siècle, à l'époque où la littérature se transforme, et, au lieu d'être à elle-même son objet, va devenir l'instrument de réforme universelle, cette littérature était encore brillante, ingénieuse. Je pourrais en citer de nombreux exemples, trop rapprochés de notre temps pour ne pas vous être encore familiers, mais qui seront peu connus de l'avenir.

Une seule remarque : l'esprit était devenu commun, le génie très-rare; les lumières avaient gagné, les grands talents avaient presque disparu. Considérez les quinze années qui précédèrent les troubles civils de la France, vous trouverez peu d'hommes qui aient consacré leurs efforts à élever un monument dans les lettres. De tous les écrivains de cette époque, un seul, après ceux que j'ai déjà nommés, fit un grand ouvrage, qui ne touchait à aucune des passions, à aucun des intérêts du temps : c'était Bailly, déjà célèbre par ses lettres paradoxales sur l'Atlantide. Le sujet et le titre de son *Histoire de l'astronomie ancienne et moderne* ne doit pas empêcher de reconnaître dans cet ouvrage, hautement scientifique, une importante composition littéraire, tout à la fois par les qualités et par les défauts de l'auteur. Le style en est brillant, animé, souvent mêlé d'affectation, mais d'une affectation spirituelle. Les idées générales, les grands systèmes, le mouvement de l'esprit humain sont exposés dans un bel ordre. Les hommes, auteurs ou promoteurs de quelque grande découverte, sont peints avec plus d'éclat que de précision. Mais, surtout, le zèle de la science, l'enthousiasme du progrès, se montrent à chaque page du livre, et y répandent parfois une vive éloquence. Mais il ne nous appartient pas de juger ici ce grand travail, étranger à nos études, et où la forme, un peu trop ornée, n'est qu'une partie accessoire à l'importance des recherches. Il nous suffit de rappeler le solide et ingénieux jugement qu'en a porté un homme qui est, à la fois, un spirituel écrivain et un savant illustre, M. Biot.

Pour nous, Messieurs, ce qui nous reste à retracer pour compléter l'histoire du xviiie siècle, c'est le mouvement tout politique des lettres dans les années qui précédèrent la révolution sociale ; c'est l'invasion de la philosophie dans les affaires, dans l'administration, dans la justice ; c'est, enfin, l'innovation spéculative transformée en innovation active et réelle.

Là, Messieurs, comme partout, il faut s'attendre à rencontrer d'abord Voltaire. Montesquieu, avec beaucoup de force et de finesse, avait souvent effleuré, par des satires, les mœurs et les abus de son temps ; il avait expliqué, d'une manière générale, les ressorts de la monarchie française ; il en avait systématisé les accidents ; mais il n'était pas entré dans les détails intérieurs et domestiques de l'administration de l'état ; il n'avait pas mis à nu tout ce qui se cachait de corruption et d'arbitraire sous cette forme de gouvernement qui lui semblait animée par l'honneur.

S'enveloppant sous de spirituelles allusions, Montesquieu fuyait le langage direct et véhément d'un réformateur. Par exemple, vous ne trouverez nulle part, dans l'*Esprit des Lois*, la censure claire, expressive des lettres de cachet ; vous n'y trouverez pas une théorie, pas un vœu qui réclame les anciens états généraux du royaume. Loin de là, Montesquieu déclare que l'essence de la constitution de France est d'avoir des *pouvoirs subordonnés et dépendants*, c'est-à-dire des parlements, et le droit de remontrance, tempéré par l'exercice habituel de la puissance absolue. Telles sont les bornes où s'arrêtait, dans l'examen des institutions de la France, ce génie élevé qui jette au dehors de si vastes regards.

Avec des principes en apparence plus flexibles, avec une étude moins attentive de la politique et des lois, enfin, avec la distraction des talents divers auxquels il se livrait tour à tour, Voltaire a cependant, plus que Montesquieu, attaqué l'abus des anciennes institutions. Ayant vu croître des idées qu'il avait semées, et enhardi lui-même par les changements qu'il avait faits, il n'hésita point dans sa vieillesse à proclamer librement les projets d'amélioration et de réforme dans l'état et les lois. Avec cette raison pénétrante, que relevait tant d'esprit, il toucha toutes les questions.

Je ne parle pas de ce qu'il a écrit au détriment de sa gloire, et en blessant les sentiments les plus intimes des âmes religieuses; je parle de ses opinions relatives à la sage administration et au bien-être de la société. Deux volumes de Voltaire, touchant la législation et l'économie politique, renferment une foule de vues utiles, praticables, sur des objets qui alors étaient soigneusement soustraits aux regards, et demeuraient un mystère de greffe ou de bureau.

Le premier, par son zèle généreux et la prodigieuse popularité de ses écrits, il attira l'intérêt public sur les erreurs fréquentes et les rigueurs excessives des procédures criminelles; le premier, il avait entrevu quelque chose dans le dédale des finances, et tourné les esprits vers les questions d'utilité publique, de commerce et d'industrie.

Grâce à ses expressions malicieuses et piquantes, il a fait lire ce qui eût ennuyé sous une autre plume, et comprendre ce qu'il ne disait pas.

Cette impulsion nouvelle des esprits continua longtemps. La curiosité philosophique dévora d'abord tout ce qui s'offrait naturellement à elle. Questions de religion abstraite, questions de morale, controverses, paradoxes, tout est épuisé; il ne reste plus que l'ordre social, tel qu'il a été extérieurement établi par Louis XIV, tel qu'il est dégénéré sous son faible successeur. C'est donc à cet ordre social que maintenant l'esprit d'investigation, de curiosité philosophique, de liberté pensante va s'adresser.

Là, Messieurs, les noms se présentent en foule. Chacun des hommes qui préparèrent cette innovation peut dire : Nous sommes dix mille; et je m'appelle légion.

C'était, dans les dernières époques de l'ancienne monarchie, un contraste bizarre que la conservation de certaines formes méticuleuses, de certaines précautions du pouvoir, et le développement de cette liberté qui éclatait de toutes parts.

Pour mettre quelque précision dans cette revue rapide, incomplète, voyons sur quels points de l'ordre social en lui-même se porta successivement l'esprit de réforme et d'examen; suivons-le tour à tour dans les institutions religieuses, judiciaires, politiques enfin.

Sur le premier point, le changement avait été bien plus grand dans les opinions que dans les choses. L'ordre religieux subsistait, au milieu du dépérissement des croyances. Il éprouva cependant une réforme mémorable. L'événement qui fit éclater les talents de quelques hommes répandus dans les parlements du royaume, et qui manifesta cette première application de la littérature aux affaires, cette prise de possession du barreau et du parquet par l'éloquence philosophique, ce fut le procès et l'expulsion d'une société célèbre, dont on a tant parlé, qu'il est inutile d'en parler encore.

Peut-on oublier cependant, pour l'intelligence des opinions du temps, quelle puissance, quelle autorité populaire fut attachée aux paroles de trois hommes inégalement connus aujourd'hui, La Chalotais, Monclar et Castilhon? A beaucoup de savoir et de persévérance, ils joignirent un grand caractère de probité morale. En reprenant les combats qu'avait soutenus la magistrature du XVIe siècle, ils lui empruntèrent quelque chose de son énergie.

La Chalotais surtout est un esprit plein de feu, de vivacité, de hardiesse, une conscience naturellement éloquente. L'avocat général de Monclar est plus calme, plus réservé, plus impartial dans l'invective même. Son exposé des doctrines de *la société des jésuites*, et du génie despotique et servile de leur constitution, est un chef-d'œuvre de méthode et de clarté, sans exagération, sans fausse éloquence. Cet important débat, porté dans divers parlements du royaume, produisit encore d'autres discours remarquables. Mais ces volumes nombreux de mémoires, de rapports, de délibérations sur cette vieille question théologique, doublée d'intrigues politiques, ont aujourd'hui perdu leur intérêt. Il n'y a que Pascal qui fasse vivre à jamais ses plaisanteries, et qui emporte à sa suite l'immortalité grotesque du père Bauny, d'Escobar et de tant d'autres. En honorant les magistrats, qui, dans le XVIII° siècle, achevèrent l'ouvrage de Pascal, on ne saurait leur attribuer cette puissance du grand écrivain; ils n'atteignent pas là. Citer leurs ouvrages, excellents pour le temps, excellents pour le but, ce serait presque affaiblir leur gloire; ce serait vous faire lire un *factum*, lorsque les juges, les avocats, les clients, les spectateurs contemporains, tout le monde a disparu.

En rappelant tout à l'heure cette division de l'ordre religieux, de l'ordre judiciaire et de l'ordre politique, également modifiés par les idées nouvelles, je ne prétendais pas séparer trois choses qui se tiennent toujours. Ainsi, Messieurs, le changement que l'ordre religieux, tel qu'il était constitué depuis Louis XIV, reçut en France par l'expulsion des jésuites, se mêle à l'accroissement du pouvoir du parlement. Aussitôt que cette société célèbre, qui avait si longtemps pesé sur les consciences, et qui avait appuyé son autorité morale de tant de *lettres de cachet*, fut tombée, le pouvoir des grands corps judiciaires dut s'élever chaque jour davantage; et ce progrès inévitable préparait une lutte entre l'ordre judiciaire et l'ordre politique.

En effet, lorsque La Chalotais avec son inflexible fermeté, eut, à force de *réquisitoires* et de *discours*, abattu la puissante société ; lorsqu'il eut arraché ces édits rétractés plus d'une fois, et enfin accordés au vœu public, alors toutes les espérances de l'ancien orgueil parlementaire se réveillèrent en lui. Il n'était pas seulement vainqueur dans une lutte difficile; il était Breton, ardent, ferme, opiniâtre, altier. De plus, Messieurs, dans la constitution, ou plutôt dans le mélange de constitutions qui formait l'ancien ordre politique de la France, sous une monarchie absolue, dont le principe en apparence n'était pas contesté, plus d'une province avait conservé des libertés, des franchises, ou du moins des prétentions, des réminiscences de franchises et de libertés, qui devenaient un obstacle au gouvernement arbitraire.

Nulle part ces idées n'étaient plus fortes et plus entreprenantes que dans la Bretagne. Ainsi quelques taxes imposées irrégulièrement à cette province, la maladresse et la dureté du gouverneur, son manque de courage, défaut plus impardonnable en France même que l'arbitraire, avaient excité contre lui la plus violente agitation dans cette Bretagne, si peu paisible, même sous Louis XIV. Une descente passagère des Anglais ayant troublé la province, le gouverneur, pendant l'action qui fut victorieusement soutenue par les milices, s'était, dit-on, retiré dans un moulin. La Chalotais, qui n'était pas seulement un habile jurisconsulte, un homme ferme et éloquent, mais encore un diseur de bons mots, ne put s'empêcher de dire : « Notre général s'est plus couvert de farine que de gloire. »

Ce mauvais bon mot avait été le commencement d'une profonde haine entre le gouverneur et l'avocat général. La résistance de La Chalotais et du parlement de Bretagne à l'enregistrement des édits bursaux, donna des armes à cette haine. Au milieu des réquisitoires et des remontrances, La Chalotais fut arbitrairement arrêté et conduit à la citadelle de Saint-Malo. Son fils, magistrat comme lui, partagea le même sort. Cinq conseillers du parlement de Bretagne, qui s'étaient distingués par l'énergie de leurs protestations, furent également arrachés à leur famille et jetés dans les cachots. La Bretagne frémit de ce coup d'état inusité pour elle, et révéra, dans les magistrats qu'on lui enlevait, les soutiens de sa liberté. Cet esprit de résistance légale s'alliait à la loyauté la plus vive. Parmi les magistrats détenus se trouvaient deux hommes de la famille de Charette, le chef vendéen. C'est ainsi que, dans les premières protestations de la liberté anglaise, sous Charles, on trouve inscrits sans cesse des noms qui figurent, quelques années plus tard, dans l'armée royale.

La Chalotais, du fond de sa prison, fit un mémoire au roi. Étroitement séquestré, il l'écrivit avec un cure-dent ; et Voltaire, dont les paroles donnaient la gloire, se hâta de dire, que *ce cure-dent avait gravé pour l'immortalité.* L'intérêt public se déclarait pour La Chalotais : la commission nommée pour le juger se récusa. Un nouveau parlement, un parlement *Maupeou*, institué à Rennes, n'osa le condamner. Il fallut avoir recours à une lettre d'exil, à l'arbitraire, sans forme légale : tant ce vertueux magistrat imposait respect à tout ce qui avait l'apparence, le simulacre de la justice! Après quelques années d'absence, il revint à l'époque du retour des parlements, et reprit des fonctions illustrées par sa fermeté courageuse.

Il y avait donc, dans le régime incertain et souvent arbitraire de cette époque, plus de maladresse que de violence durable; il y avait ce mélange d'injustice et de faiblesse qui encourage la résistance, qui la rend audacieuse, énergique, qui lui donne la popularité du malheur et l'ascendant du succès.

Maintenant, il faudrait retrouver dans La Chalotais, dans ses mémoires, dans ses adresses au roi, quelque chose de cette éloquence que la passion anime et qui lui survit. Mais ce don de l'éloquence que Mirabeau se vantait, vingt ans plus tard, d'avoir seul reçu du ciel, ne s'obtient pas au prix d'une persécution. Malgré l'honorable et inspirante disgrâce de La Chalotais, malgré cet à-propos, disons presque, cette nécessité d'avoir du talent, on trouve dans les défenses du célèbre procureur général de Bretagne, plus de hauteur que de force, et rien de ces grandes qualités qui font l'orateur.

Là encore, je craindrais que la lecture de l'écrit

ne diminuàt la renommée qui doit s'attacher à l'action; là encore, je trouve une éloquence momentanée qui avait besoin d'être accueillie par des passions contemporaines, et qui reste glacée pour des auditeurs d'une autre époque. Le génie seul de l'écrivain pourrait leur rendre présent et sensible ce qui n'est plus qu'un débat oublié.

Dans cette portion des écrits du xviii° siècle, qui n'est ni spéculative ni littéraire, et qui s'appliquait directement à des intérêts réels de justice et de liberté, il n'apparaît donc, Messieurs, aucun modèle, aucun monument durable par lui-même : il ne faut y voir que des témoignages historiques. Ce sont les signes curieux du changement moral qui avait précédé la révolution de l'état; ce sont les premiers exemples de l'esprit de liberté, exemples d'abord perdus dans l'immobilité apparente du pays, ensuite effacés par la violence d'un bouleversement général, mais dignes aujourd'hui de retrouver une place dans la reconnaissance publique.

Si nous poursuivons, par un rapide examen de l'esprit de réforme manifesté dans l'ordre judiciaire, toute l'histoire de cette première révolution, elle se présente sous un double aspect, l'administration de la justice et le pouvoir politique; et, sur les deux points, c'est l'esprit nouveau de la philosophie qui domine.

Voltaire, avec ses écrits simples, modérés, pour les *Calas*, le chevalier de *la Barre*, les *Sirven*, l'infortuné *Lally*, soulève l'inquiétude publique, et l'avertit que cette magistrature si antique et si respectée conservait cependant des formes barbares, incomplètes, peu rassurantes pour la liberté, pour l'innocence.

Tel était le changement général des esprits, que ces questions qu'on eût négligées dans la première frivolité du xviii° siècle, excitaient alors le plus vif intérêt, la plus curieuse attention.

Voltaire dit quelque part dans ses lettres : « Je me suis fait Perrin Dandin, je ne m'occupe plus que de procès; j'en juge tous les jours au coin de mon feu. » Cet esprit si amoureux de la gloire, ou même de la vogue, ne pouvait plus la demander au théâtre; il n'avait plus la jeunesse et le génie qui fait des *Zaïres*. Mais, pour intéresser, pour dominer encore, il avait déplacé son esprit; il l'avait jeté sur les questions judiciaires : et un exposé, un *factum*, un mémoire *sur procès, signé Voltaire,* occupait aussi vivement les cercles de Paris que les beaux vers de sa jeunesse avaient charmé la cour.

Je ne conteste pas cependant qu'un zèle d'humanité qui réchauffait son vieux sang, comme il le dit lui-même, n'ait aussi inspiré sa parole; mais je remarque seulement que, par le progrès et la nouvelle préoccupation des esprits, c'était pour le génie même un calcul de gloire, de s'appliquer à ces questions d'intérêt judiciaire et privé, de discuter ces formes légales, dont la curiosité publique commençait à s'enquérir après les avoir longtemps ignorées.

Voyez dans tout le siècle de Louis XIV, il n'y a qu'un seul procès qui attire l'attention, le jugement de Fouquet. Encore, malgré la haute situation de l'accusé, a-t-il fallu pour cela bien des circonstances heureuses de son infortune, l'amitié éloquente de Pelisson, les beaux vers de La Fontaine, les admirables lettres de madame de Sévigné, où l'on commence à sentir la révolte du bon sens public contre ces commissions arbitraires instituées pour condamner. Peut-être même ce procès, illustré par de tels souvenirs, a-t-il plus d'importance pour nous, qu'il n'en eut pour les contemporains; car on en trouve peu de traces dans les autres écrits du xviie siècle.

A la même époque, le procès du chevalier de Rohan, quoique tout politique, et terminé par une sentence de mort, reste fort obscur, et n'excite, dans les esprits, aucune controverse, aucun intérêt durable. La justice semble alors un sanctuaire où pénètre de temps en temps l'autorité absolue du roi, mais qui demeure interdit aux regards de la foule. Les condamnations de quelques coupables célèbres sont un texte de récits, d'anecdotes dans les ouvrages du temps; mais les rigueurs barbares de la procédure et des supplices ne font naître aucun doute, aucune pitié : c'était une tradition consacrée.

Même indifférence au commencement du xviiie siècle. Ce n'est plus le respect de l'usage, mais la frivolité qui détourne l'attention publique de ces graves sujets. On s'occupe parfois de sauver arbitrairement du supplice un homme de bonne famille; mais on n'examine ni l'atrocité du supplice en lui-même, ni le préjugé des peines infamantes. L'exception est réclamée; jamais la réforme. On prévient une sentence impitoyable par une lettre de cachet; et la rigueur des vieilles lois se prolonge par les priviléges mêmes qui en exemptaient une classe de la société.

Mais plus tard, à l'époque qui précédait et qui amenait un grand renouvellement politique, la sollicitude générale s'éveilla sur toutes ces questions. Beaucoup de procès, malgré le secret de l'audience, furent portés devant le public; et l'opinion souvent éclaira la justice.

Parmi les hommes qui secondèrent ce mouvement, on doit compter un jeune magistrat qui fut beaucoup loué par l'école philosophique, l'avocat général Servan. On doit aussi distinguer le président Dupaty, dont le nom, honoré dans la magistrature et dans les lettres, s'est transmis à des fils dignes de le porter.

Je voudrais, Messieurs, pouvoir louer sans réserve le talent de Servan; mais ce talent, qui s'appliquait à des intérêts si purs et si durables, porte trop l'empreinte d'une éloquence factice et d'un goût passager. La passion contemporaine, excitée par les plus justes motifs, l'accueillit avec enthousiasme.

Quoi de plus touchant que cette cause où l'avocat général prenait la défense d'une femme protestante répudiée, rejetée par son mari, qui, pour être coupable, s'était avisée de se faire catholique, et invoquait, à l'appui de son scandale, l'interdiction des droits civils, dont les protestants étaient frappés par d'anciens édits? Une bizarre prohibition réduisait les religionnaires à l'ancien *contubernium* des esclaves romains; Servan, au nom d'un principe de justice, et de la tolérance, avait à réclamer les intérêts les plus sacrés de la pudeur et des mœurs.

Combien je voudrais que ce plaidoyer, qui excita les éloges des premiers hommes du siècle, fût un modèle que la vérité du langage, que la chaleur d'une éloquence naturelle et simple eussent à jamais conservé pour l'avenir! Mais il n'en est pas ainsi. En lisant ce discours, vous serez étonnés qu'une cause si belle, une conviction si pure, un devoir si saint, rempli par un magistrat homme de talent, n'aient pu le préserver de la déclamation et de la recherche; vous serez choqués d'une sorte d'afféterie répandue même sur les considérations les plus graves de justice et de morale.

Sans doute, il y a, dans l'ouvrage de Servan, des choses ingénieuses, élégamment exprimées; mais rien ne touche profondément l'âme, rien ne s'élève à ce langage fort, animé, qui n'emploie les paroles que pour le besoin de la pensée.

Par respect pour le noble motif qui inspirait le magistrat, j'hésite à chicaner ses phrases trop artificielles, ses antithèses, ses généralités vagues ou pompeuses. Mais je dirai que dans un autre sujet, dans une autre cause moins sévère à la vérité, il a oublié le langage du magistrat jusqu'à mêler aux raisonnements judiciaires un morceau à demi élégiaque sur l'amour : « Passion inconcevable, dit l'orateur, où c'est la faiblesse qui refuse, et les yeux inflexibles qui pleurent, etc., etc. »

Faudra-t-il donc, Messieurs, pour trouver une vive éloquence appliquée au barreau, une discussion rapide, naturelle, piquante, une œuvre durable, un *mémoire* enfin qui survive au *procès*, chercher, non dans les recueils des orateurs de l'ancienne magistrature, mais nous adresser à un auteur de drames et de comédies. J'en ai peur, je l'avoue; et cette nécessité ne tient pas seulement au rare talent d'un homme. Mais, dans l'intervalle, la situation publique de la France s'était agrandie; cette intime alliance des garanties judiciaires et des libertés politiques va se marquer pour nous dans un procès dont le début est grotesque, et l'influence grande et sérieuse. Ici, d'ailleurs, nous allons trouver tous les contrastes à la fois, les noms les plus disparates, les talents les plus divers, engagés dans une même lutte, Malesherbes et Beaumarchais.

Ces persécutions qu'avait éprouvées La Chalotais en expiation de sa victoire sur les jésuites, n'étaient qu'un prélude au coup d'état qui faillit enlever à la France les derniers défenseurs de son droit public. On peut le remarquer. C'est presque toujours à la veille des crises qui poussent les esprits en avant, que l'effort pour les faire reculer est tenté avec le plus de hardiesse. C'était à vingt ans de l'époque où l'on devait réclamer les états généraux, qu'un magistrat ambitieux, médiocre, servile, le chancelier Maupeou, pour ajouter son nom à toutes les épithètes, avait imaginé de briser les parlements. C'est à ce moment qu'il détruisait ces grands corps qui avaient donné des martyrs de la royauté sous la ligue; qui, réduits à l'inaction politique sous Louis XIV, avaient été toujours intègres et respectés; qui, plus tard, avaient traversé sans tache les saturnales de la régence; qui, enfin, par leurs préjugés, et plus encore par leurs vertus, par leurs traditions domestiques, par la gravité de leurs mœurs, se trouvaient engagés dans une sorte de résistance immuable contre le torrent des innovations. L'aveuglement était tel, que les mêmes hommes qui redoutaient la moqueuse vivacité de Voltaire voulaient abattre, faire disparaître la seule autorité que Voltaire redoutait quelque peu en France.

Le parlement de Paris avait opposé ses remontrances, consacrées par d'anciens usages, à l'entérinement de taxes nouvelles. Menacé par des ordres du roi, et empruntant une forme de résistance qui rappelait les *interdits* du moyen âge, il avait cessé spontanément ses fonctions et suspendu la justice. La cour répondit par un coup d'état : dans une nuit, les membres du parlement furent enlevés de leurs maisons par des mousquetaires, et dispersés en exil.

Ensuite on établit un parlement nouveau, composé de conseillers arbitrairement choisis.

Ainsi, le droit ancien des parlements, cette inamovibilité acquise pour eux par la propriété, cette salutaire vénalité des charges qui remplaçait l'élection, tout est détruit en un moment. Voltaire applaudit. Il craignait parfois, pour la licence de ses écrits, l'austérité janséniste du parlement. Mais fallait-il, à cause de cela, célébrer l'œuvre arbitraire d'un ministre despote et d'une courtisane? N'achevons pas.

Voilà donc le parlement disgracié, remplacé par un corps sans titre, sans droits, arbitrairement établi; voilà la propriété, appui de la magistrature, indignement violée; voilà des lettres de cachet qui exilent quarante magistrats respectables. Voltaire l'approuve; mais cette fois la France n'est pas de son avis, vous le verrez bientôt. Ces crises politiques allaient rendre à l'éloquence la place qui lui appartient si rarement dans l'ordre paisible d'une monarchie absolue. Le parlement de Paris était frappé; la cour des aides subsistait encore; et là, dans une fonction éminente, se trouvait un des plus grands hommes de bien qui aient honoré la France, Malesherbes. Il réclama, il porta devant le trône des plaintes fermes et respectueuses. C'était, depuis la grande usurpation de Louis XIV sur les anciennes libertés nationales, le premier renouvellement de cette éloquence austère des Talon et des Molé.

Je sais bien que ces discours ont été reprochés à M. de Malesherbes, et qu'aux yeux de certains hommes son sang même n'a pas absous sa mémoire. Je sais qu'on a même dit qu'il s'était repenti d'avoir été si sincère, et qu'au lieu de trouver deux belles actions dans sa vie, on s'est servi de la seconde pour prétendre qu'il avait rétracté la première. Mais, quand j'étudie la révolution d'Angleterre, quand je vois ce généreux Falkland, d'abord dans la chambre des communes, intrépide soutien des priviléges populaires, luttant avec force contre le pouvoir absolu, puis, au jour de la guerre, lorsque le glaive est tiré, se jetant tout à coup dans le camp du monarque ; mais dès lors découragé de la vie, et n'ayant un mouvement de joie que le jour de la bataille où il se fit tuer, quand je vois ce Falkland, je m'explique, à toutes les époques des grands troubles civils, ces âmes nobles et pures qui ont d'abord embrassé la cause d'une liberté généreuse, l'ont suivie longtemps, et qui, en l'aimant et la regrettant toujours, meurent pour un autre devoir.

Bien que l'on ne retrouve pas dans ces belles et patriotiques remontrances de Malesherbes la force du génie antique, il y règne une élévation morale qu'on ne peut assez admirer. Écoutez ce noble langage :

<blockquote>
Les cours sont aujourd'hui les seuls protecteurs des faibles et des malheureux. Il n'existe plus depuis longtemps d'états généraux, et, dans la plus grande partie du royaume, point d'états provinciaux ; tous les corps, excepté les cours, sont réduits à une obéissance muette et passive : aucun particulier, dans les provinces, n'oserait s'exposer à la vengeance d'un commandant, d'un commissaire du conseil, et encore moins à celle d'un ministre de Votre Majesté, etc.

On dit que Votre Majesté choisira un nombre d'officiers suffisant et capable de composer votre parlement. Nous osons vous attester, sire, au nom de tous ceux qui ont déjà rempli des charges de magistrature, de tous ceux qui se sont distingués dans le barreau, de tous ceux, en un mot, qui pourraient inspirer de la confiance
</blockquote>

pour le nouveau tribunal, qu'on ne trouvera, pour le remplir, que des sujets qui, en acceptant cette commission, signeront leur déshonneur : les uns qui, par ambition, voudront bien affronter la haine publique; les autres qui se dévoueront avec regret, mais qui y seront forcés par l'indigence : les uns, par conséquent, déjà corrompus, les autres qui ne tarderont pas à l'être.

Et ne croyez pas, sire, que ceux qui entreront dans cette magistrature de nouvelle création puissent mettre leur honneur à couvert, en alléguant qu'ils y ont été forcés.

Tout le monde sait aujourd'hui que de pareils ordres ne se donnent qu'à ceux qui les ont mendiés secrètement.

Veuillez, sire, interroger la nation elle-même, puisqu'il n'y a plus qu'elle qui puisse être écoutée de Votre Majesté.

Le témoignage incorruptible de ses représentants vous fera connaître au moins s'il est vrai, comme ces ministres ne cessent de le publier, que la magistrature seule prend intérêt à la violation des lois, ou si la cause que nous défendons aujourd'hui est celle de tout ce peuple, par qui vous régnez et pour qui vous régnez....

Le dirai-je cependant, Messieurs, ces paroles inspirées par un sentiment calme de devoir et de vérité, n'auraient pas suffi; cette éloquence simple ne répondait pas assez à la spirituelle malignité du public français. Si le parlement *Maupeou* n'avait été attaqué que par la gravité consciencieuse de Malesherbes, s'il n'avait eu contre lui que la vertu, peut-être fût-il resté debout plus longtemps. Mais la fatalité ou plutôt la justice lui réservait d'être atteint par ces flèches du ridicule qui avaient renversé tant de choses dans le xviiie siècle. C'est ici que nous voyons l'alliance la plus intime, la plus puissante de la littérature et de la politique, de l'esprit et des affaires. En même temps se présente un homme d'une activité, d'une opiniâtreté, d'une gaîté sans égale, amusant et infatigable plaideur, doué du talent de rendre l'arbitraire non-seulement odieux, mais moquable, et de mettre le ridicule du parti des gens de bien. Ainsi se trouvent soulevés contre la nouvelle magistrature, non-seulement les hommes graves des anciens parlements, mais toute cette foule immense et frivole qui faisait un public puissant au xviiie siècle.

Le parlement Maupeou s'était assis sur les fleurs de lis, par lettres de cachet, pour ainsi dire; l'ancienne constitution du royaume semblait détruite; ce qu'elle avait de plus imposant, ce sacerdoce de la justice, transmis depuis tant de siècles, était renversé. Mais voilà que Beaumarchais, qui jusque-là s'était occupé d'horlogerie, de littérature et d'affaires, qui avait inventé un nouveau ressort de montre, donné des leçons de musique aux princesses, et composé deux drames assez médiocres, voilà que Beaumarchais se trouve engagé dans un procès contre l'héritier du fournisseur Paris Duverney. Il va solliciter ses juges, les conseillers du nouveau parlement; il fait de nombreuses visites au conseiller rapporteur, et donne pour avoir une audience cent louis, puis quinze louis. Ces quinze louis deviennent le sujet d'un immense scandale; ces quinze louis exploités, commentés par l'imagination féconde de Beaumarchais, sont l'origine d'un grand changement, renversent cette magistrature bâtarde élevée sur les ruines des anciens parlements, et commencent une réforme qui ne devait pas s'arrêter à la magistrature.

Sans doute, Messieurs, la mode, la malignité, le scandale, tous ces éléments d'un succès ne suffisent pas pour expliquer le triomphe de Beaumarchais ; il faut encore faire une grande part au talent, à la vivacité, à l'éloquence.

Aussi, en vérité, je devrais lire, au lieu de raisonner ; mais d'autre part, ces Mémoires, si spirituels et si forts, blessent en bien des choses. Peut-on avoir raison avec tant de bouffonnerie ? peut-on avoir une fierté si bien placée, et manquer si souvent de justice et de dignité ? peut-on défendre à ce point la cause de l'opinion générale, et cependant employer quelquefois des insinuations odieuses, des révélations que l'honnêteté défend ? Il faut donc regarder ce livre singulier comme un mélange du mémoire judiciaire, du pamphlet, de la comédie, de la satire, du roman ; il faut y voir, comme dans l'auteur même, une réunion de tous les contrastes, quelque chose de rare et d'équivoque, un talent admirable, mais plus digne de vogue que d'estime, une verve de plaisanterie qui nous entraîne, mais qui révolte quelquefois en nous un sentiment de décence et de vérité.

Que pensait Voltaire de ces Mémoires ? Lui qui, par vengeance ou par prudence, avait paru si content de la création du parlement Maupeou, que disait-il de la flagellation impitoyable infligée à toute cette magistrature ? Ce qu'il en a dit, Messieurs ? il a presque été jaloux de l'auteur, éloge qui confond ; il a écrit ces paroles :

Ces Mémoires sont bien prodigieusement spirituels ; je crois cependant qu'il faut encore plus d'esprit pour faire *Zaïre* et *Mérope*.

Le voyez-vous, dans la terreur que lui inspiraient l'esprit et la vogue immense de Beaumarchais? il s'est réfugié, il s'est enfui jusqu'à *Mérope* et jusqu'à *Zaïre*. Écoutons encore Voltaire :

> J'ai lu tous les Mémoires de Beaumarchais, et je ne me suis jamais tant amusé.
>
> Ces Mémoires sont ce que j'ai jamais vu de plus singulier, de plus fort, de plus hardi, de plus comique, de plus intéressant, de plus humiliant pour ses adversaires. Il se bat contre dix ou douze personnes à la fois, et les terrasse comme Arlequin sauvage renversait une escouade du *guet*.

Et ailleurs :

> J'ai pourtant eu le quatrième Mémoire de Beaumarchais; j'en suis encore tout ému. Jamais rien ne m'a fait plus d'impression; il n'y a point de comédie plus plaisante, point d'histoire mieux contée, et surtout point d'affaire épineuse mieux éclaircie.

Et c'est Voltaire qui parle ainsi.

En effet, Messieurs, ce singulier talent de l'éloquence judiciaire, tel que les anciens l'ont vanté, l'ont pratiqué, ce talent plus puissant que moral, analysé par Cicéron avec tant de plaisir et d'orgueil, cet art d'envenimer les choses les plus innocentes, d'entremêler de petites calomnies un récit naïf, de médire avec grâce, d'insulter avec candeur, d'être ironique, mordant, impitoyable, d'enfoncer dans la blessure la pointe du sarcasme, puis de se montrer grave, consciencieux, réservé, et bientôt après de soulever une foule de mauvaises passions au profit de sa bonne cause, d'intéresser l'amour-propre, d'amuser la malignité, de flatter l'envie, d'exciter la crainte, de rendre le juge suspect à l'auditoire, et l'auditoire redoutable au juge;

cet art d'humilier et de séduire, de menacer et de prier; cet art, surtout, de faire rire de ses adversaires, au point qu'il soit impossible de croire que des gens ridicules aient jamais raison; enfin, tout cet arsenal de malice et d'éloquence, d'esprit et de colère, de raison et d'invective, voilà ce qui compose, en partie, les Mémoires de Beaumarchais! (*Applaudissements.*)

Ce n'est pas tout; les sentiments élevés, les inspirations de l'intérêt public ne manquent pas non plus. Beaumarchais, souvent bouffon comme son *Figaro*, est quelquefois noble, passionné, indigné comme le plus sérieux des hommes de bien; il est même pathétique, tantôt par l'attendrissement, tantôt par l'énergie. Rien n'avait été épargné contre lui. On l'avait accusé d'intrigue et de friponnerie. Marié deux fois, on l'avait accusé d'avoir empoisonné ses deux femmes. Mais tant d'affreuses calomnies sont autant de coups d'éperon qui l'excitent et le poussent en avant. On reconnaît en lui le vrai caractère de l'orateur, que l'interruption anime, que l'insulte enhardit, que le péril encourage, et dont la voix devient plus forte, plus il est assailli. Pourquoi n'écrit-il que des Mémoires? Pourquoi est-il sur la sellette, courant risque d'être blâmé, et même marqué de la main du bourreau, selon la jurisprudence barbare du temps? Mettez-le sur un autre théâtre; jetez-le dans le parlement d'Angleterre, sur les bancs de l'opposition. Il n'est pas plus bouffon que Sheridan; il n'est pas moins spirituel. Ce discours de Sheridan sur la guerre de 1792, ces moqueries si amères contre la grande *autocrate* de Russie, cette familiarité si piquante, ces répliques si vives, Beaumarchais les aurait eues : je ne sais même s'il aurait eu besoin, comme Sheridan, d'écrire ses bons mots sur un calepin, et de s'en servir d'abord dans une comédie, puis dans un discours au parlement; il est varié, fécond. N'ayant pour se soutenir que ces misérables quinze louis, que cette pauvre querelle, et un certain nombre d'adversaires étourdis qui viennent se jeter à la traverse, il a rempli deux volumes. Donnez-lui mieux à combattre, il eût égalé ou surpassé Sheridan.

Maintenant, Messieurs, j'éprouve quelque embarras pour justifier cette admiration, où rien n'est exagéré cependant. C'est la perfection même de ces pamphlets judiciaires qui permet peu d'en détacher quelques traits. Tout est lié, tout est calculé pour le plus grand effet de ridicule et de gaîté; souvent c'est une forme singulière, qui vaut surtout par la place où elle se trouve. Vous vous souvenez d'un sarcasme de Swift contre Marlborough, de cette addition sur deux colonnes, portant, d'une part, ce qu'avait coûté la gloire du général anglais; de l'autre, ce que coûtait celle d'un triomphateur romain. Beaumarchais a quelques-unes de ces recettes de moquerie; cela ne se définit pas : il faut voir sur le papier le compte de ses visites inutiles chez son juge, puis de sa visite utile : un parlement tout entier ne peut pas tenir contre cela. (*On rit.*)

Ajoutez un mouvement qui prévient la monotonie du ridicule, ses adversaires changés pour lui en personnages de comédie, dont il dispose, les formalités de la justice, les interrogatoires, les récolements tournés en scène et en incidents dramatiques. Le contraste de cette moqueuse et implacable publicité avec le mystère dont s'enveloppait encore la procédure, ces secrets du greffe mis au grand jour, la femme du grave magistrat balbutiant quelques mots de chicane que son mari a eu la maladresse de lui apprendre, les dits et les contredits, les écritures, le greffier : tout cela commenté par Beaumarchais; quelle source de ridicule! mais cela est trop plaisant pour être lu.

Prenez plutôt Beaumarchais dans le sérieux, ou plutôt dans le mélange du sérieux et du plaisant. Relisez le passage où, se montrant exposé à toutes les disgrâces du sort, il remercie le ciel de lui avoir donné les ennemis qu'il a.

Jamais la moquerie ne fut plus accablante, la gaîté plus altière, et la longueur de l'invective rendue plus tolérable par l'originalité de la forme.

Enfin, Messieurs, cet homme était capable même d'une gravité soutenue; en voici la preuve et l'occasion :

Le jour où il fut condamné (car rien ne lui manqua pour le succès), en descendant l'escalier du palais, il se trouva sur le passage d'un magistrat respectable, mais d'un caractère trop vif. Ce magistrat, blessé de sa présence, on ne sait par quel motif, ordonne aux huissiers de le faire retirer. Beaumarchais proteste, porte plainte, se fait accusateur au moment où il est condamné.

Tel fut l'avantage de cette situation nouvelle, que, prenant le langage d'un offensé, il s'éleva jusqu'à la dignité d'un juge. Cet épisode de son procès, où, plaideur blâmé, il remonte au niveau du magistrat et se place même au-dessus en oubliant son injure, semble à la fois le triomphe du talent et du caractère.

Quelle réflexion dernière se présente, Messieurs, en relisant ces singuliers Mémoires de Beaumarchais? quelle idée font naître les incidents de ce procès soutenu par un homme contre une magistrature sans autorité dans la nation? C'est que, sous les formes railleuses, bouffonnes d'un débat privé, paraissait déjà tout le sérieux des passions politiques. Cette France, si longtemps satisfaite d'être amusée par l'esprit, n'a plus d'autre passion que l'activité des affaires et du changement.

Elle accepte Beaumarchais pour défenseur, pour vengeur des droits publics. Elle le soutient dans toutes ses plaidoiries épisodiques, qu'il sait habilement lier à des intérêts de liberté. Ses Mémoires ne plaisent pas seulement par l'agrément infini du sarcasme, mais par la hardiesse utile des principes nouveaux qu'ils proclament; ils font encore plus révolution que scandale. Ils répondent à ce désir de justice et d'égalité devant les lois, qui se fortifiait chaque jour. Que reste-t-il à attendre dès lors? C'est que l'éloquence politique s'élève et se développe sous sa forme véritable, dans un pays qui la demandait sous toutes les formes. Mais cette éloquence, nous allons d'abord en chercher l'origine et l'exemple au dehors; et nous ne reviendrons en France qu'après avoir quelque temps parcouru l'Angleterre.

FIN DU TROISIÈME VOLUME.

TABLE ANALYTIQUE

DES MATIÈRES CONTENUES DANS CE VOLUME.

XXXIᵉ LEÇON.

Pages.

Essai de littérature nationale en Écosse. — Poëmes d'*Ossian*. — Macpherson. — Discussion sur l'authenticité des chants ossianiques. — Jugements divers sur le mérite de ces chants. — Résumé 1

XXXIIᵉ LEÇON.

Influence de la littérature française sur la littérature italienne au milieu du XVIIIᵉ siècle. — État social et gouvernement de l'Italie à cette époque. — Milan, Naples, Rome. — Voltaire et Bettinelli. — Protection singulière accordée aux sciences politiques. — Beccaria, Filangieri, Genovesi, Pagano. — Réflexions générales sur les publicistes italiens. 34

XXXIIIᵉ LEÇON.

Suite des réflexions sur l'influence française en Italie. — Écrit remarquable de Pierre Veri. — Souvenir des persécutions de Giannone. — Filangieri. Caractères principaux de son ouvrage. — Faux jugement qu'il a porté sur la constitution anglaise. — Résumé 63

XXXIVᵉ LEÇON.

Suite de l'examen de la littérature italienne à la fin du XVIIIᵉ siècle. — Coup d'œil sur le gouvernement et la civilisation du Piémont. — Alfieri. — Ses voyages. — Ses immenses travaux. — Ses ouvrages politiques. — Principales époques de sa vie. 90

XXXVᵉ LEÇON.

Examen du système théâtral d'Alfieri. — Ce système calqué sur le nôtre. — Sujets mythologiques, romains et modernes. — L'*Agamemnon* d'Alfieri comparé avec la pièce d'Eschyle et avec celle d'un poëte français de nos jours. — *Mérope*. — *Virginie*. 118

XXXVIe LEÇON.

Pages.

Suite des considérations sur le théâtre d'Alfieri. — Sujets historiques romains. — Sujets modernes. — *Philippe II.* — Influence morale des pièces d'Alfieri. — État de l'Italie à la fin du xviiie siècle. — Conquête française. — Ses résultats salutaires. 147

XXXVIIe LEÇON.

Rapport de la France, au xviiie siècle, avec l'Allemagne. — Influence moins littéraire que politique et sociale. — Joseph II, Frédéric. — Même action de l'esprit français dans le Nord. — Catherine et Voltaire. — Réformes singulières. 173

XXXVIIIe LEÇON.

Suite de l'examen de la littérature française au xviiie siècle. — Écrivains du second ordre. — Ministère du duc de Choiseul. — État général de la société; affaiblissement de tous les anciens pouvoirs. — Progrès du scepticisme et du matérialisme secondés par la monarchie absolue. — Helvétius. — *Le Système de la nature.* — *L'Encyclopédie.* — Philosophie religieuse. — Résumé. — Esquisse des sujets qui restent à retracer pour compléter ce cours. 199

XXXIXe LEÇON.

Esquisse générale du Cours pendant la première partie de cette année. — Revue de la critique littéraire au xviiie siècle. — Productions originales nées de l'esprit nouveau de cette époque. — Application de la littérature aux affaires. — Mirabeau. — Point de vue sous lequel l'éloquence politique sera considérée en France et en Angleterre. 223

XLe LEÇON.

Digression sur le caractère général de la critique. — Époque et forme de la critique dans l'antiquité grecque. — Influence de l'imitation et de l'analyse sur les lettres romaines. — Comment la littérature ancienne se réduisit à la critique. — Renouvellement des idées par le christianisme. — Age nouveau de la critique après le Dante. — Renaissance du goût en Italie. — Enthousiasme littéraire du xvie siècle. — Haute critique dans le siècle de Louis XIV. — Son influence sur le siècle suivant. 248

XLIe LEÇON.

Étude de l'antiquité trop négligée dans le xviiie siècle. — Infériorité de la critique littéraire sous ce rapport. — Exceptions honorables. — Thomas. — Barthélemy. — Caractère général de l'éloquence de Thomas. — Quelques remarques sur ses *Éloges* académiques. —

Supériorité de Thomas dans la critique. — Examen de l'*Essai sur les Éloges*. — Lacune dans cet ouvrage. — Résumé sur le caractère et le talent de Thomas. 275

XLII° LEÇON.

Barthélemy.— Anecdotes de ses premières années.— Ses vastes études. Plan de son ouvrage sur la Grèce. — Beauté réelle du sujet. — Inconvénient d'un cadre fictif. — Rapprochement de Barthélemy avec des écrivains de nos jours. — Faux goût plus fort que son érudition. — Il ramène tout aux idées françaises, au lieu de conserver l'originalité grecque. — Principales parties de son ouvrage. — Parallèle entre un récit de Xénophon et un récit de Barthélemy. — Mérite durable du *Voyage d'Anacharsis*. 305

XLIII° LEÇON.

Quelques mots encore sur le *Voyage d'Anacharsis*. — Point de vue de l'auteur dans le jugement du théâtre grec; — conforme à l'opinion de Voltaire. — Objection à cet égard. — Forme libre et variée de la tragédie grecque. — Fausse critique de la tragédie d'*Alceste*. — Rapprochement d'un passage d'Euripide et d'un passage de Shakspeare. — Imitations du théâtre grec dans le xvIII° siècle. — Ducis. — *OEdipe chez Admète*, pièce grecque trop francisée. — *Philoctète* de La Harpe. 334

XLIV° LEÇON.

Critique française appliquée à la littérature étrangère. — Pourquoi nulle dans le xvII° siècle. — Innovation de Voltaire à cet égard. — Objet et caractère de sa critique. — Sa première opinion sur Shakspeare. — Autres tentatives de critique étrangère, superficielles et bornées. — Turgot. — Ses vues sur la poésie allemande. — Changement du goût public. — Traduction de Shakspeare. Indignation de Voltaire. — Examen de ces deux opinions sur Shakspeare. — Imitations de Shakspeare par Ducis. — Digression, anecdotes sur le caractère et l'originalité de Ducis. — Forme de ses imitations trop régulière, trop classique dans le sens vulgaire du mot. — Vrai génie du drame anglais manqué par lui. — Parallèle de son *Macbeth* avec celui de Shakspeare. 361

XLV° LEÇON.

Grand nombre des écrivains critiques au xvIII° siècle. — Ouvrages trop connus pour être analysés. — Littérature trop artificielle, et partant uniforme. — Exception à ce caractère. — Bernardin de Saint-Pierre. — Rapport que sa vie présente avec celle de Rousseau. — Son enfance rêveuse. — Ses premières études interrompues par un voyage à la Martinique. — Ses plans chimériques. — Ses voyages en Hollande, en Russie, en Pologne, en Saxe. — Sa pauvreté. — Son projet de civiliser Madagascar. — Son séjour à l'Ile-de-France. — Sa description de cette colonie. — Ses aventures, ses malheurs, source de son talent original. — Quelques mots sur son caractère. —Anecdotes à ce sujet. 392

XLVIe LEÇON.

Caractère poétique des ouvrages de Bernardin de Saint-Pierre. — La poésie avait-elle manqué au XVIIIe siècle? — Distinction à ce sujet. — Poésie pittoresque et religieuse; puissance qu'elle a sur les âmes. — Du genre descriptif considéré comme un progrès inconnu aux anciens. — Défaut de plan dans les *Études de la Nature*. — Éléments du génie de l'auteur : l'observation de la nature et l'imitation des anciens. — Nouveauté de ses images et forme antique de sa langue. — Ses théories de bonheur et de perfection sociale. — Les trois âges d'or. — Attaques de Bernardin de Saint-Pierre contre l'ancienne société. — Résumé général de ses vues, soit chimériques, soit pratiques. — Rapprochements de son style et de celui d'Amyot; citations. — Motif de cette longue analyse. — Adieux à la pure littérature. 420

XLVIIe LEÇON.

État de la littérature au moment où elle devint toute polémique. — Progrès général des esprits. — Voltaire avait donné l'exemple de l'application des lettres aux affaires. — L'examen porté sur les institutions religieuses. — La Chalotais; Monclar. — La suppression des jésuites accroit l'autorité des parlements. — Esprit de réforme porté sur la procédure criminelle. — Intérêt nouveau de ces questions. — Servan; Dupaty. — Esprit de réforme politique. — Malesherbes. — Débat judiciaire et politique tout ensemble. — Le parlement Maupeou; Beaumarchais. — Mérite singulier de ses *Mémoires*. — Résumé. — Toute la littérature de ce temps aboutit vers la tribune. 451

FIN DE LA TABLE.

www.ingramcontent.com/pod-product-compliance
Lightning Source LLC
Chambersburg PA
CBHW050237230426
43664CB00012B/1733